D1684054

Eberhard Diepgen
Zwischen den Mächten

Die Darstellung von 20 Jahren politischer Arbeit verlangt den Mut zur Lücke. Lutz Krieger hat mir bei der Qual der Auswahl mit politischem und journalistischem Sachverstand zur Seite gestanden. Für die Hilfe danke ich dem politischen Beobachter dieser Jahre.

Eberhard Diepgen

Zwischen den Mächten

Von der besetzten Stadt zur Hauptstadt

edition q
im be.bra verlag

Bibliografische Information der Deutschen Bibliothek
Die Deutsche Bibliothek verzeichnet diese Publikation in der Deutschen
Nationalbibliografie; detaillierte bibliografische Daten sind im Internet über
http://dnb.ddb.de abrufbar.

Alle Rechte vorbehalten.
Dieses Werk, einschließlich aller seiner Teile, ist urheberrechtlich geschützt.
Jede Verwertung außerhalb der engen Grenzen des Urheberrechtsgesetzes
ist ohne Zustimmung des Verlages unzulässig und strafbar. Das gilt insbesondere für Vervielfältigungen, Übersetzungen, Mikroverfilmungen, Verfilmungen und die Einspeicherung und Verarbeitung auf DVDs, CD-ROMs, CDs,
Videos, in weiteren elektronischen Systemen sowie für Internet-Plattformen.

Copyright © 2004 by Berlin Edition im

be.bra verlag GmbH, Berlin-Brandenburg,
KulturBrauerei Haus S
Schönhauser Allee 37, 10435 Berlin
post@bebraverlag.de

Lektorat: Bernhard Thieme
Umschlaggestaltung: Valeriy Ivankov
Druck- und Bindearbeiten: fgb • freiburger graphische betriebe

www.bebraverlag.de

ISBN 3-86124-582-5

Inhalt

Von der besetzten Stadt zur Hauptstadt – ein Vorwort	7
Die Wahl	9
Der Amtswechsel	17
Chefsache	24
Das alliierte Berlin	30
Ein eheähnliches Verhältnis	39
Von der Insel zur Halbinsel	48
Auf Reisen	50
Bei den großen Drei	57
Vom Regen in die Traufe – Berliner Luftverkehr	74
Honecker	79
Einladungspoker	85
Zwei Feiern – eine Stadt	92
Licht und Schatten	98
Mit dem Amtsbonus	104
Wahlpleite	109
Frust in der Opposition	111
Vorboten der Wende	115
Glücksgefühle im November	117
Auf dem Weg zur Einheit	140
Der Berliner Einigungsvertrag	146
Rückkehr ins Amt – eine andere Stadt	150
Berliner Daten	156

Hauptstadtentscheidungen	164
Angekommen	186
Stadtplanung	206
Olympische Spiele	222
Ort des Gedenkens	230
Die Richtung musste stimmen	239
Doppeltes Angebot	254
Berlin und Brandenburg	259
Daueraufgabe Integration	271
Summe der Teilstädte	274
Sparen und gestalten	278
Kalter Entzug	286
Optimismus	298
Gekaufte Stimmen?	301
Koalitionen – Parteien	306
Politische Verantwortung	318
Das Neue Berlin	331
Personenregister	337

Von der besetzten Stadt zur Hauptstadt – ein Vorwort

Nie von sich reden. Entweder man lobt sich, welches Eitelkeit, oder man tadelt sich, welches Kleinheit ist
(Balthasar Gracián, Handorakel und Kunst der Weltklugheit, Anmerkung 117)

Keine europäische Großstadt hat sich in den letzten 20 Jahren so stark verändert wie Berlin. Aus der geteilten Stadt zwischen den Machtblöcken, aus der Vier-Mächte-Stadt wurde die Hauptstadt der Bundesrepublik Deutschland mit dem Sitz der Verfassungsorgane. Wer diese Veränderungen miterlebt und mitbestimmt hat, redet natürlich auch von sich selbst.

Nach 1989 wurde ein Traum Wirklichkeit. Touristen in Berlin suchen heute Reste der Mauer. Gleichzeitig aber verzerren nostalgische Rückblicke und aktuelle wirtschaftliche und soziale Probleme das Bild des einst real existierenden Sozialismus. Hinweise auf die Wirklichkeit der früher geteilten Stadt mit Besatzungsrecht, Produktionsbeschränkungen, Passierscheinregelungen und scharf kontrollierten Transitstrecken auf dem Weg in den Westen Deutschlands stoßen im zweiten Jahrzehnt der wiedererlangten deutschen Einheit oft auf achselzuckendes Erstaunen. Aufbau Ost vor Ausbau West war in der Zeit nach der Wende die Grundposition der Berliner Politik – benachteiligt fühlte sich immer der andere Teil der Stadt. Die größte Baustelle Europas veränderte das Stadtbild.

Fast 16 Jahre habe ich als Regierender Bürgermeister und daneben auch über fünf Jahre als Vorsitzender der CDU-Fraktion im Berliner Abgeordnetenhaus die Entwicklung der Stadt vom europäischen Aushängeschild des ideologisch bestimmten Ost-West-Konfliktes zur wiedervereinigten Hauptstadt Deutschlands miterlebt und mitgestaltet. Es war die Zeit vor und nach dem Fall der Mauer. Und es waren unabhängig von den Legislaturperioden mindestens drei Zeitabschnitte mit sehr unterschiedlichen Aufgaben und Verantwortlichkeiten.

Bis 1989 war es ein Leben mit der Teilung, neben der klassischen Kommunal- und Landespolitik gab es die besonderen Verpflichtungen gegenüber den Alliierten als der obersten Gewalt in der Stadt. Im Spannungsfeld der politischen Zuständigkeiten der Bundesregierung und der alliierten Schutzmächte sollte von Berlin der Anspruch auf deutsche Einheit und eine Mitverantwortung für das Mit und Nebeneinander der beiden Staaten in Deutschland betont werden. Die praktischen Auswirkungen der Deutschlandpolitik trafen die Berlinerinnen und Berliner.

Die ersten Jahre nach der Wiedervereinigung waren die Zeit der Weichenstellungen in der Stadt- und der Verkehrsplanung. Die Grundentscheidungen für die Entwicklung der Berliner Wirtschaft, ihrer Wissenschafts- und Kultureinrichtungen wurden getroffen. Welche Hochschuleinrichtungen, welche Theater oder Orchester mussten nach dem Nebeneinander und der gegenseitigen Konkurrenz von Ost und West erhalten oder neu gestaltet werden.

In einer Stadt der extremen Gegensätze und der gegenseitigen Verletzlichkeit verlangte das nicht nur kraftvolle politische Entscheidungen, sondern vor allem Sensibilität und gegenseitige Rücksichtnahme. Das ehemals geteilte Berlin musste in der deutschen Politik eine Vorreiterrolle übernehmen. Die Angleichung der Lebensverhältnisse war zwischen den Menschen auf gegenüberliegenden Straßenseiten noch wichtiger als zwischen Deutschen am Rhein und an der Oder.

In zum Teil heftigen Diskussionen entstand in diesen Jahren auf dem Reißbrett der Planer das Bild des künftigen Berlins. Es folgten die Grundsteinlegungen und die Baumaßnahmen. Und danach begannen in der Landespolitik die Mühen der Ebene und der Kampf um einen unumkehrbaren Anfang von all den Projekten, die auf dem Reißbrett in Berlin oder in Zusammenarbeit mit dem Bund entwickelt worden sind.

Ein neues, ein anderes Berlin ist so entstanden, noch immer im Umbruch und noch lange nicht das, was man von der deutschen Metropole erwartet: wirtschaftliche Kraft, kulturelle und wissenschaftliche Vielfalt, Internationalität und Ort der politischen Verantwortung.

Damit habe ich die Merkmale für eine Metropole genannt. Die Stadt hat heute die Internationalität und ist als Sitz der Bundesregierung auch ein Ort, an dem nationale und internationale Politik verantwortet werden muss. Es fehlt noch die wirtschaftliche Kraft. Wissenschaft, Forschung und Kunst sind vorübergehend – hoffentlich nur vorübergehend – durch Haushaltszwänge und eine neue Berliner Engstirnigkeit bedroht. Kein Zweifel, noch sind einzelne Strukturen und vor allen Dingen Mentalitäten aus der Teilung Deutschlands nicht überwunden. Kein Wunder, Gegensätzlichkeiten und Verletzungen aus vielen Jahren von Mauer und Stacheldraht lassen sich nicht plötzlich ausziehen wie einen alten Regenmantel.

Mit dem Versuch, Mauermentalitäten zu überwinden, wird oft das Kind mit dem Bade ausgeschüttet. Die schnelle Feder der Kommentatoren kennt oft weder die Geschichte noch den Hintergrund der Probleme von heute. Das hilft nicht immer. Erinnerungen an die letzten 20 Jahre werden deswegen leicht zu einer Streitschrift für Berlin sowie die Berlinerinnen und Berliner. So soll es auch sein.

Ein Regierender Bürgermeister, der über seine Amtszeit berichtet, ist kein objektiver Chronist. Nicht von ungefähr warnt Balthasar Gracián in seinem Handorakel: *nie von sich reden.* Zu meinem 40. Geburtstag hatte mir der damalige Senator für Verkehr und Betriebe, Edmund Wronski, die Lehren des spanischen Jesuitenvaters über die Taktik im Verkehr mit Menschen als Hilfsquelle zum (guten) Zweck überreicht. Natürlich setzt man sich bewusst oder unbewusst dem Wunsch aus, die eigene Leistung stets im rechten Licht erscheinen zu lassen. Objektivität ist ein Ideal, das nur schwer erreichbar ist.

Wir alle sind durch Amt, Beruf und Herkunft vorgeprägt. Für mich sind es die Erfahrungen im Nachkriegsberlin. Es waren die Belastungen durch die Teilung meiner Heimatstadt, und es war die wirtschaftliche Not der Nachkriegsjahre mit der heute kaum noch vorstellbaren Erfahrung, dass die Eltern oft nicht wussten, wie sie ihre Familie ernähren sollten. Beide Erfahrungen verdichteten sich bei mir zu politischen Zielen. Sie waren stets umkämpft. An die deutsche Wiedervereinigung wollte mancher nicht mehr glauben und das soziale Engagement jenseits einer sozialen Romantik wurde mir auch in der eigenen Partei oft als Sozialdemokratisierung angelastet, dennoch: für mich waren es zwei Grundpfeiler der politischen Arbeit. Alten Menschen mit ganz geringen Renten, die aus falschem Schamgefühl ihre Sozialhilfeansprüche nicht geltend machten (verschämte Altersarmut) galt nach meinem ersten Regierungsantritt die besondere Aufmerksamkeit. Mein Hinweis, die Einordnung der Sonderrenten in der DDR dürfe nicht zu einem Rentenstrafrecht führen, hat nach 1991 zu wilden Protesten geführt, aber das Bundesverfassungsgericht hat dann doch noch Korrekturen gefordert.

Ich habe kein Tagebuch geführt. Beim Blick auf die letzten 20 Jahre habe ich das bedauert. Die Fülle der Akten ist inzwischen in großen Kisten des Landesarchivs verschwunden. Sicher werden Historiker sie irgendwann ausgraben. Mir haben bei den nachfolgenden Erinnerungen die Terminkalender, Gespräche mit ehemaligen Mitarbeitern und einzelne Unterlagen geholfen. Ich will die Situation Berlins mit persönlichen Erinnerungen und politischen Anmerkungen beschreiben. Historikern will ich damit nicht ins Handwerk pfuschen.

Die Wahl

Man hüte sich einzutreten, wo eine große Lücke auszufüllen ist
Gracián

Am 9. Februar 1984 wählte mich das Berliner Abgeordnetenhaus zum Regierenden Bürgermeister von Berlin. Der Regierende Bürgermeister Richard von Weizsäcker hatte in derselben Sitzung wegen seiner Kandidatur für das Amt des Bundespräsidenten seinen Rücktritt – und den Rücktritt des gesamten Senats – erklärt. Der Wahlvorgang selbst war unspektakulär. CDU und FDP verfügten unter den 132 Abgeordneten des Berliner Parlaments mit 71

Mitgliedern über die absolute Mehrheit. In der Regierungsmannschaft gab es keine weiteren Veränderungen, bei den getrennten Wahlgängen der einzelnen Mitglieder des Senats keine größeren Überraschungen.

Dennoch. Die Entscheidung über die Nachfolge Richard von Weizsäckers war in Berlin mit vielen Emotionen verbunden. Berlin steckte am Ende der Siebzigerjahre in einer tiefen politischen Krise. Nach dem Vier-Mächte-Abkommen des Jahres 1973 hatten sich die Hoffnungen auf eine Normalisierung der Situation für die Stadt nicht erfüllt. Es blieben die Restriktionen des Vier-Mächte-Abkommens, die Gefahr eines weiteren Verlustes der Wirtschaftskraft und der Rückfall in die Rolle einer verlängerten Werkbank der Bundesrepublik Deutschland.

Die Forschungsinstitute sagten einen Rückgang der Bevölkerung auf etwa 1,7 Millionen Einwohner voraus. Sogar die Prognose von 1,5 Millionen Einwohnern stand im Raum. Die Vertrauenskrise gegenüber der Politik fand in einem Bauskandal ihren Ausdruck, der mit den Namen des Architekten Garski und dem Bauprojekt Steglitzer Kreisel verbunden war. Bis dahin einmalig in Deutschland: Mit der weit angelegten Kampagne für eine Volksabstimmung zur Auflösung des Parlaments wurden 1981 Neuwahlen erzwungen. Richard von Weizsäcker hatte 1981 zunächst mit einem Minderheitenkabinett der CDU – geduldet durch die Mehrheit einer in sich gespaltenen FDP – die Regierungsverantwortung übernommen. Mit seinem Namen verband sich ein Stimmungsumschwung, ein neues Selbstvertrauen und ein neuer Elan der Berlinerinnen und Berliner.

Konnte man Richard von Weizsäcker gestatten, sich seinen Lebenstraum zu erfüllen und Bundespräsident Deutschlands zu werden? Weite Kreise in Berlin haben diese Frage mit einem eindeutigen *Nein* beantwortet. Angeführt durch die Chefredakteure der großen Berliner Zeitungen, Tagesspiegel und Berliner Morgenpost, forderte man von ihm die Treue zu Berlin – was sei das Amt des Bundespräsidenten schon gegenüber den Herausforderungen eines Regierenden Bürgermeisters der Stadt im Brennpunkt des Ost-West-Konfliktes? Je deutlicher der Wunsch und die Erfolgsaussichten Richard von Weizsäckers bei der bevorstehenden Kandidatur zu den Bundespräsidentenwahlen im Mai 1984 wurden, je größer die Enttäuschung und der Versuch, den Wechsel vom Rathaus Schöneberg in die Villa Hammerschmidt – den Bonner Sitz des Bundespräsidenten – zu verhindern. Ein nicht ganz unwesentlicher Teil des Unmutes hatte ich dann auch in der Nachfolgediskussion und den ersten Wochen der Amtszeit zu ertragen.

CDU und CSU verfügten 1984 über die Mehrheit in der Bundesversammlung. Bundespräsident Karl Carstens hatte auf eine Wiederwahl verzichtet, und so war es selbstverständlich, dass die Debatte über die Nachfolgekandidaten frühzeitig im Jahr 1983 eröffnet wurde. Die Erwartungen des Regierenden Bürgermeisters von Berlin wurden immer deutlicher. Sie spiegelten sich auch in außenpolitischen Reden und gesamtdeutschen Kontakten wider. Zehn Jahre zuvor hatte der damalige Präsident des Evangelischen Kirchentages Richard von Weizsäcker bereits auf Vorschlag der CDU und CSU in der Bundesversammlung gegen den Favoriten von SPD und FDP, Walter Scheel, kandidiert. Sicher empfand er sich im Rückblick damals nur als Zählkandidat und rechnete mit einer späteren Chance bei veränderten Mehrheitsverhältnissen in Bund und Ländern. Der Traum wurde ihm 1979 verwehrt. Kandidat der Union und Bundespräsident wurde Professor Karl Carstens. Aber das Ziel blieb.

In meinen ersten Gesprächen hatte ich natürlich vehement Bedenken gegen einen Wechsel an der Spitze der Berliner Regierung und der Berliner Union formuliert, auf Risiken der bevorstehenden Wahlen für die CDU in einer im Kern stark sozialdemokratisch ausgerichteten Stadt hingewiesen, die Seelenlage der Berliner und die zu erwartende große Enttäuschung beschrieben. Es wurde aber schnell klar, die Berliner Union musste sich auf einen möglichen Wechsel im Amt des Regierenden Bürgermeisters vorbereiten.

Richard von Weizsäcker wollte sofort das Amt des Landesvorsitzenden in Berlin aufgeben. Parteien und der klassischen Parteiarbeit stand er immer mit größtem Misstrauen gegenüber. In das Berliner Parteiamt war er ohne eigenes Streben gedrängt worden. Allzu leicht war in der Berliner Öffentlichkeit eine Halbherzigkeit des Berlinengagements von dessen Berliner Spitzenkandidaten ohne klares Parteiamt behauptet worden. Auch unabhängig von der Kandidatur für das Amt des Bundespräsidenten wollte Richard von Weizsäcker sich von der Doppelbelastung – so empfand er das sicher – als Regierungs- und Parteichef befreien.

Als Vorsitzenden der CDU-Fraktion im Abgeordnetenhaus und einem der stellvertretenden Landesvorsitzenden fiel mir die Aufgabe zu, die Partei auf die bevorstehende Diskussion einzustimmen. Das war ein schwieriges und undankbares Unterfangen. Selbst gute Freunde nahmen mir die Hinweise auf die zu erwartenden Entwicklungen übel. Richard von Weizsäcker wurde bedrängt, die Senatoren Professor Rupert Scholz und Gerhard Kunz intervenierten bei dem Bundesvorsitzenden Helmut Kohl. Man wusste, der spätere Bundespräsident war nicht der Lieblingskandidat seines Parteivorsitzenden. Die Phase der erschrockenen Verunsicherung war erst abgeschlossen, als CDU und CSU im Oktober 1983 Richard von Weizsäcker als Kandidaten für das Amt des Bundespräsidenten nominierten.

Angeführt durch ihre Chefredakteure Johannes Otto, Berliner Morgenpost, und Joachim Bölke, Berliner Tagesspiegel, waren die Berliner Zeitungen gegen die Nominierung Richard von Weizsäckers als Bundespräsident zu Felde gezogen. Nicht, weil sie ihm keine hervorragende Amtsführung zutrauten, sie wollten ihn an Berlin binden. Jetzt mischten sie sich kräftig in die Nachfolgediskussion ein.

Einfluss und Verantwortung als Vorsitzender der CDU-Fraktion und auch die absehbaren Mehrheitsverhältnisse in den Entscheidungsgremien der Berliner Partei machten mich zum Nachfolgekandidaten. Auf dem vorangegangenen Bundesparteitag war ich auf Vorschlag Richard von Weizsäckers bereits in den Bundesvorstand gewählt worden. Der Berliner Landesvorsitzende und Regierende Bürgermeister hatte mich mit dem Argument zu einer Kandidatur bestimmt, der Bundespartei gegenüber müsse ein breiteres personelles Angebot der Berliner Partei deutlich gemacht werden. Ich selbst war zwar bereit und entschlossen, den Landesvorsitz der Berliner CDU zu übernehmen, sollte ich aber wirklich zu diesem Zeitpunkt das Amt des Regierungschefs in Berlin anstreben? Ich war unsicher. Natürlich reizte mich das Amt. Fest überzeugt war ich auch davon, dass ich die landes- und kommunalpolitischen Aufgaben erfüllen könne. Hier hatte ich als Vorsitzender der CDU-Fraktion und als Sprecher im entscheidenden Haushaltsausschuss des Berliner Parlaments bereits starken Einfluss genommen. Erst seit März 1983 verfügte die Regierung Richard von Weizsäcker auch offiziell über eine parlamentarische Mehrheit in einer Koalition mit der FDP. Zuvor waren viele Entscheidungen in den so genannten Sofagesprächen – das Sofa war ein Produkt der journalistischen Phantasie – zwischen dem späteren Vorsitzenden der FDP, Walter Rasch, und mir abgestimmt worden. Ich hatte das Recht, an den Sitzungen des Senats teilzunehmen. Berlinerisch ausgedrückt – ich hatte allerdings etwas Bammel vor den umfassenden Repräsentationsaufgaben. Sorgen machte mir die Seelenlage der Berlinerinnen und Berliner. Richard von Weizsäcker hatte durch seine Amtsführung der Stadt ein neues Selbstbewusstsein gegeben. Könnte ich da anknüpfen?

Machtstreben und eine klare Bereitschaft zur Ausübung von Macht wird in Deutschland im Regelfall als Voraussetzung für erfolgreiche politische Karrieren angesehen. Ich würde den Begriff Macht gern modifizieren. Mir ging es stets stärker um Gestaltungschancen, um die natürlich auch politisch gekämpft werden musste. Ganz untypisch habe ich nach der endgültigen Nominierung Richard von Weizsäckers zunächst Rat gesucht, Meinungen eingeholt, die eigene Kandidatur nur als eine Möglichkeit dargestellt. Helmut Kohl – und damit stand er sicher nicht allein – hat bei einem langen Gespräch diese Zurückhaltung sicher nur als taktische Finesse angesehen. Bewaffnet mit einem KPM-Gastgeschenk für Hannelore Kohl war ich nach Ludwigshafen geflogen, auf seinen Wunsch erörterten wir ausführlich die Berliner Situation, von der wirtschaftlichen und sozialen Entwicklung, den Positionen der Alliierten bis hin zu den Konstellationen in den Parteien. Helmut Kohl hat sich gewiss durch viele Gespräche über die Entwicklung in Berlin unterrichtet. Mit der ganzen Autorität des Bundesvorsitzenden in die Kandidatenaufstellung Berlins eingemischt hat er sich jedoch nicht. Er und seine angebliche – vielleicht auch klammheimliche – Position wurden aber immer wieder als Argument benutzt.

Dramatisch war dabei ein Vorgang: Am Vorabend der Entscheidung im Landesausschuss der CDU am 16. Dezember sollte die Berliner Morgenpost mit dem Aufmacher in Druck gehen: *Kohl will Laurien als Regierenden.* Elmar Pieroth, damals Wirtschaftssenator, recherchierte, fragte bei Kohl nach, der dementierte heftig, die Morgenpost musste auf den Aufmacher verzichten. Die Zeitung wäre beinahe auf eine gezielte Fehlinformation aus der Berliner CDU hereingefallen – erste Exemplare waren bereits gedruckt.

Interessant, wie damals die „Feindbeobachtung" die Entwicklung in der Berliner CDU analysierte. In dem so genannten Auskunftsbericht der Bezirksverwaltung für Staatssicherheit vom Dezember 1983 fand ich die nachfolgende Passage:

Mit der Ende November 1983 erfolgten Nominierung von Weizsäckers als Bundespräsidentenkandidat der CDU sah sich die Westberliner CDU vor die Aufgabe gestellt, einen neuen Regierenden Bürgermeister auszuwählen. Die von Weizsäcker in diesem Amt vorgegebenen hohen Persönlichkeitsanforderungen führten dazu, dass der Blick zunächst nach Bonn beziehungsweise in die BRD ging. Vorschläge wie Barzel, Rommel und Benda kursierten, ließen sich jedoch nicht realisieren. In dieser Situation kamen die einflussreichsten Funktionäre der Westberliner CDU aus unterschiedlichen Gründen zu der übereinstimmenden Kandidaten-Aussage: Diepgen. Von Weizsäcker sieht in ihm seinen Wunschnachfolger, da er Diepgen am ehesten zutraut, mit taktischem Gespür die komplizierten, ungelösten Probleme in den Griff zu bekommen oder mindestens wie bisher zu lokalisieren. Landowsky und Buwitt (stellvertretender Fraktionsvorsitzender) *unterstützten die Kandidatur, da sie mit Diepgen in allen Fragen nahtlos übereinstimmen und in dem Fall der Wahl Landowsky die Funktion des Fraktionsvorsitzenden übernehmen möchte. Diepgen selbst spekuliert seit einiger Zeit auf diesen Posten, wartet jedoch bis zuletzt ab, um nicht vorzeitig als Kandidat verschlissen zu werden. Kittelmann stellte sich ebenfalls hinter Diepgen und organisierte im „Kittelmann-Kreis" ein übereinstimmendes Votum. Da auch aus der „Reformergruppe – einer liberal orientierten Minderheit, die die Kreisverbände Wilmersdorf und Charlottenburg dominiert – zunächst nichts gegenteiliges zu hören und kein anderer Kandidat mehr im Gespräch war, schien Diepgen als Kandidat ungefährdet. Unmittelbar vor dem Landesparteitag am 2. und 3. 12. 83 wurde jedoch ein neuer Vorschlag von der Reformergruppe unterbreitet: Hanna Renate Laurien. Interessant ist folgender Hintergrund: mit der Nominierung von Weizsäckers als Bundespräsidentenkandidat auf Drängen von Strauß ist Kohl vor das Problem gestellt, eine nicht auszuschließende Niederlage der CDU bei den Abgeordnetenhauswahlen 1985 zu verhindern. Dies ist jedoch mit einem Kandidaten Diepgen – so sieht es auch die FDP, die damit parlamentarische Existenzsorgen verbindet – nicht klar. Auch aus diesem Grunde hat sich Kohl für Laurien entschieden. Aus verschiedenen Richtungen wird nun versucht, die Kandidatur von Laurien zu unterstützen. Innerhalb der CDU wird an der Basis (KV Charlottenburg, Wilmersdorf, Schöneberg, Kreuzberg) Druck auf die Entscheidung des Landesausschusses am 16. 12. für Laurien ausgeübt. Springer-Presse und FAZ spielen Diepgen als gesichts- und profillosen „Macher im Hintergrund" herunter, der „noch Jahre des geduldigen Reifens" brauche. Der Finanzsenator Kunz, Informant von Kohl, wendet sich intern ebenso wie Wohlrabe gegen Diepgen. Dadurch ist inzwischen eine Situation entstanden, die Diepgen möglichst vermeiden wollte.*

Ich bin mir ganz sicher: Letztlich ausschlaggebend für meine Kandidatur und damit für eine fast 16-jährige Amtszeit als Regierender Bürgermeister von Berlin war für mich die Verärgerung über die Verhaltensweise einzelner Parteifreunde und die Kommentierungen in der Berliner Morgenpost und im Berliner Tagesspiegel. Hanna-Renate Laurien wird mir diese Formulierung verzeihen. Ich hielt mich für einen mindestens so guten Regierenden Bürgermeister wie sie. Für die in gut einem Jahr anstehenden Neuwahlen zum Berliner Abgeordnetenhaus war sie aber möglicherweise der erfolgversprechendere Spitzenkandidat der Union. Die großen Berliner Zeitungen gaben einen Teil der Seelenlage Berlins wieder. Das Selbstbewusstsein war gering ausgeprägt. Nach der Vaterfigur Richard von Weizsäcker forderten die Chefredakteure in vielen Kommentaren Schutz und Geborgenheit hinter der Person des Repräsentanten der deutschen Hauptstadt. Vater geht, Mutter bleibt. Mit vielen Kalibern wurde versucht, auf mich Einfluss zu nehmen. Auch der Verleger Axel Springer bat mich bei einem Empfang auf Schwanenwerder zu einem Vier-Augen-Gespräch. Eindringlich mahnte, bedrängte er mich, in meinem Alter von gerade 42 Jahren – so sein energischer Hinweis – könnte ich doch meinen Ehrgeiz noch etwas zügeln und auf einen späteren Zeitpunkt verschieben.

Den Verzicht auf eine Kandidatur zugunsten von Frau Dr. Laurien hielt ich zunächst durchaus für möglich. Auch familiäre Überlegungen spielten eine Rolle. Welchen Belastungen wären meine Frau und meine Kinder ausgesetzt? Dieser Gedanke stieß bei meinen engeren Parteifreunden und jüngeren Parteimitgliedern jedoch auf massiven Widerstand. Ob zu Recht oder Unrecht, die engagierte Schulsenatorin erschien ihnen in dieser Phase der Berliner Politik als zu konservativ. Meine Zurückhaltung führte dazu, dass neue Namen in die Diskussion gebracht wurden. Ernst Benda wurde genannt. Dagegen wiederum hatte ich Bedenken. Was waren seine Vorstellungen zur Landes- und Kommunalpolitik? Wie würde sich eine Zusammenarbeit mit Ernst Benda im Einzelnen gestalten. Nicht vergessen hatte ich einen Vorfall aus der Diskussion um das Grundsatzprogramm der Berliner CDU. Unmittelbar vor den Berliner Wahlen und der Spitzenkandidatur von Peter Lorenz hatte Ernst Benda 1971 mit einem Eklat gedroht, als die Programmkommission Grundlagen des Beamtenrechts infrage stellen wollte. Mir missfiel die Vorgehensweise – also bitte keine Ausweitung der Kandidatensuche, entweder Laurien oder ich.

Weitgehend unangefochten war ich am 1. Dezember 1983 zum Landesvorsitzenden der Partei gewählt worden. Die Aufgabe dieses Amtes durch Richard von Weizsäcker wurde auch von den Kritikern seiner Ambitionen auf das Amt des Bundespräsidenten als selbstverständlich angesehen. Parteien und ihre Funktionäre hatte der spätere Bundespräsident stets als bestenfalls notwendiges Übel angesehen. Die klassische Parteiarbeit mit all den notwendigen Gesprächszirkeln, persönlichen Eitelkeiten, Kampf um Posten und Karrieredenken, die vor dem Beschluss über ein Grundsatzprogramm oder der Aufstellung eines Kandidaten steht, war ihm ganz offensichtlich zuwider. Das akzeptierten auch die Kritiker seines „Weggangs" aus Berlin, liegt doch auch heute noch ein Teil seiner Popularität in seiner Distanz zu Parteien und Parteipolitik. Die breite öffentliche Berichterstattung über das Innenleben von Parteien fordert die Distanz ja auch geradezu gebieterisch heraus. Verdrängt werden dabei allerdings im Regelfall die durchaus vergleichbaren Erfahrungen mit den menschlichen Schwächen aus den eigenen Tennis-, Lions- und Fußballclubs oder dem Berufsverband.

Im Landesvorstand hatte ich gemeinsam mit dem Generalsekretär Günter Straßmaier dem Chef Richard von Weizsäcker bereits einige der ungeliebten Aufgaben abgenommen. Also keine revolutionäre Veränderung. Kompliziert allerdings war die Tatsache, dass die Wahl beziehungsweise die Diskussion um einen neuen Landesvorsitzenden und den Kandidaten für den Regierungschef im Schöneberger Rathaus zeitlich zusammen fielen, die jeweiligen Wahlen aber in unterschiedlichen Parteigremien durchzuführen waren. Satzungsgemäß sollte wenige Wochen nach dem Landesparteitag der Spitzenkandidat für das Amt des Regierenden Bürgermeisters durch den zuständigen Landesausschuss, ein Gremium aus Vertretern der Kreisverbände, der Mitglieder des Landesvorstandes und der Repräsentanten einzelner fachspezifischer Gruppen der Union, gewählt werden. Der Sinn dieser noch heute geltenden Bestimmung liegt darin, dass Personalentscheidungen über Regierungsämter – das gilt in Berlin auch für Mitglieder von Bezirksämtern – etwas freier von den massenpsychologischen Gesetzmäßigkeiten in Großveranstaltungen betroffen sein sollen. In der Theorie soll es ja auch in einer Mediengesellschaft vertrauliche Personaldiskussionen geben können. Die Praxis ist ohnehin komplizierter, Führungsgremien tragen für ihre Personalvorschläge besondere Verantwortung, die offiziellen Nominierungen werden als publikumswirksame Veranstaltung organisiert. Zwangsläufig aber führte die Unterscheidung in der Verantwortung zwischen Landesparteitag und dem Landesausschuss zusätzlich zu Kontroversen.

Ein öffentlicher Wettstreit begann. In ihm zeigten sich alle Facetten einer politischen Diskussion, müßig, sie in allen Einzelheiten zu beschreiben. Eine Feststellung ist mir allerdings wichtig: Der Wettstreit der Kandidaten selbst war von gegenseitiger persönlicher Achtung und Rücksichtnahme geprägt. Die Berlinerinnen und Berliner waren beteiligt. Die Offenheit der Kandidatendiskussion diente der Partei und der Glaubwürdigkeit der Politik und auch der Akzeptanz eines späteren Siegers im Wettstreit. Dennoch schrieb ich von einer Verärgerung, die meine Verhaltensweise und das Festhalten an der Kandidatur wesentlich mitbestimmte.

In den Kommentaren von Tagesspiegel und Morgenpost prasselte der ganze Ärger über den Weggang Richard von Weizsäckers auf mich nieder. Die Leserbriefredaktionen beteiligten sich am Wettstreit. Nicht nur als Betroffener hatte ich den Eindruck, dass dabei die in den Kommentaren vorgegebene Meinung besondere Chancen hatte, abgedruckt zu werden. Nur ein Schelm kann behaupten, die Auswahl bei der Veröffentlichung von Leserbriefen folgt klaren und von der politischen Vorstellung der Redaktionen unabhängigen Gesetzmäßigkeiten.

Harry Ristock, der Spitzenkandidat der SPD und publikumsnahes Urgestein der Berliner Politik, wurde im Falle meiner Wahl schon als der sichere Sieger der nächsten allgemeinen Wahlen in Berlin hingestellt. Natürlich fand man auch Mitglieder der CDU, die den satzungsgemäß zuständigen Landesausschuss mit den möglichen Diepgen-Mehrheiten als Funktionärsclique abqualifizierten und eine Entscheidung der Basis – am besten Mitgliederbefragung – forderten. Meine Sachkompetenz wurde bezweifelt, ausgerechnet beispielhaft im Feld der Hochschul- und Kulturpolitik. Ich fühlte mich damit besonders getroffen, hatte ich meine ersten politischen Erfolge doch gerade als Vorstandsmitglied im nationalen Studentenverband (Verband Deutscher Studentenschaften/VDS) und als Vorsitzender des Schulausschusses im Berliner Abgeordnetenhaus erzielt und die kräftigsten Maulschellen bei parteiinternen Wahlen erlitten, nachdem ich mich im Parlament gegen althergebrachte CDU-Kulturpolitik für die Unterstützung der „linken" Schaubühne von Peter Stein einsetzte. 1977 war ich bei der Wiederwahl als Geschäftsführender Landesvorsitzender wegen meiner Politik einer Öffnung der CDU zu einer auch liberalen Großstadtpartei mit nur wenig über 60% der Stimmen richtig abgestraft worden. Als sich an diesen Argumenten jetzt ausgerechnet auch frühere Weggefährten aus der Universitätszeit wie der Finanzsenator Gerhard Kunz beteiligten, war mein Widerspruchsgeist endgültig geweckt. Jetzt wollte ich es wissen und es mir, vor allem aber den Kritikern beweisen. Durchgesetzt hatte sich damit auch ein Argument und der Rat eines guten

Bekannten, übrigens Sozialdemokrat, der mir kurz und bündig schrieb: „Chancen muss man nutzen, sie kommen im Leben nur einmal."

Die Chance konnte ich nutzen. Nach der breiten Diskussion in Partei und Öffentlichkeit, dem Höhepunkt einer Fernsehdiskussion, konnte ich mich im Landesausschuss mit einer guten Mehrheit durchsetzen. Zwar grummelten die Berliner Chefredakteure noch eine Weile. Im Tagesspiegel zerriss der Chefredakteur Bölke die Regierungserklärung bereits zu einem Zeitpunkt, als sie noch gar nicht zu Papier gebracht war. Aber wie sagt Gracián – *alles hat seine Zeit*. Die Zusammenarbeit mit Dr. Laurien entwickelte sich ausgezeichnet. In all den nachfolgenden Jahren wollte ich auf ihren Rat nie verzichten. Er war freundschaftlich, sachlich und manchmal auch gekennzeichnet vom erhobenen Zeigefinger der Pädagogin. Eine zerstrittene Opposition erleichterte mir den Anfang. Harry Ristock schied als Spitzenkandidat aus, der von der Bundes SPD „zwangsverpflichtete" – so formulierte er selbst – frühere Bundesverteidigungs- und -finanzminister Hans Apel kam in Berlin nicht an, wurde von der eigenen Partei geschnitten.

Der Amtswechsel

Richard von Weizsäcker übergab mir einen aufgeräumten Schreibtisch. Wer hätte das auch anders erwartet. Ursprünglich sollte mit dem eigentlichen Amtswechsel im Rathaus Schöneberg noch bis zur Wahl des Bundespräsidenten am traditionellen 23. Mai gewartet werden. Die Unruhe und die Spannung, ob der Neue denn nun auch genug Zeit für die notwendige Profilierung bis zur Neuwahl in gut einem Jahr haben würde, führte jedoch zu dem Termin Anfang Februar. Bis dahin waren die notwendigen Personalentscheidungen für die Nachfolge im Vorsitz der CDU-Fraktion und für die unmittelbaren persönlichen Mitarbeiter in der Senatskanzlei getroffen. Mit Dankward Buwitt wurde ein ausgewiesener Haushaltspolitiker und Kenner der Probleme aus verschiedenen Senatsressorts Fraktionsvorsitzender. Entgegen den Behauptungen aus der Feindbeobachtung des Staatssicherheitsdienstes strebte Klaus Landowsky dieses Amt aus beruflichen Gründen damals nicht an. Er wurde ein Jahr später als Nachfolger von Günter Straßmaier Generalsekretär der Berliner Partei.

Der „neue" Senat war der alte. Richard von Weizsäcker hatte die Wahlkampfmannschaft des Jahres 1981 mit vielen so genannten Quereinsteigern und Bundesprominenz der CDU aufgestellt. Hanna Renate Laurien, Ulf Fink und Rupert Scholz gehörten dazu, Norbert Blüm bis zu seiner Wahl in das erste Kabinett Kohl 1982. Nach dem Wahlsieg hatte ich als amtierender Fraktionsvorsitzender zunächst auch die Erwartung auf ein Senatsamt. Der

Chef redete mir das allerdings in unseren Überlegungen über die Zusammensetzung des Senats aus. „Die wichtigste Position nach dem Regierenden Bürgermeister ist nicht irgendein Senatsamt, Bürgermeister oder Finanzsenator, sondern der Fraktionsvorsitz." Tatsächlich stimmten wir die Zusammensetzung des Senats und die gemeinsame Position ab und vertraten das Ergebnis gegenüber Fraktion und Partei. Richard von Weizsäcker wollte noch mehr Erneuerung als „Peter Lorenz – und die neue CDU", die den Weg zur stärksten politischen Kraft Berlins eingeleitet hatte. Ich hatte die Erwartungen der Mitglieder der Berliner CDU zu vertreten, die über Jahre Oppositionsarbeit geleistet hatten. Im Ergebnis konnten sie sich mit Heinrich Lummer als Bürgermeister auch in einer sonst liberal-konservativ ausgerichteten Senatsmannschaft wiedererkennen.

An Senatsentscheidungen war ich in jener Zeit der Minderheitsregierung (die CDU hatte bei den Wahlen 1981 mit 48% die Mehrheit der Mandate knapp verfehlt) und auch in der Koalition mit der FDP stark beteiligt. An Senatssitzungen konnte, musste ich aber nicht teilnehmen. Regierungsmitglieder stimmten Einzelheiten ihrer Politik mit der Fraktionsspitze und natürlich insbesondere mit dem Fraktionsvorsitzenden ab. In jedem Stadtstaat übt das Parlament über die Zuständigkeiten in der Gesetzgebung hinaus einen besonders starken Einfluss auf die Exekutive aus.

Die Veränderungen für den Senat waren mit dem Austausch auf dem „Chefsessel" also nicht revolutionär. Vielleicht war es aber doch auch eine Folge der vorangegangenen Nachfolgediskussion: Im Senat gab es ein hohes Maß an Solidarität und gegenseitiger Hilfsbereitschaft. Anders als in den späteren Jahren der großen Koalition von CDU und SPD wollte man den gemeinsamen Erfolg. Dafür wollten alle – auch die Mitglieder des Koalitionspartners FDP – den Erfolg des Regierenden Bürgermeisters. Der „Chef" musste nicht überall koordinieren, ausgleichen oder antreiben, konnte Schwerpunkte außerhalb des Tagesgeschäftes setzen. Mit großer Selbstverständlichkeit haben die Senatskollegen ressortübergreifend und ohne starke Eifersüchteleien an gemeinsamen Projekten gearbeitet. Das galt insbesondere für die Berliner Wirtschaft, Wissenschaft und Kultur. An einer neuen Wirtschaftskraft der Stadt durch Neuansiedlung von Betrieben in der Verbindung zu Hochschulen und Forschungseinrichtungen wurde gearbeitet, Theater und Opern wurden als Grundlage einer Tourismusoffensive gesehen.

Das Bild einer geschlossenen Mannschaft wurde auch öffentlich von den Mitgliedern das Senats demonstriert. Einmalig wohl war der Auftritt einer vollzähligen Landesregierung als Gesanggruppe in einer vom legendären Hans Rosenthal moderierten Fernsehshow. Es war die Abschiedsgala für den Bundespräsidenten Karl Carstens. „Reich mir zum Abschied noch einmal die Hände" Der Berliner Senat verabschiedete dabei mit einem Lied Richard von Weizsäcker aus seinem Amt in Berlin und begrüßte ihn als den Nachfolger des ausscheidenden Professor Carstens. „Das war in Schöneberg ein großer Schreck, durch Ihren Abschied ging der Richard weg! Dann kam der Eberhard. Wer bleibt uns ganz? Wir hoffen, Eberhard! Sonst kommt der Hans!" Horst Pillau hatte das „Lied der Senatoren" geschrieben. Mein Part war „Ich bin vom Kopf bis Fuß auf Rathaus eingestellt, denn das ist meine Welt, und sonst gar nichts", nach der Melodie des berühmten Liedes von Marlene Dietrich „Ich bin von Kopf bis Fuß auf Liebe eingestellt". Es war natürlich alles Playback. Mein Part war zuvor im Nebenraum meines Arbeitszimmers im Rathaus Schöneberg aufgenommen worden. Zuerst etwas zaghaft, dann doch mit kräftiger Stimme – es hat viel Spaß gemacht. Der Senatschor war ein großer Erfolg, rauschender Beifall, aber ein da capo war leider nicht möglich.

Neue personalpolitische Aspekte waren also weder notwendig noch erwünscht. Die Koalition mit der FDP und damit die personelle Zusammensetzung der Regierungsmannschaft bestand zudem auch noch nicht einmal ein Jahr. Auch der über den Ausgang des Wettstreites „Diepgen/Laurien" besonders vergrätzte Finanzsenator Gerhard Kunz arbeitete engagiert mit und verkündete nur sein Ausscheiden aus der Politik zum Ende der Legislaturperiode. Dem Drängen einzelner Mitglieder der CDU-Fraktion, den Chef der Senatskanzlei Dr. Schierbaum durch einen Vertreter mit stärkerer Parteibindung abzulösen, habe ich aus Gründen der Kontinuität und der deutschlandpolitischen Erfahrungen des Amtsinhabers nicht nachgegeben.

Winfried Fest

Meine wichtigste Personalentscheidung betraf die Position des Senatspressesprechers. Hier gelang mir ein Glücksgriff: Winfried Fest. Er wurde nicht nur Sprachrohr des Senats, sondern wichtiger – auch einflussreicher – persönlicher Ratgeber.

Den neuen Senatssprecher musste ich der Kulturverwaltung abwerben. Winfried Fest war Staatssekretär und für den dort seit knapp einem Jahr amtierenden Volker Hassemer, er hatte mit dem Eintritt der FDP in die Koalition sein Amt als Stadtentwicklungssenator verloren und die Kulturverwaltung übernommen, schwer zu ersetzen. Die Abwägung aber war klar. Der Senat brauchte ein in der Berliner Öffentlichkeit und insbesondere auch bei den Journalisten anerkanntes Sprachrohr für seine Politik. Anders als Amtsvorgänger Meinhard Ade, der seinem Chef ins Bundespräsidialamt folgen wollte, sollte sein Nachfolger nicht nur die Distanz der „Mächtigen", sondern auch Vertrautheit und Aufgeschlossenheit gegenüber journalistischen Problemen verkörpern. Winfried Fest kannte Berlin, kannte die besonderen Gesetzmäßigkeiten der Pressearbeit und überzeugte durch preußisches Pflichtbewusstsein. Er hatte in der Vergangenheit – so behaupte ich – die besten Reden für Klaus Schütz, mit dem er auch befreundet war, geschrieben. Seine intime Kenntnis der Kulturszene hat ihn und in Folge davon auch mich über viele Jahre immer wieder in eine Moderatorenrolle bei Diskussionen um die Entwicklung der streitbaren Berliner Kultur„landschaft" geführt.

Wir hatten uns mit Hinterlassenschaften aus dem Wettstreit um die Nachfolge Richard von Weizsäckers zu kümmern. Nach dem Staatsmann war jetzt „nur" der Berliner Junge im Amt. Das zarte Pflänzchen des neuen Berliner Selbstbewusstseins durfte nicht beschädigt werden. Passen die großen Schuhe des Amtes? Kann der „blasse" Eberhard das schaffen? Die Antwort auf diese Fragen liegt immer in der konkreten Arbeit, die überzeugen muss. Gracián ergänzt das durch die Feststellung: *Die Krücke der Zeit richtet mehr aus als die Keule des Herkules.*

Dennoch: Journalisten wiederholen sich gerne in ihren Urteilen. Sie schreiben auch gelegentlich aus Zeitnot und mangelnder Recherche gern voneinander ab. Als meine Redenschreiber schon seit Jahren kurz vor der Verzweiflung standen, weil ich ihre Entwürfe meist nur als Anregung betrachtete und das Manuskript demonstrativ unbeachtet ließ, las ich bei einzelnen „Liebesgeschichten" noch davon, ich würde mich stets mangels rhetorischer Fähigkeiten krampfhaft und stotternd am Manuskript festhalten. Also ging es auch gleich um den Kampf gegen einzelne Begriffe. Der „blasse" Eberhard. Ganz ausrotten konnten wir diese versuchte Herabsetzung nie. Abgearbeitet, und das ist ein pflichtbewusster Regierungschef in der konkreten Situation des Stadtstaates Berlin nicht selten, ist man halt auch blass. Also Blässe als Qualitätsmerkmal!

Das war die Idee von Winfried Fest. Die politische Definition von Blässe erfolgte mit meiner ersten Spargelrede auf der Traditionsveranstaltung des Berliner Journalistenverbandes im Mai 1984. Mit dem Essen bedankt sich die schreibende Zunft für die Zusammenarbeit mit allen Objekten ihrer Berichterstattung. Der Regierende Bürgermeister hat im Namen der Gäste zu danken und möglichst humorvoll auf anstehende Probleme einzugehen.

Meine Spargelrede – zu diesem Zeitpunkt hatte ich den Gegenkandidaten der SPD, Harry Ristock, durch Rücktritt bereits verloren, den ersten Besuch im Weißen Haus absolviert und anlässlich der Leipziger Messe Politbüromitglieder der SED getroffen:

Im Gegensatz zu anderen Früchten wächst der Spargel zunächst unsichtbar, er hält sich lange Zeit bedeckt und drängt sich nicht nach dem Lichte der Öffentlichkeit. Kaum aber kommt er aus der Erde, so stellt er – entwickelt und gestochen – sofort seine Qualität unter Beweis.

Alle Eigenschaften, die man vom Spargel vermutet, hat er zunächst nicht:
er ist nicht rot
er hat keine Ecken und Kanten
er ist aber auch nicht schön rund, wie z.B. der Ap(f)el

Vor allem aber ist der Spargel blass, er muss blass sein! Ansonsten wird ihm der wirkliche Kenner echte Qualität bald absprechen. Denn wir alle wissen, dass grüner Spargel in unseren Landen nicht geschätzt wird und kaum Liebhaber oder Anhänger gefunden hat. Der wirkliche Gourmet, der Kenner aber, der sich nicht durch den schönen Schein täuschen lässt – besteht auf der edlen Blässe des Spargels.

Der Spargel hat einen unaufdringlichen, doch unvergesslichen eigenen Geschmack. Nicht jeder mag ihn sofort. Nach einiger Zeit aber merkt man, was man vermisst, wenn man auf ihn verzichtet. Man muss sich schon auf den Spargel einstellen: Er zeigt Charakter, weil sich nicht alles mit ihm kombinieren lässt. Wer Spargel liebt, tut dies nicht aus einer oberflächlichen Neigung oder Stimmung heraus, sondern der liebt den wirklichen Genuss.

Denn: wenig Raum lässt der Spargel für heftige und deftige Nebengenüsse, mit phantasielosen Eintöpfen verträgt er sich gleich gar nicht. Der Spargelesser darf zum Spargel nichts Schweres trinken, sondern bleibt beim leichten gepflegten Wein, Spargel – das erfordert eine gewisse innere Einstellung, Muße und Zuwendung. Wer den Spargel mag, der schreit es nicht heraus. Der Blässe des Spargels bleibt er sich bewusst, doch weiß er sie als Qualitätsmerkmal zu schätzen: er schaut nicht auf die Oberfläche, sondern schmeckt, prüft und entscheidet schließlich zumeist, dass der Spargel gut war.

Im Frühjahr 1984 ging es zunächst darum, die politische Kontinuität nach dem Amtswechsel zu betonen. Neue Akzente konnten nur schrittweise gesetzt werden. Aber es gab einen Stilwechsel, ich wollte nicht in die Schuhe des Vorgängers schlüpfen, sondern eigene anpassen. Nach meinem gesellschaftspolitischen und sozialen Engagement war meine Klientel weniger im gutbürgerlichen Dahlem oder Grunewald als vielmehr in den so genannten Arbeiterbezirken Wedding, Spandau und Neukölln zu finden. Dort mussten auch die Mehrheiten für die CDU in dem noch immer traditionell stark sozialdemokratisch ausgerichteten Berlin gefunden werden.

Ich stürzte mich in die neuen Aufgaben. Die protokollarischen Pflichten erwiesen sich in weiten Teilen auch schnell als interessantes aber auch zeitaufwändiges Vergnügen. Meine Frau machte toll mit, nur wenn es sein musste, auch die Kinder. Die ursprünglichen Sorgen vor diesem Teil der Amtspflichten waren jedenfalls übertrieben. Die ersten Staatsbesuche waren zu empfangen, Messen zu eröffnen. Verbunden mit dem neuen Optimismus für Berlins wirtschaftliche Entwicklung gab es auch Einweihungen für neue Betriebsstätten. Damals wurde das BMW-Werk für Motorräder in Spandau erweitert. Bundeskanzler Kohl kam dafür extra nach Berlin. Alles Anlässe, bei denen sich die Berliner auch durch die Berichterstattung an den „Neuen" gewöhnen konnten. Im Wahlkampf im Frühjahr 1985 konnten wir mit Erfolg plakatieren „Einer von Uns".

Streit um eine Klarinette

Im Rückblick gab es in den ersten drei Monaten in meinem Amt für die kritischen Beobachter wohl zwei besondere Stolpersteine. Zunächst: Wie würde Eberhard Diepgen nach dem weltgewandten Richard von Weizsäcker bei seinem ersten Besuch in den USA ankommen? Sehr verkürzt formuliert: es gab keine Probleme. Die Aufnahme war freundschaftlich. Auch in den Berichten der Deutschen Botschaft wurde über substantielle Gespräche berichtet. Die Berichterstattung hatte also nichts zu bemängeln. Erstaunt wurde nur festgestellt, dass in den Gesprächen neue Wünsche nach einer zeitgemäßen Auslegung des Viermächtestatus vorgetragen wurden. Die entsprechende Passage der Regierungserklärung war noch nicht ernst genommen worden. Berliner „Statusbewahrer" hatten besonders erstaunt den Wunsch zur Kenntnis genommen, die Lufthansa sollte in geeigneter Rechtskonstruktion auch Berlin anfliegen können.

Bei diesem Besuch ist – ein Jahr vor dem Wahltermin – in der Atmosphäre eines neuen amerikanischen Selbstbewusstseins der Wahlkampfslogan der CDU für 1985 entwickelt worden. Mir wurde in Washington immer wieder gesagt, Amerika ist wieder da. *Amerika is back again.* Meine Antwort in diesen Gesprächen war: Berlin ist auch wieder da. *Berlin is back again too.* Die These von der Eurosklerose war in diesen Monaten besonders häufig zu hören. Mit Elan hatte ich dagegengehalten.

Komplizierter war die Krise der Berliner Philharmoniker. Herbert von Karajan und sein Orchester hatten sich zerstritten. Der Maestro wollte Sabine Mayer, eine Klarinettistin, als erste Frau nach Probespiel und Probezeit in das Orchester aufnehmen. Natürlich wurde darüber gestritten, ob die anerkannte Solistin mit ihrer spezifischen Klangfarbe – ich hoffe diese Verkürzung ist im Ergebnis korrekt – in das Orchester passe. Aus dem Streit wurde aber eine Grundsatzfrage. Traditionell hatte das Berliner Philharmonische Orchester mit dem Recht der Selbstverwaltung auch das Recht, seine Mitglieder selbst zu bestimmen. Herbert von Karajan aber wollte dieses Recht an sich ziehen. Für die Mitglieder des Orchesters also ging es um die Rechte gegenüber dem auf Lebenszeit gewählten Dirigenten. Herbert von Karajan aber argumentierte mit seinen künstlerischen Motiven. Nur Insider verstanden den Streit, je weiter man von Berlin weg die Diskussion betrachtete, um so unverständlicher wurde sie. Der Dirigent aber drohte, Berlin zu verlassen. Das Organisationsrecht stand auf der Seite des Orchesters. Der Intendant Dr. Girth hatte sich als verlängerter Arm des Dirigenten verstanden und schied als streitschlichtende Instanz aus.

Berlin wollte (musste?) Herbert von Karajan halten. Der Regierende Bürgermeister musste sich einschalten. Den Osterurlaub habe ich dafür mit der Familie in Salzburg verbracht. Ich besuchte den Dirigenten und Berliner Ehrenbürger. Ein richtiges Ergebnis gab es nach dem Gespräch nicht. Aber es war klar, auch die Drohung, die Philharmoniker zu verlassen, würde nicht so heiß gegessen wie sie gekocht war. Nach meinem Eindruck war Herbert von Karajan sich durchaus darüber im Klaren, dass für das Orchester eine Grundsatzfrage angesprochen war, die weit über das Verhältnis zum gegenwärtigen Dirigenten hinausging. Offensichtlich wollte er aber auch testen, wie weit er das Orchester in Einzelfragen bestimmen kann. Auf keinen Fall wollte er aber wohl ernsthaft die auch wirtschaftlich interessante Zusammenarbeit und die Fülle seiner Planungen über neue Schallplattenaufnahmen gefährden.

Es war ein langes und für mich sehr interessantes Gespräch, in dem ich den Menschen Herbert von Karajan näher kennen lernte. Die Grundsatzfragen des Streits in Berlin wurden nur kurz angesprochen. Ich hatte mein Verständnis für die Position des Orchesters und gleichzeitig die Bitte, ja den dringenden Wunsch an Herbert von Karajan vorgetragen, er möge seine Bindungen an Berlin nicht infrage stellen. Er hat natürlich mit seinem Ärger über störrische Orchestermitglieder nicht hinter dem Berg gehalten und sein Vertrauen zum amtierenden Intendanten betont. Die Emotionen jedoch waren moderat. Intensiver unterhalten haben wir uns über seine künstlerischen Pläne, Plattenaufnahmen und seine Freude am Segeln. Ganz begeistert hat er über seine Yacht berichtet. Ich konnte nur spärliche eigene Erlebnisse aus Segeltörns im Mittelmeer und durch die Kanäle der Niederlande beisteuern, dafür aber mit der sicheren Erwartung nach Berlin zurückfahren, das Thema könne in wenigen Wochen einvernehmlich gelöst werden. Der Sturm der Erregung war schon abgeflaut.

Herbert von Karajan blieb in Berlin. Sabine Mayer verzichtete auf die Anstellung bei den Philharmonikern. Der Intendant Dr. Girth musste gehen und als „Retter der Harmonie" wurde im Juni des Jahres der bewährte frühere Intendant Wolfgang Stresemann kurz vor seinem 80. Geburtstag wieder aktiv. Mit der Erfahrung und dem Fingerspitzengefühl des Sohns des legendären Außenministers der Weimarer Republik Gustav Stresemann konnte der zunächst nur neutralisierte Streit zu den Akten gelegt werden.

„Berlin ist wieder da", Anspruch und Selbstbewusstsein einer solchen Aussage fällt ins Leere, wenn sie nicht einen ausreichenden Resonanzboden findet. Es gibt immer besondere Ereignisse, an denen man festmachen kann, ob die Stimmung in einer Stadt in einem alten oder neuen Trend verläuft. Es können viele Kleinigkeiten sein, oder ein Großereignis, aber bitte mehr als das klassische „Brot und Spiele", in denen sich eine Entwicklung manifestiert. 1984 war es das große Feuerwerk von André Heller, ein Erlebnis für die Berliner in Ost und West. Hunderttausende waren auf den Beinen. Ich war gemeinsam mit dem Wirtschaftssenator Elmar Pieroth im Tiergarten und bewunderte das für Berliner und Touristen organisierte Schauspiel. Die Zuschauer waren begeistert. Es kamen viel mehr, als die Veranstalter sich erträumt hatten.

Wir standen dicht gedrängt, konnten weder vor noch zurück. kein Weg für die Feuerwehr! Kein Fluchtweg! Für mich unvergesslich eine kurz aufflackernde Sorge: wenn hier was passiert! Nur in einem kurzen Wortwechsel malten Elmar Pieroth und ich uns die politischen Folgen aus. Ich weiß, dass er am folgenden Tag seinen verantwortlichen Staatssekretär Detlef Stronk zu sich zitierte. „So bitte nicht noch einmal". Erst danach gratulierte er zum Erfolg.

Berlin war wieder da. – André Heller hat auch in späteren Jahren sehr viel Interessantes in Berlin vorgestellt. Die Massenwirkung des Feuerwerks wurde nicht wieder erreicht. Für das Stadtklima vergleichbar ist nur die Wirkung, die später von der Verhüllung des Reichstags durch die Christos ausging. Übrigens, auch da habe ich heute noch schlechte Träume bei dem Gedanken an starken Dauerregen während dieser Tage. Gott sei Dank hatte der Wettergott Erbarmen. In Moskau hatte man bei der 850-Jahr-Feier den Regen kostenaufwändig durch chemiesprühende Fahrzeuge vertrieben. In Deutschland wäre das unmöglich.

Chefsache

Die Regierungserklärung vom 23. Februar 1984 war die Aufforderung zu Selbstbewusstsein und Initiative der Bürger: „Berlin besinnt sich auf seine Kraft ... in Berlin stecken Lebendigkeit und Vielfältigkeit, Kraft und Pioniergeist, Behauptungswille und auch Stolz". Für mich war es nicht nur eine traditionelle Formel, dass ich mich in den ersten Sätzen an die Berliner im anderen Teil der Stadt wandte, „Berlin ist geteilt, aber die Menschen beiderseits der Mauer bleiben Berliner, Bürger einer Stadt". Vieles aus der Regierungserklärung hört sich auch nach 20 Jahren noch sehr aktuell an, das Rad muss in der parteiübergreifenden Erfahrung mit Regierungshandeln nicht immer wieder neu erfunden werden.

„Der Senat (betreibt) eine aktive Industriepolitik, die auf den Zuwachs von Produktivität gerichtet ist. Mikroelektronik, Robotertechnik, die Kommunikationstechnologien, Bio- und Umwelttechnik, das sind Branchen mit Zukunft und Wachstumschancen. Wir können und werden sie in Berlin verankern ..., nur einem Scheinrezept verweigert sich der Senat: der Subventionierung überholter Strukturen durch Ausweitung der Staatsverschuldung ... Jedermann weiß: die Verschiebung einer Krankheit ist die schlechteste Therapie ... Dabei wollen wir – um ein aktuelles Thema aufzunehmen – ein sinnvolles Nebeneinander von Eliten- und Breitenausbildung sowie den Wettbewerb zwischen den Hochschulen um die besten Professoren und Studenten."

Wir propagierten das Berliner Modell der Sozialpolitik: „Soziale Gerechtigkeit in Zeiten voller Kassen zu propagieren – das ist wahrlich einfach. Soziale

Gerechtigkeit aber umzusetzen auch bei knappen Kassen, das verlangt Mut, und zwar Mut, Entscheidungen zu treffen und notwendige Prioritäten zu setzen". Der Kampf gegen die verschämte Altersarmut, Selbsthilfeinitiativen und der Aufruf zu verstärkter ehrenamtlicher Arbeit nahmen einen breiten Raum in der Erklärung ein. Ältere Menschen waren bei geringer Rente oft zu stolz, ihre Ansprüche auf ergänzende Sozialhilfe geltend zu machen. Gerade bei der Altersstruktur Berlins gab es deswegen viel Armut und Entbehrung. Die Idee von Ulf Fink zu einer Mindestrente ist erst in den Neunzigerjahren vom Bundestag aufgegriffen worden.

In Berlin wird in regelmäßigen Abständen der Ruf nach der Chefsache laut. Der Regierende Bürgermeister soll es immer dann richten, wenn es nicht vorangeht. Anspruch und Erwartungen der Öffentlichkeit und die Amtsausstattung klaffen dabei weit auseinander. Die Berliner Verfassung hat den Regierenden Bürgermeister mit sehr begrenzter „Machtfülle" ausgestattet. Er vertritt das Land nach außen, führt den Vorsitz im Senat und leitet seine Sitzungen. Von Richtlinienkompetenz ist nirgends die Rede. Für die praktische Regierungsarbeit umschreibt die Verfassung in Artikel 58 Absatz 4 die Aufgaben des Chefs der Berliner Regierung:

„Der Regierende Bürgermeister überwacht die Einhaltung der Richtlinien der Regierungspolitik; er hat das Recht, über alle Amtsgeschäfte Auskunft zu verlangen."

Verfassungsrechtlich ist nur die Bildung des Senats die „große" Stunde des Regierenden. In anderen Bundesländern ernennt der Regierungschef in der Regel die Mitglieder seiner Mannschaft. Er kann sie auch wieder entlassen. In Berlin werden auf seinen Vorschlag die einzelnen Regierungsmitglieder in getrennten Wahlgängen aber vom Abgeordnetenhaus gewählt. Auf seinen Vorschlag wird die Abgrenzung der Geschäftsbereiche beschlossen. Die Regierungsmitglieder sind dann aber unmittelbar dem Parlament verantwortlich. Sie leiten ihren Geschäftsbereich selbstständig und in eigener Verantwortung.

Entscheidungen des Senats sind nach dieser Konstruktion theoretisch nur gefragt, wenn es zwischen Senatsmitgliedern Meinungsverschiedenheiten gibt. Erst 1998 wurde die Verfassung ergänzt. Auch auf Antrag des Regierenden Bürgermeisters kann jetzt der Senat Entscheidungen für den Geschäftsbereich eines einzelnen Senatsmitgliedes treffen. Auf diese Ergänzung hatte ich gedrängt. In Gesprächen mit einzelnen Senatskollegen über kontroverse Themen wollte ich auf eine unbestreitbare Möglichkeit hinweisen können, im Notfall auch eine Senatsentscheidung herbeiführen

Verfassungsrechtlich ist der Regierende Bürgermeister von Berlin also mager ausgestattet. Auch aus diesem Grund ist die Forderung nach einer Richtlinienkompetenz immer wieder aufgetaucht. Nach 1991 hat sich die SPD dieses

Themas wiederholt angenommen. Etwas vordergründig geschah das allerdings meist dann, wenn innerhalb der CDU ein Einzelthema noch nicht diskutiert und entschieden war. Immer dann, wenn die SPD in den aktuellen Fällen meine parteiinterne Position teilte, wollte sie eine Stärkung des Regierenden Bürgermeisters. Ich hatte selbstverständlich nichts gegen den Ausbau meiner Befugnisse. Aber aus meiner Sicht lohnte sich ein Streit nicht. Koalitionsregierungen haben ihre besonderen Gesetzmäßigkeiten. Der Partner darf in der Regierung nicht überstimmt werden, so heißt es routinemäßig in den Koalitionsvereinbarungen.

Gegen wen also sollte man eine Richtlinienkompetenz ausüben? Gegenüber eigenen Parteimitgliedern oder parteilosen Mitgliedern der Regierung? Es gab zwar Fälle, in denen ich mich gegenüber störrischen Kultursenatoren aus den eigenen Reihen gerne auch zusätzlich in unseren Erörterungen auf eine Richtlinienbefugnis bezogen hätte. Peter Radunski hat mit seiner Position zum Holocaust-Mahnmal meinen Widerstand gegen die Stelenlandschaft des Duos Eisenman/Lea Rosh erheblich erschwert. Einen anderen Kultursenator hätte ich entlassen müssen. Roloff-Momin demonstrierte gegen das Mahnmal an der „Neuen Wache", während „sein" Regierender bei der Einweihung gemeinsam mit dem Bundeskanzler einen Kranz niederlegte. Er war Vertreter des Koalitionspartners. Also war die Alternative: entweder großer Koalitionskrach oder die Frechheit zum großen Bedauern des Provokateurs gar nicht zur Kenntnis nehmen.

Ich bleibe in Bezug auf das Thema Richtlinienkompetenz bei meiner Zurückhaltung. Mit Sachkompetenz und auch Detailkenntnis kann und muss überzeugt werden. Wenn das nicht zu einer Lösung führt, stehen parteipolitische Fragen im Hintergrund der Meinungsverschiedenheiten. Dann hilft auch die Richtlinienkompetenz in einem bereits schwelenden Koalitionsstreit nicht. Wichtiger erscheint mir auch heute noch der Wahlmodus für die Mitglieder des Senats. *Hire and fire,* ernennen und entlassen, dieses Recht sollte für den Regierenden Bürgermeister von Berlin angestrebt werden. Der Gesamtsenat sollte nach der Ernennung der einzelnen Mitglieder durch den zuvor gewählten Regierenden Bürgermeister durch das Abgeordnetenhaus nur bestätigt werden. Der Regierende muss seinen Kopf hinhalten, dann sollte die Verfassung ihm auch Handlungsfähigkeit in Krisenfällen zubilligen.

1986 musste ich aus unterschiedlichen Gründen auf den Rücktritt von Mitgliedern des Senats drängen. Die Stadt war durch einen Korruptionsskandal – die so genannte Antes-Krise – erschüttert. Horst Vetter, Senator für Stadtentwicklung und Umweltschutz und als früherer Fraktionsvorsitzender der FDP einer der Wegbereiter der Zusammenarbeit mit der CDU, musste mühsam überzeugt werden, ehe er nach langem Hin und Her die Rücktrittserklärung gegenüber dem Präsidenten des Abgeordnetenhauses abgegeben hat. Aus anderen Gründen traten im gleichen Jahr der Bürgermeister und Innensenator Heinrich Lummer und der Senator für Bau- und Wohnungswesen Klaus Franke zurück. Sie boten es mir nach kurzem Gespräch an.

Überlegungen zur Änderung des Wahlmodus stießen insbesondere bei der Führung der CDU-Fraktion auf energischen Widerstand. Klaus Landowsky argumentierte mit den Erfahrungen aus der Auflösung des Senats unter der Leitung von Dietrich Stobbe im Januar 1981. Nach dem Rücktritt des Senats war Dietrich Stobbe erneut mit der notwendigen Mehrheit zum Regierenden Bürgermeister gewählt worden, das Abgeordnetenhaus verweigerte aber in den anschließenden Wahlen den von ihm vorgeschlagenen Kandidaten die Wahl in die Senatorenämter. Das war der Grundstein für anschließende Neuwahlen in Berlin und die Regierungsübernahme durch die CDU im Juni des gleichen Jahres. Bei einem anderen Wahlverfahren – so Klaus Landowsky – wäre die Regierung Stobbe im Amt geblieben. Diese Chancen wollte er erhalten. Aus meiner Sicht war diese Gedankenkette nicht sehr überzeugend. Sie konzentrierte sich auf eine spezielle historische Situation und vernachlässigte zudem die simple Tatsache, dass Auswirkungen der geschilderten Art mal die eine und mal die andere politische Gruppierung bevorzugen kann. In Wirklichkeit stand hinter der Zurückhaltung gegenüber einer Verfassungsänderung wohl doch eine andere Sorge: das vereinfachte Verfahren der Ernennung von Senatsmitgliedern schwächt natürlich die Einflussmöglichkeiten einer Regierungsfraktion auf die Zusammensetzung der Regierung. Dafür musste ich wieder Verständnis haben, auch wenn ich das Argument sachlich nicht teilte. Der konservative Flügel der CDU fürchtete in der Großen Koalition um seinen Einfluss. Darauf musste der Fraktionsvorsitzende Rücksicht nehmen. Er konnte davon ausgehen, dass ich auch seine unausgesprochenen Motive kannte.

Chefsache? Zur Unterstützung der Arbeit des Regierenden Bürgermeisters hatte vor Jahren Klaus Schütz eine Planungsleitstelle aufgebaut. Sie musste nach massivem Widerstand der selbstbewussten Ressortchefs (und wegen des Verdachts der Ämterpatronage) aufgelöst werden. Die Überprüfung der Arbeit der Senatsverwaltungen, ob denn die Richtlinien der Regierungspolitik auch eingehalten werden, und damit ein Kern der politischen Planung gehört daher in Berlin ganz unspektakulär zu den Aufgaben der Senatskanzlei. Ihre Mitarbeiter haben sich in den Jahren meiner Amtszeit als sehr leistungsfähig erwiesen und es mir ermöglicht, den bereits als Abgeordneter erworbenen Ruf als detailverliebter „Aktenfresser" bis zum Ende meiner Amtszeit zu bewahren. So konnte ich auch Themen aus anderen Geschäftsbereichen aufgreifen. In der Zusammenarbeit mit der FDP gab es dabei keine Probleme. Schwieriger und bedeutend arbeitsintensiver wurde das in der großen Koalition mit der SPD, insbesondere nach 1995. Die SPD hatte ihr Wahlziel – stärkste und damit führende Kraft in der Koalition – weit verfehlt, der Drang

27

zur Eigenprofilierung wurde mit dem Eintritt von Annette Fugmann-Heesing und Peter Strieder in den Senat immer größer.

Die Berliner Politik war während der Zeit der deutschen Teilung immer von einem für die anderen Bundesländer untypischen Dreiklang gekennzeichnet. Neben der Landes- und Kommunalpolitik gab es die Herausforderungen der Deutschlandpolitik und auch eine eigenständige außenpolitische Verantwortung. Sie waren wirklich Chefsache. Internationale Aktivitäten, Auslandsreisen und Regierungsbesuche von Ministerpräsidenten deutscher Bundesländer sind immer von dem Hauch einer problematischen Nebenaußenpolitik belastet. Nicht so beim Regierenden Bürgermeister von Berlin. Regelmäßige Besuche im Weißen Haus, in der Downing Street und im Elysée-Palast gehörten zu seinen Amtspflichten. Eine aktive Mitwirkung an der Formulierung der gesamtdeutschen Politik war selbstverständlich.

Die Beziehungen zwischen den beiden Staaten in Deutschland hatten natürlich besondere Rückwirkungen auf alle gesellschaftlichen und wirtschaftlichen Entwicklungen in der Stadt. Der im letzen Jahrzehnt vor der Wiedervereinigung anwachsende Polittourismus westdeutscher Prominenz aller politischen Couleur stellte den Berliner Senat dabei in einen deutlichen Zugzwang. Wollten wir nicht nur als Zuschauer der gesamtdeutschen Politik erscheinen, musste sich Berlin deutlich einmischen. Dabei ging es um gesamtdeutsche Initiativen und auch um eigene Kontakte zur „anderen Seite", trotz aller Begrenzungen, die aus dem Rechtsstatus Berlins und den Verantwortungen sowohl der Alliierten als auch der Bundesregierung folgten.

„Das freie Berlin ist ohne den Blick auf die Einheit der deutschen Nation nicht denkbar. Und ebenso beweist die Existenz des freien Berlins: mit der aufgezwungenen Teilung ist die gemeinsame Geschichte nicht abgeschlossen." So formulierte ich in der Erklärung vom Februar 1984. In der Deutschlandpolitik wollte ich keinen Zweifel an dem Ziel der Wiedervereinigung aufkommen lassen. Das entsprach leider immer weniger dem Zeitgeist im Westen Deutschlands. Die Belastungen und Rücksichtnahmen der Wiedervereinigungspolitik wurden immer stärker als Last empfunden. Wie oft musste ich die kritische und skeptische Frage beantworten, ob ich denn wirklich die Wiedervereinigung Deutschlands für möglich hielt. Auch bei meinen Auslandsreisen musste ich zu diesem Thema Rede und Antwort stehen. Meine Antwort war immer ein klares Ja. Es durfte nicht um das Ob, sondern nur um das Wann und Wie gehen. Die Verbündeten der Bundesrepublik Deutschland mussten an ihrer Verpflichtung zur Förderung der deutschen Einheit festhalten. Das war auch das Ziel der Berliner „Außenpolitik" und Inhalt vieler Gespräche, die ich bei meinen Reisen in europäische Hauptstädte führte.

Mit der Wiedervereinigung als Ziel der Deutschlandpolitik ist ein entscheidendes Problem der Beziehungen zwischen beiden Staaten in Deutschland angesprochen. Behinderte dieses Ziel nicht jeden praktischen Fortschritt, die notwendigen kleinen und großen Schritte im Mit- und Nebeneinander in Deutschland? Im deutschlandpolitischen Teil der Regierungserklärung habe ich das Dilemma angesprochen: „Wir verbinden mit diesen Feststellungen (zur Einheit der deutschen Nation) nicht die ohnehin unrealistische Forderung an die andere Seite, sich selbst preiszugeben. Selbstpreisgabe oder wechselseitig Pfahl im Fleisch des anderen zu sein, sind törichte Formulierungen. Das Wesen der Geschichte ist der Wandel und wir setzen darauf, dass eines Tages friedlicher Wandel Mauer und Stacheldraht in Deutschland beseitigen wird. Aber wir wollen diese Überwindung der Teilung nicht gegen unsere Nachbarn, sondern gemeinsam mit ihnen erreichen ... Der Berliner Senat wird jedenfalls, und zwar immer unter Wahrung des Status der Stadt und der Einbindung Berlins in die Bundesrepublik Deutschland, seinen Teil zu einer Politik etwas größerer Schritte leisten."

Bei grundsätzlichen Meinungsverschiedenheiten in den langfristigen Zielen der Deutschlandpolitik und den gesellschaftspolitischen Vorstellungen ging es also um viele kleine und große Schritte. „Für uns geht es um mehr menschliche Begegnungen und Erleichterungen im Besucherverkehr. Und es geht um Fortschritte auf dem weiteren Weg Berlins zu einer attraktiven Metropole." Die Wünsche der Berlinerinnen und Berliner lagen auf dem Tisch. Dazu gab es auch eine weitgehende Übereinstimmung mit der Bundesregierung. Heute, 15 Jahre nach dem Fall der Mauer, sind die innerdeutschen Probleme aus der Zeit der Teilung weitgehend aus dem Gedächtnis verdrängt. Man redet lieber und häufiger über die so genannten Lasten der Wiedervereinigung. Am Themenkatalog für die innerdeutschen Verhandlungen aber kann man die Fortschritte in Deutschland ablesen.

Der Besuch bei Verwandten und Freunden war für die Westberliner teuer. An der Schraube Mindestumtausch für Besuche im anderen Teil der Stadt hat die Führung der DDR immer wieder gedreht. Mit der eingetauschten Ostmark konnte man selbst nur wenig anfangen. Das „Ostgeld" wurde verschenkt oder für Dinge ausgegeben, die sonst nicht auf dem Budget standen, Schallplatten, Bücher der DDR-Verlage. Es ging um Vereinfachungen bei der Reisegenehmigung, die Verkehrsverbindungen von Berlin in den Westen Deutschlands und die Zahl der Transitübergänge, Gebietsaustausch stand auf der Tagesordnung, über die Nutzung von Fahrrädern bei dem Besuch in der DDR musste auf Regierungsebene verhandelt werden.

Es gab eine einfache Formel, die bei allen unterschiedlichen Positionen zwischen Ost und West eine Zusammenarbeit zwischen den „feindlichen Brüdern" ermöglichte: *Agree to not agree*, wir sind einig, dass wir uns in wichtigen Zielrichtungen unserer Politik nicht einig sind. In meinen Gesprächen mit Regierungsvertretern der DDR und auch dem Staatsratsvorsitzenden Honecker bin ich immer von dieser Position ausgegangen. Dabei haben sich in den fünf Jahren meiner Regierungsverantwortung bis zum Jahr 1989 die Wege und Inhalte der Deutschlandpolitik in den laufenden Kontakten mit der Bundesregierung, den Alliierten und der anderen Seite weiter entwickelt. 1984 war es noch ein vorsichtiges Tasten, bei der Vorbereitung der 750-Jahr-Feier Berlins wurden dann auch neue Akzente gesetzt und der Handlungsspielraum der Berliner Politik gegenüber Bundesregierung und Alliierten getestet. Gleiches galt auch für die Statusdiskussionen mit den westlichen Schutzmächten. Den Kernbestand des Viermächtestatus und damit Anwesenheit und Verantwortung der Amerikaner, Engländer und Franzosen in und für Berlin wollte ich nie antasten. Die Regeln des Viermächteabkommens sollten aber nicht nur „strikt eingehalten und voll angewendet werden" - so war die Formel -, sondern strikt eingehalten und voll „ausgeschöpft" werden. Der Ausbau der Verbindungen und der politischen Bindungen nach Westen sollte das Bild von Berlin verändern: nicht die Probleme einer Insel mit den Unwägbarkeiten der Bindung zum Festland, sondern immer mehr eine Halbinsel, weil Bindungen und Verbindungen zum Festland fest und vielfältig verknüpft sind.

Berlin (Hauptstadt der DDR) und Westberlin. Das war nicht nur bloß eine Schreibweise der DDR und ihrer Verbündeten. Das war das Konzept zweier getrennter Städte und gegenüber dem Westteil Berlins die Behauptung von der selbstständigen politischen Einheit, einem dritten deutschen Staat neben Bundesrepublik und DDR. Als Berliner wollte ich, dass Berlin sich trotz der Mauer und der politischen und rechtlichen Streitfragen als *eine* Stadt darstellt. Berlin in Ost und West sollte sich auch in der Außensicht nicht zu zwei rivalisierenden Städten entwickeln: Zwei Feiern zum 750. Stadtjubiläum machten diese Gefahr aber sehr deutlich. Beide Seiten rüsteten zur Selbstdarstellung. Ich suchte nach der geeigneten Demonstration, mit der das Trennende überlagert werden konnte.

Das alliierte Berlin

Bis zum 3. Oktober 1990 war ganz Berlin nach westlicher Rechtsauffassung eine besetzte Stadt. Der Westteil der Stadt war gleichzeitig in das Rechts-, Wirtschafts- und Sozialsystem der Bundesrepublik Deutschland eingebettet. Amerika, Großbritannien und Frankreich übten die volle Souveränität aus, sie hatten jedoch erhebliche Teile ihrer Souveränität an die deutsche Verwaltung delegiert. Zur Qualität Berlins als Land der Bundesrepublik gab es nicht nur zwischen Ost und West unterschiedliche Positionen. Auch die deutsche und die westalliierte Rechtsposition klafften auseinander. Bundesgesetze mussten in Berlin erst durch das Abgeordnetenhaus beschlossen werden, das Recht der Europäischen Union galt dagegen unmittelbar. Besuchergruppen hatte ich als Student und Rechtsreferendar den Viermächtestatus und damit eine auch Jahrzehnte nach der deutschen Kapitulation 1945 fortdauernde Verantwortung der Siegermächte des Zweiten Weltkrieges für ganz Berlin immer an praktischen Beispielen zu verdeutlichen versucht: die Anwesenheit sowjetischer Soldaten an ihrem Ehrenmal in der Straße des 17. Juni westlich vom Brandenburger Tor, die Mitwirkung der Sowjetunion und der drei Westmächte in der Luftsicherheitszentrale für den Berlin-Verkehr und auch die sowjetischen Wachmannschaften im Kriegsverbrechergefängnis von Spandau im britischen Sektor zur Bewachung des in Nürnberg verurteilten Hitlerstellvertreters Rudolf Heß. Für die Befugnisse der Westmächte in Ostberlin waren die Beispiele schon dünner: Es waren die militärischen Patrouillenfahrten, seit dem Bau der Mauer nicht mehr bewaffnet, sondern nur mit Fotoapparaten ausgerüstet.

Nach meiner Erinnerung gab es über viele Jahre in der Bevölkerung kein lebhaftes Interesse an Einzelheiten der Rechtslage Berlins. Es gab aber die Sorge vieler Berliner, Zugeständnisse an die Sowjetunion könnten der Sicherheit des Westteils der Stadt schaden. An den Rechten der Alliierten und damit auch an ihrer obersten Gewalt wollte man in der Zeit der ständigen Berlinkrisen nicht rütteln. Selbst bei den massiven antiamerikanischen Demonstrationen gegen den Vietnamkrieg ging es höchstens am Rande um die Rolle der USA als Schutzmacht in Berlin. Eine selbstbewusste nachwachsende Generation begann jedoch, mehr und mehr kritische Fragen zu stellen.

Teile des Besatzungsrechtes wurden – so formuliert man das heute – kritisch hinterfragt. Wir hatten uns im Kreis junger Juristen zunächst eigentlich nur amüsiert, wenn es im Berliner Kriminalgericht in Moabit in der Anwendung geltenden alliierten Kriegsrechtes zu wahrlich lächerlichen Situationen kam. Die Geschichte ist nicht etwa nur gut erfunden: Im Verfahren wegen unerlaubten Waffenbesitzes wollte ein Gerichtsreferendar als Sitzungsvertreter der Staatsanwaltschaft offensichtlich die volle Rechtslage erfassen. Angesichts der klaren Beweislage müsse er von Rechts wegen eigentlich – so argumentierte er zum Erstaunen der Prozessbeteiligten – auf Todesstrafe plädieren, darauf verzichte er jedoch angesichts der sonst guten Führung des Angeklagten und beantrage nur eine Geldstrafe und die Einziehung der Waffe. Etwas ärgerlicher wurde das Ganze, als zur Zeit der Terroristenprozesse selbst historische Waffen eingezogen wurden. Auf die Androhung der Todesstrafe wegen unerlaubten Waffenbesitzes, darunter fiel auch der Besitz feststehender Messer, wurde erst nach dem 3. Oktober 1990 verzichtet.

31

Der Berliner konnte kein Verfassungsgericht anrufen, Rechtsmittel gegen Entscheidungen der Alliierten standen ihm nicht zur Verfügung. Gegen den Lärm eines Schießplatzes konnte er sich nicht wehren. Jäger mussten ihre Jagdwaffen irgendwo außerhalb von Berlin einschließen. Einen Polizeihubschrauber oder einen Flugrettungsdienst gab es nicht.

1978 registrierten wir ein besonderes Kuriosum. Flüchtlinge hatten auf ihrem Weg gen Westen ein Flugzeug der polnischen Fluggesellschaft LOT entführt und zur Landung in Berlin-Tempelhof – amerikanischer Sektor – veranlasst. Das State Department argwöhnte, die deutsche Justiz würde den Fall zu nachsichtig behandeln und befürchtete Ärger mit den Sowjets. Ein amerikanischer Bundesrichter namens Herbert Stern wurde eingeflogen und mit dem Fall beauftragt. Alles danach war schiefgegangen. Stern legte sich mit der Militärregierung an, kritisierte mangelnden Rechtsschutz der Angeklagten und bildete schließlich nach amerikanischem Recht eine Jury aus Berlinerinnen und Berlinern. Die Flugzeugentführer wurden schuldig gesprochen und Stern verhängte eine kurze Freiheitsstrafe, die wegen der erlittenen Untersuchungshaft nicht mehr angetreten werden musste. Als Stern sich danach anschickte, vor seinem „United States Court For Berlin" auch noch die Klage einer Bürgerinitiative gegen ein alliiertes Bauvorhaben entscheiden zu wollen, wurde er vom amerikanischen Botschafter in die USA zurückgeschickt. – Seitdem rumorte es. Waren das wirklich alles notwendige Folgen eines Status der Stadt, der Berlin außenpolitisch und militärisch absichern musste?

Mit dem Einzug der damals linksradikalen Alternativen Liste – heute Bündnis 90/Die Grünen – in das Abgeordnetenhaus von Berlin wurde das Thema ausgeweitet. Die bundesdeutsche und Berliner Fundamentalopposition stellte die automatische Übernahme von Bundesgesetzen und damit die Rechtseinheit mit dem Bund infrage. Die Themen wollte ich lieber selber anpacken, aus eigener Überzeugung, aber auch aus strategischen Überlegungen. Es sollte keine Chance geben, einzelne vernünftige Anliegen zum allgemeinen Sturm auf die komplizierte Rechtslage zu nutzen. Ich wollte gemeinsam mit den Schutzmächten einem Misstrauen gerade von Teilen der jüngeren Generation gegen notwendige Rechte der Alliierten durch „Abbau von Überholtem" vorbeugen.

Ich will kein juristisches Kolleg beginnen. Bei einer zu ausführlichen Darstellung der juristischen Streitfragen um den Status Berlins würde auch allzu leicht eine bedenkliche Schieflage entstehen und Gemeinsamkeiten und freundschaftliches Miteinander in Berlin in den Hintergrund drängen. Amerikaner, Briten und Franzosen haben sich in und für Berlin engagiert. Mit dieser Erfahrung bin ich aufgewachsen. Müßig zu betonen, dass ohne sie der Westteil der Stadt nicht überlebt hätte. Dafür stehen die Stichworte Luftbrücke, Gründung der Freien Universität oder auch der Rundfunksender RIAS Berlin. Wer kennt heute noch den vollen Namen dieses populären Senders? Rundfunk Im Amerikanischen Sektor! Er stand unter amerikanischer Verwaltung, garantierte journalistische Freiheit und war bis zur Gründung des Senders Freies Berlin (heute RBB) im Raum Berlin das alleinige Gegengewicht zum kommunistisch gelenkten „Berliner Rundfunk". Noch 1987 versuchte ich in vielen Gesprächen in den USA den Sender zeitgemäß um ein Fernsehprogramm zu erweitern. Nach der Wende wurde aus diesen Überlegungen das Fernsehprogramm der Deutschen Welle.

Amerikaner, Engländer und Franzosen beteiligten sich an den Bemühungen um neue Betriebe und Arbeitsplätze. Alle haben in den Traditionen ihrer Länder besondere Akzente gesetzt, Veranstaltungen mit und für die Berliner organisiert: Volks- und Sportfeste, kulturelle und gesellschaftliche Ereignisse. Sie gehörten zu der Stadt, die Soldaten – uniformiert und zivil – zum Straßenbild. Sie halfen mit demonstrativer Selbstverständlichkeit, wenn bei Großveranstaltungen um Unterstützung bei den vielen organisatorischen und technischen Problemen gebeten wurde. Das alles geschah unbürokratisch. Nach der Wiedervereinigung hatte der deutsche Standortkommandant als Repräsentant der Bundeswehr demgegenüber bei allem guten Willen viel größere Schwierigkeiten, zum Beispiel Bundeswehrsoldaten bei einem vorher von den Franzosen organisierten 25-km-Lauf oder auch beim Berlin-Marathon einzusetzen.

Berliner Gefühle

Und die Berliner Gesellschaft? Die Berlinkrisen vom Chruschtschow-Ultimatum bis zum Lärmterror durch sowjetische Düsenmaschinen haben ihre Spuren hinterlassen. Die Westmächte wurden im Westteil Berlins als Schutzmächte empfunden, Dankbarkeit der Berliner ist nicht etwa ein Produkt aus der diplomatischen Sprache der Politik. Aus den politischen Ängsten und Bedrohungen der „Insel" Berlin hat sich eine starke emotionale Verbundenheit entwickelt, unterstützt durch viele persönliche Freundschaften. Zur Westberliner Wirklichkeit gehört auch, dass viele Berliner beim Abschied der alliierten Soldaten aus Berlin 1994 nicht etwa nur Freude über ein demonstratives Ende des Zweiten Weltkrieges, sondern auch eine beunruhigende Leere empfunden haben. Sie konnten nur schwer das Gefühl verdrängen, jetzt doch allein gelassen und ungeschützt zu sein. Ich habe mich in meiner Amtszeit oft über vorheilgenden Gehorsam gegenüber auch nur vermuteten Positionen der Alliierten geärgert. Wollte ich mögliche Einwände der Berliner Militärregierungen gegen deutschlandpolitische Initiativen oder Überlegungen zu einem Berliner Verfassungsgericht kennen lernen, so musste ich nur rechtzeitig die Kommentare im Berliner

Tagesspiegel lesen. Das war nicht nur die Marotte eines Chefredakteurs. Es entsprach einem weitverbreiteten Bewusstsein der „alten Berliner" (West). Und es wirkte auch nach dem Fall der Mauer noch fort. Bei den Bauplänen für die Botschaft der USA am Pariser Platz in unmittelbarer Nähe des Brandenburger Tores wurde ich oft aufgefordert, aus Dankbarkeit für das Engagement der Amerikaner in Berlin alle städtebaulichen Bedenken gegen die vorgelegte Planung in den Papierkorb zu werfen. Ich wollte nicht ausgerechnet am Brandenburger Tor wegen der Sicherheitsüberlegungen alle Straßen weiträumig verlegen und den Pariser Platz der Sicherheitskontrolle durch amerikanisches Botschaftspersonal überlassen. Der amerikanische Botschafter fürchtete offensichtlich bei Planungsänderungen und -verzögerungen um eine rechtzeitige Absicherung des Projektes durch Haushaltsentscheidungen des Kongresses. Botschafter Kornblum, früher Chef der Militärregierung in Berlin, spielte bei diesem Thema virtuos auf dem Klavier der Westberliner Befindlichkeiten. Hartnäckig sammelte er die Freunde der USA gegen die Zumutung, beim Bau der Botschaft der amerikanischen Schutzmacht Berliner Stadtplanung berücksichtigen zu müssen. Bei meinem letzten Besuch in Washington war die Angelegenheit dann Thema im Gespräch mit Außenminister Powell. Eine neue Planung für das Grundstück am Brandenburger Tor wurde vereinbart.

Das war Westberlin. Zu Berlin insgesamt gehört aber ebenso die Feststellung, dass auch im Osten der Stadt nicht nur hart gesottene Kommunisten den Abzug der russischen Truppen mit Tränen in den Augen begleiteten. Und zum alliierten Berlin gehörten auch regelmäßige Treffen des Regierenden Bürgermeisters mit dem sowjetischen Botschafter in der DDR. Ich traf mich jährlich zweimal mit Botschafter Kotschemasow, abwechselnd im Gästehaus des Senats und in der sowjetischen Botschaft Unter den Linden. Es waren stets die gleichen Abläufe und Themen. Das Essen und das Angebot von Wodka war in der sowjetischen Botschaft immer besonders gut. Die sowjetische Macht wurde auch protokollarisch zelebriert. Der Botschafter beschwerte sich stets über angebliche Verletzungen des Viermächteabkommens durch Amtsgeschäfte von Bundesministern in Berlin. Regelmäßig kritisierte er die Eröffnung der Internationalen Grünen Woche durch den Bundeslandwirtschaftsminister, um mich im Anschluss – natürlich als Staatsoberhaupt von Westberlin – zu einem Besuch in Moskau einzuladen. Ich sondierte, ob nicht doch eine offizielle Teilnahme der Sowjetunion an der Grünen Woche möglich wäre und bedauerte Zwischenfälle in den Luftkorridoren, die sich mit Sicherheit in den vorangegangenen Monaten bei Manövern sowjetischer Düsenjäger wieder ereignet hatten. Die Sowjets reservierten die Luftkorridore eigenmächtig für sich. Die Verkehrsmaschinen mussten in den Korridoren ohnehin schon besonders niedrig fliegen. Die Flugpassagiere merkten das an Luftturbulenzen. Bei Manövern kreuzten oder begleiteten sowjetische

Flugzeuge den Flug der Verkehrmaschinen in gefährlicher Nähe. Das Thema wurde öffentlich „klein gehalten". Wir hatten aus wirtschaftlichen Gründen kein Interesse an einer „Verunsicherung" der Verkehrsverbindungen. Die Berliner ärgerten sich ohnehin schon genug über die Art der Kontrollen auf ihrem Weg nach Westdeutschland.

Über einen „statusgemäßen" Besuch in Moskau war keine Einigung möglich. Ich besuchte – im Amt – Moskau erst im Dezember 1991 und traf Gorbatschow kurz vor seinem Ausscheiden in den Büros im Kreml. Er stellte Fragen zu einer Finanzverfassung in einem föderal aufgebauten Staat. Aber er war nicht mehr der Präsident. In seinem Umfeld war nichts mehr, was an Rahmen und Verantwortung eines Staatsamtes erinnern konnte.

Ein bisschen Indien

Ein ganz klein bisschen Kolonialmacht. Das waren die Militärregierungen in Berlin natürlich auch. Indien – aber nicht so heiß. Den Spott erlaubte ich mir natürlich nur im kleinen Kreise. Die Stadtkommandanten waren in ihren Bezirken Vizekönige. Man verkehrte gerne bei Hofe. Die Einladungen waren begehrt. Und zu den besonders schönen Erinnerungen gehören für mich die jährlichen Einladungen in die Villa Lemm des britischen Stadtkommandanten. Militärkapellen spielten zum Tanz. Mit dem aufgehenden Mond wurde über der Havel ein Feuerwerk zu klassischer Musik – vorzugsweise Händel – abgebrannt. Eine tolle Atmosphäre. Man riss sich um die Einladungen.

Mitglieder des englischen Königshauses besuchten oft als Ehrenkommandeure ihre jeweiligen Regimenter in Berlin. Königinmutter Elisabeth, Lady Di und häufig Prinz Charles; beeindruckt hat mich stets das komplexe Interesse an gesellschaftlichen Problemen der Stadt. Höhepunkte waren natürlich die Besuche der Queen.

Die Kommandanten gehörten in der Regel nicht zur höchsten militärischen Spitze ihrer Länder, sie waren aber doch sorgfältig für eine primär politische und auch diplomatische Aufgabe ausgewählt. Ihnen zur Seite und mit der laufenden politischen Arbeit betraut, standen die Gesandten als stellvertretende Kommandanten. Sie kamen aus der diplomatischen Laufbahn und waren die Berliner Gesprächspartner in allen entscheidenden politischen Fragen, Kontaktpersonen zu den Bonner Botschaftern und den jeweiligen Regierungen. Ich hatte zu den Kommandanten stets einen guten Gesprächskontakt, sie wurden während ihrer Amtszeit auch zu engagierten Interessenvertretern der Stadt und waren nach ihrer Dienstzeit meist als Lobbyisten für Berliner Unternehmen in ihren Heimatstaaten tätig.

Die Stadtkommandanten und ihr Auftreten in Berlin demonstrierte und symbolisierte die Oberste Gewalt. Dazu gehörten auch die so genannten

Kommandantengespräche, zu denen monatlich der Regierende, begleitet durch seinen Chef der Senatskanzlei, in die Residenz des Kommandanten fuhr, der turnusgemäß den Vorsitz im Kollegenkreis führte. Jeder hatte seinen angestammten Platz im rund um den Gastgeber gruppierten Kreis. Tee, Kaffee und Gebäck wurden gereicht. Der Regierende hatte nach vorbereiteter Tagesordnung den versammelten Stadtkommandanten und ihren Stellvertretern Bericht zu erstatten. Meist kannten sie die erbetenen Informationen bereits aus der Presselektüre. Aber es war halt auch ein Stück Symbolik.

Ich kann das Gesprächsklima bei meinen Amtsvorgängern nicht genau beurteilen. Seit Jahrzehnten empfanden sich die Alliierten als Schutzmächte der Stadt und sicher veränderte sich das gegenseitige Verhältnis auch mit der Amtszeit der Beteiligten. In den fünf Jahren meiner Teilnahme an diesen Zusammenkünften änderten sich das Klima und der Inhalt allerdings entscheidend. Die Tagesordnung wurde immer weniger von den Alliierten vorgegeben. Wünsche des Berliner Senats standen im Vordergrund, und ich suchte in dieser Gesprächsrunde Unterstützung auch gegenüber den alliierten Regierungen und der Bundesregierung. Die Treffen entsprachen immer mehr dem Verhältnis zwischen Verbündeten und nicht dem zwischen Schutzmacht und Schutzbefohlenen. Der amerikanische Stadtkommandant Haddock machte 1988 dann auch den Vorschlag, die Runde könne sich abwechselnd bei den Stadtkommandanten und im Gästehaus des Senats treffen. Wer Macht und Symbolik des Protokolls kennt, sieht den Weg von der Besatzungsmacht zum Freund und Verbündeten.

Kleinigkeiten? Bei dem Empfang internationaler Gäste hatten die Repräsentanten der drei Schutzmächte von West-Berlin selbstverständlich eine bevorzugte Stellung. Dagegen konnte es keine Einwände geben. Aus meiner Sicht durfte man allerdings nicht übertreiben. Staatsgäste, im Regelfall auf Aufforderung und Einladung der Bundesregierung in Berlin, wurden am Flughafen begrüßt. An der Spitze der Empfangskomitees standen die alliierten Protokolloffiziere. Erst weiter hinten in der Reihe stand der Regierende Bürgermeister, der in Berlin ja als deutscher Gastgeber fungierte. Mich ärgerte das. Und unsere Gäste, mit den Details der juristischen Konstruktion der deutschen Hauptstadt weniger vertraut, irritierte es. Der Berliner Protokollchef Bill von Bredow fand die Lösung. Wir stellten die Protokollreihe nicht infrage, ich stellte mich aber einfach auf die Mitte des ausgerollten roten Teppichs. Unsere Gäste steuerten danach automatisch auf mich zu, und ich musste ihnen höflich ein wenig entgegengehen. Das Thema war erledigt. Die Protokolloffiziere waren nur anfangs etwas irritiert.

Ich will nicht den Eindruck entstehen lassen, kleine Tricks des Protokolls habe es nur gegenüber den Alliierten gegeben Nach dem Fall der Mauer war der Gang durch das Brandenburger Tor „Pflichtprogramm" und Pflichtfoto bei allen Staatsbesuchen. Meist war mir das als Regierendem Bürgermeister

Pflicht und Vergnügen. Bei ganz wichtigen Gästen wollte sich aber der „Bund" den historischen Schnappschuss vorbehalten. So war es bei den Besuchen des amerikanischen Präsidenten Clinton und des Papstes. Die Bilder, die rund um die Welt gehen würden, sollten den Kanzler und seinen Gast zeigen. Ich sollte beide am Brandenburger Tor begrüßen, sie aber, so war die dringende Bitte, mit großem Abstand vom Ort des historischen Bildes erwarten. Ich ging den beiden als höflicher Repräsentant der gastgebenden Stadt natürlich entgegen. So gibt es beide Fotos, Kohl und Clinton und eine ebenso strahlende Dreierrunde. Der Kanzler hatte zwar ein Gefühl für richtige Bilder, über den Übereifer seiner Mitarbeiter hätte er aber sicher mit dem Hinweis „Na und, hast doch richtig reagiert", nur gelacht.

Das Verhältnis zu den Repräsentanten der Berliner Militärregierungen war insgesamt sehr gut. Gegenseitig bemühte man sich auch um eine gemeinsame emotionale Grundlage. Ich jedenfalls habe das bewusst gepflegt und auch zum Ärger der Opposition im Abgeordnetenhaus „typische Wünsche" des Militärs unterstützt. Die große alliierte Militärparade lebte 1986 mit meiner Unterstützung und auch ein wenig Drängen wieder auf. In der Zeit der großen außerparlamentarischen Demonstrationen hatten die Militärs – ich glaube auf Bitten des Senats – auf die zuvor schon traditionelle Parade der drei Streitkräfte verzichtet. Die oberste Gewalt konnte sich damit wieder darstellen und Präsenz demonstrieren. Und es gab dem Senat Handlungsspielraum in Feldern, wo eine dynamische Interpretation des Status auch Abschied von gewohnten Verhaltensmustern bedeuten musste. Nur eines mochte ich nicht. Ich sollte protokollarisch immer „Stunden" vor Paradebeginn erscheinen und den zeremoniellen Empfang der Kommandanten – sie nahmen die Parade ab – abwarten. Ich kam immer erst knapp vor ihnen.

Oft bin ich bei der Erläuterung meiner Positionen zum Status von Berlin auf die etwas harsche Antwort gestoßen, ich solle doch den Formelkram beiseite packen. Leichter gesagt als getan. Zur Diskussion standen Machtfragen und Abhängigkeiten. Reibereien gab es zwischen der Bundesregierung und dem Westen, grundsätzlich unterschiedliche Positionen zwischen Ost und West, und Berlin saß zwischen allen Stühlen. „Kompliziert und schwer durchschaubar sind nationales Recht – und dabei Bundesrecht und Berliner Landesrecht – und Besatzungsrecht und allgemeines Völkerrecht ineinander verwoben. Die einschlägigen völkerrechtlichen Normen sind, wegen des stark politischen Gehalts des Gesamtproblems, nicht selten alles andere als klar und eindeutig, ebenso bisweilen auf sie gestützte Praxis der beteiligten Staaten". So formulierte der Völkerrechtler Albrecht Randelshofer in einem Vortrag im Rahmen der 750-Jahr-Feier.

Nur zwei Beispiele: Jedes Gespräch mit dem Staatsratsvorsitzenden der DDR, Erich Honecker, setzte den Regierenden Bürgermeister von Berlin der Gefahr aus, die östliche Position von der Dreistaatentheorie zu unterstützen.

Für die DDR-Führung war der Westberliner Regierende ein Staatsoberhaupt, Grund genug, jedes Gespräch auf der Ebene der Bürgermeister aus den beiden Teilen Berlins zu verweigern. Neben irgendeinen Stuhl musste ein Repräsentant aus Berlin sich bei Kontakten mit der DDR also offensichtlich setzen. Ich habe in meiner Amtszeit nie offizielle Gespräche mit dem Bürgermeister aus dem Roten Rathaus geführt.

Bundesregierung und Westmächte stritten über den Rechtscharakter der Gesetze des Bundes, die von Berlin durch Entscheidungen des Abgeordnetenhauses übernommen wurden. Waren sie Bundes- oder Landesrecht? Können Sie durch ein Landes- oder nur durch das Bundesverfassungsgericht überprüft werden? Das Ergebnis ist bekannt. Für Berlin gab es keine verfassungsgerichtliche Kontrolle über die Rechtmäßigkeit von Landesrecht und der Weg zum Bundesverfassungsgericht war stark eingegrenzt. Ein Landesverfassungsgericht konnte erst nach der Wiedervereinigung eingerichtet werden.

Beim Viermächteabkommen 1971 bestanden sogar Meinungsverschiedenheiten über den Geltungsbereich der Vereinbarung: Groß-Berlin oder Westberlin. Die wichtigen Fortschritte für die Transitwege und den Besucherverkehr hatte es nur durch die große Kunst der Ausklammerung gegeben. Der internationale Krisenherd Berlin ist damals nicht beseitigt, sondern nur spürbar und messbar entschärft worden. Das Problem für die Entwicklung der Stadt lag darin, dass die Unklarheiten als Hebel für neue Krisen instrumentalisiert werden konnten.

Die Rechtsfragen sind heute nur noch historisch interessant. Die Folgen der hier angedeuteten Unsicherheiten und der damaligen rechtlichen und politischen Situation bestehen aber noch immer. Ich denke nur an die großen Baustellen der Deutschen Bahn im Herzen Berlins. Die Bahn und die Bahnstrecken standen unter der Verwaltung der DDR. Nur der Betrieb der S-Bahn im Westteil der Stadt, nicht der Gleiskörper, wurde 1984 an den Senat abgegeben. Die in der deutschen Teilung entstandenen Lücken konnten bisher nicht gefüllt werden. Bedeutsamer aber sind die Folgen der Teilung für die wirtschaftliche Entwicklung. Die Unsicherheiten haben über Jahre trotz Berlin-Förderung, Kanzler-Konferenzen, Berlinbeauftragten der Großunternehmen und intensiver Werbung die Ansiedlung moderner Industrie und dabei insbesondere der Hochtechnologie behindert. Für die Ansiedlung von Kernbereichen ihrer Produktion war die politische Insel vielen westdeutschen Unternehmen doch zu unsicher und zu abgelegen. Und erschwerend für die wichtige industrienahe Forschung war der entmilitarisierte Status. Selbst die Bestellung von Textilien für die Bundeswehr wurde von den Sowjets als Verstoß kritisiert. Nur Schering blieb in Berlin und entwickelte sich zum Weltunternehmen.

Ein eheähnliches Verhältnis

Als ein eheähnliches Verhältnis kennzeichnete Bruce Smith die Beziehungen zwischen Berlin (West) und der Bundesrepublik Deutschland. Auf diesen Vergleich stieß ich bei der Lektüre einer Magisterarbeit. Die beiden Partner lebten – so wurde zitiert – schon so lange zusammen, dass sie als Ehepaar angesehen würden. Den alliierten Besatzungsbehörden falle dabei die Rolle des wachsamen Vaters zu, der zwar seine Tochter gerne glücklich verheiratet und von einem wohlhabenden und vielversprechenden jungen Mann umsorgt sähe, aber zögere, die Ehe offiziell bekannt werden zu lassen, weil er dann seine Einkommenssteuerermäßigung verlieren könnte.

Verlust der Einkommenssteuerermäßigung, das hieße im Verhältnis Deutschlands zu den Westmächten stärkere Unabhängigkeit deutscher Politik, also die Verringerung der Einflussmöglichkeiten aus Washington, London und Paris auf Bonn. Durch Berlin waren die Bundesrepublik und die Westmächte besonders eng aneinander gebunden. Die Statusfragen erzwangen eine enge Abstimmung. Nirgendwo zeigte sich so deutlich die eingeschränkte Souveränität des westdeutschen Staates. Bei bilateralen aber auch multilateralen internationalen Verträgen musste die so genannte Berlinklausel (Geltung auch für das Land Berlin) durchgesetzt werden. Viele Vertragsabschlüsse verzögerten sich. Solidarität musste eingefordert werden, aber nicht als Einbahnstraße. Das Thema gehörte auch zu meinen unmittelbaren „außenpolitischen" Aufgaben. Bei jedem Auslandsaufenthalt meldete ich mich mit diesem Thema beim Regierungschef oder dem Außenminister, natürlich immer begleitet durch den deutschen Botschafter oder seinen Vertreter, das war manchmal lästig, aber eben zur Demonstration der Außenvertretung Berlins durch den Bund notwendig. Nicht alle Vertreter des Diplomatischen Dienstes hatten das Thema präsent. In Shanghai, das war dafür natürlich ein besonders kompliziertes Pflaster, wäre deswegen beinahe ein Partnerschaftsvertrag der Freien Universität gescheitert. Die Generalkonsulin, wirtschaftlich eine Toppfrau, hatte sich in den Vorgesprächen einfach zur Streichung der notwendigen Berlinpassagen und der Einbindung in bundesdeutsche Wissenschaftspolitik überreden lassen.

Berlin war nicht nur potenzieller Krisenherd, sondern auch ein Ort, an dem sich die Weltmächte notfalls auch zu Lasten deutscher Politik verständigen und Krisen friedlich (ohne Einsatz von Waffen) lösen oder zumindest einfrieren mussten. Unnötig zu sagen, dass die Politik der Schutzmächte nicht nur aus Freundschaft formuliert wurde. Ihre Präsenz war äußeres Zeichen für die Machtgrenzen in Europa, für die USA gewissermaßen auch ein Zeichen ihrer Rolle als europäische Macht. Prägend war für mich als Jugendlicher die Erfahrung aus den Jahren 1953 und 1956. Der Aufstand in Ungarn und die Hilferufe des ungarischen Militärbefehlshabers Pal Maleter berührten den 15-Jährigen altersbedingt dabei noch mehr als der Aufstand unmittelbar vor der eigenen Haustür. Innerlich aufgewühlt, hing ich auch nachts am Radio. Nicht nur ich war damals über die Untätigkeit des Westens tief enttäuscht. Als Teil einer Politik des Status quo habe ich das erst später begriffen. Enttäuschung und Verärgerung empfand ich auch über das Verhalten der Westmächte und insbesondere des amerikanischen Präsidenten Kennedy beim Bau der Mauer 1961.

Kennedy repräsentierte den Generationswechsel, er faszinierte durch seine Jugendlichkeit, die Verantwortungsbereitschaft, seine Botschaft und Aufforderung, selbst anzupacken und nicht auf die Hilfe des Staates zu warten. In Berlin wird er wegen seiner Rede und dem Bekenntnis: „Ich bin ein Berliner" verehrt. Ich habe mir da meine Skepsis bewahrt, die ich erstaunlicherweise auch ohne die heutigen Kenntnisse schon 1961 hatte.

Der junge Präsident wollte mit Beginn seiner Amtszeit eine neue Sicherheitspolitik. Weg von der Strategie der atomaren Abschreckung. Er wollte – gegen den Widerstand der alten Europäer Adenauer und de Gaulle – mit Chruschtschow neue politische Grundlagen schaffen. Von der unmittelbaren Konfrontation mit dem Russen war er geschockt – so wird die damalige Situation beschrieben. In der Berlin-Frage machte er den verheerenden Fehler, in seinen Garantien für die Stadt immer nur von Westberlin zu reden. Ulbricht war mit seinen Plänen zum Bau einer Mauer bei den anderen kommunistischen Führern in Europa auf Widerstand, bestenfalls auf Zurückhaltung gestoßen. In einer Fallstudie aus dem Jahre 1981, „Kennedy in der Mauer-Krise", wird der damalige US-Stadtkommandant, Albert Watson, zitiert. Er spricht von einem Verhängnis von Fehlern in einer Rede des Präsidenten, in deren Verlauf „unzählige Male auf West-Berlin Bezug genommen wird ..., so häufig, um in den Köpfen (der sowjetischen und DDR-Führung) keinen Zweifel aufkommen zu lassen, dass die mutigen Worte sich nur auf die Westsektoren beziehen, ich bin überzeugt, dass die kommunistischen Führer die Abriegelung der Grenze beschlossen, weil es in der Rede unterlassen wurde, ganz Berlin einzubeziehen". Das war nicht mehr eine status quo-, sondern eine status quo minus-Politik, besonders gefährlich, weil die Fluchtbewegung die DDR natürlich vor besondere, existenzielle Probleme gestellt hatte.

Als das Kind in den Brunnen gefallen war, schickte der Präsident seinen Vize Johnson, und eine US-Brigade marschierte über die Transitwege nach Berlin. Mit der Konfrontation am Checkpoint Charlie wurde ein Zutrittsrecht in die Ost-Sektoren der Stadt ertrotzt. Zu seinem Besuch nach Berlin und der berühmten Rede am Rathaus Schöneberg kam der Präsident erst nach den Erfahrungen der Kubakrise

Bedeutsam für meine Bereitschaft zu einem begrenzten Konflikt mit den Alliierten wurde eine Erfahrung im ersten Jahr meiner Amtszeit. Bei strenger Betrachtung war es auch ein Fall von status quo minus. Die

Alliierten wollten keinen Ärger mit den Sowjets und gemeinsam mit den Sowjets auch nicht mit der DDR. So sollten die Deutschen zahlen und das Problem lösen.

Die berühmte Glienicker Brücke, Ort des Austausches berühmter Spione zwischen den Machtblöcken, war baufällig. Sie wurde nur von westlichen Mitarbeitern der in Potsdam gelegenen Militärmissionen benutzt. Die Grenze verlief auf der Mitte, wir – der Senat von Berlin – hatten den westlichen Teil auch ordnungsgemäß instandgesetzt. Jetzt verlangte die DDR ultimativ auch die Reparatur der anderen Hälfte. Wir sahen keine Veranlassung und befürchteten außerdem ein Präjudiz für eine große Anzahl von Brücken an der Berliner Grenze. Unsere Position stand außerhalb jeden juristischen und politischen Zweifels. Wir signalisierten allerdings Kompromissbereitschaft für den Fall von Entgegenkommen der DDR bei anderen strittigen Punkten. Die DDR beharrte auf ihrer Position, kündigte die Sperrung noch vor Weihnachten 1984 an.

Die Verhandlungen zogen sich hin. In den Abstimmungsgesprächen mit den alliierten Militärregierungen wurde zwar Verständnis für unsere Position angedeutet, in der Sache aber wurden wir unverblümt zur Zahlung aufgefordert. Was soll der Ärger, wenn man ihn durch die Finanzierung der Arbeiten vermeiden kann? In den Stunden vor Ablauf der Frist habe ich mehrfach mit dem Staatssekretär im Auswärtigen Amt in Bonn telefoniert. Er vertrat Deutschland in der Viergruppe mit den Alliierten. Das ist mir deshalb noch besonders deutlich in Erinnerung, weil es das einzige Mal war, dass ich das „Zerhackertelefon" der abhörsicheren Verbindung benutzte. Staatssekretär Meyer-Landrut bestärkte mich in meiner Position. Man hätte mindestens ein Gesamtpaket gegenseitiger Interessen schnüren sollen. Aber konnte ich das durchhalten? Ein junger Regierender gegen den ausdrücklichen Willen der Alliierten? Unmittelbar vor den Wahlen des Frühjahrs 1985? – Ich entschied im Sinne der Alliierten. Wir zahlten. Bei Problemen im Grenzbereich waren ihre Wünsche besonders zu gewichten. Der Vorgang hat mich aber für meine Amtszeit konfliktbereiter gemacht.

Abhängigkeiten

Im eheähnlichen Verhältnis zwischen Berlin und dem Bund gab es wie im täglichen Leben Sonnen- und Schattenseiten, es gab unterschiedliche Einschätzungen und auch kontroverse Positionen zu Gesetzesvorhaben des Bundes. Ich denke an Fragen der Wohnungs-, Sozial- und Gesundheitspolitik. Mit der Bundeshilfe und den damit verbundenen ständigen Verhandlungen über den Berliner Landeshaushalt war die Stadt auf das Wohlwollen des Bundesfinanzministeriums und des parlamentarischen Haushaltsausschusses angewiesen. An diesem Grundsatz änderte auch der Rechtsanspruch Berlins aus dem so genannten Dritten Überleitungsgesetz nichts (Berlin übernimmt das Bundesrecht, der Bund zahlt den notwendigen Ausgleich des Landeshaushaltes). Über Einzelheiten der Wirtschaftsförderung wurde natürlich kritisch und kontrovers diskutiert. Anders aber als in der Zeit nach 1990 gab es an einem grundsätzlichen und auch emotional begründeten Engagement in den Fragen Berlins keinen Zweifel. Gerade in den ersten Jahren seiner Kanzlerschaft hat Helmut Kohl große Anstrengungen unternommen, die deutsche Industrie in Berlin anzusiedeln. Auf den vom Senat organisierten Kanzlerkonferenzen und den Treffen der Berlinbeauftragten der deutschen Industrie forderte er Ergebnisse mit konkreten Ansiedlungsvorhaben. Im nur „eheähnlichen" Verhältnis gab es aber besondere Fesseln.

Mit der Bundeshilfe und der Finanzierung des Berliner Haushaltes konnte der Bund sich vielfältig in die Berliner Landes- und Kommunalpolitik einmischen. Am Berliner Haushaltsgebaren – heute kritisiert man das gerne als Westberliner Mentalität – war er immer beteiligt. Letztlich gab es keine öffentliche Großinvestition ohne mindestens stillschweigende Zustimmung aus dem Finanzministerium. Ich sah die Praxis, hatte bis 1989 damit aber keine Probleme. Nach der Wiedervereinigung änderte sich das leider. Man kann es verkürzt sagen: Vor der Wiedervereinigung wurde Berlin von Bonn im Regelfall gut bedient, nach der Wiedervereinigung das wiedervereinigte Berlin zunehmend schlecht. Auch fehlendes Stimmrecht in Bundestag und Bundesrat empfand ich in der täglichen Arbeit nicht als Katastrophe. Aber es gab doch problematische Auswirkungen, die ich an zwei Beispielen aus auch heute noch aktuellen Themen erläutern will.

Schon 1988 stand eine Gesundheitsreform an. Berlin rüstete zur Wahl. Die Bevölkerung war vor allem – wie sich doch die Themen immer wieder gleichen – durch das Hin und Her der Diskussion massiv verunsichert. Das betraf insbesondere die ältere Bevölkerung. Ich intervenierte bei Helmut Kohl und dem damaligen Bundesfinanzminister Stoltenberg sowohl inhaltlich als auch gegen den Zeitplan für die Entscheidungen im Bundestag. Gleichzeitig standen Mietrechtsänderungen zur Aufhebung oder Lockerung der traditionellen Mietpreisbindung für den Berliner Altbau an. In der Stadt war die Wohnungsnot – es gab wieder eine Zuwanderung auch deutscher Wohnbevölkerung – gewachsen. Durch Abstimmung im Bundesrat gegebenenfalls auch gegen die sonstige Position der eigenen Partei konnte Berlin nicht Einfluss nehmen. Nach der politischen Praxis der Bundesrepublik hätte jede Regierungsmehrheit aber auf einen Wahltermin geachtet und damit auch versucht, die eigenen Mehrheiten im Bundesrat zu sichern. Bei Berlin spielte das keine Rolle. – Meine Interventionen verpufften. Man musste nicht Rücksicht nehmen. Die „Keule des Stimmrechts" der Berliner in Bundestag und Bundesrat fehlte.

In Berlin (W) gab es wegen des entmilitarisierten Status keine Wehrpflicht. Verweigerer – Überzeugungstäter, die auch den Ersatzdienst meiden wollten, und Drückeberger – zog es nach Berlin. Es waren mehrere zehntausend. Viele gehörten zur Fundamentalopposition gegen die gesellschaftlichen Entwicklungen in der Bundesrepublik und zu der besonderen Bevölkerungsmischung in Kreuzberg, die für Hausbesetzungen und Krawalle am 1. Mai standen. Berlins Ruf litt nicht nur unter den Gewalttätigkeiten, mit denen die Polizei sich so schwer tat. Berlin am Tropf des Bundes, aber Drückeberger konnten da gut leben. So klang es mir von Bayern bis Schleswig-Holstein oft entgegen. Mit einer Änderung des Melderechtes wollte ich das Problem verringern. Die Zustellung des Wehrbescheides hätte am ursprünglichen Heimatort erfolgen können. Ich besprach das Thema mit Verteidigungsminister Wörner und im Innenministerium. Ganz schnell wurden alliierte Positionen – mit denen hatte ich natürlich zuvor gesprochen – vorgeschoben, „auch wenn die alliierten Stellen in Deutschland und einzelne Stimmen in den alliierten Regierungen im Ergebnis Sympathien äußerten, in den Hauptstädten würde man sicher ..." Kurzum, mein Eindruck war: Die ziehen nicht mit und werden mich gegenüber den Alliierten nicht ausreichend unterstützen. Ruhestörer in Berlin stören unsere Kreise weniger.

Ob es einen Zusammenhang gibt? Im Wahlkreis Berlin Kreuzberg gewannen Bündnis 90/Die Grünen 2002 mit ihrem Repräsentanten linker Politik Christian Ströbele, Vertreter der alten Hausbesetzerszene, ihren ersten Wahlkreis direkt.

Konnte die Bindung zwischen Berlin und dem Bund verstärkt werden? Meine Antwort war ja. Vor dem Hintergrund des Viermächteabkommens war es aus meiner Sicht einen Versuch wert. Die Grundkonzeption hatte ich nach dem anfänglichen Tasten in einer Rede vor der Gesellschaft für auswärtige Politik im Januar 1987 vorgetragen. Es ging um das Berlin vor einer Wiedervereinigung. Und es ging um eine zeitgemäße Anwendung des Viermächteabkommens:

„Mit all seiner Kompromisshaftigkeit ist dieses Abkommen ... gerade nach westlicher Überzeugung für Berlin nie statusbegründend gewesen, sondern nur statusbeschreibend und statusausformend. Ausdrücklich sprechen die Vertragsparteien davon, Vereinbarungen getroffen zu haben ‚unbeschadet ihrer Rechtspositionen'".

Zugleich schreibt das Viermächteabkommen nicht den Zustand von 1971 fest, sondern eröffnet dynamische Perspektiven: Erstens von den Bindungen zwischen Berlin (West) und dem Bund heißt es, sie sollten „entwickelt" werden; zweitens heißt es weiter, dass die „Kommunikationen" zwischen West und Ost-Berlin sowie der DDR „verbessert werden"; drittens wird in der Anlage III von der Sowjetunion erklärt, dass Westberliner nach Ostberlin und in die DDR reisen können, und viertens wird festgehalten, dass Fragen des Gebietsaustausches „gelöst" werden.

Zu allen vier Punkten – so habe ich damals ausgeführt – wäre kritisch zu fragen „ob hier seit 1971 wirklich genug geschehen ist, ob all diese Möglichkeiten ausgeschöpft sind. Der Senat jedenfalls legt großen Wert darauf, dass das Viermächteabkommen strikt eingehalten und voll angewendet wird. Neben der Außenvertretung Berlins durch den Bund und einer nicht diskriminierenden Einbeziehung Berlins in den internationalen Austausch gehören zu hoher vollen Anwendung des Abkommens eben auch die genannten dynamischen Komponenten."

Die geforderte Dynamik war für viele der casus belli. Von der Bundesregierung habe ich keine Einwände gegen diese Grundsatzposition gehört.

Berliner Projekte

Gut, dass die Zuständigkeit für das „deutschlandpolitische Geschäft" im Kanzleramt lag. In den Gesprächen mit Helmut Kohl und Wolfgang Schäuble konnte ich von dem Ziel der Wiedervereinigung ihrer Politik ausgehen. Bei persönlichen Treffen im Kanzleramt ließ Helmut Kohl sich immer Zeit für einen Bericht über aktuelle Begegnungen mit Menschen aus der DDR. Oft hat er mir seine Begründung für die mit viel Geld geförderten Rentnerbesuche aus dem Osten Deutschlands erklärt. „Wenn die Omas über ihre Erlebnisse im Westen ihren Enkeln erzählen, dann können Honecker und Co. mit ihrer blödsinnigen Propaganda einpacken. So arbeiten wir gegen die Teilung". Ausführlich begründete er mir auch, dass nur diese Überlegungen den Besuch Honeckers in Bonn für ihn emotional erträglich machten. Er wollte auch in Berlin nationale Signale setzen und beteiligte sich immer engagiert an Darstellung deutscher Geschichte in Berlin. 1988 legten wir gemeinsam den Grundstein für ein Museum für Deutsche Geschichte im Tiergarten. Die Planungen wurden durch die Wiedervereinigung überholt. Heute steht an der Stelle das Kanzleramt. Das neue Deutsche Historische Museum entstand im Zeughaus im Bezirk Mitte. Es war nach meiner Erinnerung im Sommer 1992, als mich der Kanzler zu einem gemeinsamen Spaziergang rund um das Zeughaus aufforderte. Er wollte sich die Grundstücke rund um den neuen Museumsstandort ansehen und Möglichkeiten von Erweiterungsbauten erkunden. Die Grundstücke sollten erworben oder vor den Verkaufsabsichten des Finanzministeriums bewahrt werden. Modernes Glanzstück der Erweiterungsbauten wurde das Werk des amerikanisch-chinesischen Architekten Pei, er baute auch die Pyramide am Louvre in Paris. Helmut Kohl hat den Architekten zur anfänglichen Empörung der wettbewerbsversessenen „Fachwelt" ausgesucht und beauftragen lassen. Aus meiner Sicht ein gutes Beispiel für einen Bauherrn, der auch in der Demokratie seine Aufgabe bei der Gestaltung des Bauwerkes wahrnehmen will.

Ein anderes Projekt des Kanzlers ist leider an Berliner Vorsicht gescheitert. Heute würde ich mir selbst Verzagtheit vorwerfen. Eine Bebauung rund um den Platz der Republik, Vorplatz des Reichstages, wurde 1988 entworfen und wegen der Nutzungsmöglichkeiten für den Reichstag mit dem Bund diskutiert. Helmut Kohl, Philipp Jenninger, der Berliner FDP-Vorsitzende und Koalitionspartner Walter Rasch und ich trafen uns. Der Kanzler hatte bereits ausführliche Planungszeichnungen für den Ausbau des Reichstages vorliegen. Er sollte Tagungszentrum mit späteren Nutzungsmöglichkeiten auch für den Bundestag werden. Architekt war der Kölner Dombaumeister Gottfried Böhm. Als großer Tagungsraum sollte die ausgebaute Kuppel des Gebäudes dienen. Ich war von der Idee begeistert. Walter Rasch und mich schreckten aber die Kosten und eine öffentliche Debatte, die auch angesichts der breiten Kritik an der Berlinförderung die Stadt belasten könnte. Wahlen in Berlin standen wieder einmal bevor. Alle gemeinsam – allerdings mit einem unzufriedenen Gesichtsausdruck des Kanzlers – entschieden wir, das Projekt nach den Berliner Wahlen vom Januar 1989 anzupacken. Nach der Demoskopie gab es zu diesem Zeitpunkt noch keinen Anlass, an einem günstigen Wahlausgang zu zweifeln. Es kam anders. Warum Böhm nach 1990 nicht zur Teilnahme am Wettbewerb über den Ausbau des Reichstages aufgefordert wurde, ist mir bis heute nicht klar.

Geschichte und Architektur des Reichstages kannte Helmut Kohl übrigens sehr genau. Zur Berlinpolitik gehörte es, dass Staatsgäste der Bundesrepublik zu einem Berlinbesuch gedrängt wurden. Berlin, auch Land der Bundesrepublik und deutsche Hauptstadt. Das war die Botschaft. Der Kanzler nutzte die Anlässe gelegentlich zu einem Besuch an der Spree. Ausführlich erklärte er unseren Gästen dann vom Fenster im Südflügel des Gebäudes den Verlauf der Mauer, die Horchposten der DDR auf der anderen Seite im alten Reichstagspräsidentenpalais und den Verlauf des Mauerstreifens vom Reichstag zum Brandenburger Tor

Die vielen Bonner Staatsgäste in Berlin gehörten ebenfalls zu dem eheähnlichen Verhältnis. Der Regierende musste verfügbar sein. Schon Klaus Schütz hat dabei festgestellt, „am liebsten am Wochenende". Dann also, wenn in Bonn außer Landschaft nichts los war. Meine Frau und ich waren mit Stadtrundfahrt, Eintragung im Goldenen Buch, gesondertem Damenprogramm und Essen im Schloss Charlottenburg zur Stelle. Mit der Wiedervereinigung ist die Zahl der Gäste im Rathaus von Berlin nicht zurückgegangen. Viele Begegnungen waren sehr interessant und gehörten zu den Höhepunkten im Regierungsalltag. Über die sehr aufschlussreichen Ausnahmen darf ich nach diplomatischem Kodex nicht berichten.

Zwei Ausnahmen will ich mir aber erlauben. Beide aus der Zeit unmittelbar nach der Wiedervereinigung. Der heutige Chef des Auswärtigen Amtes wird für den begrenzten Bruch von Konventionen Verständnis zeigen:

Über den von mir besonders geschätzten Lech Walesa, Held des polnischen Kampfes um die Freiheit, war ich entsetzt. In der Eichengalerie des Charlottenburger Schlosses erklärte er mir beim festlichen Abendessen, die Russen sollten wir getrost ihm und der polnischen Armee überlassen. Sie würden etwaige Probleme für uns lösen. Ich fragte mehrmals nach, ob ich denn richtig verstanden hätte ... Kurz zuvor war Alexander Dubček, der Prager Reformer von 1968, mein Gesprächspartner gewesen. Der Unterschied war frappierend. – Der Staatspräsident von Simbabwe, Robert Mugabe, verstimmte mich an einem kalten Novembertag 1991 durch ein demonstratives Missvergnügen über den Zerfall des Sozialismus und die geschilderten Veränderungen in der Stadt so sehr, dass ich – das garantiere ich – das einzige Mal wirklich bewusst ein unhöflicher Gastgeber und Stadtbegleiter war. Ich ließ am Brandenburger Tor halten und ging mit ihm an den Ständen vorbei, an denen von Trödlern alte Ausrüstungsgegenstände der sowjetischen Armee angeboten wurden. Da konnte er sich als Marxist von der Zukunft seines Glaubens selbst überzeugen. Vielleicht hatte ich an diesem Tag ohnehin ein Stimmungstief. Bei langweiligen Gesprächspartnern habe ich ansonsten lediglich die Ober bei den anschließenden Essen angewiesen, zügig zu servieren.

BRD-Mentalitäten

Ich war immer voller Misstrauen gegenüber den Rheinbundmentalitäten im Westen Deutschlands. Völlig ausschließen kann ich nicht, dass in meinen Gesprächen im Kanzleramt auch hin und wieder ein Bedauern über die beschriebenen außen- und deutschlandpolitischen Rücksichtnahmen anklang. Helmut Kohl und Wolfgang Schäuble – auch Rudolf Seiters als Nachfolger Schäubles als Chef des Kanzleramtes – waren in ihrer Politik jedenfalls nicht vom Geist eines bundesrepublikanischen Nationalstaates beseelt. Drei- und Zweistaatentheorie blieben der Opposition und der Diskussion deutscher Intellektueller vorbehalten. Die sozialdemokratischen Verbrüderungsversuche mit der SED nach dem Muster der Einheit der sozialistischen Arbeiterbewegung und ihrer Suche nach möglichst viel Gemeinsamkeiten in Deutschland schmiedeten uns „Konservative" in Berlin und Bonn eher zusammen.

Oskar Lafontaine hielt nach meinem Eindruck ein wiedervereinigtes Deutschland immer für einen historischen Anachronismus. Auch Johannes Rau wird sich heute nur ungern daran erinnern, dass er wegen der Finanznot Nordrhein-Westfalens die Zentralstelle von Salzgitter zur Auflistung und Verfolgung von Straftaten gegen die Menschenrechte in der DDR auflösen wollte. Es ging für NRW um etwas mehr als 100.000,- DM. Johannes Rau werde ich nie das Engagement für die Menschen in der damaligen DDR absprechen. Aber mit seiner Position stützte er damals einen wachsenden Zeitgeist, der einen nur-bundesrepublikanischen Patriotismus einforderte.

In der Literatur gab es schon länger eine ausführliche Diskussion über einen nur auf die Bundesrepublik ausgerichteten Patriotismus. Aus europäischen Stabilitätsgründen wurde eine Wiedervereinigung abgelehnt. Es gab den Traum der linken Intellektuellen mit der DDR als Kernstaat des wahren Sozialismus, einen Traum, der nach dem Mauerfall zunächst mit neuen Erwartungen gefüllt wurde. Der Historiker Hans Mommsen hatte 1981 in der „Zeit" zur Deutschlandpolitik sein Konzept unter dem Titel „Aus Eins mach Zwei" veröffentlicht. Von ihm stammt auch der Satz: „Die Bundesrepublik kann sich auf die Dauer den Luxus nicht leisten, die nationale Solidarität ihrer Bürger mit gesamtdeutschen Zielsetzungen zu belasten". Aus meiner Sicht war das ein Angriff auf das Selbstverständnis der Bundesrepublik und die Zielsetzungen des Grundgesetzes. Gleichzeitig hätte es den Sieg des westdeutschen Wohlstandsegoismus bedeutet. Mommsen behauptete – und berief sich auf den früheren Leiter der Ständigen Vertretung Bonns in Ostberlin, Günter Gaus –, die geschichtliche und kulturelle Einheit würde davon nur gewinnen.

Die Folgen dieser politischen Strategien für Berlin waren klar. Nur wenige haben es so deutlich formuliert wie Peter Bender in einem Aufsatz „West-Berlin als Aufgabe": „Sie (die Berliner) werden, soweit man voraussehen kann, Insulaner bleiben ..., schon deshalb täten sie gut daran, sich nicht wie ehedem nur nach ihrem ‚Festland' zu sehen, sondern bewusst zu sein, was sie sind: die Bewohner eines dritten Platzes in Deutschland, der zum Westen gehört, aber im Osten liegt." Bemerkenswert auch seine These, Westberlin sei im Vergleich zum Vorkriegsberlin ein großes Stück nach Westen gerückt. „die Zentralen der Großbetriebe und der politischen Parteien, die Wochenendhäuser, Urlaubsziele und Alterssitze – alles liegt im Westen." Damit hat er aber letztlich eine Stadt ohne eigene Kraft beschrieben und deren Ausbluten akzeptiert. Berlin, das wäre dann zuerst die Hauptstadt des sozialistischen Deutschland, dann auch noch ein daneben stehendes nur noch historisch verständliches Gebilde. Unabhängig von juristischen Konstruktionen musste West-Berlin immer eine Insel mit einer klaren Abgrenzung zum Umland bleiben oder sich wirtschaftlich und sozial der DDR und ihrem Standard anpassen. Das Meer ist immer ein Feind der Insel.

Das alles waren nicht nur interessante Gedankenspiele. Während der Ostblock mit der Dreistaatentheorie internationale Verträge behinderte, im Flaggenstreit neben der Bundes- und der DDR-Flagge auch den Berliner Bären hissen wollte und immer wieder gegen das Auftreten von Bundespolitikern in Berlin protestierte, musste auch innenpolitisch immer wieder die Beteiligung Berlins an Sportveranstaltungen oder Messen durchgesetzt werden. Allzu leicht wollte man bei Bewerbungen um internationale

Veranstaltungen den Ärger mit „denen" vermeiden und vertrat unversehens in der Praxis die gegnerischen Positionen. Spektakulär war der Fall des DFB. Er wollte bei seiner Bewerbung um die Fußballweltmeisterschaft auf Spiele in Berlin schlichtweg verzichten. Nur zur Ehrenrettung ist zu ergänzen: Das Deutsche Pokalendspiel wurde vertraglich nach Berlin vergeben.

Von der Insel zur Halbinsel

Ich wiederhole: von der Insel zur Halbinsel. Berlin brauchte Leuchttürme, Institutionen mit besonderer Ausstrahlung und Kompetenz für die gesamte Republik. Zu den Neugründungen dieser Zeit gehörte nicht nur das bereits genannte Deutsche Historische Museum; Bund und Senat engagierten sich auch bei der Gründung des Deutsch-Japanischen Zentrums, das Herzzentrum von Professor Hetzer ist entstanden, dazu eine Akademie der Wissenschaften. Der Sport gründete mit Unterstützung aus dem Bundesinnenministerium Olympiastützpunkte. Nach dem Stadtjubiläum sollte Berlin als europäische Hauptstadt der Kultur glänzen. Diese dichte Zeitfolge war vielleicht schon – wie der Berliner sagt – ein Zacken zu viel.

Mir besonders wichtig waren vielfältige und leistungsstarke Verbindungen der Stadt nach Westen. Im Kommuniqué nach dem Treffen zwischen Kohl und Honecker in Bonn 1987 waren deutliche Erwartungen formuliert worden Die Themen waren der Autobahnausbau, neue Transitstrecken, eine Höchstgeschwindigkeitsstrecke für die Bahn und ein Energieverbund. Auch eine Verstärkung des Luftverkehrs mit neuen, unmittelbar erreichbaren nationalen und internationalen Zielorten gehörte zu den Berliner Wünschen, Präsident Reagan hatte dieses Thema in seiner Berliner Rede 1987 aufgenommen.

Die Verhandlungen mussten federführend von der Bundesregierung mit der DDR geführt werden. Wolfgang Schäuble machte das mit großem Engagement und bemerkenswerter Professionalität. Bei meinen Gesprächen mit Honecker konnte ich diese Themen nur begleiten. Die Inhalte wurden zwischen Bundesregierung und Senat sowie mit den Alliierten abgestimmt. Gleichzeitig ging es immer um die innerstädtischen Auswirkungen der angestrebten Vereinbarungen, oft gab es die typischen kommunalen Streitthemen. Nach erfolgreichem Ringen und einem stolzen, sogar sensationellen Ergebnis mit der anderen Seite frustrierte das oft – jedenfalls mich. Welche Stromtrasse durch den Spandauer Forst ist am umweltschonendsten? Kann die Trasse unter der Havel in die Stadt geführt werden oder muss eine Brücke gebaut werden? Wo darf ein neuer Transitübergang eröffnet werden? Wo ist der Stau- und Rangierraum für moderne ICE?

Die Zusammenarbeit mit Wolfgang Schäuble war ausgezeichnet und sehr vertrauensvoll. Zwischenergebnisse durften im Regelfall nicht veröffentlicht werden. Das konnte Fortschritte behindern und eine vorzeitige öffentliche Auseinandersetzung der anderen Seite das Argument liefern, der vorgetragene Wunsch sei ja auch bei uns umstritten und daher wohl nicht so dringlich. Mich brachte das auch in missliche Situationen.

1988 wollte Wolfgang Schäuble bei günstigem Zwischenstand seiner Gespräche von mir wissen, wo in Berlin ankommende ICE-Züge im Westen der Stadt gewartet werden können. Ein erheblicher Stauraum sei für die Züge notwendig. Ich habe mir die Alternativen vor Ort angesehen und spazierte daher bei schönem Wetter durch die Laubenkolonien zwischen den alten Gleisanlagen in der Nähe des Bahnhofs Grunewald. Natürlich freundlich begrüßt von den Laubenbesitzern, eingeladen zum Bier oder zur Tasse Kaffee. Ich hatte ein richtig schlechtes Gewissen. Was sollten die Leute denken, wenn sie später in der Zeitung lesen, der Regierende wollte ihnen offensichtlich schon bei dem freundlichen Besuch die schöne Laube nehmen. Auch in Lichtenrade erkundete ich nach Absprache mit dem Chef des Kanzleramtes die Möglichkeiten, größere Verkehrsströme durch den Ort zu lenken. Ich kannte danach jede Ecke in dem Ortsteil. Es sollte eine neue Transitstrecke und einen neuen Grenzübergang geben. Ziel war es, die Warteschlangen am Kontrollpunkt Dreilinden an der AVUS zu verkleinern und für den Südosten der Stadt einen verkehrsnahen Übergang zu schaffen. Die Anfahrtszeiten für die Bewohner aus Neukölln und Tempelhof zum Berliner Ring könnten sich erheblich verkürzen, der Schwerlastverkehr zu den Industriegebieten am südöstlichen Stadtrand müsste nicht mehr durch die ganze Stadt geführt werden. Eine neue Transitstrecke war eine deutschlandpolitische Sensation. Kaum einer hatte geglaubt, dass so etwas möglich sei. Bei meinem letzten Gespräch mit Honecker im März 1988 hatte er mir gegenüber sein grundsätzliches Ja gegeben.

Der Energieverbund führte Strom- und Erdgasleitungen – auch bei Lieferungen aus der Sowjetunion – immer erst in den Westen und dann zurück nach Berlin. Die Alliierten wollten keine unmittelbare Abhängigkeit der Versorgung der Stadt von Lieferungen aus dem Bereich des Ostblocks. Für das Erdgas verlangten sie zunächst einen Speicher für den Bedarf von einem Jahr. Das alles führte zu Gerangel, diesmal Bund und Berlin Seite an Seite. Meine Position war in Fragen der Versorgungssicherheit ganz einfach: Bei einer Berlinkrise und provozierten Problemen auf den Zufahrtswegen muss eine Lagerhaltung für wenige Wochen ausreichen. Entweder die Alliierten und damit die NATO-Länder stehen zu ihren Garantien oder nicht. Es kam zu einer Einigung. Heute ist der natürliche Erdgasspeicher eine wichtige Grundlage für die Berliner Gasversorgung. Die Bevorratung und damit eine kostspielige Lagerhaltung von Lebensmitteln und Gebrauchsgütern ist in Berlin schrittweise ab 1980 aufgegeben worden. Man glaubt es heute kaum: Zur Lagerhaltung gehörten ursprünglich auch Schuhe (die dann unmodisch geworden waren) und Nachttöpfe. Die Erfahrungen der Berlinblockade und der Luftbrücke wirkten angesichts der Berlinkrisen lange nach.

1989 waren die grundsätzlichen Entscheidungen für die hier angesprochenen Verbindungen Berlins getroffen. Mehrheitlich wurden sie erst im vereinigten Deutschland fertig. Der Stromverbund wurde noch längere Zeit durch Umweltschützer aus dem Westen verzögert. Sie wehrten sich bei Lübeck und an der thüringischen Grenze gegen Stromleitungen, die durch die dortigen Wälder führten. Die ICE-Verbindungen von Berlin nach Westen wurden verzögert Tierschützer setzten bei der schon mit der DDR vereinbarten Strecke über Stendal nach nun geltendem bundesdeutschen Recht teure Schutzanlagen und kostspielige Bauverzögerungen zum Schutz von Trappen durch. Die Autobahnen – leider nicht ausreichend bis zur polnischen Grenze – wurden ausgebaut.

Auf Reisen

Als Regierender Bürgermeister habe ich viele Teile der Welt besucht und für Berlin geworben, in Europa, in vielen Staaten der USA und bei mehreren Reisen nach Süd-Ost-Asien. Fast immer begleitet von einem Tross von Journalisten, Delegationen der Berliner Wirtschaftsförderung oder Tourismusexperten. Da gab es wenig Unterschiede vor und nach 1990, die Zielorte veränderten sich, nicht die Entfernungen und die Art der Hotels. Nach 1990 war die Begleitung durch Vertreter der jeweiligen Botschaften nicht mehr ganz so strikt. Immer waren es politische Missionen, aber auch rein wirtschaftliche Zielsetzungen. Vor 1990 führte mich die Deutschland- und Berlinpolitik in die europäischen Hauptstädte und – das war schon Innenpolitik – zur EU-Kommission nach Brüssel. Der innerdeutsche Handel bescherte uns offene und versteckte Beschwerden von EU-Mitgliedern über die DDR als heimliches Mitgliedsland der Europäischen Union. Immer wieder musste die Wirtschaftsförderung in Berlin gegenüber der Kommission verteidigt werden. Nach 1990 hat mich die Idee von Berlin als Drehscheibe zwischen Ost und West in fast alle osteuropäischen Länder geführt, in Länder, die heute Mitglied der Europäischen Union sind oder an deren Tür klopfen.

1988 durchwanderte ich in Shanghai die neu entstehenden Tunnelbauten für die U-Bahn und sprach mit der Stadtverwaltung über Auftragsvergaben an deutsche und insbesondere Berliner Unternehmen, Jahre später konnte ich die alten Kontakte für Gespräche über den Transrapid nutzen. 2001, bei meinem letzten Aufenthalt in Peking, tröstete mich der chinesische Ministerpräsident Zhu Rongji, früher Bürgermeister in Shanghai, wir könnten ja den Transrapid später auch in Deutschland mit einer chinesischen Lizenz bauen. In Singapur und Helsinki warb ich für eine Zusammenarbeit mit Bio-Tech-Unternehmen und in Los Angeles für die Filmstadt Berlin

Städtepartnerschaften

Bis 1987 hatte das westliche Berlin nur eine Partnerstadt: Los Angeles. Auch diese Verabredung soll durch eine Panne bei ausgelassener Stimmung im Gästehaus des Senats zu Stande gekommen sein. Bürgermeister Neubauer soll 1971 nach dem Gespräch mit dem Kollegen aus LA über das Ergebnis selbst sehr überrascht gewesen sein. Berlin (W) – so war die damals gültige Argumentation – dürfe nicht das Risiko eingehen, bei der internationalen Zusammenarbeit der Städte auf den Oberbürgermeister aus Berlin (O) zu stoßen und damit die Teilung der Stadt anzuerkennen. Also wurde sicherheitshalber auf Städtepartnerschaften verzichtet und dieses Feld der internationalen Kontakte den Bezirken der Stadt überlassen. Ich hatte diese verquere Argumentation der Berliner Statuswächter erst richtig mitbekommen, als ich schon im Amt des Regierenden war. Die damit verbundene Isolierung der Stadt wollte ich nicht akzeptieren und begann mit der Gründung der Partnerschaften. Die Ziele waren unterschiedlich. Wirtschaftliche und kulturelle Zusammenarbeit standen für mich im Vordergrund. Nach 1991 ging es um den Aufbau eines Netzwerkes der europäischen Hauptstädte und die Unterstützung und Vorbereitung der Zusammenarbeit in einem größeren Europa. Paris als erste neue Partnerstadt (1987), Madrid, Brüssel im Westen Europas und Prag, Budapest, Warschau und Moskau gehörten dazu. Mit Sofia und Wien gab es außerhalb einer offiziellen Partnerschaft eine sehr enge Zusammenarbeit. Das war ein Teil der Brücke über die früheren Blockgrenzen in Europa hinweg und ein Beispiel dafür, dass Berlin Drehscheibe zwischen Ost und West sein kann. Mit dem Wechsel auf dem Stuhl des Oberbürgermeisters in Istanbul sind die nach dem Partnerschaftsvertrag 1988 anfangs sehr intensiven Kontakte leider beinahe eingeschlafen.

Aber Berlin durfte sich nicht nur auf die europäische Entwicklung konzentrieren und ansonsten Desinteresse an gewachsenen Verbindungen demonstrieren. Wir brauchten die Ansiedlung von Unternehmen aus dem asiatisch-pazifischen Raum. Die Zusammenarbeit in einer Arbeitsgemeinschaft der Metropolen führte damit zu Partnerschaftsverträgen mit Tokio, Seoul, Peking und Djakarta. Die Asien-Pazifik-Wochen wurden ab 1997 in Berlin organisiert. Sie sind inzwischen zu einer Tradition geworden und bieten vielen Unternehmen Chancen für den Aufbau geschäftlicher Beziehungen.

Nach dem Fall der Mauer war die Gründung der Partnerschaften politisch unkompliziert. Im Gegenteil: Ich musste bremsen, denn die Partnerschaften sollten ja mit Leben erfüllt und nicht nur zu gelegentlichem Polittourismus genutzt werden. Viele Botschafter drückten bei ihren Antrittsbesuchen im Roten Rathaus den Wunsch aus, Berlin und die Hauptstadt ihres Landes sollten doch einen Freundschaftsvertrag abschließen. Oft beriefen sie sich auf bestehende Vereinbarungen mit Ostberlin. Es war nur nie klar, ob es sich dabei um kommunale oder Parteikontakte handelte. Ich glaube, es gab beinahe 80 solcher „freundschaftlichen und brüderlichen" Kontakte, zu viele für ernsthafte gemeinsame Projekte.

Vor 1990 führten die rechtlichen Fragen und Empfindlichkeiten zu besonderer Kreativität. Madrid hatte bereits eine Partnerschaft mit Ostberlin begründet und auch den Westteil der Stadt zur Zusammenarbeit eingeladen. Statusexperte Kunze aus der Senatskanzlei fand die Lösung: Unseren Vertrag mit Madrid schlossen wir als die Hauptstädte der Nationen Spanien und Deutschland; Ostberlin hatte in dieser Fiktion nur die Rolle eines Teiles (Bezirkes) der Hauptstadt der Deutschen Nation, die – so die gedankliche Brücke – vom Senat von Berlin vertreten wurde. Kinderkram? Nein, Rechtswahrung, die die Kritiker dieses neuen Weges einer „Städteaußenpolitik" besänftigte.

Berlin hat in Partnerstädten Hilfe beim Aufbau der Verwaltung, der Schulung von Polizeikräften und auch der Stadtsanierungen geleistet. Unternehmen der Stadt wurden bei Ansiedlungsbemühungen im Ausland unterstützt, und wir warben natürlich auch für ein Engagement im Ballungsgebiet von Berlin. Wir mussten allerdings kleinere Brötchen backen. Der bayerische Ministerpräsident reist bei seinen Werbetouren in Begleitung leistungsstarker mittelständischer und großer internationaler Unternehmen aus seinem Land. Diese Substanz fehlt (noch) in der Region Berlin-Brandenburg und muss erst langsam aufgebaut werden. Die Industrie- und Handelskammer, das Handwerk und der Arbeitgeberverband haben sich zwar an internationalen Bemühungen beteiligt, aber wir mussten schon mit kleinen Erfolgen zufrieden sein.

Kein Tourismus

Nach meinem Terminkalender habe ich fast 150-mal die Koffer für eine Auslandsreise gepackt. Nur die Enge der Terminplanung und Fülle der Veranstaltungen hat mich dabei vor dem Vorwurf bewahrt, Steuergelder für Freizeitgestaltung und unnützen Polittourismus zu verschleudern. Die Pressebegleitung klagte eher über das zu enge Programm, verzichtete meist auf den Besuch der Vorträge zu Berlin, die immer zu meinem Pensum gehörten, und spottete über meine Marotten. Ich wollte möglichst zu Fuß gehen und das Auto stehen lassen, denn Städte und ihre Atmosphäre kann man nur zu Fuß kennen lernen. Außerdem forderte ich sie gelegentlich zum morgendlichen Joggen auf – in Washington hinter dem Weißen Haus oder am Potomac und in Taschkent durch die innerstädtischen Parkanlagen. Bei dieser Gelegenheit würde ich – so ließ ich verlauten – dann auch noch ein paar sonst vertrauliche Angelegenheiten aus dem Besuchsprogramm berichten.

Die journalistische Begleitung war immer für die Berichterstattung in die Heimat wichtig. Sie war Freude und Belastung. Immer wollten die Damen und Herren bei dieser Gelegenheit Hintergründe über Berliner „Zoff" erfahren und sie verlangten im Ausland eine besondere Betreuung. Fotografen unter ihnen erbaten den arrangierten Schnappschuss und die „menschliche" Komponente für eine sonst zu trocken-sachliche Berichterstattung. Winfried Fest und später Michael Butz waren dafür verantwortlich. Meine Kinder haben auf diese Weise oft aus der BZ erfahren, welche Mitbringsel ich bei einem eiligen Einkaufsbummel gekauft hatte. Dafür wurde von fast allen journalistischen Reisebegleitern der eine oder andere kleine Trick unkommentiert gelassen, mit dem die Bedeutung eines Gespräches verstärkt wurde. Bei Präsident Reagan dauerte ein Termin im Regelfall nicht länger als 20 Minuten. Künstlich wurde er verlängert und vor den wartenden Kameras gab ich beide Statements „unmittelbar nach dem Termin" immer erst mit angemessener Verzögerung ab. Überschreitungen der geplanten Gesprächszeiten wurden immer als Hinweis auf Krach oder – so die Regel – ein besonders erfreuliches Einvernehmen gewertet. Passierte letzteres, so sorgten die Mitarbeiter der Botschaften für ausreichende Verbreitung.

Es wurden auch ungewöhnliche Wünsche erfüllt. Beim Besuch in Rom wollte der Tagesspiegel-Chefredakteur Joachim Bölke gerne am Gespräch mit dem Staatspräsidenten teilnehmen und sich einen unmittelbaren Eindruck über Inhalt und Ablauf machen. Ihm hätte ich den Wunsch gerne erfüllt. Es war aber ein Gespräch im kleinsten Kreis. Winfried Fest hatte die Idee. Identitätskontrollen würde es ja nicht geben. Also wurde der kritische Chefredakteur für eine Stunde Senatspressesprecher. Sein Wunsch wurde erfüllt.

Auf den Besuch von besonderen Sehenswürdigkeiten darf man bei solchen Besuchen nach meinen Erfahrungen nicht nur deswegen nicht verzichten, weil man sich dann selbst wie ein Kulturbanause vorkommt. Man beleidigt auch die Gastgeber, die auf Sehenswürdigkeiten ihres Landes stolz sind.

Die Begleitung hatte oft Recht, wenn sie über Zumutungen bei der Reiseplanung klagte. Das nahm ich aber nur uninteressiert zur Kenntnis. Immer gefordert war auf diesen Reisen ja eigentlich nur ich. Am schlimmsten war nach meiner Erinnerung eine Reiseplanung im November 1992. Zunächst gab es einen kurzen Abstecher nach Acapulco. Dort tagte das Exekutivkomitee des IOC, Berlin musste Rede und Antwort stehen. Gemeinsam mit einem Mitarbeiter war ich 18 Stunden in dem Traumort für die upper class. Wir schliefen sehr kurz, präsentierten Berlin nach dem vorgegebenen Zeitplan, ich bestand noch auf einem kurzen Bad im Pazifik, einen Blick auf die berühmten Felsenspringer und schon ging es wieder zum Flughafen. Der Aufenthalt in Mexiko war für zwei Tage geplant. Aber es kam anders. Nach meinem Amtsverständnis musste ich sofort zurück und an einer großen Kundgebung gegen Ausländerfeindlichkeit und Rassismus – die Spitze der Republik war beteiligt und der Bundespräsident sprach unter massivem Polizeischutz im Lustgarten – teilnehmen. Drei Tage später ging es wieder zurück über den Atlantik und für zehn Tage rund um die Erde nach New York, Atlanta (Ansiedlung der Deutschland- und Europazentrale von Coca Cola), Los Angeles, Tokio, Seoul und Taipeh. Wir wollten in Berlin Ausgangspunkt für das Osteuropageschäft internationaler Unternehmen werden. Wenn ich mich recht erinnere, war die Ansiedlung von Samsung ein Ergebnis dieser Reise, die von der Wirtschaftsförderungsgesellschaft organisiert war. – Vernünftigerweise wäre man auf der anderen Seite des Atlantik geblieben. Das ging aber nicht. Kohl, Gorbatschow und Reagan wurden in den Tagen zwischen Acapulco und New York in Berlin Ehrenbürger und der Grundstein zum Jüdischen Museum in der Lindenstraße wurde gelegt.

Anstrengend aber doch erholsam. Der vermeintliche Widerspruch ist leicht aufgeklärt. Es waren dies Tage ohne die tägliche kleine Aufregung, die in der Kommunalpolitik so viel Zeit unnütz vergeudet. Lange ausdehnen wollte ich Auslandsreisen nie. Kleine Aufgeregtheiten konnten besonders in der späteren großen Koalition in Berlin leicht zu echten Problemen führen. Feste Verabredungen wurden neu definiert. Ich will nicht behaupten, dass alle Ärgernisse um den zentralen Bau für die „Topographie des Terrors", der Gedenkstätte auf dem Gelände des früheren Gestapogefängnisses in Berlin-Kreuzberg, damit zusammenhängen. Im Senat hatten wir 1994 beschlossen, diesen Neubau aus Kostengründen und zur nochmaligen Überprüfung des Baukonzeptes um ein Jahr zurückzustellen. Der erwartete öffentliche Protest setzte ein; bei der Auseinandersetzung mit der deutschen Geschichte dürften doch Geldfragen – so wurde dem Senat unisono vorgeworfen – nicht in den Vordergrund rücken. Die Fraktionen folgten umgehend den aufgeregten Medienkommentaren – „das halten wir doch nicht durch" – und erklärten den Senatsbeschluss zum unhistorischen Machwerk von Bürokraten. Mich erreichte die Nachricht am ersten Tag einer Chinareise auf dem „Platz des himmlischen Friedens" in Peking. Aus der Entfernung konnte ich nicht eingreifen. Das Kind war in den Brunnen gefallen. Lange Jahre bewegte der Bau „Topographie des Terrors" und die aufwändigen Wünsche des Architekten Zumthor die Gemüter. Erst 2004 trennten sich Senat und Bundesregierung von dem Projekt und versuchen nun einen neuen Start.

In Berlin war ich oft Gastgeber. Bei meinen Auslandsreisen wirkte sich das aus. Meine Gastfreundschaft – die Gastfreundschaft Berlins – wurde erwidert. Senat und Auswärtiges Amt hatten keine Schwierigkeiten, wenn die Bitte um einen Gesprächstermin bei Regierungsmitgliedern oder auch den Staatsoberhäuptern vorgetragen wurde. So traf ich fast überall bei meinen Reisen hochrangige Gesprächspartner: Zum small talk mit begrenztem politischen Inhalt das liebenswürdige japanische Kaiserpaar oder – mit schon handfesteren Fragestellungen – das spanische Königspaar, zum ausführlichen politischen Gedankenaustausch Präsidenten in den europäischen Ländern, aber auch in der Ukraine oder in Namibia. Vor 1990 war diese „protokollarische Wahrnehmung" häufig eine Folge der „Berlinsolidarität", danach haben sich die Motive verschoben. Es gibt das Interesse an bekannten Politikern aus Deutschland, da hatte meine lange Amtszeit Spuren hinterlassen. Aber unabhängig davon und trostreich für alle Nachfolger im Amt ist eine Erfahrung: Bürgermeister von Hauptstädten, von richtigen Hauptstädten, werden international stärker wahrgenommen als Mitglieder nationaler Regierungen – Ausnahmen sind da nur die Chefs der Außen- und Finanzressorts und vielleicht die Verteidigungsminister – oder gar Ministerpräsidenten oder Gouverneure von Bundesländern. Diese Erkenntnis ist mir in den Vereinigten Emiraten sehr praktisch verdeutlicht worden. Bei einer Werbereise in die Staaten am Golf hatte sich das Gespräch mit dem amtierenden Regierungschef länger hingezogen als geplant. Nach der Verabschiedung stieß ich im Vorzimmer auf einen sichtlich verärgerten Günter Rexrodt, der in Begleitung der Botschaft schon über eine halbe Stunde wartete. Bei der vor Wiedervereinigung geltenden strikten Anweisungen, nach denen die Botschaft den Regierenden immer begleiten musste, wäre die kleine Panne nicht passiert. Wir hätten den Termin gemeinsam wahrgenommen.

Eleanor Dulles und die Kongresshalle

Es ist verkehrt, wenn man sich das zu Herzen nimmt, was man in den Wind schlagen sollte
Gracián, 121

Ich war noch nicht im Amt, da begannen im Januar 1984 bereits die Reiseplanungen. Als erstes hatte ich meine Antrittsbesuche in den Hauptstädten der Schutzmächte zu machen. Ich wollte das möglichst schnell hinter mich bringen. Es war die Neugier auf die neue Aufgabe, Neugier auf die Menschen, von deren Einschätzung die Stadt Berlin unabhängig war, und es war natürlich auch eine Terminplanung, die das gesamte Jahr und den anschließenden Wahlkampf im Blick haben musste. Das letzte Reiseziel des Jahres sollte auf jeden Fall Israel sein, eine besondere Geste vor der deutschen Geschichte und der jüdischen Gemeinde der Stadt, aber auch ein

Reiseziel, das meinen besonderen Interessen entsprach. Seit 1968 war ich wiederholt in Israel gewesen, mit dem Besuch konnte ich ein besonderes Zeichen der Verbundenheit mit vielen alten Berlinern und ein Zeichen für eine neue Generation in Deutschland setzen.

Washington war selbstverständlich das erste Ziel der Vorstellungsrunde. Als Tourist war ich zuvor mehrfach in den USA, vor allem in New York gewesen. Vor wenigen Jahren noch war ich auf Einladung der amerikanischen Regierung in einem Programm für politischen Nachwuchs aus Europa mehrere Wochen durch die Vereinigten Staaten gereist. Das politische Washington hatte ich erstmals 1981 bei einer besonderen politischen Mission kennen gelernt.

Die Kongresshalle, 1957 als Beitrag der USA zur Internationalen Bauausstellung eröffnet und von den Berlinern liebevoll „Schwangere Auster" genannt, war 1980 an ihrer Vorderfront zusammengestürzt. Ursache des Unglücks waren vermutlich Materialermüdung in der Beton- und Stahlseilaufhängung der geschwungenen Dachkonstruktion. Es hatte einen Toten und mehrere Verletzte gegeben. Eine Entscheidung über den Neuaufbau oder Abriss stand an. Die CDU hatte im Wahlkampf 1981 eine schnelle Entscheidung versprochen. Jeder ging davon aus, dass die Kongresshalle wieder aufgebaut werden sollte. Ich hatte Bedenken. Das internationale Kongresszentrum am Funkturm war 1979 gerade eröffnet worden. Brauchte man noch eine Kongresshalle? Welche Nutzung bot sich neben dem ICC an? Ich wollte auch aus Kostengründen und wegen der schwierigen Konstruktionsprobleme auf eine Wiederherstellung verzichten. Eines allerdings war klar – in der CDU-Fraktion würde ich für diese Position nie eine Mehrheit erhalten. Die Kongresshalle war zu sehr Symbol der deutsch-amerikanischen Freundschaft. Ich hielt aber die Gründung einer deutsch-amerikanischen Stiftung zur Förderung von Jugend- und Studentenaustausch für sinnvoller als die Errichtung eines Gebäudes, das als Symbol zwar existieren aber möglicherweise keine sinnvolle und notwendige Nutzung aufweisen konnte. Der Regierende von Weizsäcker teilte die Auffassung seines Fraktionsvorsitzenden. Wir kamen auf die Idee, Eleanor Dulles, die große alte Dame der deutsch-amerikanischen Freundschaft und Schwester des verstorbenen Außenministers John Foster Dulles, auf unsere Seite zu ziehen. Wir wollten sie überzeugen. Sie sollte den Vorschlag der Stiftungsgründung unterstützen oder – noch besser – ihm dem Berliner Senat selber machen.

Begleitet vom amerikanischen Gesandten Ledsky und ausgestattet mit Empfehlungsschreiben des Regierenden machte ich mich auf den Weg nach Washington. Die politischen Gespräche im State Department waren für mich eine wichtige Erfahrung, auch die Begegnungen auf dem Capitol, meine eigentliche „Mission" aber scheiterte. Eigentlich bin ich nicht einmal richtig zu Wort gekommen.

Eleanor Dulles lebte in einem großen Wohnblock hinter der Georgetown University. Ledsky und ich besuchten sie. Es gibt Situationen, in denen man von einer Sekunde zur anderen am Beginn eines Gesprächs weiß, du brauchst dein Anliegen gar nicht vorzutragen. Genauso war es beim Eintritt in das Appartment der alten Dame. Alles erinnerte an die Berliner Kongresshalle. Die Aschenbecher, die Obstschalen, Bilder an der Wand. Auf dem Tisch ausgebreitet lagen die Baupläne des Architekten Stubbins. Eleanor Dulles erklärte mir wortreich, welche Konstruktionsfehler dieser Architekt gemacht habe. Sie sei auch ganz sicher, wie die geschwungene Dachkonstruktion bei der Instandsetzung jetzt richtig gebaut werden könnte.

Die Kongresshalle wurde wieder aufgebaut. Pflichtgemäß habe ich das als Regierender Bürgermeister später in Regierungserklärungen als großen Erfolg und als Zeichen der Handlungsfähigkeit des Senats herausgestellt. Im Mai 1987 wurde die Halle mit einem Festakt und in Anwesenheit von Eleanor Dulles wieder eröffnet. Heute beherbergt sie das Haus der Kulturen der Welt und richtet den Blick mit vielen kulturellen Aktivitäten auf die Dritte Welt. Auf der Suche nach einer sinnvollen Nutzung war sie zwischenzeitlich auch als Gebäude für den Bundesrat im Gespräch. Meinem damaligen Misserfolg weint heute sicher keiner mehr nach.

Trotz Misserfolg bei Eleanor Dulles, das politische Washington öffnete mir bei dem Besuch einige Türen, die ich später immer wieder genutzt habe. Erstmals lernte ich die Rundgespräche im Mitteleuropa-Referat des State Department kennen. Es stand damals unter der Leitung des späteren Berliner Gesandten und US-Botschafters in Berlin, John Kornblum. Nach meiner Erinnerung war es ein Kreis selbstbewusster, sehr sachkundiger und dennoch intensiv fragender junger Diplomaten. Die Berlinthemen wurden in diesem Kreis auch bei meinen späteren Besuchen in der amerikanischen Hauptstadt sorgfältig abgeklopft. Wer sicherstellen wollte, dass in der Washingtoner Administration die richtigen Papiere für die verantwortlichen Politiker vorbereitet wurden, musste diesen Kreis überzeugen. Bemerkenswert war die Atmosphäre: neugierig, offen und freundschaftlich.

Bei den großen Drei

Es war schon jeweils ein großer Bahnhof, mit dem ich in den Hauptstädten der drei Alliierten empfangen wurde. Damit meine ich nicht die protokollarischen Ehren, ich meine das Amt und die Zahl meiner Gesprächspartner. Ausführlich konnte ich meine Anliegen mit den Außenministern und den leitenden Beamten dieser Ministerien erörtern. Das besondere Interesse galt aber natürlich den Chefs in Washington, London und Paris: Thatcher, Reagan und Mitterand

Die Gesprächsverläufe waren sehr unterschiedlich. Eine freundschaftliche Wahrnehmung des Gastes aus Berlin im „oval office" des Weißen Hauses, ein ausgedehntes Plaudern über philosophische Themen beim französischen Staatspräsidenten und klare politische Fragestellungen bei Margaret Thatcher in der Downing Street. So jedenfalls ist es mir in Erinnerung geblieben und so wiederholte es sich bei Besuchen in den nachfolgenden Jahren.

Präsident Ronald Reagan war ein aufmerksamer Zuhörer, er sah seinen Gesprächspartner stets unmittelbar an und las die Worte praktisch von den Lippen ab. Er machte seine Grundsatzpositionen sehr schnell deutlich. Details interessierten ihn – jedenfalls im Gespräch mit einem Regierenden Bürgermeister aus Berlin – wenig. Das Gespräch lockerte er mit Anekdoten und Deutschkenntnissen auf, die er nach seinen Erzählungen aus früheren Filmarbeiten in Erinnerung hatte. „Haben Sie einen Streichholz?" Auch bei späteren Treffen wiederholte er diesen Satz und bedauerte dabei gleichzeitig, dass er aus der Zusammenarbeit mit deutschen Kollegen keine weiteren Deutschkenntnisse demonstrieren könne. Ein DDR-Witz hatte es ihm besonders angetan, er erzählte ihn mit großem Vergnügen. „Warum verlässt Honecker als Letzter die DDR? Einer muss doch das Licht ausmachen".

Ganz anders Vizepräsident Bush, später auch in seinem Amt als Präsident. Er hatte immer den Spickzettel mit den Themen griffbereit, die ihm in Vorbereitung des Treffens aufgearbeitet worden sind. Er fragte von sich aus nach und zeigte sich auch in Einzelfragen bemerkenswert informiert. Typisch für ihn war aus meiner Sicht eine Episode aus dem Februar 1986: Ich musste im Weißen Haus auf den Beginn des Gespräches etwas warten. Bush kam unmittelbar von einer Besprechung mit Präsident Reagan über die Lage auf den Philippinen. Das Regime Marcos stand kurz vor dem Ende. Der Vizepräsident erläuterte ausführlich die Situation in Manila. Mit wenigen Strichen kennzeichnete er auf einer Seite Papier die geographische Lage in der Stadt: Standorte des Präsidentenpalastes, des Militärhauptquartiers und der Opposition. Danach sprachen wir erst über die Rolle Berlins im Ost-West-Dialog, die Besuche der Ministerpräsidenten von Frankreich und Italien in Ostberlin und die Vorbereitungen zur 750-Jahr-Feier Berlins.

Mitterand erwies sich als Kenner deutscher Literatur und Verehrer Theodor Fontanes. Als Berliner sind mir natürlich einzelne Werke dieses deutschen Hugenottensohnes bekannt. Die Wanderungen durch die Mark Brandenburg gehörten zu meiner Pflichtlektüre. Besonders interessierte mich auch der historische Schriftsteller. In dem Gespräch war ich aber glücklich, dass mich mit Winfried Fest ein fundierter Kenner Fontanes begleitete. Der Präsident schwelgte geradezu in seinen literarischen Betrachtungen. Besondere Meisterwerke hätte der Dichter erst in hohem Lebensalter geschaffen, das sei auch ein Grund, über den eigenen Lebensweg nachzudenken. Fontane habe erst spät einen neuen Lebensabschnitt begonnen. Öffentlich spekuliert wurde zu diesem Zeitpunkt über eine erneute Kandidatur des Präsidenten. Winfried Fest, der deutsche Botschafter – immer aufmerksamer Partner bei „außenpolitischen Terminen" eines Regierenden aus Berlin – und ich spekulierten beim Verlassen des Amtssitzes. Waren das Hinweise über die Absichten des Präsidenten? Am nächsten Tag wurde die erneute Kandidatur Mitterands verkündet.

Die vorgesehene Gesprächszeit wurde beträchtlich überzogen. Wir kamen auch noch zum Thema Berlin. Das wurde dann ausführlicher mit Außenminister Cheysson besprochen und in allen Facetten der französischen Außenpolitik ausgeleuchtet. Für mich stellte sich Frankreich oftmals als ein etwas schwieriger Partner dar. Sorgfältig wurden alle deutsch-deutschen Kontakte registriert, man kann auch sagen: misstrauisch. In der Ostpolitik setzte man neue Prioritäten. Die Kontakte zur DDR wurden ausgebaut, ein Kulturinstitut in Ostberlin wurde errichtet, Premierminister Fabius stattete als erster Regierungschef der drei westlichen Schutzmächte Berlins 1985 Ost-Berlin einen Staatsbesuch ab, und auch Mitterand besuchte kurz vor der Wiedervereinigung noch einmal demonstrativ die DDR und die letzte SED-geführte Regierung unter Ministerpräsident Modrow. Gleichzeitig haben die Franzosen ihre Rolle in West-Berlin stets und mit viel Gefühl für Symbolik betont. Mitterand überbrachte zur 750-Jahr-Feier der Stadt ein vermisstes Bronzerelief der Siegessäule, die Darstellung des Sturmes auf die Düppeler Schanzen im Deutsch-Dänischen Krieg 1864. 1991 bestand er auf einem Besuch im Roten Rathaus noch vor dem Umzug der Gesamtberliner Regierung vom Rathaus Schöneberg in den Bezirk Mitte. Demonstrativ schloss er damit seinen Frieden mit der Wiedervereinigung.

Der Ablauf des Besuches in Downing Street 10 entsprach haargenau dem Eindruck, den die „eiserne Lady" in der Öffentlichkeit machte. Höflich, nicht distanziert, aber doch kühl und sehr sachorientiert. „Nehmen Sie Platz", empfing sie mich, „aber da sitze ich". Die spätere Lektüre des Berichts, den der deutsche Botschafter nach Bonn richtete, gibt es nicht so wieder, er beschrieb die Atmosphäre als ausgesprochen freundschaftlich. Mein Eindruck aber war, dass sie – so bei den Fragen über unterschiedliche Motive für Fluchtbewegungen aus den verschiedenen Staaten des Ostblocks – nur eigene Meinungen bestätigt wissen wollte. Man wusste, woran man war. Zu den Fragen der Lärmbelästigung oder der Umweltschädigung durch den Schießplatz der Briten äußerte sie sich kurz und bündig mit dem Hinweis, die britischen Truppen müssten eben üben. Mein Bericht über die 11.000 Personen, die allein 1983 aus dem Bundesgebiet nach Berlin gezogen seien, um sich der Wehrerfassung beziehungsweise dem Ersatzdienst zu entziehen, führte zu der von mir erwarteten Reaktion. Gegen Drückeberger müsse selbstverständlich vorgegangen werden.

Das Foreign Office war über die Aussage der Premierministerin zur Wehrdienstproblematik sehr unglücklich. Man hatte nicht damit gerechnet, dass ich dieses Thema bei ihr anspreche und sie daher nicht vorbereitet. Die Frage sei doch zu komplex, wurde mir in anschließenden Gesprächen bedeutet. Ich hatte die Frage natürlich bewusst bei Margaret Thatcher angesprochen und die Antwort erhofft, die ich dann auch erhalten habe. Damit war das Problem für die Briten zwar nicht entschieden, eine totale britische Blockade musste ich bei einheitlichem Drängen der deutschen Seite aber nicht befürchten. Leider war die Bundesregierung bei dem Thema nicht offensiv genug.

Mein letztes Gespräch mit Premierministerin Thatcher im Januar 1989 fand in einer sehr sachbezogenen, gleichzeitig sehr freundlichen und entspannten Atmosphäre statt. Trotz drängender Anschlusstermine – der Blick der Mitarbeiter in den Besprechungsraum zeigt so etwas untrüglich an – wurde das Gespräch ausgedehnt. Sie war wieder sehr präzise vorbereitet und konzentrierte sich auf die Lage und Zukunftsaussichten der Stadt, die Einschätzung der sowjetischen Reformpolitik und die Entwicklungen in Mittel- und Osteuropa. Es ging natürlich auch wieder um Chancen aus der geopolitischen Lage, die Berlin nutzen müsse. Gut in Erinnerung ist mir ihre Analyse: *glasnost is talking, perestroika doing*. Für Gorbatschow sei es schwierig, denn die Bürger in der Sowjetunion hätten sich noch nicht entschieden, wie weit sie die neue Politik unterstützen sollten. Sie meinte, der Westen solle die Möglichkeiten der Stunde und damit die Unruhe in den verschiedenen Ostblockstaaten nutzen, eine langfristige Strategie könne bei der gegenwärtigen Lage aber noch nicht entwickelt werden.

Neben Gastgeschenken – immer KPM – gehörten Einladungen nach Berlin zu meinem Reisegepäck. Reagan, Bush, Mitterand, Chirac, sie alle konnte ich mehrmals als Gäste in Berlin begrüßen. Margaret Thatcher kam 1987 kurz zu einer Tagung der Internationalen Demokratischen Union nach Berlin und besuchte mich auch im Rathaus Schöneberg. Zu besonderen Anlässen schickten uns die Briten, wie sie mir versicherten, das Beste, was sie hätten: die Queen.

Immer aber gab es auch die Kleinigkeit am Rande. Nach den verschiedenen rechtlichen Konstruktionen über Berlin durfte ich eine Einladung eigentlich nicht aussprechen. Entweder der Souverän kommt aus eigenem Recht als Besatzungsmacht oder die Bundesregierung lädt ein. Streiten konnte man darüber immer. Der französische Gesandte hat 1985, nachdem Berliner Zeitungen über Einladung und Zusage Mitterands berichtet hatten, feststellen lassen, man gehe davon aus, bei meiner Mitteilung an den Präsidenten handele es sich nicht um eine förmliche Einladung, sondern um den Wunsch nach einem Besuch. Ich hatte natürlich auch davon gesprochen, der französische Präsident solle „in Verbindung" – nicht im Rahmen – mit einem Besuch in der Bundesrepublik nach Berlin kommen. Der Gesandte de La Fortelle ließ auch dazu verlauten, der Präsident habe auf diese Verbindung nicht reagiert. Insoweit bleibe die klassische Doktrin Frank-

Mit den Kindern auf einem Straßenfest: Familie Diepgen 1978.

Amtsübergabe im Rathaus Schöneberg im Februar 1984; Richard von Weizsäcker und Eberhard Diepgen.

„Ich schwöre, so wahr mir Gott helfe – Vereidigung 1984.

Gewählt am 18. April 1985 – der Senat von Berlin. 1. Reihe v. l.: Cornelia Schmalz-Jacobsen (Familie), Eberhard Diepgen, Dr. Hanna-Renate Laurien (Schulwesen); 2. Reihe v. l.: Ulf Fink (Gesundheit und Soziales), Elmar Pieroth (Wirtschaft und Arbeit), Prof. Dr. Rupert Scholz (Justiz und Bundesangelegenheiten), Heinrich Lummer (Inneres), Klaus Franke (Bau- und Wohnungswesen); 3. Reihe v. l.: Dr. Günter Rexrodt (Finanzen), Dr. Volker Hassemer (Kultur), Horst Vetter (Stadtentwicklung und Umweltschutz), Edmund Wronski (Verkehr), Prof. Dr. Wilhelm Kewenig (Wissenschaft).

Melina Mercouri, damals griechische Kulturministerin, als ein erster Gast im Rathaus: „Herr Regierender, die Antikensammlung muss wieder nach Griechenland!"

„Lieber Jacques Chirac, dieses BMW-Motorrad aus Berlin sollten auch die Pariser Polizisten benutzen." Werbung für Berliner Produkte im Rathaus von Paris.

Charmanter Gast aus Norwegen: Willy Brandt begleitet die „Botschafterin des guten Willens" des UNO-Kinderhilfswerkes Liv Ullmann beim Besuch im Rathaus.

Gute Stimmung im Senat: Edmund Wronski, Eberhard Diepgen, Dr. Volker Hassemer, Dr. Hanna Renate Laurien und der FDP-Fraktionsvorsitzende Walter Rasch.

Jetzt bauen wir die S-Bahn wieder aus. Erste Einweihung – die Wiederinbetriebnahme der Wannseebahn am 1. Februar 1985 – nach Übernahme der Verantwortung von der DDR

Regieren macht auch Spaß: Monika und Eberhard Diepgen.

Das gehörte zu Berlin: Paraden der alliierten Schutzmächte (hier der Briten).

Zur engen Abstimmung der Deutschlandpolitik: Wolfgang Schäuble im Rathaus Schöneberg.

Der Blick gehörte zu jedem Staatsbesuch in Berlin. Der König von Nepal informiert sich über die Mauer zwischen Reichstag und Brandenburger Tor

reichs unberührt, nach der Besuche in Berlin direkt und nicht in Verbindung mit bilateralen Besuchen in der Bundesrepublik stattfänden. Eine Änderung der Praxis – Ausnahmen gab es früher – wäre eine wichtige politische Geste, die der Präsident sicherlich nur dem Bundeskanzler mitteilen würde.

Berliner Interessen

Noch heute wundere ich mich: Weder das Kanzleramt noch das Bonner Außenministerium hat vor meinen Gesprächen mit Regierungsmitgliedern aus aller Welt eine enge inhaltliche Abstimmung erbeten. Ausgestattet mit den so genannten Länderberichten – streng vertraulich und persönlich, aber für einen intensiven Zeitungsleser ohne großen Neuigkeitswert – habe ich beim ersten Besuch oder den Empfang durch den Botschafter am Flughafen die Frage nach den Fettnäpfchen gestellt, in die man angesichts nationaler Sensibilitäten bei den Gastgebern treten könnte. Ich habe – hoffentlich – alle ausgespart. Bei substantiellen Gesprächen über die Berlin- und Deutschlandpolitik hielt ich das Verfahren nicht für sonderlich professionell, ich war aber dadurch auch im Vorfeld nicht in Ketten gelegt und konnte die Themen nach eigenen Vorstellungen gewichten. Zweifel habe ich, das ausschließlich als Ausdruck großen Vertrauens anzusehen. In Berichten aus den Botschaften las ich denn auch von dem Bedauern, „dass die Botschaft ... über unsere Haltung nicht oder nicht hinreichend" informiert ist. Die Viererguppe in Bonn, ständiges Abstimmungsgremium in Fragen der Deutschlandpolitik zwischen dem AA und den Alliierten, führte offensichtlich ein sehr eigenständiges Leben.

In den Hauptstädten der drei Schutzmächte wollte ich 1984 vor allem zwei Botschaften vermitteln. Ich wollte weg von einem Berlin-Image als problembeladene und von „Subventionsmentalität" geplagte Stadt. Ich wollte Berlin als lebensfähige Stadt mit wirtschaftlichem und wissenschaftlichem Potenzial darstellen, mit dem zusammenzuarbeiten sich lohne. Das war ein optimistisches Bild. Aber sowohl in dieser Phase der Berliner Politik als auch später bei all den Schwierigkeiten im zusammenwachsenden Deutschland hielt ich nichts von vorrangiger öffentlicher Vermarktung der Problemanalysen. Das bringt keinen zusätzlichen Arbeitsplatz. *Das Klagen schadet stets unserm Ansehen ... und die Kunde der ersten Beleidigung ist die Entschuldigung der zweiten.* (Gracián) – Die Philosophie wurde verstanden. In Amerika hätte man etwas anderes gar nicht akzeptiert. Mit unterschiedlichem Engagement unterstützten die Schutzmächte die bereits beschriebene Berliner Wirtschaftspolitik. Es ging auch um internationale Messen, Kongresse und Konferenzen, bei den Verhandlungen der späteren Jahre um die Präsenz in der „Europäischen Hauptstadt der Kultur, Berlin 1988", und die Tagung der Weltbank 1988.

Zur zweiten Botschaft konnte in allgemeinen Formulierungen auch Übereinstimmung erzielt werden. Mitterand formulierte bei seinem Berlin-Besuch 1986, der Status dürfe kein Hindernis für die Entwicklung der Bindungen zum Bund und der Beziehungen zum Umfeld der Stadt sein. Der Teufel lag aber im Detail. Ich wollte den Berliner Handlungsrahmen erweitern, auch einen Beitrag zum Ost-West-Dialog leisten können. Und noch schwieriger wurde es bei der Forderung – das wurde natürlich als Anregung formuliert – nach Überprüfung der besatzungsrechtlichen Regeln fast 40 Jahre nach der Kapitulation Deutschlands. Auf juristische und zeitliche Probleme wurde als erste Antwort hingewiesen. Gern verwiesen die Amerikaner auf Zurückhaltung der anderen Partner.

Beschwerden der Anwohner gegen den Schießplatz der Briten im Villenviertel Gatow war für mich der Einstieg in das Thema eines Rechtsschutzes gegen Entscheidungen der Schutzmächte Der Senat hatte Sympathien für die Bedenken der Anwohner, die frühere Landesregierung hatte jedoch ihre Zustimmung zu den Plänen der Militärregierung gegeben. Jetzt ging es aber nicht mehr nur um Lärmbelästigung und Umweltschäden, der Fall drohte zum Symbol für mangelnden Rechtsschutz zu werden. Die Bürgerinitiative hatte auch ein Gericht in London erfolglos angerufen. Im Londoner Außenministerium wurde sehr dezidiert gefordert, der Senat müsse in der Angelegenheit zumindest neutral bleiben, höchst befremdlich wäre es, wenn der Senat sich etwa an Prozesskosten der Kläger beteiligte. Das würde die britische Seite stark beunruhigen.

Das Thema hat mich auch auf späteren Besuchen begleitet. Ich hätte grundsätzlich in Fällen, die zu Auseinandersetzungen mit Nachbarn führen mussten, gerne einen anderen Weg gewählt: Auf Bitten der Alliierten sollten die deutschen Behörden tätig werden und gegen ihre Entscheidung könnte dann der Bürger den Rechtsweg einschlagen. Soweit kamen wir nicht einmal. Einigkeit wurde aber darin erreicht, dass eine sich verändernde Position der jungen Generation beachtet und die deutsche Seite stets frühzeitig zu konsultieren sei.

Langsam und mühselig mahlten die Räder in Sachen Rechtsbereinigung. Immerhin wurden in den Jahren bis 1989 eine Anzahl alliierter Verordnungen aufgehoben. 1988 wurde eine Beschwerdestelle gegen alliierte Entscheidungen eingerichtet, an die sich Berliner wenden konnte. Sie war allerdings mehr einem Petitionsausschuss vergleichbar.

Bei ihrer Zurückhaltung und dem langsamen Tempo konnten sich die Alliierten leider auch auf Stimmen aus Berlin berufen. Die SPD-Fraktion sorgte nach der ersten Berichterstattung über meine Initiative in Washington für Argumentationshilfe gegen eine Bereinigung des Besatzungsrechtes. Eine Bereinigung von Kontrollratsgesetzen – die alle vier Mächte erließen – sei schon deshalb ausgeschlossen, weil sie zum gewachsenen Status der Stadt gehörten und während der Verhandlungen über das Viermächteabkommen eine Rolle spielten. So ließ sie verlautbaren. Erst später hat sie mit klassischem Oppositionsgebaren – der Senat macht immer alles zu langsam – mit Verve entgegengesetzte Positionen vertreten.

Immer stärkere Präsenz von Franzosen und Engländern in Ostberlin, großzügigerer Umgang mit den statusrechtlichen Positionen gegenüber der DDR, Unbeweglichkeit gegenüber Berlin (W). Sehr deutlich habe ich – zu offiziellen Gesprächen mit den Regierungen der Schutzmächte war ich von 1984 bis Anfang 1989 jeweils viermal in den Hauptstädten – gegen die Gefahr einer gespaltenen Statuspolitik polemisiert. Berlin (Ost) werde immer mehr als Teil der DDR behandelt, Berlin (West) aber weiter am Gängelband gehalten. Die Sorge vor einer neuen Berlinkrise wurde aus meiner Sicht überbewertet. Die Sowjetunion wollte offensichtlich ihre Rechtsposition mit allen politischen Optionen aufrechterhalten, im Vordergrund standen aber andere außenpolitische und wirtschaftliche Interessen.

Auffällig war in dem Zeitraum nicht nur der Besuch des französischen Ministerpräsidenten Fabius bei Honecker – militärische Ehren gab es vor den Toren des „von deutschen Truppen entmilitarisierten Berlin" auf dem Flughafen in Schönefeld –, sondern auch Kulturgastspiele und insgesamt eine internationale Aufwertung Ostberlins. Es war natürlich unsinnig, den Zug nach Ostberlin, an dem sich nur die Amerikaner nicht beteiligten, aufhalten zu wollen. Kommerzielle Gastspiele waren auch nicht zu verhindern. So charakterisierte ich Auftritte im Ost- und Westteil der Stadt auch ganz bewusst als Zeichen der Attraktivität Berlins. Es wäre ja Unsinn gewesen, solche Entwicklungen einfach nur als Gefahren einer zusätzlichen Teilung Berlins anzusehen. Bei meinen Gesprächen in den Hauptstädten ging es aber darum, dass der Westteil unter dieser Entwicklung nicht leiden durfte. Das wurde verstanden. Die ungewöhnliche Idee, die Tour de France mit Prolog und erster Etappe in der eingemauerten Stadt Berlin zu beginnen, ist ein schlagender Beweis dieser These. Das war ein Beitrag zur 750-Jahr-Feier. Jacques Chirac und ich hatten es in Paris den Verantwortlichen der Tour vorgeschlagen. Wir beide gaben am Reichstag den Startschuss. Mit dem Flugzeug ging es weiter zur nächsten Etappe.

Die Reagan-Initiative

In besonderer Erinnerung habe ich ein Gespräch im State Department in Washington im März des Berliner Jubiläumsjahres. Es verlief teilweise mit verschobenen Fronten. Ich hatte zum wiederholten Male in den verschiedenen Gesprächsrunden die Entwicklung in der Sowjetunion unter ihrem neuen Generalsekretär Gorbatschow, die Positionen der DDR und die Überlegungen zur Anwendung des Viermächteabkommens dargelegt. Der stellvertretende amerikanische Außenminister Whitehead kannte Berlin aus der Zeit kurz nach dem Bau der Mauer. Er hatte die Flucht von Berlinern durch einen Tunnel miterlebt, die Familie der Flüchtlinge war damals getrennt worden. Er betonte, das Unrecht der Mauer müsse stärker herausgestellt werden. Er war besorgt, die deutsche Seite würde das nicht deutlich genug tun (*is to soft*). Für ihn waren die USA nicht nur Statusmacht in Berlin, Amerika – so betonte er – sei auch emotional in besonderer Weise an die Stadt gebunden und in der Haltung zur Mauer dürfe man auch eine Konfrontation nicht scheuen. Das hörte sich in meinen Ohren gut an. Für Senat und Bundesregierung konnte ich jedenfalls festhalten, dass die gesellschaftspolitische Auseinandersetzung auch durch eine pragmatische Deutschlandpolitik nicht infrage gestellt werde. Durch intensive Kontakte zwischen den beiden Staaten in Deutschland würden im Gegenteil auch Fragen der DDR-Bevölkerung an das Regime provoziert. Man müsse aber auch ein Konzept verfolgen, wie die Mauer durchlässiger werde und es dadurch auch für Berlin mehr Stabilität und weiteren wirtschaftlichen Aufschwung gebe.

John Kornblum, damals Gesandter in Berlin, verstand das Anliegen. Er räumte ein, dass man viele Jahre die rechtlichen Grundlagen der Stadt aus einer defensiven Position heraus betont habe. Man kenne jetzt das Konzept Berlins mit dem Übergang zu einer offensiveren Politik. Man müsse klären, was das für die Politik der Drei Mächte bedeute. John Kornblum gilt als einer der Autoren der Rede, die Präsident Reagan am 12. Juni 1987 vor dem Brandenburger Tor gehalten hat. Bei der Rede erinnerte ich mich an das Gespräch im State Department. „Herr Gorbatschow, reißen Sie diese Mauer nieder!" Kornblum und seine Kollegen hatten lange gearbeitet, diesen Satz in die Rede aufzunehmen.

Die Rede an der Mauer war eine Berlin-Offensive, mit der die Stadt in einem Klima des Wandels in die vorderste Front einer Entwicklung gerückt werden sollte. So umschrieb John Kornblum später in einem Beitrag zur amerikanischen Politik gegenüber Deutschland die Philosophie. Der Präsident wandte sich unmittelbar an Gorbatschow. Etwas allgemein mit der Aufforderung: "Bringen wir die Ost- und Westteile der Stadt enger zusammen. Alle Bewohner sollen die Vorzüge genießen, die das Leben in einer der größten Städte der Welt mit sich bringt." Und sehr konkret, zusätzliche internationale Konferenzen sollten in Berlin abgehalten werden. Der kommerzielle Luftverkehr nach Berlin sollte bequemer, vorteilhafter und wirtschaftlicher, West-Berlin eines der wichtigsten Zentren der Luftfahrt im gesamten Mitteleuropa werden. Sein vierter Vorschlag war das Angebot, „in naher Zukunft Olympische Spiele hier in Berlin, im Osten und im Westen, abzuhalten".

Der amerikanische Gesandte hatte bei einem Gespräch im Rathaus Schöneberg die Grundgedanken der Rede angesprochen und die deutsche

Reaktion dabei wohl testen wollen. Er hatte sicherlich erwartet, ich würde vor Begeisterung vom Stuhl springen. Ich war skeptisch. Würde der Präsident tatsächlich über allgemeine Formeln hinausgehen? Noch auf der Tribüne am Brandenburger Tor war ich überrascht, wie konkret der Präsident die einzelnen Themen ansprach. Natürlich hatte ich Kornblum bestärkt. Nicht umsonst hatte ich bei all meinen Besuchen in Washington, London und Paris die Verbesserung des Luftverkehrs angesprochen und die Unterstützung bei der Bewerbung um internationale Konferenzen erbeten. Enttäuscht war der „Berliner Kornblum" aber über meine Zurückhaltung zum Thema Olympische Spiele. Ich muss sie wohl auch etwas undiplomatisch deutlich gemacht haben. Die gute Idee, die damals auch bereits durch die Öffentlichkeit geisterte, konnte aus meiner Sicht nur dann Erfolg haben, wenn sie nicht demonstrativ von nur einer der beteiligten Seiten öffentlich gefordert wird. Absehbar war die Reaktion von Honecker. Er kündigte sofort die Bewerbung Leipzigs an. Die andere Chance lag in einer Initiative des IOC-Präsidenten Samaranch. Die Aussicht auf einen Friedensnobelpreis für diese Olympischen Spiele, die ideologische und militärische Grenzen überspringen, könnte ihn zu ernsthaften Anstrengungen auf diesem Wege veranlassen.

Der Satz Reagans „Herr Gorbatschow, öffnen Sie dieses Tor. Herr Gorbatschow, reißen Sie diese Mauer nieder", ist inzwischen in die Geschichte eingegangen. Er schlug ein. Die erste Reaktion der deutschen Presse war jedoch von Zweifeln geprägt. Sie entsprach dem deutschlandpolitischen Zeitgeist und dem Bemühen, das Neben- und Miteinander der beiden Staaten in Deutschland nicht zu stören. Wie hatte Whitehead im State-Department gesagt? Die Deutschen seien zu zaghaft. Reagans Rede war dagegen alles andere als *to soft*.

Amerikaner messen bei der Bewertung von Deutschlandbesuchen ihrer Präsidenten gerne an dem Jubel für Kennedy. Sein Bekenntnis zur Stadt erfüllte das Schutzbedürfnis der Berliner. Außenpolitisch war es eine meisterhaft und offensiv vorgetragene Definition des von ihm selbst veränderten Status quo. Reagan ging weiter. Er verband eine Vision der Freiheit mit einem dynamischen Instrumentarium. So gesehen war es peinlich, wie der Platz am Brandenburger Tor bei seiner Rede abgeschirmt werden musste. Die Zuhörer der ersten Reihen am Veranstaltungsort waren handverlesen. Der lautstarke Jubel kam von jungen Amerikanern, die im hinteren Teil platziert waren. Aber es war nicht nur das Jahr des Stadtjubiläums, es hatte auch amerikanische Bomben gegen den Terrorismus in Libyen gegeben.

Amerikas Außenpolitik nahm auf die Rede des Präsidenten in den nachfolgenden Jahren immer wieder Bezug. Auch wir konnten das. Es half bei den großen und kleinen Berliner Themen. Jahrelang wurde über die Gründung einer Nationalstiftung mit Sitz in Berlin verhandelt. Die Idee kam von Helmut Schmidt. Es sollte eine Kulturstiftung der Länder in der Hauptstadt sein. Die Sowjetunion intervenierte, die Schutzmächte hatten Bedenken, die Stiftung demonstriere entgegen dem Viermächteabkommen Bundespräsenz in Berlin. 1988 konnte dann eine private Stiftung der Bundesländer die Arbeit aufnehmen. Sie war in der rechtlichen Konstruktion damit keine Bundesinstitution, in der Substanz erfüllt sie noch heute Aufgaben für die ganze Bundesrepublik. Daneben hat Helmut Schmidt 1993 eine Nationalstiftung gegründet. Sie ist in den letzten Jahren publizistisch stark hervorgetreten.

Ein Nebenprodukt

Helmut Schmidt war als Bundeskanzler Ende der Siebzigerjahre gemeinsam mit dem französischen Staatspräsidenten Giscard nach Berlin geflogen. Der Präsident schritt zur Ehrenformation seiner Streitkräfte. Der Bundeskanzler aber verließ klammheimlich den Flughafen. – Dietrich Genscher wollte in der Brandenburghalle im Rathaus Schöneberg bei der Eintragung eines der Staatsgäste in das Goldene Buch dabei sein. Er wurde zu einem Nebeneingang gefahren und benutzte dann verärgert und demonstrativ das Hauptportal. Beide Begebenheiten demonstrieren Interpretationsmuster zu den Rechten und Pflichten Bonns in Berlin. Ein Bundespräsident hatte bis 1987 noch nie Staatsgäste im Berliner Amtssitz begrüßt.

Das änderte sich mit den Besuchen zur 750-Jahr-Feier. Es war eine Änderung der alliierten Praxis. Bundespräsident von Weizsäcker empfing die britische Königin im Schloss Bellevue. Es geschah ganz unspektakulär, so als wäre es eine Selbstverständlichkeit, war aber eine Folge des zähen Hin und Her bei den gegenseitigen Einladungen zu den Jubiläumsfestakten in Ost- und West-Berlin. Die Alliierten hatten einen möglichen Besuch von Honecker im Westteil der Stadt von einer Präsenz der Bundesregierung und des Bundespräsidenten zum gleichen Anlass abhängig gemacht, nicht in der logischen Folge ihrer sonstigen Auslegung des Viermächteabkommens: *not to be govern by the Federation*. Es widersprach aber vor allem auch der östlichen Statusinterpretation und war wohl mit der Erwartung verbunden, dass Honecker bei einem solchen Verfahren zur Absage gezwungen sei.

Es kam zwar nicht zu den gegenseitigen Besuchen der „Staatsakte". Logisch blieb es aber angesichts der vorangegangenen Forderungen der Alliierten bei einem bisschen mehr an Bundespräsenz. Anfangs war dieses Ziel in die Einladungspolitik nicht einbezogen. Dann entwickelte es sich zu einem Nebeneffekt, der bei dem Scheitern der Hauptsache alles ein wenig versüßt hat.

Vom Regen in die Traufe – Berliner Luftverkehr

Lange Zeit war es ein Traum: Im Berliner Flugverkehr übernimmt die Lufthansa die tragende Verantwortung. Der Verkehr durch die Luftkorridore war alliierten Fluggesellschaften vorbehalten. Das Schwergewicht lag bei der PAN AM, und immer waren die Berliner unzufrieden: Die Preise zu hoch, die Zahl der Zielflughäfen zu gering und der Service hätte natürlich auch besser sein können. Jede Preiserhöhung insbesondere auf der Strecke nach Hannover geriet zum Politikum, waren doch viele Berliner als Flüchtlinge aus der DDR oder auch als Mitarbeiter in sicherheitsrelevanten Bereichen auf den Flugverkehr angewiesen. Das war keine persönliche Sicherheitsmaßnahme. Viele durften den Landweg ausdrücklich nicht benutzen. Gespräche und Interventionen im Verwaltungshochhaus der PAN AM in New York gehörten daher zu fast jedem USA-Aufenthalt. In Washington habe ich im State Department und bei Senatoren und Abgeordneten wegen der Rückwirkungen auf die Preise der Pan Am inneramerikanische Steuerfragen beinahe genauso häufig angesprochen wie sowjetische Störungen in den Luftkorridoren. Die amerikanische Regierung bemühte sich um Unterstützung des Flugverkehrs. Nach wirtschaftlichen Schwierigkeiten der PAN AM wurden auf amerikanischer Seite auch andere Fluggesellschaften in den Berlinverkehr einbezogen.

Seit meinen Antrittsbesuchen in den Hauptstädten begleitete mich das Thema ständig. In Paris und London wurden von den dortigen Gastgebern Termine mit den Vorständen von Air France und British Airways vermittelt. Immer ging es um zusätzliche Flüge und Zielorte. Nach sowjetischer Auffassung durften die Luftkorridore nur zu Flügen nach Westdeutschland, also in die ehemaligen Besatzungszonen, nicht aber in das angrenzende Ausland genutzt werden. Beinahe müßig, darauf hinzuweisen, dass die Alternative von Flügen außerhalb der Korridore auch unter den westlichen Verbündeten umstritten war. Würde ein Flugverkehr außerhalb der Korridore deren Wert als einzig garantierten unkontrollierten Zugang nach Berlin antasten? Würde der Verkehr durch die Korridore dann ausgedünnt, nicht genutzt und damit im Krisenfall schwieriger durchsetzbar? Für diese Fragen hat man heute nur Verständnis, wenn man sich vor Augen hält, dass Rechte, die nicht genutzt werden, plötzlich auch nicht mehr verteidigt werden können.

Die Reagan-Offensive brachte neue Bewegung. Es blieb aber beim Verkehr durch die Korridore. Honecker zeigte sich auch noch 1988 bei unserem Treffen auf Schloss Niederschönhausen in Berlin etwas pikiert, weil Reagan ja nicht die DDR, sondern die Sowjetunion angesprochen hatte. Der Blick richtete sich aber auch auf eine Kooperation zwischen der DDR-Fluggesellschaft Interflug und der Lufthansa sowie auf den Flughafen von Schönefeld.

Heinz Ruhnau als Patriot

Besonders erfreulich war in diesen Jahren das Verhalten der Lufthansa und insbesondere ihres Vorstandsvorsitzenden Heinz Ruhnau. Er wollte in der deutschen Hauptstadt mit den Kranichen Flagge zeigen. Demonstrativ wurde eine Lufthansamaschine am Eingang des Flughafens Tegel aufgestellt. Mit aufgeklebten alliierten Hoheitszeichen war sie nach Berlin geflogen. Der Lufthansa-chef entwickelte auch die Idee, eine Mitverantwortung für den Berlinverkehr zu übernehmen. Die EUROBERLIN, eine Gesellschaft aus Lufthansa und Air France, wurde unter französischer Flagge aber deutscher Führung gegründet. Bei den Gesprächen in beiden Hauptstädten hatte ich den Eindruck, alle waren jenseits unterschiedlicher kommerzieller Interessen auf diesen Weg stolz.

Heinz Ruhnau verstand sich als deutscher Patriot. So bezeichnete er sich auch selbst. Unter seiner Führung engagierte sich das damals noch nicht an der Börse notierte Unternehmen mit Tochterunternehmen in der deutschen Hauptstadt. Die Kempinski AG gehörte mit Sitz in Berlin ebenso dazu wie einzelne Servicebereiche für den unmittelbaren Flugbetrieb. Schon vor der „Wende" hatte er Kontakte mit der DDR-Gesellschaft „Interflug" aufgebaut und diese auch später übernommen. Überlegungen, den Berlinverkehr auch für West-Berlin stärker über den Flughafen Schönefeld abzuwickeln, stieß damals allerdings auf entschiedenen Widerstand. Nicht nur in Washington wurde mir gegenüber dazu ein klares *NEIN* formuliert. Auch ich hatte Bedenken. Eine Verlagerung von wichtigen Teilen des Flugverkehrs von Tegel in das in der DDR vor den Toren Berlins gelegene Schönefeld hätte die Luftkorridore noch stärker ausgehöhlt als ein möglicher Parallelverkehr neben den Korridoren. Die Überlegungen zum Ausbau von Schönefeld als wichtigem Flughafen für die ganze Region sind aber älter als Standortentscheidungen der späteren Länder Berlin und Brandenburg.

Mit der Wende war die Monopolstellung der alliierten Fluggesellschaften im Berlin (West)-Verkehr zu Ende. Der Markt orientierte sich neu. Die Lufthansa stieg auch ohne die rechtliche Krücke eines alliierten Daches in Berlin ein und baute zunächst den internationalen Linienverkehr auf. Doch geriet, grob formuliert, Berlin vom Regen in die Traufe. So wichtig internationaler Linienverkehr für die wirtschaftliche Entwicklung war, so unsensibel oder rücksichtslos baute die Lufthansa nach kurzem, erfreulichen Intermezzo den internationalen Verkehr wieder ab. So stark sich der Patriot Ruhnau auch aus politischen Gründen im Berlin-Verkehr engagierte, so wenig interessierte das Argument Hauptstadt seine Nachfolger. Müßig, darauf hinzuweisen, dass alle Reden über Berlin als Drehscheibe zwischen Ost und West in Europa, als Standort für internationale Dienstleister oder Ausgangspunkt für die Märkte in Mitteleuropa, damit ganz schnell als bloße Worthülsen erscheinen konnten. Ich bin überzeugt, Sony ist bei seiner

Entscheidung für den Standort am Potsdamer Platz von einer ordentlichen Flugverbindung zwischen Tokio und Berlin ausgegangen. Die Japaner konnten sich gar nicht vorstellen, dass die wichtigste deutsche Fluggesellschaft, Haupteigentümer ist die Bundesrepublik Deutschland, die deutsche Hauptstadt in ihrer strategischen Planung links liegen lässt und selbst den Mittel- und Osteuropaverkehr lieber über München abwickelt. Bei den Sony-Managern ist es auch heute noch keine Werbung für ihr Engagement in Berlin, wenn sie in Frankfurt umsteigen müssen, aber eine Stunde zuvor bei guter Sicht Berlin aus der Luft genießen können.

Für mich begann die alte Prozedur. War ich vor 1989 in Sachen Luftverkehr in Washington, London und Paris, so führte mich das Thema ab 1995 nach Atlanta, Singapur, Peking, Tokio, Kuala Lumpur und in die Vereinigten Emirate. Mit United und Singapore Airlines wurde über Fluglinien nach Berlin verhandelt, in Staaten mit starkem staatlichen Einfluss auf die Fluggesellschaften mit den Regierungen. Auch bei einem Gespräch mit Polens Präsidenten Kwasniewski stand der regionale Flugverkehr auf der Tagesordnung. Nach dem Luftverkehrsabkommen konnte es Flüge zwischen allen deutschen und polnischen Flughäfen geben. Ausgenommen waren Flüge in die jeweiligen Hauptstädte. Die durften nur Hauptstadt zu Hauptstadt verbunden werden. Berlin fehlte damit der mögliche Markt aus seinem früher traditionellen Einzugsgebiet von Breslau, Posen und Stettin. Erst mit dem Beitritt Polens zur Europäischen Union entfielen die Beschränkungen.

Stets habe ich die Reisen von Wirtschaftsdelegationen und die damit verbundenen Berlinpräsentationen genutzt, um Interesse am Luftverkehr nach Berlin zu fördern. Es gab Interesse internationaler Fluggesellschaften, auch konkrete Überlegungen, aber stets auch die Frage, warum denn die Lufthansa sich so wenig im internationalen Berlinflugverkehr engagiere. Immer hing uns das Verhalten des deutschen Unternehmens wie ein Klotz am Bein. Nur ausnahmsweise – bei Besuchen von Partnern innerhalb der Allianz – beteiligte sich die Berliner Repräsentanz der Kraniche an Vorbereitung und Durchführung dieser Aquisitionsbemühungen. Den guten Willen der Berliner Lufthanseaten will ich ausdrücklich nicht bestreiten. Übrigens auch die Tatsache, dass sich die Lufthansa außerhalb des Luftverkehrs in Berlin stark engagiert. An Arbeitsplätzen ist die Stadt die Nummer drei unter den Standorten des Unternehmens. Doch was hilft es? Ich hätte gern auf einen Teil dieser Arbeitsplätze verzichtet, wenn direkte Verbindungen über den Atlantik und nach Asien die Grundlage für die Ansiedlung internationaler Dienstleister verbessert oder auch überhaupt erst geschaffen hätten.

Wir konnten uns manchmal Hoffnungen machen. Die Emirate und Malaysien Airlines überlegten, die Flüge nach New York in Berlin zu unterbrechen. Nach intensiver Vorbereitung war ich noch im letzten Jahr meiner Amtszeit zu den Asien-Pazifik-Tagen der Deutschen Wirtschaft nach Malaysia geflogen. Ich stellte nicht nur die Berliner Asien-Pazifik-Wochen vor und rühmte Berlin als dynamischen Wirtschaftsstandort, besonders wichtig war das Treffen mit dem Präsidenten Malaysias. Er sagte seine Unterstützung für die Pläne der Flugverbindung über Berlin zu. Geklärt werden mussten noch die Landerechte und Fragen der internationalen Luftverkehrsabkommen. Das Bundesverkehrsministerium war gefragt. Aber damit war das Thema auch leider erledigt. Die Lufthansa und ebenso die zuständige Abteilung im Bundesministerium zeigte kein Engagement – so mein Eindruck, der sich ständig wiederholte.

Für die Luftverkehrmalaise gibt es populäre Vorurteile: Der Markt gibt es nicht her, und der internationale Flughafen in Schönefeld ist noch nicht fertig. Richtig ist aber, dass es an Flughafenkapazitäten für internationale Flüge in Tegel, Schönefeld und Tempelhof nie gefehlt hat. Bei der aktuellen Auslastung waren auch Flüge und Umsteigemöglichkeiten am Standort Tegel organisierbar; die Passagiere hätten die jeweiligen internationalen Flüge erreichen können. Lufthansa hätte den Markt, den sie für Frankfurt, München oder Düsseldorf organisiert hat, auch für Berlin gestalten können – nicht durch Totalverlagerung, aber begrenzte Marktaufteilung.

Die Lufthansa ist im Frühjahr 2001 widerwillig dem Berliner Verlangen gefolgt und hat den Flug Berlin–Washington aufgenommen. Mir blieb in Erinnerung, dass schon bei der Eröffnung Vorstandschef Weber den wirtschaftlichen Erfolg anzweifelte und kräftig Wasser in den Wein schüttete. Der Berliner Flughafen und Berliner Unternehmen hatten der Fluggesellschaft das ungeliebte Engagement durch Sonderkonditionen versüßt, die die Lufthansa für in Berlin anfallende Kosten in Anspruch nehmen konnte.

Der Flug wurde unverzüglich nach den ersten Meldungen über den Terroranschlag vom 11. September eingestellt. Allerdings fehlte auch zuvor eine Empfehlung des Auswärtigen Amtes an seine Mitarbeiter, bei dienstlichen Flügen in die USA den neu aufgelegten Washingtonflug zu nutzen. Die Bundesregierungen zeigten ein bemerkenswert geringes Interesse an einem leistungsfähigen Flugverkehr, der die deutsche Hauptstadt angemessen international verbindet. Zumindest hätte sie ihre Mitarbeiter anregen können, internationale Flüge von Berlin aus zu nutzen. Eindeutig lagen auch nach 1990 die Prioritäten bei Frankfurt, München und auch Düsseldorf. Leider hat sich das bis heute (2004) nicht geändert.

Ein internationaler Flughafen

Ein Satz zum Großflughafen: Die Planfeststellung ist noch nicht rechtskräftig, bei der Veröffentlichung dieses Buches sind sicher Klagen vor dem Bundesverwaltungsgericht anhängig und jede Darstellung der Standortauswahl kann gerichtsrelevant werden. Zurückhaltung ist also geboten.

Ich habe darauf geachtet, dass Auswirkungen auf die Arbeitsplätze der Berlinerinnen und Berliner bei diesem Verfahren nicht in den Hintergrund gedrängt wurden. Vor Augen hatte ich auch die Erfahrungen aus Washington. Der Flughafen weit außerhalb der Stadt führte zu neuen Siedlungen und einer Landschaftszerstörung. Manfred Stolpe, Matthias Wissmann und ich hatten uns nach sorgfältiger juristischer Prüfung für den Standort Schönefeld entschieden und wollten aus rechtlichen Gründen dann Tegel und Tempelhof nach der Inbetriebnahme oder nach unanfechtbarem Baurecht als Verkehrsflughäfen aufgeben. Ausdrücklich wurde der Begriff „Verkehrsflughafen" gewählt, weil beispielsweise *private aviation* in Tempelhof weiter möglich sein sollte, auch der Flugverkehr von Bundeswehr und Bundesgrenzschutz in Tegel und Tempelhof. Im Umfeld der Hauptstadt und auch im Zentrum der Stadt wird man Ausweich-, Start und Landemöglichkeiten brauchen. Ist Berlin ohne Start- und Landemöglichkeiten für Hubschrauber des Bundesgrenzschutzes denkbar? Helmut Kohl und später auch der Bundesverteidigungsminister Scharping haben mir bei meinen kritischen Fragen zugestimmt. Engagieren wollten sie sich nicht. Kommt Zeit, kommt Rat. Im Vordergrund stand die Befürchtung, dass der Ausbau von Schönefeld zu einem Großflughafen rechtlich nur bei Verzicht auf andere Verkehrsflughäfen rund um Berlin durchzusetzen wäre. An zweiter Stelle standen ökonomische Überlegungen.

Das Planfeststellungsverfahren wird in der Verantwortung des Landes Brandenburg geführt. Bei der komplexen Rechtsmaterie und den 120.000 Bürgereinwänden hat es zwar ärgerlich lange gedauert, das ist aber weitgehend nicht schlechtes Verwaltungshandeln, sondern die Folge der von Besitzstandswahrung geprägten Rechtslage. Komplizierter und ärgerlicher war das Privatisierungsverfahren.

Vor Gericht und auf hoher See sind wir alle in Gottes Hand. Das erlebten wir beim Privatisierungsverfahren. Es ging um den Verkauf der Flughafengesellschaft bei gleichzeitiger Verpflichtung zum Bau eines internationalen Flughafens. Der Zuschlag war erteilt; wie es heute immer mehr zur Regel wird, klagte der nicht berücksichtigte Anbieter. Das Gericht in Brandenburg hob die Vergabeentscheidung auf, weil es unzulässige Informationsflüsse zwischen den Bewerbern festzustellen glaubte. Hoch/Tief verlor den Auftrag auf Antrag des zuvor unterlegenen Unternehmens IVG. Das Vergabeverfahren musste noch einmal beginnen und wieder wurde die Entscheidung angefochten. Jetzt aber regte das Gericht im völligen Widerspruch zur vorangegangenen Entscheidung an, die Konkurrenten sollten sich zu einem gemeinsamen Vorschlag verabreden. Das geschah. In einer „Chefrunde" waren sich Manfred Stolpe, der Staatssekretär aus dem Verkehrsministerium Nagel und ich mit den beiden Vorstandsvorsitzenden von Hoch/Tief und IVG über die Grundstruktur eines Angebotes Anfang Juni 2001 weitgehend einig. Ich war der Überzeugung, dass es binnen weniger Wochen zu einem Abschluss kommen konnte. Bei der Bedeutung des Flughafens und der Investitionssumme von mehreren Milliarden Euro war eine Gefährdung des Projektes bei unterschiedlichen Preisvorstellungen von 50 Millionen Euro auch nicht vertretbar.

Nach meinem Ausscheiden ist es nicht zu einem Vertragsabschluss gekommen. Bei den Preisdiskussionen fiel mir auf, dass der Senat von Berlin bei seinen Forderungen im Ergebnis nur optische Verbesserungen einforderte. Werden einzelne Verpflichtungen im Bereich der Verkehrsanbindung vom Investor auf die öffentliche Hand verlagert, kann ein höherer Kaufpreis verlangt werden. Gleiches gilt bei späterer Fälligkeit der Kaufsumme. Letztlich wollten wohl die Investoren nach den erneuten Verzögerungen nicht mehr. Der Luftverkehrsmarkt war noch komplizierter geworden.

Jetzt soll der Flughafen durch die öffentliche Hand errichtet werden. Mit dieser Vorstellung konnte ich mich in den vergangenen Jahren nicht durchsetzen. Die SPD in Berlin, die Regierung in Brandenburg und auch die Bundesregierung wollten kein weiteres öffentliches Engagement. Dabei lag der Bau des Flughafens im öffentlichen Interesse. Genau wie der Betrieb des Flughafensystems mit Tegel, Tempelhof und Schönefeld. Betriebswirtschaftlich und ausschließlich am Gewinn des Unternehmens orientiert, hätte man sich auf Tegel und damit einen sicheren jährlichen Gewinn von 20 bis 25 Millionen Euro konzentrieren können. Leider ist der weitere Ausbau von Tegel in der Großstadt Berlin politisch nicht machbar. Das wäre nur unter alliiertem Recht und aus den Zwängen der Teilung Berlins möglich gewesen. Für den schnellen Ausbau eines internationalen Flughafens Tegel kam die Wiedervereinigung zwei oder drei Jahre zu früh. Einschränkend muss ich allerdings auch erwähnen, dass die rot-grüne Regierung unter Walter Momper – gegen alle wirtschaftliche Vernunft – 1989 und 1990 aus Gründen des Umweltschutzes Einschränkungen im Berlinflugverkehr gefordert hat.

Wie es auch immer zu dieser Entwicklung gekommen ist – die Öffentliche Hand muss jetzt mit dem Bau beginnen. Erst nach Rechtskraft des Planfeststellungsbeschlusses oder der Inbetriebnahme des Flughafens sollte man über eine Teilprivatisierung nachdenken. Dann ist das Projekt auch viel mehr wert.

Honecker

Anlässlich der Frühjahrsmessen in Leipzig traf ich die Politbüromitglieder Dr. Mittag und Dr. Häber sowie den DDR-Außenwirtschaftsminister Dr. Beil, nach 1986 den Generalsekretär mit seiner Begleitung. Bei den Treffen gab es wiederkehrende Gesetzmäßigkeiten. Immer zelebrierten die Politbüromitglieder mit Anklängen an ein höfisches Protokoll ihre Bedeutung im Staate.

Je länger man dem Gastgeber in einem langgezogenen Raum entgegengehen musste, desto besser. In Leipzig wurde ich immer von Elmar Pieroth, dem Wirtschaftssenator, begleitet. Immer musste die Bundesrepublik Deutschland bei Treffen anlässlich der Messe durch den Leiter der Treuhandstelle für den innerdeutschen Handel in der Delegation vertreten sein. Immer wurde einleitend über die weltpolitische Lage, die jeweils aktuellen Abrüstungsfragen, den NATO-Doppelbeschluss und die Sicherung des Friedens gesprochen. Immer gab es sehr lange Erklärungen zu Beginn der Gespräche. Immer bestellte ich Grüße des Bundeskanzlers und von Vertretern der Bundesregierung, selten hatten sie davon Kenntnis; aber es demonstrierte, dass Berlin sich als Teil der Bundesrepublik sieht. Immer wurde auf Namenslisten mit „humanitären Problemfällen" hingewiesen. Immer gab es im Anschluss einen ganz schnellen Kontakt zum Leiter der Ständigen Vertretung der Bundesrepublik in der DDR.

Nach dem Treffen mit Honecker im Schloss Niederschönhausen im Februar 1988 fuhr ich sofort in die Ständige Vertretung in der Hannoverschen Straße. Dem Vertreter der Bundesregierung, Dr. Bräutigam, hätte ich auch gemütlich im Schöneberger Amtszimmer über alle Ergebnisse berichten können. Es ging aber darum, auch dabei die Abstimmung mit der Bundesregierung zu betonen. Also, nach kurzer Begrüßung das sachliche Gespräch und die Lageeinschätzung im abhörsicheren Raum der Vertretung. Dort wurden auch die politischen Gespräche in der Ständigen Vertretung geführt.

Mit dem Staatsratsvorsitzenden der DDR und Generalsekretär der SED bin ich in meiner Amtszeit viermal zu längeren Gesprächen zusammengekommen. Zum Schluss hatte sich ein Verhältnis gegenseitigen Verständnisses entwickelt. Honecker hatte offensichtlich sehr sorgfältig meine Bemühungen um „ein Stadtjubiläum in zwei Stadtteilen" beobachtet. In der Politik der gegenseitigen Einladungen waren wir wohl auch beide an den gleichen Gegenspielern gescheitert.

Der deutschlandpolitische Start war demgegenüber von großem Misstrauen überschattet. Meine Position zur Wiedervereinigung, Reden an den Jahrestagen des Aufstandes vom 17. Juni 1953 oder zum Mauerbau sind immer wieder mal als Hinderungsgrund für ernsthafte Verhandlungen angegeben worden, mal vorgeschoben, mal in ernstlicher Irritation. Anfang 1984 stieß meine Regierungserklärung mit dem Bekenntnis zur Einheit Deutschlands auf keine Gegenliebe. Wie sollte sie auch? Außerdem hatte ich in einer Rede zwar eine Unterstützung der DDR in Umweltbelangen gefordert. Auch im Streit mit der Bundesregierung wollte ich Kraftwerke (es ging um Buschhaus in Niedersachsen) an der Grenze zur DDR, die sich bei nicht ausgereifter Umwelttechnik als Dreckschleudern gen Osten und damit auch Berlin erweisen würden, verhindern. Mein Argument: Luftreinhaltung durch verbesserte Technik in der DDR würde auch der Umwelt in ganz Deutschland und natürlich insbesondere in Berlin dienen. Mein praktisches Beispiel aber rief helle Empörung hervor: „Solange der Trabbi in Ostberlin seinen Gestank verbreitet, kommen wir auch im Westteil der Stadt nicht voran."

Ich hatte des Ostens liebstes Kind damit beleidigt, jahrelang wartete man in der DDR auf die bestellte Lieferung des Trabbi und jetzt kam dieser Wessi daher ... Man führte sogar bei dem damals noch designierten Bundespräsidenten von Weizsäcker bei einem Treffen von Kirchenvertretern Beschwerde. Von Weizsäcker – so entnahm ich erst viel später den Unterlagen der geheimen Protokollanten – sollte mich zur Brust nehmen.

Meine ersten Kontakte habe ich unmittelbar nach meiner Nominierung für das Amt des Regierenden aufgenommen. Der Chef der Berliner Senatskanzlei Schierbaum organisierte ein Treffen mit Kirchenführern der DDR anlässlich eines Gottesdienstes in Potsdam. Wir wollten das Berliner Interesse am innerdeutschen Dialog auch unter der neuen Führung signalisieren und waren sicher, die Signale würden an der richtigen Stelle ankommen. Die Kirche und ihre Vertreter sind immer Vermittler gewesen. Aus dieser ersten Zusammenkunft hat sich eine intensive Zusammenarbeit mit Manfred Stolpe ergeben, dessen Rat und Vermittlung mir in den Jahren vor der Wende sehr wichtig waren. Wir trafen uns auch mit Kind und Kegel zur Dampferpartie rund um Potsdam, sein Heim war Treffpunkt für viele Gespräche gerade in den Jahren bis 1986. Meist besuchte er mich im Gästehaus des Senats und wir tauschten uns über Chancen von Gemeinsamkeiten während der 750-Jahr-Feier und Möglichkeiten der DDR-Regierung im innerdeutschen Dialog aus. Die Kirche war Kirche in der DDR, mit notwendigen Kontakten und Abhängigkeiten. Allein daraus später Vorwürfe einer Zusammenarbeit mit der Stasi abzuleiten, hielt ich auch zum Ärger einzelner Mitglieder meiner Partei für absurd.

Ständiger Gesprächspartner bei der Vorbereitung von Treffen mit Erich Honecker war der Rechtsanwalt Wolfgang Vogel. Seine Tipps für die Umgangsformen mit dem von ihm offensichtlich aufrichtig geschätzten SED-Generalsekretär haben mir bei den Gesprächen geholfen. Er erzählte, wo der SED-Chef menschlich zu packen wäre. Bei den Gesprächen über Reisemöglichkeiten von Rentnern oder den baulichen Zuständen am Bahnhof Zoo habe ich das genutzt, persönliche Erlebnisse angesprochen und damit das Gesprächsklima aufgelockert. Alles keine neuen Techniken der Gesprächsführung, aber man sollte schon wissen, wo Emotionen des Gesprächspartners berührt werden können. Honecker war von der SS am Bahnhof Zoo verhaftet worden. Er war im Prinz-Albrecht-Palais inhaftiert und freute sich, dass im Ausstellungskatalog der Topographie des Terrors auch ein Bild von ihm als Häftling gezeigt wurde.

Meine ersten Gespräche mit protokollbewussten Politbüromitgliedern der SED und dann auch mit dem Generalsekretär fanden in Leipzig anlässlich

81

der Messe statt. Richard von Weizsäcker hatte Honecker in den letzten Monaten seiner Amtszeit als Berliner Regierender im Schloss Niederschönhausen, dem Amtssitz des Staatsratsvorsitzenden, getroffen und damit eine Flut von Ärger hervorgerufen. Zuvor war er aufgrund seiner Ämter in der Evangelischen Kirche wiederholt zu längerem Gedankenaustausch mit führenden Mitgliedern der SED zusammengetroffen. Lautstark waren jetzt die Zusammenstöße mit Vertretern der Alliierten und groß der Ärger der Bundesregierung. Richard von Weizsäcker hatte mit dem Treffen im Ostteil der Stadt gegen alle Überlegungen zur Wahrung des Status von ganz Berlin verstoßen. Auch Ost-Berlin war danach parallel zur Entwicklung in West-Berlin rechtlich nicht voll in die DDR eingegliedert. Die westliche Vertretung führte aus diesem Grunde auch den Zusatz „bei" der Regierung der DDR.

Auch ich war 1983 über den Alleingang meines Regierenden verärgert. Die Nachricht von dem Treffen erreichte uns – die CDU-Fraktion – anlässlich einer Klausurtagung in Baden-Württemberg auf einem Rheinschiff in der Nähe von Straßburg. Die Wellen gingen hoch. Angeführt von Klaus Landowsky hielt es die Mehrheit allerdings wohl für eine tolle PR. Die tiefe Verärgerung der Alliierten und insbesondere der Franzosen hat mich in den Verfahrensformen im nachfolgenden Jahr zu besonderer Sorgfalt veranlasst. Mit der Auswahl von Leipzig als erstem Verhandlungsort mit der DDR-Führung war ich wenigstens in diesem Punkt für die sorgfältigen Beobachter aller Statusentwicklungen ein sorgfältiger und vorsichtiger Sachwalter. Im Ergebnis aber hat der umstrittene Alleingang Richard von Weizsäckers den Handlungsspielraum des Berliner Senats erweitert. Es gab keine Widerstände gegen Treffen mit dem Staatsratsvorsitzenden und nach der 750-Jahr-Feier konnte ich Erich Honecker ohne große öffentliche Aufregung auch im Ostteil von Berlin treffen. 1983 wurde die Argumentation, mit der Richard von Weizsäcker den vermeintlichen Statusverstoß rechtfertigte, als Mischung von Naivität und Provokation angesehen. Den Status von Berlin könne – so argumentierte er – weder er noch Honecker ändern. Das Gespräch dürfe von keiner Seite dazu missbraucht werden, die Position des anderen zu verschlechtern. Den Gedanken habe ich später mit Hinweis auf den amtierenden Bundespräsidenten gegenüber allzu beharrenden Kräften auch selbst ins Spiel gebracht.

Die heftige Reaktion der Alliierten auf das Treffen von Weizsäcker/ Honecker hatte allerdings doch noch eine Spätfolge in Berlin. Der Chef der Senatskanzlei Dr. Schierbaum hatte das Gespräch vorbereitet und Weizsäcker auch begleitet. Bei den Alliierten blieb bei aller persönlichen Wertschätzung ein großes Misstrauen. War er nicht auch weiter zu unabgestimmten Initiativen des Senats gut? So führten zwei Überlegungen nach den Wahlen im Jahre 1985 zu einer personellen Umbesetzung. Bei den Bemühungen um mehr

Handlungsspielraum war ein Grundmisstrauen der Schutzmächte gegen den wichtigsten Mann in der Senatskanzlei problematisch. Daneben musste die Zusammenarbeit mit der Fraktion neu gestaltet werden, der Abstimmungsbedarf war zu stark an mir hängen geblieben. So bot ich Dr. Schierbaum die Position des Berliner Bevollmächtigten beim Bund an. Leider hat er das nicht angenommen. Dr. Detlef Stronk wurde neuer CdS.

Die Gespräche mit Erich Honecker hatten immer konkrete Ergebnisse. Sie machten den Weg frei zu Baumaßnahmen am Bahnhof Zoo oder an wichtigen Brückenüberführungen im Straßenverkehr West-Berlins. Die Zustimmung der DDR war notwendig, weil die umfangreichen Eisenbahngelände auch im Westen der Stadt Eigentum der Reichsbahn (Ost) waren. Neue Grenzübergänge wurden abgesprochen und auch der Austausch von Kulturgütern. Die ersten Partnerschaften von Westberliner Bezirken mit Gemeinden der DDR konnten eingeleitet werden. Besonders wichtig waren Anfang 1988 die Zusagen für neue Transitstrecken – ich hatte mich in dem Gespräch mehrmals versichert, dass nicht nur ein innerstädtischer Grenzübergang, sondern auch ein Anschluss an die Transitstrecken zur Debatte stand – und Absprachen über den Energieverbund. Letzte Hindernisse zu einem größeren Gebietstausch konnten aus dem Weg geräumt werden.

Das „Neue Berlin" am Potsdamer Platz ist auch auf Gelände erbaut worden, dass erst ein Jahr vor dem Fall der Mauer im Rahmen eines Gebietsaustausches Westberliner Gebiet wurde. Das Lenné-Dreieck war nicht von der Mauer umfasst und war damit so etwas wie Niemandsland. Dabei gehört es zu den Grotesken der Berliner Geschichte, dass Umweltschützer und die Berliner Dauerdemonstranten das Gelände vor der Übergabe besetzten und sich in einem „Wehrdorf" in Zelten und Notunterkünften häuslich niederließen. Polizei (West) durfte nicht eingreifen, Polizei (Ost) auf der anderen Seite der Mauer wollte nicht eingreifen. Als die Polizei (West) eingreifen konnte, flüchteten die „Besetzer" über die Mauer in den Schutz der „DDR-Organe". Die wollten sie allerdings auch nicht behalten. Das Gelände ist dann zur „Gefahrenabwehr" geräumt worden. Argument: Munitionssuche. Es war ja fraglich, ob man einen gerichtlichen Räumungsbeschluss erhalten hätte. Die Eigentumsverhältnisse waren nach dem Gebietstausch noch völlig ungeklärt.

Im Frühjahr 1988 konnte auch eine besondere Forderung der Berliner erfüllt werden. Wie im so genannten kleinen Grenzverkehr an der alten „Zonengrenze" konnten die Berliner jetzt auch wenigstens für einen Tag – durch den Mindestumtausch teuer – im Ostteil der Stadt übernachten. Über dieses Thema hatte es gleich nach meinem Amtsantritt kräftige „Irritationen" gegenüber der Bundesregierung gegeben. Der damals zuständige Staatsminister Jenninger hatte bei der Vereinbarung von Reiseerleichterungen das Thema „Rückwirkungen auf Berlin" nicht im Griff. Für die Berliner wurde die neue Übernachtungsmöglichkeit nicht vereinbart und zu allem Ärger konnte Jenninger anfangs keine klaren Auskünfte geben. Meine kritischen Worte an die Adresse des Kanzleramtes waren in Bonn ungern zur Kenntnis genommen worden. Wolfgang Schäuble passierte so etwas später – Gott sei Dank – nicht.

Am 11. Februar 1988 hatte Honecker bei unserem Treffen in Schloss Niederschönhausen im Verlauf des Gesprächs ein 19-Punkte-Programm vorgelegt. Danach konnte ich vorangegangene kritische Anmerkungen korrigieren und Verhandlungsfortschritte loben. Das Programm war natürlich das Ergebnis der intensiven Vorbereitungen, die von den Besuchsbeauftragten geleistet wurden. Für den Senat war das der Leiter der Berlin-Abteilung, Gerhard Kunze, die Kulturaustauschfragen hatte Detlef Stronk, seit 1985 Chef der Senatskanzlei, weitgehend im Rahmen der Gespräche zur 750-Jahr-Feier mit seinem Partner Löffler vorgeklärt.

Es wurde stets schnell deutlich, dass sich der Generalsekretär viele Entscheidungen vorbehielt. Gut informiert, referierte er aus vorbereiteten Unterlagen. Gesprächstermine haben ihren Hauptsinn darin, im Vorfeld zu dem festgesetzten Termin Entscheidungen vorzubereiten und zu treffen. Honecker war aber auch offen für Veränderungen der zuvor offensichtlich im Politbüro oder ZK abgesprochenen Gesprächsergebnisse. Das betraf nicht die weltbewegenden Fragen, aber es waren ja vor allem die vielen „Kleinigkeiten", die das Leben in Berlin „unnormal" machten. Ich erinnere mich, wie Honecker mit einer kleinen Handbewegung eine lange umstrittene Schifffahrtsroute für den Ausflugsverkehr an der Glienicker Brücke freimachte. „Das führt ja noch nicht nach Potsdam." Auch das „riesige Restproblem" bei dem Gebietsaustausch schob er beiseite. Entgegen bisherigen Usancen sollte ein um wenige ha größeres Gelände von Ost nach West gehen als umgekehrt.

Man hat aus einzelnen Begegnungen immer besondere Eindrücke, die sich in der Erinnerung verfestigen. Auch wenn ich den Generalsekretär zuvor bereits in Leipzig getroffen hatte, fand der Besuch 1988 in Niederschönhausen doch eine hervorgehobene Beachtung. Die DDR-Behörden waren offensichtlich besonders nervös. Bei der Fahrt durch Ostberlin wurde ich nicht nur wie gewohnt von mehreren unauffälligen Fahrzeugen begleitet. Am Weg standen – etwa alle 50 Meter – junge Männer in Zivil und hoben, immer wenn wir passierten, einen Einkaufsbeutel an den Mund und „besprachen" ihn. Der Staatssicherheitsdienst hatte Großeinsatz. Beim anschließenden Gespräch wirkte Honecker lange nicht so steif wie im Fernsehen. Er entwickelte, gelegentlich kokettierend, sogar einen gewissen Charme, die Gesprächsatmosphäre war angenehm und sachlich. Klirrend und scharf wurde es nur, als ich das Gespräch auf Unruhen und Verhaftungen brachte, die es gerade im Zusammenhang mit dem jährlichen Gedenken an die Ermordung von Rosa Luxemburg und Karl Liebknecht gegeben hatte. Ich hatte ihn mit dem Satz zitiert „Wir erachten die Mannigfaltigkeit der Meinungen und Ideen, eine rege geistige Kommunikation sowohl in unseren Reihen als auch mit Andersdenkenden als lebensnotwendig." „Das ist auch heute noch gültig", war die Antwort, er sprach vom Grundsatz der Nichteinmischung und stellte Vergleiche mit polizeilichen Maßnahmen anlässlich des Reaganbesuches in Berlin (West) und den so genannten Berufsverboten gegenüber Kommunisten in westlichen Bundesländern an. Die Demonstrationen für Meinungsfreiheit anlässlich des Gedenkmarsches für „Rosa und Karl" war für ihn eine schier unerträgliche Provokation. „200 Demonstranten sind für das Westfernsehen wichtiger als 100.000 Teilnehmer des Gedenkmarsches." Dem Hinweis, die Präsenz des Westfernsehens an den Orten der Gegendemonstration deute auf vorherige Absprachen hin, konnte ich nicht widersprechen. Auffällig war mir die emotionale Betroffenheit. Schon im Jahr zuvor hatten sich Mittag und Honecker ähnlich verhalten. „Wir lassen uns doch unsere Erinnerung an unsere Rosa und an Karl nicht beschädigen". Bei der Nennung der Namen klang eine fast religiöse Wärme mit. Das war die andere Seite des Realitätsverlustes, der sich bei Honecker 1988 und 1989 immer weiter steigerte.

Einladungspoker

Wenn es wohl auch nicht zu einer gemeinsamen Geburtstagsfeier käme, Kontakte und gegenseitige Informationen zur 750-Jahr-Feier seien doch nützlich. Mit dieser Begründung hatten Richard von Weizsäcker und Erich Honecker schon bei ihrem Niederschönhauser Treffen 1983 Gesprächspartner benannt. Staatssekretär Löffler vom Kulturministerium der DDR und Detlef Stronk trafen sich ab 1985 regelmäßig zum Gedankenaustausch. Federführend haben sie auch Verhandlungen über den Austausch von Kulturgütern geführt. So wurde das Schillerdenkmal von uns gegen die Rückgabe von Reliefbildern für das Schlösschen auf der Pfaueninsel an die DDR übergeben und am Gendarmenmarkt vor dem Schauspielhaus wieder aufgestellt. Es ist heute selbstverständlicher Bestandteil des Platzes. Detlef Stronk und ich hätten damals am liebsten auch einen Sockel mit dem berühmten Satz aus dem Don Carlos „Sire, geben Sie Gedankenfreiheit" mit geliefert.

Ursprünglich war von den beiden verabredet, dass besondere Aktionen mit der jeweils anderen Seite vorher abgestimmt werden sollten. Es kam anders: Nach einer Sitzung des Vorbereitungskomitees für das Stadtjubiläum kündigte Honecker weltweite Einladungen zur Festveranstaltung an. Es sei natürlich eine Selbstverständlichkeit, dass zum Staatsakt auch der Regierende Bürgermeister und der Oppositionsführer im Abgeordnetenhaus von

Berlin eingeladen würden. Löffler übergab in seinem Büro als Stellvertretender Vorsitzender des Organisationskomitees aus Berlin (Ost) an Stronk zwei Einladungen: zum Staatsakt der DDR und zum Oberbürgermeistertreffen in der Hauptstadt der DDR. Die Pressemeldung war bereits raus. Stronk musste die Einladungen entgegennehmen. Hätte er abgelehnt, so wäre schon ohne jede politische Prüfung die Sache negativ entschieden.

Einseitige oder auch gegenseitige Einladungen zu Veranstaltungen sind noch keine gemeinsame Geburtstagsfeier. Aber sie können Zeichen setzen für den Wunsch zur Überwindung von Grenzen. Ich wollte mir die Chance auf diese Zeichen nicht nehmen lassen. Gab es weitere Möglichkeiten für eine innerdeutsche Politik? Damit begann der Streit um Annahme der Einladung und eine Gegeneinladung. Das Meinungsspektrum war klar. Die Alliierten voller Sorge, die Berliner Presse kritisch, die Bundesregierung abwartend, die Opposition im Berliner Abgeordnetenhaus auf Annahme drängend.

Gleich nach der Übergabe der Einladungen habe ich mit Wolfgang Schäuble lange telefoniert. Falls – was wahrscheinlich war – die Staatssicherheit mitgehört hat, dann wusste die DDR danach, dass ich alle Möglichkeiten für eine gegenseitige Teilnahme an den Veranstaltungen sorgfältig sondieren und nutzen wollte. Das galt nicht für das Oberbürgermeistertreffen, mir war klar, dass hier die größeren rechtlichen und politischen Probleme liegen würden. In den Einladungen hatte die DDR bemerkenswerterweise darauf geachtet, die Statusprobleme nicht eskalieren zu lassen. In der damaligen Diskussion war es bedeutsam, ob der Generalsekretär die Einladungen auf dem Briefbogen des Staatsratsvorsitzenden oder „nur" des Vorsitzenden eines Organisationskomitees unterzeichnet hatte. Mit Briefbögen außerhalb der staatlichen Funktionen konnten Rechtsfragen entschärft werden. Die DDR-Führung hat das beachtet. Staatssekretär Löffler – so konnte Stronk berichten – hatte sein Büro am Nikolaiviertel in Berlin-Mitte offensichtlich aus diesem Grunde sogar ausdrücklich als Dienststelle des „Stellvertretenden Vorsitzenden des Organisationskomitees" ausschildern lassen.

Mit Wolfgang Schäuble bestand Einigkeit, dass eine Entscheidung erst getroffen werden könnte, wenn Einzelheiten zu den Abläufen der Festakte feststünden. Wer redet? Wie ist das Protokoll der Veranstaltungen? Wer ist alles eingeladen? Könnte das alles zu substantiellen Verbesserungen in den innerdeutschen Beziehungen führen?

War eine Gegeneinladung möglich? Erich Honecker, verantwortlich für den Bau der Mauer, in Berlin? Sicher noch schwieriger als der Besuch in Bonn! Helmut Kohl war skeptisch, aber doch nicht eindeutig dagegen.

In der Berliner Presselandschaft baute sich um die Chefredakteure von Tagesspiegel und Morgenpost ein massiver Widerstand auf. Er wurde auch in die CDU getragen. Jede kritische Äußerung aus CDU-Kreisen wurde in breiter Berichterstattung gefeiert. Klaus Landowsky, damals Generalsekretär der

Partei, zog mit der Formulierung: „Ich halte eine Einladung für denkbar", massive Kritik auf sich und schaffte mir Raum für die Forderung nach sorgfältiger Abwägung des Für und Wider. Joachim Bölke sah jede deutsch-deutsche Annäherung sehr skeptisch und gab damit wohl auch Positionen aus alliierten Kreisen wieder. Johannes Otto von der Berliner Morgenpost wollte einfach keinen Kontakt mit den Verantwortlichen für Mauer und Schießbefehl. Er verübelte mir sogar den Besuch des Fußballspieles Werder Bremen gegen Dynamo Berlin – „Wie können Sie zu dieser Stasi-Mannschaft gehen" (Werder verlor haushoch und konnte sich erst im Rückspiel im Europapokal weiter durchsetzen. Die Dynamo-Führung hatte den Sieg ihrer Mannschaft als Sieg des Sozialismus gefeiert. Bass erstaunt waren die SED-Sportfunktionäre, dass ich – natürlich auch als politische Aussage – das schlicht als schönen Sieg einer Berliner Mannschaft feierte). Für Bölke war die Einladung von Stronk bestellt und ein Zeichen deutsch-nationaler Tendenzen im liberalen Gewand. So argumentierte er vor dem Wirtschaftsrat der CDU. Dabei überhörte er die klare Aussage: Freiheit steht immer vor Einheit und damit auch die Zugehörigkeit zur westlichen Wertegemeinschaft vor allen blockübergreifenden Initiativen.

Es wurde ein Poker, aber noch mehr ein Beispiel politischer Interessenlagen, die bei aller Gegensätzlichkeit eng miteinander verknüpft sind, und eines Spieles über die Bande. Auf der politischen Bühne formulierte niemand so klar, wie es Bölke tat. Bei den Gesprächen mit Regierungsmitgliedern in den alliierten Hauptstädten klang die Skepsis zwar deutlich durch. Zu einem deutlichen Nein wollte man sich aber auch nicht durchringen. Bei einem Besuch des Festaktes in Ostberlin würde ich ja auch nichts anderes tun – so argumentierte ich – als die alliierten Botschafter bei der Regierung der DDR. Stärker war die Ablehnung dieser „deutschlandpolitischen Experimente" immer bei den Vertretern der reinen Administration. Das aber konnte ich im Regelfall geflissentlich überhören und mich auf Stellungnahmen der Vorgesetzten zurückziehen. Der französische Premierminister Chirac sagte mir im November 1986 zu der Einladung nach Ostberlin, er „würde intuitiv ablehnen", wolle aber dem Regierenden Bürgermeister, der Bundesregierung und der Viererguppe nicht vorgreifen. Wörtlich: „Ich schließe mich deren Entscheidung an".

In diesen Wochen wollte ich auch keine klare Antwort. In Washington und London erläuterte ich mein Interesse und sprach immer von einer sorgfältigen Prüfung sowie der vorherigen Klärung aller Modalitäten. Die Alliierten rechneten wohl auch nicht damit, dass die Deutschen ein für sie akzeptables Arrangement finden würden. Sie betonten die Präsenz des Bundes in Berlin und vertrauten wohl darauf, dass auch die DDR ihre Position von den „widerrechtlichen Amtshandlungen der BRD" in „Westberlin" nicht aufgeben würde. Dazu wurde ja selbst eine Eröffnungsrede des Bundeslandwirtschaftsministers auf der Grünen Woche gezählt. Musste dann nicht eine Rede des Bundeskanzlers oder des Bundespräsidenten bei einem Festakt in Berlin erst recht als nicht akzeptabel angesehen werden? Genau das aber forderten die Schutzmächte jetzt und gingen in den Fragen möglicher Bundespräsenz in Berlin viel weiter, als es früher ihren Positionen entsprach.

Wir ließen uns mit der Antwort auf die Einladungen von Honecker und Erhard Krack – der Oberbürgermeister von Ostberlin hatte die Einladung zur Konferenz der Bürgermeister unterzeichnet – unhöflich viel Zeit. Die „Festakte" in Ost und West waren terminlich auch entzerrt. Wir wollten mit unserem „Staatsakt" die Veranstaltungsreihen in Berlin eröffnen und hatten deswegen einen Termin im April gewählt. In Ostberlin achtete man erwartungsgemäß mehr auf das Datum der ersten urkundlichen Erwähnung Berlins und bildete daher mit dem für Oktober geplanten Staatsakt praktisch den Abschluss des Jubiläumsjahres. Es drängte also nicht die Antwort auf die Einladung, sondern die Frage der Gegeneinladung.

In der Senatskanzlei wurden verschiedene Szenarien geprüft. Die Beauftragten Stronk und Löffler tasteten die Handlungsspielräume ab. Wir waren sicher, dass Honecker in dieser Frage seinen deutschlandpolitischen Spielraum gegenüber der Sowjetunion testen und auch ausspielen wollte. Im Hintergrund stand zudem der angestrebte Besuch in Bonn, der zunächst von der DDR abgesagt worden war. Für Honecker gab es wenig Risiken. Der sowjetische Botschafter formulierte es treffend: Käme es zu einem gegenseitigen Besuch, wäre es ein Erfolg des SED-Generalsekretärs. Bei einem Scheitern wäre es der Einfluss der Sowjetunion.

Wir entschieden uns zur Einladung von Honecker zur Eröffnungsveranstaltung am 30. April 1987 im Berliner Internationalen Congress Centrum (ICC). Von Bundesregierung und den Alliierten hatten wir grünes Licht. Stronk übergab die Einladung am 10. März an Löffler. Das Interesse des Generalsekretärs war aus den Vorgesprächen deutlich geworden, auch die Bereitschaft, alle Modalitäten mit Phantasie und gegenseitiger Rücksichtnahme zu klären. Die Argumente gegen meine Teilnahme am Bürgermeistertreffen in Ostberlin waren aber zu groß. Beide Unterhändler ließen sich Gründe einfallen, die für alle das Gesicht wahrten. Auch die deutsche Nationalhymne, gespielt im ICC, wurde nicht zum Problem und zum Zeichen für „rechtswidrige Zugehörigkeit der selbstständigen politischen Einheit Westberlin zur BRD". Stronk berichtete über die Bemerkung seines Gesprächspartners: „Nach der Falin-Klausel wird ja nach Siegen von Berliner Sportlern auch die Nationalhymne gespielt ..."

In den Aufzeichnungen über mein Treffen mit dem Generalsekretär im März 1987 in Leipzig unmittelbar nach der von mir ausgesprochenen Einladung ist vermerkt:

„Generalsekretär Honecker erklärte zur Einladungsfrage, er schätze die Bemühungen des Regierenden Bürgermeisters auf diesem Gebiet hoch ein. Es müsse in diesem Zusammenhang auf die strikte Einhaltung des Viermächteabkommens und die Gleichberechtigung der anwesenden Gäste geachtet werden. Wenn der Bundespräsident von Weizsäcker, der Bundeskanzler sowie 'ich oder mein Stellvertreter' gleichzeitig teilnähmen, müsse Gelegenheit zu einem Grußwort bestehen. Im Übrigen müsse noch geklärt werden, ob bei der Westberliner Veranstaltung drei oder vier Teilnehmer des Viermächteabkommens – gemeint war damit eine Teilnahme der Sowjetunion – eingeladen würden. Er wolle auch daran erinnern, dass eine erste Einladung durch ihn vor immerhin sechs Monaten erfolgt sei. Es wäre gut, wenn bald eine Beantwortung erfolge. Wichtig sei die gleichberechtigte Behandlung. Dies sei für ihn keine persönliche oder Statusfrage. Dies seien alles Fragen, die die Beauftragten klären sollten."

Honecker bedauerte, dass der „Oberbürgermeister der Hauptstadt der DDR" nach seinen Informationen nicht nach West-Berlin eingeladen werden solle. Dennoch habe man entschieden, dass Bürgermeister aus anderen Städten der DDR an der Veranstaltung in Westberlin teilnehmen können. Die Beauftragten sollten aber weiter an dem Thema arbeiten.

Ich nahm das zum Anlass, auf Besuche zu anderen Veranstaltungen hinzuweisen. Ich hatte durchaus ein Interesse, auch offiziell in Ostberlin im Jubiläumsjahr präsent zu sein. Es boten sich die Einweihung des Schillerdenkmals oder auch die Eröffnung des Ephraim-Palais an. Nicht nur das Schillerdenkmal war Gegenstand des Austauschs von Kulturgütern, die Rekonstruktion des Hauses des jüdischen Bankiers vom Alten Fritz erfolgte mit einer Fassade, die zuvor im Westteil der Stadt eingelagert worden war. Honecker erklärte, der Besuch sei möglich.

Vieles schien also auf grünes Licht zu deuten. Dabei war die Übergabe der Einladung an Honecker zunächst verzögert worden. Stronk hatte das bei einer Begegnung mit Löffler im Februar vor. Löffler rechnete auch damit. Aber es wurde an diesem Tag unmöglich. In der Nacht waren Schüsse an der Mauer gefallen. Ein Flüchtling war festgenommen worden, das Schicksal eines zweiten Mannes war ungeklärt, er war möglicherweise verletzt oder gar erschossen worden.

Nach dem Bericht von Stronk war die Reaktion des DDR-Unterhändlers erstaunlich. Er war irritiert und verärgert. Löffler traf die Nachricht aus heiterem Himmel. Er war von dem Vorfall nicht durch die Verantwortlichen der DDR unterrichtet worden. Abwechselnd weiß und rot werdend, sprach er von einem offensichtlichen Störmanöver. Viele wüssten von dem Treffen, zu viele hätten nichts als Streit im Sinn. Warum sei er nicht unterrichtet worden, die Bedeutung des Vorfalls für seine Aufgabe sei doch jedermann klar. Als „doch merkwürdig" bezeichnete er – von Stronk unterrichtet – den Ort

89

des Fluchtversuches. Schön verkehrsgünstig, schön hell. Ihn mache stutzig, dass man von dem Schicksal des zweiten Mannes nichts wüsste. Stronk solle ihn nicht so erstaunt ansehen. Er habe schon viel erlebt, nein, das sei offensichtlich ein Störmanöver.

Es war klar, bei Schüssen oder gar Toten an der Mauer brach bei mir jede der gegenseitigen Einladungen in sich zusammen. Stronk fragte nach. Ist das Risiko nicht zu hoch? Meine Antwort war Nein. Sollte es zu Zwischenfällen kommen, läge der Schwarze Peter eindeutig bei der DDR-Führung. Sie wird gerade während des Jubiläumsjahres alle Anstrengungen unternehmen, um Grenzzwischenfälle zu vermeiden. Anders würde sich der Aufwand zur 750-Jahr-Feier für das internationale Renommee des Systems nicht lohnen.

Nach der Einladung und dem Treffen mit Honecker in Leipzig hing der nächste Schritt vom Geschick der Beauftragten ab. Löffler rief nochmals das Thema Nationalhymne auf, wohl nur zur vollständigen Abarbeitung der Themen und Berichterstattung gegenüber dem ZK. Es ging auch um die Flaggen, entscheidend aber war, wer redet wo. Mir war bereits ein Redebeitrag in Ostberlin beim Staatsakt angeboten worden. Aber hier lag der Teufel im Detail, mit allen rechtlichen und emotionalen Reaktionen. Honecker wollte (musste) seinen Anspruch auf Gleichberechtigung irgendwie wiederfinden. Im Gespräch mit dem Bundespräsidenten Richard von Weizsäcker hatten wir eine Idee entwickelt und mit Wolfgang Schäuble abgestimmt.

Bei der Eröffnungsveranstaltung sollten nur der Bundeskanzler und ich sprechen, so konnte Stronk Herrn Löffler mitteilen. Die Veranstaltung bestände aber aus zwei Teilen. Ein Eröffnungsbankett könne im Schloss Charlottenburg stattfinden. Dort könnten von Weizsäcker und Honecker, vielleicht auch Bradley, Bürgermeister von Los Angeles, und Willy Brandt sprechen. Löffler war verblüfft. Auf die Idee war er noch nicht gekommen. Er hielt es für möglich, er müsse nur die Bedeutung von Teil Zwei im Schloss Charlottenburg mit überzeugenden Gründen ausschmücken können.

Das war die kurze und auch einzige Phase in dem gesamten Poker, in der ich einen Besuch von Honecker in Berlin (West) – vor Bonn – für wahrscheinlich hielt. Bei mir entstand schon ein wenig Sorge vor der eigenen Courage. Wie würden die Berliner Honecker empfangen, wie muss der Teilnehmerkreis eingegrenzt werden, welche Sicherheitsfragen müssen gelöst werden? Wie viele Polizisten müssten den SED-Chef vor aufgebrachten Flüchtlingen aus der DDR schützen? Aber es ging ja nicht um eine Veranstaltung, sondern um die Auswirkungen für die politische und vor allem menschliche Situation in Deutschland, um neue Anstöße für die Lebenskraft der Stadt. Bei der Grundsatzentscheidung wäre der Rest Technik. Offensichtlich dachte nicht nur ich so. Überrascht von der realer gewordenen Möglichkeit der gegenseitigen Besuche wurden die Gegenkräfte auch wieder mobil. Detlef Stronk hatte seinem Gesprächspartner bereits – abhörsicher –

bei einem Spaziergang im Grünen von Gesprächen amerikanischer und sowjetischer Diplomaten berichten müssen. Danach streuten die Russen, die Einladung sei mit ihnen nicht abgestimmt, Honecker werde eine Teilnahme in West-Berlin im Politbüro nicht durchsetzen. Löffler widersprach der Information, das Thema sei mit den Sowjets abgestimmt und im Politbüro einstimmig beschlossen. Dennoch waren das klare Zeichen, auch für den Informationsaustausch zwischen den Alliierten und Moskau.

Die Berliner Morgenpost veröffentlichte dann auf ihrer Titelseite als bewusstes Störmanöver einen längst von der Entwicklung überholten Brief, den ich an die Ministerpräsidenten der anderen Bundesländer gerichtet hatte. Ohne Beteiligung Berlins sollten sie – so hatte ich damals geschrieben – nicht Einladungen aus Ostberlin zum Stadtfest folgen. Klar war, dass ich bei einer eigenen Teilnahme in Ostberlin eine gleichzeitige Anwesenheit von Kollegen aus den Bundesländern begrüßte. Ich hatte eine solche Einladung sogar angeregt. Wie dem auch sei. Wer immer den alten Brief lanciert hatte, er wurde als Provokation dargestellt und konnte als Grund für die Absage von Honecker herhalten. Löffler – sehr unzufrieden mit der Entwicklung – erläuterte gegenüber Stronk das Geschehen: Es habe Auseinandersetzungen in der Parteiführung gegeben, die Sowjets steckten hinter der Absage, der Generalsekretär sei über die Position der Russen nicht voll informiert gewesen. Als Absagegrund habe man sich auf den in der Morgenpost veröffentlichten Brief verständigt. Die tatsächlichen Gründe belegen Daten, dass das „vielseitige Abkommen" nicht voll eingehalten werde und der Ablauf eine volle Gleichberechtigung nicht erfülle. Löffler verwies auch auf die geplante Rede des amerikanischen Präsidenten vor dem Brandenburger Tor. Das alles sei zusammengekommen.

Das Thema Einladungspoker war damit eigentlich schon erledigt. Das endgültige Aus gab es wenige Tage nach der feierlichen Eröffnungsveranstaltung im ICC. Anfang Mai erklärte ein Sprecher des Außenministeriums der DDR, eine Teilnahme von mir an Veranstaltungen in der Hauptstadt der DDR sei „zur Zeit nicht vorstellbar". Grund: meine Rede im ICC. Sie sei eine Provokation für die DDR gewesen. Damit konnte auch ich nichts mehr offen halten. Ich ließ die „Einladungsfrage" für erledigt erklären. Rechtsanwalt Vogel berichtete von einem Telefonat mit dem Generalsekretär. Honecker habe ihm erklärt, es seien die Sowjets gewesen. Löffler war vom Vorgehen des Außenministeriums nicht unterrichtet worden.

Es ist natürlich viel Spekulation: Trotz oder gerade weil ein Versuch gescheitert ist, gab es im innerdeutschen Dialog und rund um Berlin danach eine bemerkenswerte Bewegung.

Honecker war 1987 zu seinem Besuch in Bonn. Natürlich musste ich an einem Empfang für ihn teilnehmen. In der Deutschlandpolitik gab es in und um Berlin schrittweise Verbesserungen. Die Alliierten modifizierten ihre

Haltung zu dem Auftreten des Bundespräsidenten und der Bundesregierung in Berlin. Unmittelbar nach dem Jubiläumsjahr gab es bei meinen Gesprächen in Ost-Berlin und Leipzig spürbare Fortschritte. DDR-Kulturminister Hoffmann besuchte 1988 offiziell die Eröffnung einer Ausstellung im Schloss Charlottenburg. Mit abfälligen Bemerkungen gegen die Starrköpfe im Politbüro forderte er mich zu weiteren Berliner Initiativen auf. Und, zuvor für einen Regierenden aus West-Berlin undenkbar, in Dessau redete ich auf einer vom DDR-Ministerium organisierten Bauhausausstellung.

Von einem Vorgang in der DDR hatte ich bis zur Lektüre meiner StASI-Akten allerdings nichts erfahren:

Am Tag der Erklärung des DDR-Außenministeriums „Besuch von Diepgen nicht vorstellbar", gab es ein Fahndungsersuchen des Ministeriums für Staatssicherheit zur „Einleitung einer Reisesperre" gegen mich. Im Zusammenhang mit *dem Auftreten des Diepgen zur Eröffnung der 750-Jahr-Feier in Berlin (West)* wird *auf zentralen Entscheid die Reisesperrmaßnahme „Rückfrage vor Entscheid" eingeleitet* (Datum 7. 5. 1987). Hinter der verquasten Formulierung verbirgt sich die Anweisung, dass ich bei Einreise in die DDR aufgehalten werden und das weitere Verfahren vom Ministerium entschieden werden sollte.

Zwei Feiern – eine Stadt

„Berlin bleibt eine Stadt, auch wenn wir zweimal feiern – feiern müssen". Das war der erste Satz meiner Begrüßung beim Festakt im ICC. Helmut Kohl legte unter dem Motto „Unser Ziel bleibt Einheit und Freiheit" ein Bekenntnis zur weiteren Stärkung Berlins ab und forderte die Jubiläumsgäste auf, sie sollten „immer die ganze Stadt kennen lernen und so für sich persönlich zu einem kleinen Teil die Teilung überwinden". Willy Brandt appellierte an den Stolz der Berliner, erinnerte an Ernst Reuter und den Anfang nach 1945, den Selbstbehauptungswillen und Stolz auch auf das, „was unter so unterschiedlichen Bedingungen nicht nur in diesem, sondern auch im anderen Teil Berlins durch harte Arbeit geleistet worden ist." Tom Bradley grüßte die Berliner als Bürgermeister der Partnerstadt Los Angeles, der Stadt, in der so viele Berliner Juden nach der Vertreibung durch die Nationalsozialisten Heimat gefunden haben.

Alle Reden demonstrierten die Sehnsucht nach der Überwindung der Teilung in Deutschland und in Berlin. Eindeutig war der Grundsatz: Freiheit vor Einheit. Über meinen Redetext hatten wir in der Vorbereitung besonders sorgfältig diskutiert. Mehr noch als bei anderen Anlässen würde man sehr sorgfältig zuhören. Es wurde die Aufforderung zu einem aufgeklärten Patriotismus:

„Unsere Loyalität gilt unserem demokratischen Staat und unserer geteilten Nation. Auch wenn das in unserer Lage nicht einfach ist, beides gehört zusammen – gerade in Berlin. Dieser Patriotismus ist für uns nur als ein der Freiheit und dem Recht verpflichteter, aufgeklärter Patriotismus denkbar, aber als solcher auch notwendig".

Thomas de Maizière, damals Leiter einer Arbeitsgruppe über Grundsatzfragen in der Senatskanzlei, hatte den Entwurf erarbeitet. Ich redete unmittelbar nach der Nationalhymne. So nahmen wir die Gedanken des alten Freiheitsliedes der Deutschen auf:

„Wir feiern unseren 750. Geburtstag im Blick auf das ganze Berlin. Berliner sein – in Ost und West – das heißt somit:

in Freiheit zu leben oder leben zu wollen;

in dem Streben nach Recht friedlich und vernünftig zu handeln oder handeln in dem Bekenntnis zur Einheit Verständigung und Ausgleich zu suchen oder suchen zu müssen.

Wer so denkt und wird, der ist mit uns gemeinsam im besten Sinne ein Berliner."

Wolfgang Vogel hat Detlef Stronk erzählt, Honecker habe die Originalübertragung der Veranstaltung aus dem ICC im Fernsehen gesehen. Nach diesem Bericht fühlte er sich nicht provoziert. Das Ende der gegenseitigen Einladungen war eindeutig keine deutsche Entscheidung. So fehlten 1987 demonstrative Akte gegenseitiger Besuche. Nach dem Scheitern der so genannten Besuchsdiplomatie zwischen den beiden Organisationskomitees und dem Besuch Honeckers in Bonn lag in der Beteiligung sozialdemokratischer Ministerpräsidenten deutscher Bundesländer am Staatsakt in Ostberlin wenig Pionierhaftes, sondern eher etwas Unsolidarisches. Die Länderchefs von Dohnanyi aus Hamburg, Lafontaine aus dem Saarland und Wedemeier aus Bremen folgten der Einladung Honeckers in den Palast der Republik. Die Botschafter der Westmächte und anderer NATO-Staaten blieben der Veranstaltung ebenso fern wie der Leiter der Ständigen Vertretung der Bundesrepublik.

So war es 1987 ein doppeltes Fest. Das Angebot zur Zusammenarbeit konnte nicht genutzt werden. Aber beiderseitig wurde natürlich aufmerksam beobachtet und reagiert. Auch nach den gegenseitigen Absagen blitzte ab und zu noch einmal ein Ergebnis der vorangegangenen Verabredungen auf. Nach einer Vereinbarung mit Manfred Stolpe konnten wir das Original der Urkunde mit der erstmaligen Nennung Berlins im Rathaus Schöneberg ausstellen. Die Urkunde ist Kirchenbesitz und gehört zum Domschatz Brandenburg. Ohne ein wenigstens stillschweigendes Einverständnis der staatlichen Behörden war das nicht möglich. Als das Denkmal von Friedrich Schiller am Gendarmenmarkt aufgestellt wurde, wusste jeder, dass auch das ein Teil der systemübergreifenden historischen Stadtreparatur war.

Ausstellungen, Konferenzen und Feste gab es in beiden Teilen der Stadt. In Ost und West fanden internationale Bürgermeistertreffen statt. Die Berliner Festwochen veranstalteten im Westteil der Stadt viele repräsentative internationale Gastspiele, in Ostberlin trugen in ähnlicher Weise die Festtage des Theaters und der Musik zum Jubiläumsprogramm bei. Gerade für Musikfreunde muss das Jahr zum ständigen Pendeln zwischen den Veranstaltungen eingeladen haben. Ich bin sicher, viele Tausende von Berlinern aus dem Westteil der Stadt und auch Touristen werden an Stadt- und Volksfesten in Ostberliner Bezirken teilgenommen haben. In der anderen Richtung konnten das leider nur wenige Privilegierte und reiseberechtigte Rentner.

Rockkonzerte auf Westberliner Seite unmittelbar an der Mauer hatten zum Ärger der DDR-Offiziellen im Ostteil der Stadt viele begeisterte Zuhörer. Die DDR protestierte, die Patienten in nahe gelegenen Krankenhäusern, insbesondere in der Charité, würden durch den Lärm, der provozierend laut über die Mauer schalle, in ihrer Gesundheit beeinträchtigt. Ich gebe zu, wir planten bei *open air* an der Mauer eingedenk der alten Erkenntnis, dass Musik keine Grenzen kennt, die „heimlichen" Gäste von drüben mit ein. Auch das japanische Feuerwerk wurde nicht über dem Wannsee, sondern am Tempelhofer Feld abgebrannt, weil es damit weit sichtbar und auch für die Ostberliner in der künstlerischen Ausgestaltung erkennbar war.

Mein Gastgeber bei Jubiläumsveranstaltungen in Ostberlin war im Regelfall die evangelische Kirche.

Verabredet mit Manfred Stolpe, habe ich in den Jahren vor dem Fall der Mauer immer wieder besondere kirchliche Veranstaltungen besucht. Das Kirchenprotokoll hat mich 1987 dabei stets weit entfernt von Vertretern der Stadtverwaltung Ost-Berlin platziert. Nur einmal kam es zu einer kurzen Begrüßung mit OB Krack, bei der Abschlussveranstaltung der kirchlichen 750-Jahr-Feier in der Marienkirche in Berlin-Mitte. Ich hatte alle Bemühungen der Wächter des Protokoll missachtet und war zu der gegenüberliegenden Bank gegangen. Mehr als ein „Guten Tag" war Herrn Krack allerdings nicht zu entlocken und er verließ auch die Kirche schnell. Alle redeten von „ganz normalem Vorgang" oder „Abbau von Verkrampfungen im Umgang miteinander".

Das Jubiläum sollte die Teilung der Stadt nicht vertiefen. Das war der Auftrag des Senats, das war aber auch mein besonderes Interesse. Und wenn man sich bei künftigen Jubiläen an dieses Stadtfest erinnerte, sollte man noch Spuren entdecken, die anlässlich der 750-Jahr-Feier gelegt worden waren. Ulrich Eckhardt war der Beauftragte des Senats für die 750-Jahr-Feier, Volker Hassemer trug für den Senat die federführende Verantwortung. Beide machten es mit großem Elan und großer Kreativität. Ich hatte erst Sorge, dass der Chef der Festspiele die Planungen etwas zu elitär anlege. Ulrich Eckhardts Planung hatte dann aber mit den Bezirksfesten, dem Wasserkorso und auch vielen Konzerten genug populäre Elemente und erfüllte mit Stadtfesten, Ausstellungen und wissenschaftlichen Kongressen eine vernünftige Mischung zwischen Unterhaltung und künstlerischem Anspruch. Der Gropiusbau stellte als Ort der zentralen Ausstellung mit seiner Nachbarschaft zum Gestapogelände und der dort konzipierten, zunächst als Provisorium empfundenen Topographie des Terrors auch örtlich eine Verbindung zur kritischen Selbstbefragung dar. Die Festwochen mit dem Thema „Exil – Erinnerung – Versöhnung" wurden mit dem War Requiem von Britten als musikalisches Mahnmal gegen den Krieg eröffnet.

Der Berliner konnte über die Vielzahl der Jubiläumsaktivitäten in seiner Stadt „nicht meckern", bekanntlich das höchste Lob, das ein Berliner spenden kann. Das galt auch für die Beteiligung der Bundesregierung und der Alliierten, es galt für die großen Verbände der Bundesrepublik und viele große Unternehmen. Jahrestagungen wurden in Berlin abgehalten, die internationalen Organisationen der politischen Parteien kamen. Das deutsche Turnfest führte Menschen aus allen Teilen der Republik nach Berlin. Die Radrennfahrer schwärmen noch heute von Prolog und erster Etappe der Tour de France im eingemauerten Berlin. Die Staatsoberhäupter und Regierungschefs vieler Länder waren zu Gast. Die britische Königin, der amerikanische Präsident genauso wie die Präsidenten aus Frankreich, Israel und der Türkei. Berlin war wirklich zum *Schaufenster* geworden, und in dem Wettbewerb zwischen Ost und West lag schon wieder ein Stück Einheit.

Was ist geblieben?

Sicher für die Beteiligten die Erinnerung an ein besonders schönes Konzert, das Erlebnis eines Feuerwerks, das man in dieser Größe und künstlerischen Kombination nicht wieder erlebt hat. François Mitterrand hat bei seinem Besuch in Berlin gesagt: „Ich hoffe, dass Sie der Welt ein rauschendes Fest des Geistes geben werden." Auf den Berliner Konferenzen wurde zweifelsfrei viel Nachdenkens- und Nachlesenswertes vorgetragen. Die Konferenzen über Politik und Wirtschaft, Wissenschaft und Entwicklungspolitik orientierten sich kühn auf das 21. Jahrhundert. Wie ein roter Faden hat sich durch die Überlegungen die Erkenntnis gezogen, dass es, um die Zukunft zu meistern, eines Umlernprozesses und eines geistigen Wandels bedarf. Der Verleger Wolf Jobst Siedler plädierte für eine neue Rigorosität des Denkens, die der spätere sächsische Ministerpräsident Kurt Biedenkopf eine „neue Sicht der Dinge" nannte. Beide setzten sie auf die Vermehrung von Wissen und Können. Der Pole Bartoszewsky sprach über Europas kulturelle Vielfalt und Einheit. Richard von Weizsäcker bezeichnete das Europäische Bildungssystem als Trumpf im internationalen Wettbewerb – durchaus aktuelle Stichworte.

Was ist noch geblieben?

Zwei Punkte will ich hervorheben. Die Akademie der Wissenschaften in Berlin (West) wurde gegründet. Heiß umkämpft in ihrer Konzeption als „Arbeitsakademie" und Instrument einer unabhängigen, wissenschaftlichen

Politikberatung, gedacht als wichtige Ergänzung der Berliner Wissenschaftslandschaft. Mit ihr sind die Namen Wilhelm Kewenig mit seiner ersten Gedankenskizze, dem Vorsitzenden des Gründungsausschusses Klaus Pinkau und Gründungsrektor Horst Albach verbunden. „Akademie der Wissenschaften zu Berlin", so sollte sie heißen und damit die regionale Begrenzung anderer Akademien im Westen Deutschlands schon im Namen überspringen, nicht Berliner Akademie, auch nicht Berlin-Brandenburgische Akademie. 1990 rettete der erneute Wahlsieg der Union die Akademie vor der Auflösung. Die 1989 an die Regierung gelangte rot-grüne Koalition unter dem Regierenden Bürgermeister Walter Momper hatte das Ende der Neugründung bereits per Gesetz beschlossen. Nach der Wiedervereinigung wurde die Konzeption von Horst Albach und Klaus Pinkau wieder aufgegriffen und in die Neuordnung in der Akademie der Wissenschaften der DDR einbezogen. Heute sind die Länder Berlin und Brandenburg Träger der Akademie, die ihren Sitz am Gendarmenmarkt hat.

1987 wurde die Gründung des Deutschen Historischen Museums in Berlin in einem Festakt im Reichstag besiegelt. Das Museum war ein Geburtstagsfeier-Geschenk des Bundes und ging auf eine besondere Initiative von Helmut Kohl zurück. Ich wertete die Gründung als eine bewusste Hinwendung des Teilstaates Bundesrepublik Deutschland zur Rolle Berlins als Hauptstadt der deutschen Nation und eine Entscheidung gegen alle Versuchungen einer Rheinbundmentalität und der Einengung des Begriffes Deutschland auf einen Teilstaat.

In Berlin gab es bereits ein Museum für Deutsche Geschichte, Unter den Linden im Zeughaus. Es war ein gewiss sehenswertes Museum, das sich keinesfalls nur auf die Geschichte der DDR beschränkte. Aber nach dem Selbstverständnis dieses Museums im Ostteil Berlins ging es um die Vermittlung eines parteilichen und damit einseitigen Geschichtsbildes. Was wir wollten, war nicht die Gegenüberstellung der einen geschlossenen Ideologie gegen eine andere. Wir wollten Geschichte als offenen Prozess darstellen, mit einer pluralistischen Geschichtswissenschaft, wie sie einer freien Gesellschaft entspricht.

Heute finden wir das Deutsche Historische Museum im modernisierten Zeughaus und dem anschließenden faszinierenden Neubau von Pei. In Bonn ist ein Museum für Zeitgeschichte entstanden. Es widmet sich schwerpunktmäßig der Geschichte nach dem Zweiten Weltkrieg. Ich bin nicht sicher, ob nach 1990 die ausklingende Bonner „Rheinbundrepublik" ein Deutsches Historisches Museum in Berlin zugelassen hätte.

1987 war ein Jahr mit besonderen städtebaulichen Impulsen. Ich gestehe: Dieser Teil der Vorbereitung des Jubiläumsjahres fand mein besonderes Interesse. Es machte Spaß. Ich mischte mich ein. Überall war die Stadt Baustelle. An vielen Stellen der Stadt stößt man noch heute auf Zeugen jener Zeit. Das deutsch-japanische Zentrum und das Haus der Kulturen der Welt gehören dazu. Auf meinem Weg zum Büro an der Uhlandstraße stolpere ich fast über die Folgen des Stadtfestes im Stadtbild. Volker Hassemer hat im Frühjahr 1987 mit seinem Skulpturenboulevard alle Liberalität der Kunstfreunde herausgefordert. Auf dem Kurfürstendamm und der Tauentzienstraße wurden zum Teil monumentale Plastiken aufgestellt. Sie führten zu heftigen Disputen, stärkten aber den Ruf Berlins als Stadt der modernen Kunst. Am Kurfürstendamm kann man noch heute einige der damals installierten Skulpturen bewundern. Besonders ein Werk von Vostell war Stein des Anstoßes und Spottes: Mit ausgedienten und einbetonierten Cadillacs will er bei der Einfahrt von der Stadtautobahn in den Ku-Damm die Großstadt versinnbildlichen, eingezwängt zwischen Betonbauten und Verkehrsbelastung. Die Anwohner aus dem Grunewald hätten an der Stelle lieber einen Springbrunnen gesehen. Ihrem Wahlkreisabgeordneten Hassemer haben sie den „Vostell" schwer übel genommen und dem Kunstwerk einen ausgedienten Trabbi zur Seite gestellt – der Trabbi steht heute nicht mehr.

Im Westteil wurden mit der Internationalen Bauausstellung Akzente gesetzt. Es gab die behutsame Stadterneuerung in Kreuzberg und die Neubauten berühmter Architekten im südlichen Tiergarten, in der Friedrichstadt oder am Tegeler Hafen. Plätze wurden neu gestaltet, Brunnen entworfen und gebaut. Gedenktafeln an Wohnhäusern berühmter Berliner erinnern seitdem an eine wechselvolle Geschichte. Der Zoo konnte das Stadtjubiläum als willkommenes Argument nutzen, um das berühmte Elefantentor an der Budapester Straße am neugestalteten Olof-Palme-Platz wieder zu errichten. Ein Programm für die Fassadenerneuerung wurde aufgelegt, private Hauseigentümer zu Schönheitsinvestitionen aufgefordert. Stuck an Hausfassaden, bis vor kurzem noch mit Prämien abgestoßen, wurde wieder angebracht. Für mich persönlich war im Jubiläumsjahr ärgerlich, dass ausgerechnet am John-F.-Kennedy-Platz gegenüber meinem Amtszimmer im Rathaus Schöneberg die Fassadenrenovierung nicht vorankam.

Prominente Einzelbauten sind mit dem Jahr 1987 verbunden. Der Kammermusiksaal wurde fertig gestellt, die Kongresshalle wieder eingeweiht. Daimler Benz, die Deutsche und die Dresdener Bank haben Berlin zum Geburtstag großzügig beschenkt. Auch hier warb ich in den Gesprächen um Geschenke mit bleibendem Wert und stieß auf viel Zustimmung. An der Gestaltung der Fasanenstraße und des Literaturhauses beteiligte sich die Deutsche Bank, die Renovierung des Wrangelschlösschens in Steglitz war eine großzügige Geste der Dresdner Bank. Das Carillon mit seinen 68 Glocken in dem 42 Meter hohen Turm neben der Kongresshalle und größtes Turmglockenspiel Europas verdankt die Stadt dem Autokonzern Daimler Benz.

Ulrich Eckhardt verband seine Vorschläge für Veranstaltungsorte immer sehr sensibel mit der Stadtgeschichte. Er schlug den Bogen zwischen den verschiedenen ehemaligen Kopfbahnhöfen und wollte die alten Zugangswege nach Berlin wieder für die Berliner öffnen oder wenigstens sichtbar machen. Damit richtete sich der Blick auf Stadtbrachen und die ursprüngliche Bebauung am Spreebogen und dem Humboldthafen. Ulrich Eckhardt und ich verbanden einen erholsamen Spaziergang mit dem Nützlichen, knapsten uns die Zeit ab und wanderten auf Mendelsohns Pfaden an der alten Stadtmauer – es war auch der Ort der aktuellen Mauer – entlang und überlegten, wie das Stadtfest zu einer Belebung unmittelbar an der Mauer genutzt werden kann. Damals wurden Verlagerungen von Betrieben am Spreeufer angestoßen, die dann auch wenige Jahre später der Hauptstadtplanung weichen mussten. Auch den alten Humboldthafen wollten wir – wenigstens auf der Westseite – wieder den Menschen zugänglich machen.

Im Ostteil der Stadt zeichnete sich gleich nach der Gründung des Organisationskomitees der stete Bau und die Architektur als ein Schwerpunkt des Stadtjubiläums ab. Berlin sollte als sozialistische Metropole ausgebaut werden. Allein 1985 und 1986 entstanden fast 70.000 Wohnungen, ein beträchtlicher Teil davon als Rekonstruktion von Altbau-Bestand. Die Bedeutung dieser Planungen für die DDR wird auch daran deutlich, dass damals die Verantwortung für den Baubereich der Stadtverwaltung entzogen und eine Baudirektion Hauptstadt Berlin gegründet wurde. Sicher stammt ein Teil des Unmuts, den man noch heute in den Gebieten der ehemaligen DDR gegen die Hauptstadt spürt, aus jener Zeit. In Berlin wurde gebaut, anderswo blieben die Baustellen leer. Aber letztlich hat davon das ganze Berlin profitiert.

Das Renommierprojekt der DDR war die Wiedererrichtung des historischen Nikolaiviertels. Deutliche Anstrengungen wurden unternommen, um bis zum Jahre 1987 mit einem sichtbaren Zwischenergebnis die Lebensqualität der Innenstadt zu heben. Soweit es um historische Erneuerung ging, wurde das aus dem Westen unterstützt. Die Fassade des alten Ephraim-Palais – das habe ich schon erwähnt – war zur historischen Rekonstruktion des Gebäudes im Nikolai-Viertel nach Ostberlin abgegeben worden, auch die Figuren der Schlossbrücke und das Schillerdenkmal zeugten von dem „systemübergreifenden" Interesse am Aufbau Berlins.

Licht und Schatten

Im November 1988 veröffentlichte das Statistische Landesamt die Ergebnisse der Volkszählung des vorangegangenen Jahres. Der Westteil Berlins war eine Zweimillionenstadt geworden. Genau 2.014.121 Personen hatten danach ihren Hauptwohnsitz in diesem Teil der Stadt. Tatsächlich war die Bevölkerungszahl mit Sicherheit erheblich höher, hatten doch viele Berliner ihren

Hauptwohnsitz im Westen Deutschlands. Mit dem westdeutschen Pass vermieden sie die Nachteile, die Westberliner bei den Reiseregularien nach Ostberlin oder die DDR über sich ergehen lassen mussten.

Die Behauptung anfangs dieses Jahrzehnts, Berlin sei eine sterbende Stadt, war durch Tatsachen widerlegt. Berlin war wieder da. Und das war nicht nur ein Wahlkampfslogan. Die Stadt hatte offensichtlich mit dem politischen Wechsel zu Beginn der Achtzigerjahre eine neue Attraktivität gewonnen. Dazu hatten nicht nur die 750-Jahr-Feier, die Internationale Bauausstellung mit der Stadtrenovierung und interessanten Neubauten, die Bundesgartenschau des Jahres 1985 mit ihren über fünf Millionen Besuchern oder das im April des Jahres eröffnete Programm für Berlin als Kulturhauptstadt Europas beigetragen. Elmar Pieroth war es gelungen, mit neuen Ideen der Berliner Wirtschaft auch ein neues Profil anzudienen. Er hatte den Innovationsassistenten kreiert und das Berliner Innovations- und Gründerzentrum aus der Taufe gehoben. Wirtschaftspolitisch bestimmten damit nicht nur die Krise der AEG oder die Schwierigkeiten der gerade neu angesiedelten Nixdorf-Werke die Diskussion. Mit der Reform der Berlinförderung waren neue Hoffnungen verbunden. Offensichtlicher Missbrauch der steuerlichen Vorteile wurde gestoppt. Schweinehälften, denen man bei einem Umweg über Berlin nur ein Ohr abgeschnitten und die dann steuerbegünstigt verkauft wurden, gehörten der Vergangenheit an. Die industrienahe Forschung sollte besonders gefördert, Exporthemmnisse abgebaut werden. Bei der Senatsbildung 1985 war mit der Zusammenlegung von Wirtschaft und Arbeitsverwaltung auch ein neuer Akzent gesetzt worden, in dem die arbeitsmarktpolitische Verantwortung entgegen den Berliner Traditionen aus der ressortmäßigen Verbindung mit öffentlichen Betrieben gelöst wurde. Es gab nicht nur neue, sondern auch zusätzliche Arbeitsplätze, durch den Anstieg der Bevölkerung aber auch weiter eine hohe Arbeitslosigkeit.

Die Mitarbeiter in den Planungs- und Grundsatzreferaten der Senatskanzlei haben – vorzugsweise in den letzten Jahren meiner Amtszeit – oft etwas genervt meine Forderung persifliert, wir wollen unumkehrbare Entwicklungen einleiten und die Dinge anschieben. Es ist hier nicht der Platz einer Bilanz der Regierungsarbeit bis zum Wechsel auf Rot-Grün im März 1989. Ich glaube jedoch, die Legislaturperiode nach 1985 war besonders gestalterisch, zwangsläufig übertroffen nur durch die Jahre unmittelbar nach der Wiedervereinigung. Mit dem Ausbau der Eisenbahn und der neuen Transitstrecke, Stromverbund und Erdgasanschluss würden sich auch die wirtschaftlichen Möglichkeiten für Berlin verbessern. In den leidigen Statusfragen waren wir einer Praxis nähergekommen, mit der nicht jedes Thema gleich zu einer gravierenden Frage des Völkerrechtes gemacht wurde.

Die Alliierten konzentrierten sich immer mehr – in der Wirtschaft würde man den Begriff „Kerngeschäft" dafür verwenden – auf ihre Sicherheitsgarantien und die damit verbundenen Einflussmöglichkeiten auf die deutsche Politik. Der oft sehr theoretisch anmutende Streit um Handlungsspielraum in der juristisch von Besatzungsmächten regierten Stadt hatte inzwischen auch unmittelbare Auswirkungen. Nach zähem Ringen nahmen die Gelben Engel der Lüfte in Berlin ihren Dienst auf. Mit einem US-Pilotenteam konnte die ADAC-Luftrettung nach zunächst komplizierten Verhandlungen mit den Militärregierungen tätig werden. Der US-Stadtkommandant John Mitchel hatte den Weg freigemacht. Zunächst hatte das alles angeblich gegen die Viermächteverantwortung und die Besonderheiten im Berliner Luftverkehr verstoßen. Bemerkenswerterweise hatte sich in der öffentlich gewordenen Diskussion die Polizeiführung auch zunächst ganz im Sinne der amerikanischen Rechts- und Sicherheitsberater zu Wort gemeldet, die diese Pläne seit Jahren strikt ablehnten: In Berlin bräuchten wir weder einen Rettungs- noch einen Polizeihubschrauber. Selbst nach Kladow oder Wannsee käme man ausreichend schnell mit dem Auto zu jeder Unglücksstelle ... Wer den Autostau auf den Zufahrtsstraßen an schönen Sommertagen miterlebt hatte, konnte sich über die Polizeiführung nur wundern. Hier hatte die alliierte Verwaltung aber nach ihren Vorbehaltsrechten noch den stärksten Einfluss. Das wirkte sich noch Jahre in den polizeilichen Strukturen aus: Immer ein bisschen militärischer als notwendig.

Einen Polizeihubschrauber unter gleichen Konditionen konnte ich damals nicht durchsetzen. Ein alliierter Sicherheitsoffizier hatte auch noch die schöne Behauptung unter die Leute gebracht, ich wolle wahrscheinlich nur immer mit dem Hubschrauber spazieren fliegen. Zur gleichen Zeit wurden aber Rettungsflüge für Berliner geschaffen, die sie von ihren Aufenthaltsorten im Westen Deutschlands oder aus ihrem Urlaub unmittelbar in Berliner Kliniken bringen konnten. Das alles waren für mich Schritte auf dem Weg zu einer „normalen Stadt". Wegen des besonderen Status sollte es nur ganz wenige Ausnahmen von dem geben, was in vergleichbaren Ballungsgebieten inzwischen selbstverständlich geworden war.

Die Veranstaltungen zur 750-Jahr-Feier und Berlin als europäische Kulturstadt hatte die Stadt ins Scheinwerferlicht gerückt. Das tat gut. Die erste Etappe der Tour de France vermittelte nicht nur Bilder einer engen Stadtlandschaft, sondern auch die Ausdehnung Berlins, das Grün, die Wälder, den Erholungswert der Seen. Aber eine Entzerrung der Veranstaltungsjahre wäre wohl besser gewesen. Die Berliner Opposition kritisierte mit wachsender Unterstützung der kritischen Berliner das viele Feiern. Eröffnungsempfänge können zwar auch Schwerstarbeit für Repräsentanten einer Stadt sein, in den Bildern wird das nicht vermittelt und ein deutlich mürrischer Regierender ist natürlich keine Werbung für die Stadt. Fotoreporter wollen dann immer noch irgendeine Bewegung auf ihren „Schnappschüssen".

„Prosten Sie sich doch bitte mit Ihrem Gast zu". Ich habe mir in diesen Jahren angewöhnt, jedes Bild mit einem Weinglas in der Hand zu vermeiden. Die feiern ja nur! Ein Glas Bier wird dagegen vom Publikum akzeptiert

Ausgerechnet wenige Tage nach der Eröffnung der 750-Jahr-Feier kam es am 1. Mai in Kreuzberg zu den schwersten Krawallen der letzten Jahre. Bereits im April des Vorjahres war es nach einer Demonstration gegen US-Bombenangriffe auf Libyen zu den heftigsten Ausschreitungen seit den Hausbesetzerkrawallen des Jahres 1981 gekommen. Der „Schwarze Block" – eine Gruppe von mehreren hundert Vermummten – hatte bis in die Morgenstunden in verschiedenen Stadtteilen randaliert. Das Problem der Hausbesetzungen war bereits seit 1984 formal abgearbeitet. Für das letzte der ursprünglich 169 besetzten Häuser wurde ein Pachtvertrag mit einer Gruppe von Besetzern abgeschlossen. Es blieben komplizierte sozialpädagogische Projekte und einzelne Häuser, in denen die Eigentümer ihre zivilrechtlichen Ansprüche gegen vermeintliche Besetzer juristisch nicht durchsetzen konnten.

Das Thema war stets heiß umstritten. Noch als Fraktionsvorsitzender musste ich die differenzierten Lösungsansätze des Amtsvorgängers von Weizsäcker in der CDU mit viel Mühe verteidigen. Neben einzelnen polizeilichen Räumungen wurde die Masse der Besetzungen durch Miet-, Kauf- und Pachtverträge aufgearbeitet. Viele der Hausbesetzer entstammten gut bürgerlichen Familien, Söhne und Töchter waren der Enge ihres sozialen Umfeldes mit heftigen Formen des Protestes entflohen. Jetzt finanzierten auch Eltern den Kauf von Häusern, die ihre Sprösslinge zuvor besetzt hatten und in „guter bürgerlicher Tradition" nicht wieder hergeben wollten.

Die Bevölkerungsentwicklung war ein großer Erfolg der Politik der Achtzigerjahre. Es kamen ja nicht nur die Wehrdienstverweigerer und verstärkt ausländische Arbeitnehmer, es gab auch allgemein einen Zuzug in die Stadt. Gleichzeitig stellte uns diese gewünschte Entwicklung vor neue Herausforderungen. Stadtplanung muss sich an der Bevölkerungsentwicklung orientieren. In der Mieterstadt Berlin herrschte stets Wohnungsmangel. Jetzt weitete er sich zu einem Problem aus, das von den Berlinern als Wohnungsnot empfunden wurde. In der Koalition mit der FDP konnten wir uns nach einem Zögern des Finanzsenators Rexrodt noch verhältnismäßig schnell auf ein besonderes Programm zum Ausbau von Dachgeschossen verständigen, wodurch neue Wohnungen entstanden. Die Mehrzahl der im heutigen westlichen Berlin angebotenen Dachgeschosswohnungen stammen aus diesem Programm.

Musste nicht aber gleichzeitig ein neues Wohnungsbauförderungsprogramm aufgelegt werden? Die Finanzierung früherer Programme hatte zu einer erheblichen Belastung des Berliner Landeshaushaltes geführt. Nach dem Finanzierungssystem aus Zeiten der SPD/FDP-Koalition in Bonn und Berlin wurde die Finanzierung auf künftige Generationen übertragen, aus eigener Kraft Berlins nur möglich bei einer hohen Inflationsrate. Wir wollten das Wohnungsbaufinanzierungssystem umstellen und mit einer erhöhten Berlinhilfe zusätzlichen Wohnungsbau ohne die Verschiebung der Lasten auf künftige Generationen ankurbeln. Das war leider nicht möglich. Ein zusätzlicher Wohnungsbau in Berlin – auf der Grundlage der alten Finanzierungsüberlegungen – war zwischen Rexrodt und mir und damit in der Koalition mit der FDP bis zum Ende der Legislaturperiode umstritten.

Eine indirekte Folge dieser unterschiedlichen Auffassungen gab es nach der Pleite der gewerkschaftseigenen Wohnungsbaugesellschaft Neue Heimat. An einer massiven Verunsicherung der Mieter konnte in Berlin kein Interesse bestehen. Wir wollten den Bestand sichern und haben zu günstigen Konditionen gekauft. Rexrodt war zurückhaltend, die CDU wollte eigentlich mehr auf die Gewerkschaften einschlagen und denen durch den Berliner Verkauf das Leben nicht auch noch erleichtern. Für mich waren das nicht die entscheidenden Motive. Im Rathaus Schöneberg wurde verhandelt. So entstand aus der Neuen Heimat Berlin eine städtische Wohnungsbaugesellschaft.

Die Wohnungsnot in Berlin war ein höchst brisantes Thema. Der verschärfte Mangel an Wohnraumangebot verband sich in diesen Jahren mit einer Veränderung des Mietrechts. Berlin wurde Weißer Kreis. Die bisherige Mietpreisbindung wurde durch Bundesgesetz aufgehoben und durch das Vergleichsmietensystem für Altbauwohnungen ersetzt. In Bonn hatten wir intensiv über die Berliner Regelung verhandelt. Das führte zu einer schrittweisen Anpassung an das im „sonstigen" Bundesgebiet geltende Recht. Dramatisch waren die Verhandlungen über den Mietspiegel. Für uns in Berlin war das Neuland. Ausstattungsqualität von Wohnungen musste bestimmt und eine Höchstmiete für unterschiedliche Wohngebiete festgelegt werden. Hauseigentümer und Mieterverbände sollten sich mit dem Senat einigen. Verhandlungen beim Bausenator, Schlichtungsgespräche und Abschluss bei mir im Rathaus Schöneberg. Ich weiß nicht, wie oft der Haus- und Grundbesitzerverband mit Abbruch der Gespräche und dem Verlassen des Raumes gedroht hat. Aber es gelang, die feindlichen Brüder zum Abschluss zu überreden – die Mietervertreter mit Hinweis auf die Risiken jeder offenen Frage gegenüber dem Bundesgesetzgeber, den Haus- und Grundbesitzerverband mit der Androhung größerer Übel. Der Senat konnte den Mietspiegel beschließen.

Es war kein populäres Thema. Delektieren konnten sich daran nur Ordnungspolitiker. Aber Berlin musste den Schritt aus der Mietpreisbindung schaffen und die Preisverzerrungen zwischen Altbau, sozialem Wohnungsbau und sonstigem Wohnungsneubau überwinden. Gute Altbauwohnungen in hervorragender Lage waren aber nach Jahrzehnten der Mietpreisbindung inzwischen billiger als der soziale Wohnungsbau. Die Verzerrungen sind heute noch nicht beseitigt und wurden nach der Wiedervereinigung durch ein weiteres Preissystem im Ostteil der Stadt nochmals verschärft.

Ähnlich unpopulär waren Entscheidungen zum Flächennutzungsplan und zur Entwicklung der Krankenhäuser. Das eingemauerte Berlin brauchte Flächen für die Gewerbeansiedlung und den Wohnungsbau. Kleingartenkolonien fühlten sich bedroht. Schon in diesen Jahren zwang die Kostenentwicklung im Gesundheitswesen zu Einsparungen beim Angebot von Krankenhäusern. Bestimmten zunächst die Plakate „Rettet das Albrecht-Achilles-Krankenhaus" die Diskussion, so bewegte der Plan, zwei Großkliniken zusammenzulegen, anschließend die Gemüter. Das Universitätsklinikum der FU in Westend sollte mit dem großen städtischen Rudolf-Virchow-Krankenhaus (RVK) verschmolzen werden. Der populäre Chef der Abendschau des SFB, Harald Karras, führte die Opposition an. Nach einer Herzoperation war sein „schlagendes Argument", er selbst wäre bei einer Verwirklichung der Senatspläne jetzt schon tot, denn nur die schnelle Einlieferung und Operation im Klinikum Westend hätte ihm das Leben gerettet.

Das Thema führte zu den längsten Koalitionsverhandlungen, die ich in meiner Amtszeit zu ausschließlich einem Thema führen musste. Die gesundheitspolitische Sprecherin der FDP, Schmid-Petry, sammelte mit großer Akribie alle Kritiker um sich und erzwang politische Entscheidungen zu beinahe jedem Planungsdetail beim Neu- und Umbau im RVK. Immer und immer wieder musste ich eine neue Besprechungsrunde ansetzen. Frau Schmidt-Petri entdeckte stets und ständig eine neue Frage, die sie doch grundsätzlich diskutiert haben wollte. Die FDP-Führung wollte die streitbare Dame in der Fraktion nicht einfach überstimmen. So wurden die verschiedenen Entwürfe vorgestellt, mit denen das historische Ensemble des RVK erhalten, aber doch mit modernen betriebswirtschaftlichen Abläufen verbunden werden konnte. Erst danach konnten Senat und Abgeordnetenhaus entscheiden.

Frau Schmid-Petry wird heute allerdings mit Stolz auf ihre Mitwirkung das RVK in Berlin-Mitte besuchen. Nach zehn Jahren und einer weiteren Fusion mit der Universitätsmedizin der Humboldt-Universität sind jetzt weitere Anpassungen an den neuesten Stand der Entwicklungen sinnvoll, es ist aber ein modernes Klinikum in einem ansprechenden städtebaulichen Ensemble entstanden. Nach 2001 ist es zu einer Zusammenfassung der gesamten Universitätsmedizin der Freien Universität und der Humboldt-Universität unter einer Verwaltung gekommen. Angeblich sollen damit die berühmten Synergieeffekte ausgeschöpft, das RVK möglicherweise teilweise wieder als Städtisches Krankenhaus ausgegliedert werden. Vergleichbar mit den Pendelbewegungen in den Großunternehmen – zwischen der Konzentration auf das so genannte Kerngeschäft unter einer Ägide gibt es mit dem nachfolgenden Vorstand die „Diversifizierung" – herrscht im Berlin des Jahres 2004 der

Aberglaube an die Leistungsfähigkeit einer Großorganisation. Wie lange? Und der modernste Teil soll aus den Universitäten ausgegliedert werden?

Mit dem Amtsbonus

Diepgen minimiert und konzentriert die Entscheidungsvorläufe auf seine Hauptverwaltung, die Senatskanzlei. Ausschließlich von dort aus werden politische Entscheidungen getroffen. Die mit der Vorbereitung befassten Mitarbeiter sind wichtiger als die Fachsenatoren. Diese Aussage las ich in einer politischen Analyse, die offensichtlich von Honecker zur Vorbereitung unseres ersten Treffens in Auftrag gegeben worden war. Blanker Unsinn. Die Senatsmitglieder hätten bei der Lektüre schallend gelacht und mich bei jeder späteren Intervention in ihren Zuständigkeitsbereich auch mit Hinweis auf den Bericht der Stasi zurückgewiesen. Richtig ist allerdings, dass die Senatskanzlei und ihre Mitarbeiter nicht nur auf Initiativen der Fachverwaltungen warten sollten, sondern selbst tätig wurden und ich immer dann losgeschickt wurde, wenn der Einsatz des Amtsbonus nach innen oder außen zweckmäßig erschien. Das ist auch mein Verständnis vom Amt eines Bürgermeisters. Und ich entwickelte natürlich meine Spezialwünsche:

Dabei stand die Rheumaforschung ganz obenan. Schirmherr der Rheumaliga wurde ich aufgrund familiärer Erfahrungen mit dieser Krankheit, die in der Öffentlichkeit allzu vorschnell als altersbedingtes Zipperlein abgetan wird. Wer so denkt, sollte sich in den Spezialkliniken in Wannsee oder Buch mit dem Leid von Kindern auseinandersetzen. Für die Unterstützung der Rheumaliga spielte ich Fußball in den „Prominentenmannschaften" mit Wolfgang Overath und Uwe Seeler, suchte und fand Organisatoren für Wohltätigkeitsbälle; entscheidend aber war der Aufbau der Rheumaforschung in Berlin, die der damalige Senatsdirektor in der Gesundheitsverwaltung, Alexander Hasinger, energisch anpackte. Meine Frau hat die Schirmherrschaft für die Berliner Rheumaliga übernommen und sich insbesondere rheumakranker Kinder angenommen. Die Rheumaforschung ist heute auf dem Gelände der Charité angesiedelt.

In Stadtplanung und Architektur mischte ich mich gern auch ohne vorangegangenen Streit zwischen beteiligten Verwaltungen ein. Die 750-Jahr-Feier und die IBA 87 gaben dazu viel Gelegenheit. Einzelprojekte – zustimmend oder ablehnend – bleiben dabei in der Erinnerung haften. Der inzwischen verstorbene Professor Kleihues hat als Planer der IBA und als ein Mann, der viele internationale Architekten nach Berlin holte, das Bild der Stadt stark geprägt. Von seinen Bauten ist heute das Kantdreieck mit dem großen Segel auf einem abgebrochen wirkenden Hausansatz besonders bekannt. Das

Segel, mit oder ohne Reklame, dominiert alles. 1988 hatte er seine Planung im Gästehaus des Senats einer dort versammelten Runde interessierter Senatsmitglieder vorgestellt. Er wollte vorzugsweise ein richtiges Hochhaus oder notfalls eine Randbebauung des gesamten Grundstücks und die Belebung der S-Bahn-Bögen. Lange erklärte er, dass an dieser Stelle ein Hochhaus am Bahnhof Zoo die sonst andere Baustruktur nicht beeinträchtigte. Ich lernte, dass die historische Stadtkante erst an der anderen Seite der Fasanenstraße liegt. Dennoch wollte ich das Hochhaus nicht, es passte aus meiner Sicht nicht zum Ensemble mit dem Bau des Theaters des Westens. Also Randbebauung. Das klappte aber nicht, eine Verkaufsbaracke an der Kantstraße mit langfristigem Pachtvertrag wollte nicht weichen. Rot-Grün hat dann das Unmögliche zugelassen; ein unproportionierter, in der Höhe abgebrochener Bau entstand. Noch heute will man nach meiner Kenntnis aufstocken. Das Segel entstand aus Not, der Blick wurde sehr gekonnt von den entstandenen misslichen Proportionen weggelenkt.

Die Stadtplaner in Ost und West haben immer auch auf die „andere Seite" geschielt, sicher trafen sich die Fachleute auch irgendwo auf Kongressen. Im Flächennutzungsplan wurde die U-Bahn-Trasse zum möglichen Berliner Großflughafen Schönefeld selbstverständlich beachtet. Eine kurzfristige Überlegung des damaligen Chefs der Senatskanzlei Schierbaum, den S-Bahntunnel unter der Innenstadt nicht weiter zu betreiben, hatten Walter Rasch von der FDP und ich bereits als Fraktionsvorsitzende schnell „totgemacht". Schierbaum wollte den ständigen Ärger mit der DDR über Betriebs- und Instandsetzungskosten des DDR-Unternehmens S-Bahn loswerden. Die Nord-Süd-Verbindung über Friedrichstraße gehörte zu den wenigen S-Bahn-Linien, die bis 1984 im westlichen Berlin von der Reichsbahn betrieben wurden. Die Gesamtberliner Optionen waren aber wichtiger. Honecker wollte den gesamten – leider maroden – Betrieb loswerden. Die S-Bahn im Westteil der Stadt kam nach einer Vereinbarung mit der DDR 1984 zu den Westberliner Verkehrsbetrieben, der BVG; mit hohen Kosten wurden Strecken und Material modernisiert und schrittweise ausgebaut. Mir war das ein besonderes Anliegen. Auch die meist völlig heruntergekommenen Bahnhöfe, richtige Schmuddelecken, mussten in Ordnung gebracht werden.

Von den Überlegungen, den Reichstag zu einem Kongressgebäude mit einem Plenarsaal auch für einen künftigen Bundestag auszubauen, war bereits die Rede. Das verband sich mit Planungen für eine Bebauung des Spreebogens und damit des Geländes in unmittelbarer Nähe des alten deutschen Parlaments. Anders als nach 1990 mit den Parlamentsbauten, die optisch eine Verbindung über die Spree ziehen, sollte der Spreebogen städtebaulich aufgenommen werden. Ich hatte von meinen Mitarbeitern eine Aufstellung der Freiflächen angefordert, die nach einer Vereinigung Deutschlands auf beiden Seiten des damaligen Verlaufs der Mauer für den Bau der Sitzungsräume und Büroflächen des Deutschen Bundestages genutzt werden könnten. Es war genug vorhanden. Unmittelbar vor dem Reichstag sollte ein Neubau für das Berliner Kammergericht entstehen, aber so gebaut werden, dass er später auch für den Bundestag oder den Bundesrat genutzt werden könnte. Für die Verwirklichung der Planungen brauchten wir die Zustimmung des Bundestages. Ich erinnere: der heftigste Widerstand kam von Vizepräsidentin Annemarie Renger. Der Bundestag, durch welches Gremium auch immer, entschied negativ. An die Begründung erinnerte ich Mitglieder des Deutschen Bundestages während der Auseinandersetzungen um die Frage, wird Berlin oder bleibt Bonn Sitz des Bundestages. Gut ein Jahr vor dem Fall der Mauer wurde jede Bebauung am Reichstag mit dem Hinweis auf den künftigen Sitz des Bundestages in Berlin verwehrt.

Es sind einzelne Erlebnisse, die sich im Gedächtnis förmlich festkrallen, oft haben sie für den weiteren Lauf der Dinge nur eine geringe Bedeutung. Im alten Diplomatenviertel standen die Botschaften leer, das Gebiet sollte auch schon vor der Wende wieder belebt werden. Die Japanische Botschaft wurde das Deutsch-Japanische Zentrum, die Italienische Botschaft war für die Akademie der Wissenschaften vorgesehen, es gab bereits Pläne, mit denen die alte Architektur des faschistischen Italien mit der Moderne verbunden werden sollte; auf der anderen Seite des Tiergartens ging es um Bestand und künftige Nutzung der spanischen Botschaft – daneben die dänische Gesandtschaft. Die Erweiterung des Zoologischen Gartens über die Spree hinaus war für artgerechte Tierhaltung durchgesetzt worden, musste aber vor den Mauern der alten diplomatischen Vertretungen Spaniens und Dänemarks Halt machen. Für die Nutzung der spanischen Botschaft durch die Konrad-Adenauer-Stiftung war alles perfekt. Fast! Geprüfte Bauplanungsunterlagen existierten. Die Finanzierungszusagen durch den Bundestag lagen vor. Es fehlte nach grundsätzlichen Zusagen nur noch das rechtsverbindliche o. k. der Spanier.

Im November 1988 war ich in Madrid. Im Außenministerium wollte ich es festmachen. Die Antwort war frappierend: Man könne ja für fünf Jahre einen Pachtvertrag abschließen. Verkauf oder langfristiges Erbbaurecht, Grundlage für jeden Ausbau der von Bomben zerstörten Botschaft, kämen nicht in Betracht, man müsse ja damit rechnen, dass die Wiedervereinigung in den nächsten Jahren komme und die Botschaft in der deutschen Hauptstadt gebraucht werde. Ich war platt. War das Weitsicht oder der Boykott einer sozialistischen Regierung gegen ein christ-demokratisches Projekt?

Die Japaner hatten sich ebenfalls eine Wiederverwendung des Japanisch-Deutschen Zentrums als Botschaft in einem vereinigten Deutschland vorbehalten. In den Vorgesprächen zum Akademiebau folgten die Italiener diesem Vorbild.

Berlin als Kulturmetropole. Wünsche der Museen und Theater fanden bei mir im Regelfall ein offenes Ohr. Im Zweifelsfalle sorgte Winfried Fest in den ersten Jahren dafür. Er konnte auch als „Geschäftsführer ohne ausdrücklichen Auftrag" mit der Berliner Kulturszene agieren. Wenn es darum ging, Bestandslücken der Berliner Museen zu schließen, die durch die Nazis gerissen worden waren, konnte man stets mit meiner Unterstützung rechnen. Also Ankäufe und ergänzende Finanzierung, wenn durch Fördervereine schon Grundlagen gelegt waren. Gleiches galt bis 2001 für große Ausstellungsprojekte und für die Neugründungen: Verkehrsmuseum, Museum für Moderne im Hamburger Bahnhof, die Entwicklung der Berlinischen Galerie oder auch das Filmhaus im Sonycenter. Meist wurde mit Mitteln aus der Deutschen Klassenlotterie geholfen, wobei die Zusammenarbeit mit dem Stiftungsrat und ihrem Vorsitzenden Dankward Buwitt nicht immer gleich zu dem erhofften Ergebnis führte. Als früheres Mitglied konnte ich aber den Handlungsspielraum der Klassenlotterie gut einschätzen. Viele Neuerwerbungen für Berliner Museen sind aus Lottomitteln finanziert worden. Der Berliner Haushalt traf dafür keine Vorsorge, aber über Parteigrenzen hinweg gab es jahrelang schnell eine Einigung im Stiftungsrat der Klassenlotterie. Auf Angebote von Auktionshäusern kann man nicht mit einer Vorlage an den Haushaltsausschuss reagieren. Die Übertragung der Lottomittel an den Berliner Haushalt – parteiübergreifend wollen das neuerdings die Finanzsenatoren zum Ausgleich ihrer Haushaltsdefizite – wäre das Ende jeder aktiven Ankaufs- und regelmäßigen Ausstellungspolitik.

Der letzte große Erwerb aus Lottomitteln war in meiner Amtszeit im Jahre 2001 die Sammlung Berggruen, eigentlich eine Schenkung des alten Berliners Heinz Berggruen, der nach Vertreibung und Exil mit seiner einzigartigen Sammlung von Klees und Picassos in seine Heimatstadt zurückgekehrt war. Hier, gegenüber vom Schloss Charlottenburg, sollte die Sammlung nach zehn Jahren Leihgabe endgültig bleiben. Die Klassenlotterie und der Bund legten zusammen, um Steuerfragen zu regeln und die Zustimmung der Erben – oft muss einfach der Pflichtteil gesichert werden – zu erhalten. Bundeskanzler Schröder und der damalige Staatsminister Naumann hatten sich mit Bundesmitteln – kleinere Raten in mehreren Jahren – engagiert. Berlin musste aber die sofort fälligen Mittel auftreiben. Vergeblich hatte ich zuvor potenzielle Sponsoren in das Gästehaus des Senats eingeladen. Die deutsche Großindustrie war zu diesem Zeitpunkt durch die Finanzierung der Zwangsarbeiterentschädigung stark belastet. Der Erwerb für Berlin war mir sehr wichtig, aber immer mehr hatte sich auch die SPD – für die Opposition war es schon lange ein Lieblingsthema – darauf festgelegt, den jährlichen Gewinn aus der Klassenlotterie in den Landeshaushalt fließen zu lassen. In einem Kompromiss waren schon beinahe 50% der Ausschüttungssumme für ein Computer-Programm der Schulen ausgegeben worden, dieser Eingriff in den Handlungsspielraum hatte Dankward Buwitt den Vorsitz im Stiftungsrat „unter Protest" aufgeben lassen. Ich ließ mich vom Senat nominieren und übernahm auch den Vorsitz, vorrangig um das Thema Sammlung Berggruen durchzusetzen. Die Fraktionsvorsitzenden der Koalition wollten nicht so recht, Landowsky (CDU),weil er den Ankauf für eine Aufgabe des Landes hielt, und Wowereit (SPD), weil er möglichst keine Entscheidungen der ungeliebten großen Koalition zulassen wollte. Für die Mehrheit war aber, notfalls mit der entscheidenden Stimme des Vorsitzenden, gesorgt.

Bedeutende Sammlungen und Nachlässe der bildenden Kunst, des Films und der Literatur konnten immer wieder für Berliner Institutionen gewonnen werden – oft auch hier durch die Klassenlotterie. Es waren zumeist alte Berliner wie Newton und Berggruen, die voller Erinnerungen und auch zwiespältiger Gefühle wieder zurückkehrten. Bei den Erben habe ich allerdings mehrmals erlebt, dass sie – ohne die emotionale Bindung an die alte Heimat – ihre Berliner Gespräche nur führten, um anderswo die Preise zu erhöhen. So gab es bei solchen durchaus zeitaufwändigen Runden auch herbe Enttäuschungen. Aus meiner Sicht muss sich die Stadt mit besonderer Sensibilität diesem Thema widmen, darf diese Aufgabe nicht in der Tagespolitik und mit dem Argument ständiger Finanzsorgen verdrängen. Was weg ist, ist weg. Frustrierende Erlebnisse sind dabei eingeschlossen. Vor Jahren hatte ich Baron von Thyssen zu besonders exquisitem Essen und sensiblem Thema in das Gästehaus eingeladen: Wäre seine Sammlung nicht besser in Deutschland und gegebenenfalls in Berlin aufgehoben? Er ging nach Madrid. Man mag mich einen Nationalisten schimpfen und mir alle Argumente einer globalen Gesellschaft entgegenhalten – aber da gehört sie nach der Geschichte des Unternehmens nicht hin.

Ich gebe zu, mit den Ankäufen für das Verkehrsmuseum – 25 Millionen € hat Lotto allein für dieses Museum ausgegeben –, dem Erwerb eines Gemäldes von Watteau, eines Otto Dix oder Lovis Corinth konnte ich mich persönlich stärker identifizieren als mit dem Erwerb eines Barnett Newman. Peter Raue, seit Jahrzehnten Vorsitzender des Freundeskreises der Nationalgalerie und alter Freund und Studienkollege, war häufig in Sachen Ankauf von Bildern bei mir. Mit einer Mischung aus Begeisterung, Sachkunde und Nachsicht gegenüber künstlerischem Unverstand erläuterte er die Bilder. Der Ankauf war einfach ein Muss. Auf meine Vorlieben zwischen einem Matisse und Joseph Beuys konnte es aber auch nicht ankommen. Kritischen und auch aggressiven Berlinern gegenüber musste ich das oft verteidigen. Sie murrten wegen des vielen Geldes und konnten mit zeitgenössischer Malerei nicht viel anfangen. Kunst darf aber alles, darf kritisieren, darf beleidigen, sie darf nur nicht langweilen. Das sollte Berlin demonstrieren.

Große Ausstellungen mussten in Berlin stets gegen viel Berliner Konkurrenz durchgesetzt werden. Fast immer gab es Ärger mit der Abrechnung und Heulen und Zähneklappern bei notwendigen neuen Finanzierungsplänen. In Bezug auf Geldwünsche haben Theaterintendanten – Gott sei Dank nicht alle – bei mir den „stärksten" Eindruck hinterlassen. Ob Schillertheater oder Freie Volksbühne, die Bühnen sollten nach den Wünschen der Intendanten umgebaut und an die geringe Zuschauerzahl angepasst werden. Die Häuser sollten voll wirken, auch wenn sie leer gespielt waren. Boy Gobert – ich war noch Haushaltssprecher – wollte nur einen geringen Umbau und Neuordnung der Stuhlreihen für das Schillertheater. Hans Neuenfels, Intendant der Freien Volksbühne, wollte, begleitet von Peter Raue, am liebsten ein Haus für nur 200 Zuschauer, mindestens aber eine schalldichte Abtrennung der Tribüne, die optisch nicht mehr wahrnehmbar sein sollte. Der Bühne fehlte die Zuschauerresonanz. Ich weiß nicht, ob Neuenfels meinen Hinweis richtig verstehen wollte, er möge es vielleicht mit anderen Stücken oder einer anderen Inszenierung versuchen, man spiele doch Theater für Zuschauer und nicht für die Selbstdarstellung von Schauspielern und Regisseuren. Peter Raue hielt sich – für ihn eher selten – zurück.

Neuenfels hat sicher danach über die Unvernunft der Politik geklagt. Viele große Theaterleute brauchen ja offensichtlich für ihre künstlerische Kreativität gelegentliche emotionale Ausfälle gegen das Feindbild Politiker. Ich rechnete das zur künstlerischen Freiheit und ärgerte mich nur selten. Peymann vermittelte beispielsweise noch aus Wien den Eindruck, der „Kulturfeind" Diepgen würde eine mögliche Berufung an das Berliner Ensemble hintertreiben, und schimpfte über die Medien. Bass erstaunt war er über meine Reaktion. Ich lud ihn zu einer Plauderstunde. Es war ein interessantes und auch harmonisches Gespräch. Sein Feindbild verblasste (hoffentlich), aber das kann auch damit zusammenhängen, dass die Spitzenfinanzierung seines Vertrages geregelt werden musste – auch über Lottomittel. Es ging um Inszenierungszuschüsse.

Wahlpleite
Und alles muss, um gut auszufallen, seinen Tag haben
Gracián, 139

Im Herbst 1988 blickte die Koalition aus CDU und FDP voller Optimismus auf die bevorstehenden Wahlen. Die SPD hatte mit ihren Kampagnen gegen die Aufhebung der Mietpreisbindung und die Schließung einzelner Krankenhäuser nur wenig Resonanz gefunden. Die Demoskopen zweifelten nicht an einem erneuten Wahlsieg der Berliner Regierung. In den Sympathiewerten lag ich – wenn man das von sich selbst berichten darf – weit vor allen Konkurrenten.

Dennoch kam es anders. Mit der Tagung des Internationalen Währungsfonds und der Weltbank verband sich eine Welle gewalttätiger Demonstrationen. Offensichtlich waren einzelne Berliner Gruppen auf den Geschmack gekommen. Es schlossen sich Schüler- und Studentendemonstrationen an. Sie protestierten gegen Überlegungen zur Verkürzung der Schulzeit in den Gymnasien. Der Antes-Skandal wurde noch einmal in den Plakaten der Opposition aufgearbeitet. Die Wohnungsnot und die steigende Zahl von Ausländern beunruhigte die Berliner. Und hinzu kamen Belastungen durch die Gesundheitsreform und eine Steuererhöhung ab 1. Januar 1989. Die Bundesregierung hatte auf den Berliner Wahltermin keine Rücksicht genommen, die Auswirkungen der beiden „Reformgesetze" sollten bis zu den bevorstehenden Wahlen in Baden-Württemberg verkraftet sein.

Müßig, heute noch einmal die verschiedenen Wahlmotive der Berliner abzuwägen. Ich war auch nicht ganz so überrascht wie viele Kommentatoren. Der Wahltermin war im Januar. Noch im Dezember wurde ein deutlicher Sieg von CDU und FDP vorhergesagt. Mein Gefühl warnte mich. Ich besprach meine Bedenken mit dem Vorstandsvorsitzenden des Springer-Verlages Tamm und regte eine Umfrage durch ein Institut an, dass bisher mit den Berliner Wahlen noch nicht befasst war. Was auch herauskäme, das Ergebnis könne ja in der Berliner Morgenpost veröffentlicht werden. Ein Institut wurde eingeschaltet, ich sollte den Chefredakteur der Morgenpost auf das Ergebnis hinweisen. Mit einer Veröffentlichung – so dachte ich – könnten eigene sorglose Wähler aufgeschreckt werden.

Das Ergebnis war so, wie ich vermutet und befürchtet hatte. CDU und FDP hatten keine Mehrheit. Nie werde ich die Reaktion des Chefredakteurs der Morgenpost, Bruno Waltert war inzwischen Nachfolger von Johannes Otto geworden, vergessen. Er glaubte mir einfach nicht und argwöhnte, mit einer bestellten Umfrage wollte ich mit der CDU doch noch eine absolute Mehrheit erringen. Schön wär's ja gewesen.

Die CDU war zu siegessicher. Bei der Erinnerung an ein Plakat schüttele ich mich noch heute. „Ihn braucht Berlin" wurde nach „Ihn will Berlin" mit einem Konterfei von mir plakatiert. Welche Arroganz, da musste doch eine Denkzettelmentalität aufkommen und sich mit dem täglichen Ärger „über die da oben" in Bonn oder Berlin verbinden. Zu meiner Ehrenrettung kann ich feststellen, gegen das Plakat hatte ich Bedenken aber – mea culpa – ich habe es nicht verhindert. Mit anderen Dingen beschäftigt, habe ich mich mit dem Argument zufriedengegeben, Betroffene könnten nie ihre eigenen Bilder und Plakate richtig beurteilen. Das ist die Wahrheit, aber nicht die ganze. Die im Wahlkampf 1985 sehr erfolgreiche Werbeagentur habe ich für spätere Kampagnen in Berlin nicht einmal mehr zur Präsentation angehört.

Ein zweiter Fehler oder zweites Missgeschick, das den Wahlausgang beeinflusste, ist wahrscheinlich unausrottbar. Aber gerade deswegen will ich es doch nennen: Aufrichtige Empörung vergrößert oft das Ärgernis, zeigt sie den Menschen doch erst eine Möglichkeit, ihre Umwelt zu schockieren und Aufmerksamkeit auf sich zu lenken.

Keiner dachte an einen Wahlerfolg der rechtsradikalen Republikaner. In einem Wahlspot verbreiteten sie ausländerfeindliche Parolen. Kaum einer hatte sie bisher zur Kenntnis genommen. Jetzt aber verlangte die Ausländerbeauftrage Barbara John juristische Schritte und den Verbot des Werbespots. Damit war der Spot und die Partei in aller Munde. Die REP's wurden die Partei des Protests für alle, die nicht links wählen wollten, zur Partei des Denkzettels. Der Überraschungssieger REP landete im Parlament.

Was halfen da liebenswürdige Kommentare, Denkzettel *JA*, aber dieses Ergebnis – *NEIN*. Ich hatte noch am Wahltag damit gerechnet, dass bei einem Einzug der REP's in das Berliner Abgeordnetenhaus rechnerisch nur eine große Koalition mit der SPD möglich sei, Rot-Grün also nicht reichen würde. Aber die FDP verpasste auch noch die 5%-Klausel, und damit war rechnerisch eine Regierung gegen die CDU möglich.

Walter Momper vergaß sein Wahlversprechen: Nie mit den Grünen. Das war noch die Alternative Liste – ein wenig Grün und viel versprengte Linksradikale, einige sind nach der deutschen Einheit wieder zu ihrer kommunistischen politischen Heimat zurückgekehrt. Walter Momper hat nur pro forma in diesen Tagen mit mir über die Bildung einer gemeinsamen Regierung verhandelt. Die Entscheidung, die Chance zu nutzen, war in der SPD schnell gefallen. Auch hier bestätigen die Quellen der „anderen Seite", dass die SPD schnell der SED ihre Absichten für eine SPD/AL-Regierung signalisierte und mit eigenen Zugeständnissen in den diffizilen Berliner Fragen von der DDR-Führung ein Entgegenkommen erbat.

Am 16. März 1989 trat der CDU/FDP-Senat zurück. Walter Momper wurde für knapp zwei Jahre Regierender Bürgermeister. Ich verabschiedete mich von den Mitarbeitern der Senatskanzlei. Stolz, aber vor allem glücklich, war ich über ein Abschiedgeschenk, das mir der Sprecher des Personalrates mit den Worten übergab: „Er kommt immer wieder." Es war ein Bumerang.

Frust in der Opposition

They never come back. Trotz des beziehungsreichen Abschiedsgeschenkes glaubte ich nicht an die Rückkehr an den Schreibtisch, an dem im Rathaus Schöneberg schon Ernst Reuter gesessen hatte. Ich wurde wieder Vorsitzender der CDU-Fraktion. Es war wohl die trotz der Wahlniederlage hohe Popularität unter den Berlinerinnen und Berlinern, die mich als Landes- und Fraktionsvorsitzenden zunächst unbestritten weiter zur Nummer eins der Berliner

CDU machte. Ich hatte jedoch wenig Illusionen. Die Partei würde nach einer vollen Legislaturperiode sicher nicht mit der alten Mannschaft und ihrem Chef antreten wollen. Also ein Übergang für zwei oder drei Jahre, mein Blick richtete sich auf eine berufliche Zukunft außerhalb der Politik.

Ein wenig schwankend in dieser Einschätzung machte mich die Reaktion der Berliner auf die ersten Entscheidungen und das Erscheinungsbild der SPD/AL-Koalition. Wurde zunächst der Neuigkeitswert der Damenriege um Walter Momper gefeiert, so führten häufige Tränenausbrüche während der Sachdiskussionen im Senat und häufiger handfester Krach doch bemerkenswert schnell zu irritierter und kritischer Berichterstattung. Viel entscheidender aber war offensichtlich, dass die Berliner – heute muss man ergänzen: West-Berliner – Walter Momper den Wortbruch nie vergessen haben, mit dem er seine Koalition mit der AL begonnen hat. Das spielte auch bei seiner erneuten Spitzenkandidatur im Jahre 1999 noch eine Rolle. Und die Berliner erinnerten sich 1999 auch noch an eine Verkehrspolitik, die zu Massenprotesten geführt hatte. Das Auto wurde zum Feindbild, der Weg zu Ausflugszielen wurde für den Autoverkehr gesperrt, Autorennen auf der Traditionsstrecke der Avus verboten. Bei einer Veranstaltung des ADAC konnte ich mit wenigen kritischen Anmerkungen zur Verkehrspolitik des Senats Beifallsstürme ernten. Peter Strieder hat, als er die Verantwortung für die Verkehrspolitik im Senat 1999 übernahm, mir als Landesvorsitzender der SPD versprochen, die Fehler der Jahre 89 und 90 nicht zu wiederholen. „Ich werde mir doch diesen Ärger nicht antun."

Zu den populären Irrtümern gehört in Deutschland die Behauptung, die Parteien machten, wenn sie denn erst an der Macht seien, doch alle dasselbe. Der Regierungswechsel 1989 in Berlin bewies das Gegenteil. Es gab einen Wechsel in den Grundlagen der Politik. Zum Beweis muss ich noch nicht einmal auf die bereits angedeuteten Veränderungen in der Verkehrspolitik verweisen.

Wenige Monate vor dem Fall der Mauer stellte ausgerechnet eine Berliner Regierungskoalition das Ziel der deutschen Wiedervereinigung öffentlich zur Disposition. Das war ein massiver Kurswechsel.

Rot-grüner Kurswechsel

Jede Sitzung des Berliner Abgeordnetenhauses wurde von dem Präsidenten mit den Worten eröffnet, „und bekunde unseren Willen, dass die Mauer fallen und dass Deutschland mit seiner Hauptstadt Berlin in Frieden und Freiheit wiedervereinigt werden muss". Willy Brandt hatte die Mahnworte 1955 erstmals gesprochen. Sie waren nach dem Bau der Mauer ergänzt worden. Seit der Regierungsbildung durch SPD und AL kam es bereits zu der

Peinlichkeit, dass die beiden Koalitionsparteien und der Senat bei den Mahnworten sitzen blieben, die anderen Mitglieder des Abgeordnetenhauses sich aber traditionsgemäß erhoben. Im Mai kam es zum Eklat. Die Vizepräsidentin Dr. Schramm (AL) weigerte sich, die Mahnworte zu sprechen. Sie könne es mit ihrem Gewissen nicht vereinbaren, im Jahre 1989 die Sitzung des Abgeordnetenhauses mit einer Formel „aus dem Kalten Krieg" zu eröffnen. Ihr wurde von einem Fraktionskollegen assistiert: „(wir wollen) keine staatliche Wiedervereinigung. Wir wollen keinen Hauptstadtanspruch". Die SPD lavierte. Ihr Vertreter Gerd Löffler: „Ich kämpfe nicht für den Begriff Wiedervereinigung in der Formel, sondern für Einigung in einem europäischen Rahmen. Das ist ein wesentlicher Unterschied."

Walter Momper hat am Tag nach dem Mauerfall bei der Kundgebung am Rathaus Schöneberg ganz bewusst gesagt, es gehe nicht um Wiedervereinigung, sondern um ein Wiedersehen. Nicht, weil er unsere Nachbarn nicht verängstigen wollte, er wollte zu diesem Zeitpunkt ganz offensichtlich den Bestand der DDR, einer reformierten sozialistischen DDR. Die Pläne zum Ausbau des Reichstages hat er im Mai 1989 in den Unterlagen der Senatskanzlei mit dem kurzen Hinweis kommentiert, die Angelegenheit könne man einschlafen lassen. Darin war er sich allerdings zu diesem Zeitpunkt mit Rita Süßmuth, inzwischen als Nachfolgerin von Philipp Jenninger Präsidentin des Deutschen Bundestages, einig.

Die Eröffnungsformel wurde am 18. Januar 1990 durch einen Mehrheitsbeschluss des Abgeordnetenhauses in namentlicher Abstimmung kurz vor Mitternacht abgeschafft. Es war der Jahrestag der Reichsgründung, mit der Berlin 1871 Hauptstadt Deutschlands geworden war. Der historische Bezug spielte in der Debatte keine Rolle. Die SPD beugte sich der AL und versuchte mit dem Begriff der „neuen" Vereinigung der „beiden deutschen Staaten" den Begriff der Wiedervereinigung in die Mottenkiste der Geschichte zu verbannen. Es ging zu diesem Zeitpunkt aber nicht um den Weg, sondern um das Ziel: Zwei Städte und zwei Länder oder ein Berlin und ein Deutschland.

Versuchte Spurenbeseitigung

In der Geschichte der Bundesrepublik hatte es das noch nicht gegeben. SPD und AL beschlossen die Auflösung der Akademie der Wissenschaften zu Berlin. Im Beisein des Bundespräsidenten war die Akademie im Rahmen der 750-Jahr-Feier mit einem Festakt im Reichstag gegründet worden. Sie hatte ihre Arbeit aufgenommen, in der kurzen Zeit seit ihrer Gründung bereits bemerkenswerte internationale Kontakte geknüpft und auch eine Zusammenarbeit mit der Akademie der Wissenschaften der DDR angebahnt. Die ersten Projekte der Abschätzung von Folgen der Technologie hätten eigentlich gerade bei der AL besondere Aufmerksamkeit finden müssen. Genauso die Grundidee der interdisziplinären Arbeit in Arbeitsgruppen, die – nicht in den traditionellen Klassen anderer Akademien – für die Synthese des wissenschaftlichen Sachverstandes und der gesellschaftlichen Wachsamkeit sorgen sollte. Nein, die neue interdisziplinäre Organisationsstruktur war der AL zu elitär und ihr wohl ohne den Traum von der Drittelparität in allen Entscheidungsgremien zu wenig demokratisch. Die AL bestand auf einer Auflösung. Auch der SPD – so ihr wissenschaftspolitischer Sprecher Kremendahl – fiel das nicht schwer, da die Akademie nicht „ihre" Gründung sei.

So sollte eine der Institutionen, die mit dem Stadtjubiläum verbunden waren, wieder verschwinden. Bemerkenswert daran: Man hat nicht Kritik am Gründungskonzept, die es natürlich gegeben hat, aufgegriffen und mit der Akademie um das Konzept gerungen. Der Beschluss war historisch nur mit denen totalitärer Systeme oder bestenfalls der Wissenschaftsfeindlichkeit des sparsamen Soldatenkönigs zu vergleichen. Rot-Grün hat dann auch eine Einheitsfront der Wissenschaftsorganisationen gegen den finalen Schuss auf eines ihrer Mitglieder provoziert. Vorher hörte man da durchaus auch Kritik und Sorge vor einer Konkurrenz, die ja auch die allgemeinen Finanzierungsquellen zusätzlich nutzen könnte.

Der juristische Streit darüber, ob der Auflösungsbeschluss gegen die Akademie rechtmäßig war, musste nicht zu Ende geführt werden. Mit den Neuwahlen im Dezember 1990 – ich erwähnte es schon – war die Idee der neuen Akademie gerettet. Mit der Wiedervereinigung gab es einen Neuanfang gemeinsam mit Teilen der Akademie der DDR in der Traditionslinie zur Preußischen Akademie der Wissenschaften. Der Vorgang war kompliziert, mussten doch viele wissenschaftliche Einrichtungen der Akademie der Wissenschaften der DDR eine neue Rechtsform erhalten und die Neuorganisation durch Staatsverträge mit Brandenburg und den anderen neuen Bundesländern abgestimmt werden. Es entstand die Berlin-Brandenburgische Akademie der Wissenschaften. Professor Albach als Gründungspräsident der Akademie zu Berlin war damals von dem Ergebnis nicht begeistert. Er hätte die Konzeption aus dem Jahre 1987 gerne ohne Wenn und Aber verwirklicht.

Die Beispiele für den rot-grünen Kurswechsel ließen sich fortsetzen: Die spätere EU-Kommissarin Schreyer wollte den Forschungsreaktor des Hahn-Meitner-Instituts nicht in Betrieb nehmen, der Flugverkehr von und nach Berlin sollte eingeschränkt werden.

Vorboten der Wende

Wiedervereinigung und vorgezogene Neuwahlen in ganz Berlin waren Anfang 1989 nicht absehbar. Das Bild änderte sich in diesem Jahr jedoch rasend schnell. Zunächst fiel der eiserne Vorhang zwischen Ungarn und Österreich, dann folgten Flüchtlingsströme aus den Botschaften der Bundesrepublik Deutschland in Budapest und Prag. Große Demonstrationen erschütterten die DDR in ihren Grundfesten.

Persönliche Erlebnisse beleuchten oft schlagartig Chancen und Risiken von politischen Entwicklungen. Meine Begegnung mit dem ungarischen Staatsminister und Reformer Imre Poszgay im April 1989 war für mich solch ein Schlüsselerlebnis.

Ich hatte mich gerade auf ein neues Amt als Oppositionsführer eingerichtet und traf den ungarischen Politiker zu einem gemeinsamen Frühstück in einem Berliner Hotel. Ich stellte mich in der neuen Aufgabe vor und erhielt zu meinem Erstaunen vom Vertreter einer kommunistischen Staatspartei die Antwort, die Aufgabe als Oppositionsführer könne ihm demnächst auch zufallen. Die bevorstehenden grundlegenden Veränderungen im Ostblock erhellten die Antworten des Ungarn auf meine beiden Fragen: Welche Entwicklung und welchen Umgang mit ihr werde die Sowjetunion zulassen? Wo sieht die ungarische Führung Grenzen des Reform- und insbesondere des Demokratisierungsprozesses? Die Antwort war kurz, zukunftsweisend, aber dennoch bereits nach wenigen Wochen überholt: Mit der Politik Gorbatschows gebe es vielfältige internationale Abhängigkeiten. Die Zeit der Breschnew-Doktrin sei vorbei. Gewaltsame Interventionen wie 1956 in Ungarn oder 1968 in Prag würden das Geflecht der sowjetischen Außen- und Wirtschaftspolitik zerstören. Als Ergebnis dieser Überlegungen könne man – so der Ungar – den eigenständigen ungarischen Weg weiter tastend vorantreiben. Nur zwei Grenzen seien zu beachten:
– es dürfe nicht zu einem Bürgerkrieg kommen, der hätte automatisch eine sowjetische Intervention zur Folge;
– und der Bestand des Warschauer Paktes dürfe nicht infrage gestellt werden.

Wenige Monate nach diesem Gespräch hat die ungarische Regierung den Austritt aus dem Warschauer Pakt angekündigt. Demonstrativ hatte sie an der Grenze nach Österreich ein Loch in den eisernen Vorhang gerissen. Damit waren auch grundlegende Veränderungen in Deutschland unausweichlich. Wenn man schon vorher nicht an reale Möglichkeiten einer Wiedervereinigung glaubte, zumindest jetzt hätten Überlegungen zu Chancen und zur Umsetzung einer praktischen Vereinigung der beiden Staaten in Deutschland angestellt werden müssen. Deutschland war aber offensichtlich nach dem Fall der Mauer von den plötzlich auftauchenden Chancen überrascht. Entgegen aller verbalen Propaganda waren die Schubkästen leer, gab es keine Pläne, keine hinreichenden Analysen über die Aufgaben, die mit einer Zusammenführung der beiden Staaten in Deutschland bewältigt werden mussten. Ich fand es bemerkenswert, dass bei einer Tagung des innerdeutschen Ministeriums am Tag des Mauerfalls schlicht von der These ausgegangen wurde, die Wiedervereinigung der beiden deutschen Staaten stände nicht auf der politischen Tagesordnung.

Professor Michael Stürmer hat am 9. November 1989 bei dieser Tagung das entscheidende Referat gehalten. Er hat seine Position aus der europäischen Geschichte abgeleitet, aus dem Souveränitätsstreben der deutschen Territorialfürsten und der historischen Erkenntnis, das in vergangenen Jahrhunderten der französische König von seinen Juristen den Rat erhielt, er dürfe eher von einer fetten Provinz Abschied nehmen als von den „teutschen Libertäten" – gemeint war das Recht der deutschen Fürsten zum Bündnis mit fremden Mächten. Der preußisch geführte Nationalstaat errichtete ja 1871 erstmals in der Geschichte des neuzeitlichen europäischen Staatensystems ein Interventionsverbot für fremde Mächte in Deutschland. Die Nachbarn waren nicht an *einem* Deutschland interessiert. In den Zusammenhang passt der Satz von Stürmer: „Die deutsche Teilung nach 1945 ist durch Hitler nicht verursacht, sondern nur ermöglicht worden." Er fürchtete um die Stabilität in Europa. Ein wiedervereinigtes Deutschland, voll integriert in das westlich-demokratische Bündnissystem, war für ihn offenbar undenkbar.

Die Schlussfolgerungen seiner historischen Betrachtung:

„Die Väter des Grundgesetzes haben 1948/49 die Idee der deutschen Einheit im Kern als Wiedervereinigung verstanden, und sie mussten sie so verstehen. Heute richtet sich die Hoffnung mehr auf die Nation als auf den Nationalstaat. Denn dieser ist nicht mehr, was er im 19. Jahrhundert war: die schlechthin gültige Form gesellschaftlicher Selbstbestimmung und staatlicher Selbstbehauptung und dazu eine umfassende Antwort auf die Existenzprobleme der entstehenden Industriegesellschaft. In den letzten 100 Jahren hat der Nationalstaat für Europa mehr Sprengkraft als Bindungskraft entwickelt." – Und jetzt kommt die für mich nicht akzeptable Passage. – „Die Bundesrepublik Deutschland im vierten Jahrzehnt ihrer Geschichte – bald so lange wie das Bismarckreich überhaupt existierte – muss von der Idee des Provisoriums Abschied nehmen, welche die Väter des Grundgesetzes bestimmte und bestimmen musste. Wie immer die Hoffnung von damals Gestalt gewinnen mag, die deutsche Einheit in Frieden und Freiheit zu vollenden, sie wird historische Zeiträume brauchen und setzt eine weitgespannte europäische Friedensordnung voraus. Die deutsche Einheit kommt, wenn sie nicht Sprung ins Dunkel ist, sondern Kernbestand europäischer Stabilität: nicht ‚German revolution', sondern Vollendung eines europäischen Entwurfs. Und ob sie nur als staatliche Einheit denkbar ist, bleibt zu prüfen und kritisch zu durchdenken, gerade im Licht der westeuropäischen Integration."

Das war dicht bei dem bereits zitierten Peter Bender. Ein Mann wie Stürmer – wichtiger Berater von Helmut Kohl und auch oft Teilnehmer in Diskussionsrunden der Mitarbeiter der Berliner Senatskanzlei – hat noch nach dem Sturz von Honecker die Schlagworte der Achtzigerjahre gedroschen. Im Rückblick kaum zu glauben. Die Skepsis gegen die Chancen eines einheitlichen deutschen Staates entsprach einem immer stärker gewordenen Zeitgeist der BRD, der Hinweis auf die europäische Entwicklung der Versuchung vieler Deutscher, die nach der Auseinandersetzung mit dem Nationalsozialismus am liebsten gar nicht Deutsche sein wollten, sondern Europäer. Gut zehn Jahre nach der Wiedervereinigung und in einem fortschreitenden europäischen Einigungsprozess schreibt Richard Schröder dazu. „Bloß leider ist für eine Nation mit Namen Europa derzeit in Europa nur noch auf dem Wasser Platz. Das Land ist vollständig unter Nationen aufgeteilt ..."

Glücksgefühle im November

Die Nacht vom 9. November 1989 hat nur einen winzig kleinen dunklen Fleck in meiner Erinnerung: meine Tochter Anne guckt noch heute vorwurfsvoll, weil ich sie zum Ausklang ihres 13. Geburtstages nicht nachts aus dem Bett gerissen und zum Tanz auf der Mauer abgeholt habe. Der Besuch am nächsten Tag war nicht dasselbe.

Dabei begann alles mit der üblichen Routine. Der Fraktionssprecher Thomas de Maizière hatte mich angerufen und von einer unklaren Beschlusslage nach der Sitzung des Politbüros der SED berichtet. Ausreisewillige sollten jetzt auch die Grenzübergänge nach Berlin (West) benutzen können. Mehr stand noch nicht fest. Die Kommentierung, die in diesen Tagen zu Beschlüssen des Politbüros immer passte, wurde verabredet: ein richtiger Schritt in die richtige Richtung. Nicht mehr und nicht weniger. Dann aber überschlugen sich die Ereignisse. Der Sender Freies Berlin lud zu einer Rundfunk- und Fernsehdiskussion mit dem Regierenden Walter Momper. Die drängenden Anrufe ließen immerhin auf etwas Ungewöhnliches schließen. Ich machte mich also auf den Weg – nach Hause kam ich erst in den frühen Morgenstunden. Das Funkhaus in der Masurenallee war nur eine kurze Zwischenstation. Immer neue Nachrichten: Herr Schabowski habe den Verzicht auf alle Formalitäten bei der Ausreise aus der DDR bekannt gegeben. War das ein Missverständnis? An den Grenzübergängen hätten Ostberliner bereits den Versuch zur Ausreise unternommen, erste Grenzübertritte seien möglich gewesen – die Fahrt an die Mauer war die logische Konsequenz.

Oft sind die Szenen dieser Nacht beschrieben worden: Erschrockene Grenzsoldaten der DDR blickten fassungslos auf den Freudentaumel; Menschen, die sich zuvor nie gesehen hatten, umarmten und küssten einander, verschenkten Blumen und stießen gemeinsam mit Sekt an. Einige hatten tatsächlich nur den Mantel über den Schlafanzug gezogen, wollten nur mal kurz nachgucken, was geschehen war. An den Grenzübergängen ging es Hinüber und Herüber. Mit meinem VW, voll besetzt bis unter das Dach, pendelte ich mehrmals zwischen Invalidenstraße und Ku-Damm. „Mal schnell rüber zum Ku-Damm fahren". Das wollten die Ostberliner, glücklich, neugierig, aber auch unsicher, ob es denn morgen auch noch möglich wäre. Die spontane Freude, das ungläubige Staunen und die fröhliche Ausgelassenheit habe ich in dieser Form nie wieder erlebt.

Eine andere Empfindung: Schade, dass du jetzt nicht mehr Regierender bist. Aber am 9. November trat das ganz schnell und ganz weit in den Hintergrund. Die Öffnung der Mauer war wie ein Traum.

Buh-Rufe am Rathaus Schöneberg

Man soll wissen, dass es Pöbel gibt, selbst im schönen Korinth, in der auserlesensten Familie
Gracián, 206

Es hätte so schön sein können. Am 10. November holte uns aber eine andere Seite von Berlin ein. „Berlin sagt Danke", diese Botschaft sollte von einer Kundgebung vor dem Rathaus Schöneberg ausgehen. Aus der Stunde des Dankes wurde eine Stunde der Schande und der Irritationen. Frühzeitig hatte sich die politische Linke auf dem John-F.-Kennedy-Platz eingefunden und übertönte mit ihren Parolen lautstark alles und alle. Redner wurden niedergebrüllt, die Nationalhymne ging in Pfiffen unter. „Nie wieder Deutschland" wurde skandiert und Walter Momper sprach vom „Volk der DDR" und in der Form einer politischen Programmatik den unhistorischen Satz: „Es ist nicht die Stunde der Wiedervereinigung, es ist die Stunde des Wiedersehens". In seinem Buch „ Grenzfall" beschreibt er die Teilnehmer als junge Leute mit Jeans und Lederjacke, er berichtet über die mitgebrachten Transparente mit Aufschriften „Gorbi, Gorbi" und „Im Westen nichts Neues". Von Beginn an war die Stimmung aggressiv gegenüber dem Bundeskanzler. Rufe „ Bitburg, Bitburg" wurden laut und sollten den Kanzler in die Nähe der Nazis rücken.. Optisch und akustisch beherrschte an diesem Nachmittag die Fundamentalopposition den Platz und die Fernsehbilder. Die Sorge, was kann jetzt passieren, stand im Vordergrund. Auch bei den Rednern. Was würden die Sowjets tun? Bleibt es bei einem Verzicht auf Gewalt?

Im Rückblick ist an diesem Tage fast alles schiefgegangen. Eine lange vorbereitete Gesprächsrunde der CDU Berlin mit Wissenschaftlern und Politikern zu „neuen Perspektiven der Deutschlandpolitik" im Schlosshotel Gerhus fand bei den Teilnehmern verständlicherweise nur noch begrenzte Aufmerksamkeit. Die Teilnehmer waren mit den Gedanken kaum am Tagungsort. Ich hing ständig am Telefon – zwischen Parlament, Parteizentrale und Informationen aus dem Kanzleramt. Der Senat rührte sich zunächst nicht. Wir entschieden uns, die Berliner zu einer Kundgebung des Dankes aufzurufen. Wo? Wann? Könnte man die Berliner kurzfristig informieren und mobilisieren? Wir entschieden uns für die Stunden unmittelbar nach Dienstschluss. Zu diesem Termin könnte auch der Bundeskanzler – er musste seinen Staatsbesuch in Warschau unterbrechen – in Berlin sein. Das Problem: er konnte nur über die Berliner Luftkorridore nach Berlin kommen, also erst mindestens nach Hannover und dann wieder zurück nach Berlin fliegen. Der Platz an der Gedächtniskirche wurde ausgewählt. Viele Menschen fänden am Ku-Damm, der Tauentzienstraße und den Nebenstraßen Platz, es würde auch bei „nur" zwanzig- oder dreißigtausend Teilnehmern sehr voll wirken.

Frühzeitig wurde zur Teilnahme aufgerufen. Der Radiosender Hundert,6 wiederholte den Aufruf ständig, der SFB berichtete. Dann wollten auch Parlamentspräsident Jürgen Wohlrabe und der Senat zu einer „offiziellen" Veranstaltung aufrufen, die dann natürlich vor dem Rathaus Schöneberg stattfinden sollte. Einem gemeinsamen Aufruf aller Parteien konnte die CDU sich nicht entziehen. Als ärgerlich empfand ich allerdings die Terminplanung. Ich hatte den Eindruck, die Organisatoren im Senat legten auf eine Teilnahme des Bundeskanzlers keinen besonderen Wert. Auch der Parlamentspräsident Jürgen Wohlrabe legte sich in dieser Sache nicht ins Zeug. Eine vernünftige Koordination mit ihm als CDU-Vertreter war nicht möglich. Er sah vor allem seine Stunde. Der Bundesaußenminister hatte sich bereits angemeldet. Willy Brandt wurde erwartet. Reden wollten und sollten der Regierende, der Parlamentspräsident, Willy Brandt und der Bundesaußenminister, wenn es der Kanzler schaffte, auch er. Zuvor kam noch das Abgeordnetenhaus zu einer Sondersitzung zusammen.

Es war eine Blamage und ein Skandal. Das Berliner Parlament konnte sich nicht auf eine gemeinsame Resolution verständigen. Die CDU hatte als Kernaussage eine abgewandelte Passage aus Willy Brandts „Brief zur Deutschen Einheit" aus dem Jahre 1972 vorgeschlagen: „Das Abgeordnetenhaus von Berlin hält fest an dem Ziel, auf einen Zustand des Friedens und der Einheit Europas hinzuwirken, in dem auch das deutsche Volk in freier Selbstbestimmung seine Einheit erlangen kann". Die SPD wollte zustimmen, aber die Alternative Liste verweigerte sich, weil in der Formulierung der Begriff Einheit vorkam. Bei der ersten wichtigen Entscheidung nach dem Fall der Mauer war sich die Berliner Regierung nicht einig. SPD und AL rangen sich während der laufenden Debatte hinter den Kulissen mühsam zu einer völlig verqueren Formulierung durch: „Das Abgeordnetenhaus von Berlin hält fest an dem Ziel, auf einen Zustand des Friedens und der Einheit Europas hinzuwirken, in dem auch das deutsche Volk in freier Selbstbestimmung zu der Gestaltung seines Zusammenlebens gelangen kann, für die es sich in Ausübung seines Selbstbestimmungsrechtes entscheidet." Der Eindruck bei den Zuhörern muss verheerend gewesen sein. SPD und AL setzten ihren internen Koalitionskompromiss mehrheitlich durch.

Mussten wir bei dieser Sachlage die Veranstaltung an der Gedächtniskirche abblasen? Rednertribüne und Lautsprecheranlage standen schon bereit. Der Fall der Mauer und neue Chancen in der Deutschlandpolitik, das empfanden wir als ein Thema der CDU, nicht von SPD und AL, mit denen wir doch gerade auch über das Ziel einer Vereinigung der beiden Staaten in Deutschland stritten. Dennoch, die Absage der Veranstaltung war eine logische Folge des gemeinsamen Aufrufes aller Parteien zur Kundgebung vor dem Rathaus Schöneberg. Viele Parteifreunde wollten nicht. Aus zwei Gründen habe auch ich dann auch anders votiert:

Es war noch nicht sicher, ob und wann der Kanzler seinen Staatsbesuch abbrechen und in Berlin eintreffen konnte. Lebhaft wurde darüber spekuliert, wie die Polen eine vorzeitige Abreise aufnehmen würden. Einen „Auftritt" in Berlin wollten wir Helmut Kohl aber unmittelbar nach dem Fall der Mauer schon ermöglichen. Also wurde die wahrscheinliche Absage zunächst noch aufgeschoben. Dann kamen die ersten Nachrichten vom John-F.-Kennedy-Platz. Dort sammelte sich die bereits geschilderte stadtbekannte und demonstrationserprobte politische Szene, welchen Zulauf sie aus welchen Stadtteilen hatte, konnte mir nicht berichtet werden. Klar war nur – jeder CDU-Vertreter, wahrscheinlich auch andere, würden nur schwer zu Wort kommen. Der Platz war „strategisch" besetzt. Andere konnten nur noch inmitten der Linken oder am Rand Platz finden. Selbst Walter Momper schreibt in seinem bereits genannten Buch, er hätte mehr Berliner erwartet, die sich noch an den Mauerbau und John F. Kennedys legendären Auftritt im Jahre 1963 erinnerten, er hätte auch mit Deutschland- und Berlinfahnen gerechnet. Wir unterrichteten die Mitarbeiter von Kohl, blieben bei der Planung für die Gedächtniskirche und empfahlen dringend, mögliche Peinlichkeiten am Rathausvorplatz zu meiden.

Kohls Mitarbeiter haben das alles wahrscheinlich für Übertreibungen und organisatorisches Unvermögen gehalten. Und Jürgen Wohlrabe hatte Eduard Zimmermann, den wichtigen Berater des Kanzlers, nicht vollständig unterrichtet. Kohl kam rechtzeitig. Er ging zum Rathaus, „weil von da die Fernsehbilder in die Welt gehen". Dabei hatte auch die Bundesgeschäftsstelle der CDU und die Bundestagsfraktion – ihre Mitglieder kamen in eigens gecharterten Flugzeugen – dem Kanzler die Kundgebung an der Gedächtniskirche als die wichtigere Veranstaltung empfohlen. Aber Helmut Kohl hatte (seit Heiner Geißler Generalsekretär war) stets große Skepsis gegen alle Überlegungen seines Parteiapparates. Und es kam, wie es nach den vorangegangenen Beobachtungen kommen musste. Mit versteinerter Miene hat Helmut Kohl die Demonstrationen seiner politischen Gegner über sich ergehen lassen. Es war sicher für den Regierenden und den Parlamentspräsidenten schwer, die Masse auf dem Platz rhetorisch in Griff zu bekommen, insbesondere Jürgen Wohlrabe kam kaum zu Wort. Momper und Genscher wurden weniger attackiert, sonnten sich sogar in dem gelegentlichen Beifall der Kundgebung. Ich fand eine Szene in der Reihe der Prominenz hinter dem Mikrofon bemerkenswert. Momper erhielt nach seiner Ansprache die Nachricht, in den nächsten Tagen würden weitere Übergänge geöffnet. Diese Nachricht war die Chance für jeden Redner. Da müssten auch die Krakeeler verstummen, die Freude der „anderen" Berliner und deren Beifall würden überwiegen. Momper und Genscher tuschelten während der Rede Willy Brandts. Dem Kanzler wurde die Nachricht zunächst vorenthalten. Genscher nutzte seine Chance und löste die Jubelstürme aus. Als Solidarität im Bundeskabinett habe ich diese Szene nicht empfunden.

Wenig später bereiteten an der Gedächtniskirche Tausende von Berlinern Helmut Kohl einen triumphalen Empfang und feierten die Öffnung der Mauer. Ein wenig Glanz fiel auch auf mich. Ich musste als erster Redner die Stimmung richtig treffen und durfte den Störern vom Rathaus, sie tauchten natürlich auch in Gruppen auf, bei den anderen Teilnehmern keine Chance lassen. Müßig die Frage, wo mehr Berliner waren. An der Gedächtniskirche waren es mindestens so viele wie am Rathaus. Aber die Kamerateams der internationalen Sender hatten ihre Bilder mit dem Kanzler bereits im Kasten. Sie sendeten nicht vom Breitscheidplatz.

Das alles mag nur eine Episode gewesen sein. In die Geschichte sind die Bilder der jubelnden Menschen auf der Mauer und der Mauerspechte eingegangen. Dennoch hat der 10. November Wunden hinterlassen. Wir spürten sie in den folgenden Wochen und in der Debatte zur Rolle Berlins als Hauptstadt, Regierungs- und Parlamentssitz. Tief saß die Verärgerung bei Helmut Kohl. Er schimpfte über die Berliner CDU. Und da halfen auch keine Hinweise auf die vorangegangenen Warnungen. Hätten wir doch auf die an sich gelungene „CDU-Veranstaltung" verzichten sollen?

Ich weiß nicht, wie Helmut Kohl in den Wochen unmittelbar nach dem Fall der Mauer die Chancen der „deutschen Frage" einschätzte. Es gibt heute immer wieder Autoren, die wollen nachweisen, der Kanzler der Einheit hätte die deutsche Einheit in Wirklichkeit nicht gewollt, er sei von den Ereignissen nur mitgerissen worden. Ich halte das für falsch. Es kommt auch nicht darauf an, ob bei dem Pfälzer der europäische oder der deutsche Traum von Einheit in Freiheit im Vordergrund stand. Das Entweder – Oder war die falsche Alternative für die Diskussion in Deutschland. Kohl agierte im November 1989 sehr vorsichtig. Schnell wurden in vielen Städten der

DDR aus den Rufen „Wir sind das Volk" die Rufe „Wir sind ein Volk". Unklar war die Reaktion der Sowjetunion, mehr besorgt und unsicher die der unmittelbaren Nachbarn und Bündnispartner der Bundesrepublik. Ich will die Reaktion von Maggy Thatcher und auch die eiligen Reisen von Mitterand zur neuen SED-Führung in Ostberlin hier nicht ausbreiten

Die Bundesregierung jedenfalls tastete, sondierte. Das galt aus meiner Sicht auch für das erste Konzept, das spät im November in Form eines Zehn-Punkte-Planes veröffentlicht wurde. Ich war enttäuscht. Er hatte wenig Substanz, schob die deutsche Frage auf die lange Bank und kokettierte mit den Entwicklungsmöglichkeiten einer Föderation.

Bei aller Enttäuschung musste zu diesem Zeitpunkt die große Vorsicht der Bundesregierung noch akzeptiert werden. Das Fenster für die deutsche Einheit konnte nicht von den Deutschen allein aufgestoßen werden. Erst mussten die Vorbehalte der Nachbarn ausgeräumt werden. Ich als „nur" Fraktionsvorsitzender brauchte nicht so zurückhaltend zu agieren. Bereits am 8. November hatte ich – die deutsche Frage steht wieder auf der Tagesordnung internationaler Politik – eine Gipfelkonferenz des Bundeskanzlers mit den Präsidenten der USA und Frankreichs sowie der Premierministerin Großbritanniens gefordert und die Bundesregierung zu einer Kontaktaufnahme mit allen Gruppen und Parteien der DDR gedrängt. Den Kanzler nervte das – meine frühe Prognose, die nächsten Bundestagswahlen würden gesamtdeutsche Wahlen sein, erregte seinen besonderen Unmut. Am Rande einer Bundesvorstandssitzung der CDU beschwerte er sich lautstark. Ich hatte dafür sogar Verständnis. Seine Aufgabe und spätere historische Leistung war es, die Tür zur Wiedervereinigung international zu öffnen und abzuschätzen, wann das Zeitfenster offen und wann es wieder geschlossen sein würde.

Eine tolle Zeit

Mittenmang? Nein, das wäre eine Übertreibung. Aber ein privilegierter Zaungast der Entwicklungen rund um den Fall der Mauer war ich doch. Das Rathaus Schöneberg und damit auch das Büro des Fraktionsvorsitzenden der CDU war Anlaufpunkt vielfältiger Gruppen aus der Bürgerrechtsbewegung der DDR. Informationen, gedacht für die Bonner Regierungspartei, wurden abgegeben. Mitarbeiter der Fraktion besuchten Treffen verschiedener Oppositionsgruppen. Es gab Kontakte zur Führung der Initiative Frieden und Menschenrechte in Leipzig und dem evangelischen Pfarrer Christoph Wonneberger. Damals lernte ich Rainer Eppelmann kennen. Wir knüpften Kontakte zur Ost-CDU und waren bei der Gründung der Deutschen Sozialen Union (DSU) dabei.

Es war die Zeit der Informationsveranstaltungen. So ging es der CDU, so ging es anderen Organisationen und Parteien. Elmar Pieroth hatte in einer kleinen Anzeige in einer Tageszeitung zu einer Information über Existenzgründungen eingeladen. Ich sollte eine kurze politische Einführung geben und dann standen nach einem Vortrag von Elmar Pieroth Experten für Fragen aus unterschiedlichen Branchen bereit. Mit 20, vielleicht 30 Besuchern hatten wir gerechnet. Es kamen mehrere Hundert, es können auch über Tausend gewesen sein. Der vorgesehene Raum und auch weitere Räumlichkeiten im Kempinski reichten bei dem Andrang nicht aus. Aus der Veranstaltung war eine logistische Herausforderung geworden. Räume im ICC wurden kurzfristig bestellt, Busse für den Transfer der Teilnehmer angemietet, die Referenten auf zwei Veranstaltungsorte verteilt. Die Veranstaltungsform wurde mehrfach wiederholt.

Unterwegs in der DDR

In der DDR wurden in diesen Wochen Informationen aus dem „Westen" aufgesogen wie das Wasser von einem Schwamm. Ich war damals häufiger zu Veranstaltungen im „Osten" als in West-Berlin, mit einem VW-Bus zwischen Greifswald und Ilmenau. Damals lernte ich viele Orte im Osten Deutschlands kennen, den Zustand der Städte, den Verfall alter Bausubstanz, aber auch die Schönheit der Alleen und den Stolz auf das, was die Menschen dort „trotz allem" geschaffen hatten. Toll waren Neugier sowie die gespannte und gleichwohl kritische Aufmerksamkeit, mit der auch komplizierten Zusammenhängen gelauscht wurde. Selbst in kleineren Städten waren es immer Tausende, die sich auf den Marktplätzen zu beinahe jeder Tageszeit versammelten. Ein geringer Prozentsatz der Teilnahme würde heute von allen politischen Parteien und auch Gewerkschaften als Riesenerfolg ihrer Veranstaltung gefeiert werden. Bei der Resonanz gab es nur eine Ausnahme: in Berlin (Ost), der Hauptstadt der DDR. Hier musste auch im Wahlkampf um den Einzug in die Volkskammer von der CDU und ihren verbündeten Parteien um eine ausreichende Zahl von Zuhörern gebangt werden. Die Hauptstadt der DDR zeigte sich als die Hauptstadt der sozialistischen Eliten, als sie gegen Honecker und Krenz auf dem Alexanderplatz demonstrierten, wollte sie die Reform ihrer Partei, aber nicht mehr. Bei den Veranstaltungen zur 750-Jahr-Feier in Berliner Kirchen oder auch bei der Verabschiedung Kardinal Meißners – er wurde Erzbischof in Köln – konnte ich zwar „in der Masse der Menschen baden". Aber es gab auch das andere Berlin.

Im Rückblick habe ich mich angesichts der wirtschaftlichen Daten in den letzten Jahren oft gefragt, habe auch ich damals zuviel Hoffnung gemacht, die soziale Marktwirtschaft in zu rosigen Farben geschildert und die Schwierigkeiten des Umbruchs verniedlicht? Heute ist man in vielen Dingen klüger. Die Krise der DDR habe ich bei den damaligen Kundgebungen immer mit Zitaten aus den Analysen der SED beschrieben. Heute kennen wir diese Ausarbeitungen in großen Mengen. Mir wurde in den letzten Wochen des Jahres 1989 von einem sichtlich aufgeregten und auch ängstlich wirkenden jungen Mann Diskussionsmaterial der Sektion marxistisch-leninistische Philosophie an der Humboldt-Universität übergeben. Seine Sorge war damals, die SED würde den Versuch unternehmen, öffentliche Diskussionen zu organisieren und damit den Eindruck von Mitbestimmung zu erzeugen, im Ergebnis aber gerade dadurch jede Form einer demokratischen Entwicklung verhindern. Das Papier mit dem Datum vom 8. Oktober 1989 beschrieb den wirtschaftlichen, ökologischen und sozialen Kollaps der DDR. Einen Satz habe ich immer besonders gerne zitiert, er könnte auch in der heutigen Diskussion vom Vorsitzenden der Arbeitgeberverbände oder vom stellvertretenden Vorsitzenden der CDU/CSU-Bundestagsfraktion Friedrich Merz stammen:

„Selbst der ausgesprochene Faulpelz macht die Gesellschaft verantwortlich und erhält durch seine Umgebung auch noch recht. Es wurde über Jahrzehnte ein parasitäres Verhalten zum Staat kultiviert. Wer etwas geschenkt bekommt, worum er nicht gebeten hat, dem nimmt man erstens die Würde und zweitens achtet er es nicht. Leistungsmotivation kommt nicht aus Dankbarkeit für nicht selbst erkämpfte Geschenke."

Die geringe Produktivität der meisten DDR-Unternehmen, die versteckte Arbeitslosigkeit und der damit zunächst verbundene massive Verlust von Arbeitsplätzen bei den bestehenden Betrieben, das alles kam stets zur Sprache. Nach meiner Erinnerung wurden die Ausführungen zu den Schwierigkeiten, die der Umbruch und der notwendige Neuaufbau mit sich bringen würde, mit Interesse und großer Aufmerksamkeit zur Kenntnis genommen. Beifall gab es immer, wenn an praktischen Beispielen ein neuer oder veränderter Arbeitsplatz beschrieben wurde.

Vertreter des alten Systems meldeten sich bemerkenswert wenig zu Wort. Nennenswerte Schwierigkeiten und auch Störversuche habe ich selbst nur zweimal erlebt. Bei der ersten öffentlichen Veranstaltung auf dem Boden der damaligen DDR in Frankfurt an der Oder bemühten sich FDJ-Mitglieder etwas unbeholfen um eine Gegendemonstration. Kompliziert war es zunächst in der Universität Ilmenau. Hier wurde ich mit kommunistischen Spruchbändern empfangen, Sprechchöre sollten mir den Schneid abkaufen. Eigentlich wollte mich die FDJ-Gruppe der Hochschule nicht auf das Gelände der Hochschule lassen. Erwartet hatten die jungen Leute aber wohl einen Dienst-Mercedes. Der VW-Bus samt meiner Begleitung wurde von ihnen nicht ernst genommen und durchgewinkt. In den Saal gelangten wir mit Hilfe des Kochs durch das Lebensmittellager und die Küche – nicht ohne noch einen Happen zu essen. Die Überraschung bei unserem Erscheinen war riesengroß. Ich war zwar schon heiser nach den vier vorangegangenen öffentlichen Veranstaltungen, ein Mikrofon fehlte oder war absichtsvoll nicht auffindbar, mir half aber die Routine aus alten APO-Zeiten und den Auseinandersetzungen an der Freien Universität Berlin. Nicht aus der Ruhe bringen lassen, auch wenn der Saal tobt. Das verlernt man nicht so schnell. Es wurde dann doch eine ganz manierliche, wenn auch sehr kontroverse Diskussion. Anfangs waren die Wortmeldungen sehr einseitig „antikapitalistisch", dann schöpften die Bürgerrechtler um die spätere Bundesministerin Claudia Nolte Mut. Am Ende hatten Reisefreiheit und soziale Marktwirtschaft eine ausgewogene Chance.

Die doppelte CDU

In ihren Kontakten zu Parteien der DDR lag die Berliner Union in den ersten Monaten nach der Wende nicht im Hauptstrom der CDU Deutschlands. Allgemein galt der Grundsatz: Wenn schon Kontakte zur Führung der DDR, dann bitte doch gleich mit denen, die wirklich das Sagen hatten – also mit der SED. So wurden die ersten Gespräche der Berliner CDU mit Namensvettern aus der DDR im Bonner Konrad-Adenauer-Haus mit erheblichem Argwohn beobachtet. Noch vor der Öffnung der Mauer trafen sich Delegationen aus beiden Teilen Berlins. Die Delegation aus der „Hauptstadt der DDR" spiegelte alle Positionen der damaligen DDR-Staatsräson wider. Neben dem Vorsitzenden des Bezirksverbandes musste daher angesichts der Gäste aus dem „Ausland" der Leiter der Internationalen Abteilung aus der Zentrale in der DDR-CDU an der Runde teilnehmen. Zunächst ohne besondere Auffälligkeit war die Teilnahme eines CDU-Mitgliedes ohne jede Parteifunktion: Lothar de Maizière. Sein Vetter Thomas, heute Staatsminister in Sachsen, hatte als Pressesprecher der Berliner CDU-Fraktion die Begegnung organisiert. Er nahm gemeinsam mit dem Abgeordneten Jürgen Adler an dem Gespräch teil. Alles verlief ohne besondere Höhepunkte. Die von den Westlern direkt und unbekümmert vorgetragenen Themen wurden zurückhaltend, tastend und in grundsätzlicher DDR-Loyalität beantwortet. Das System lebte. Ausführlich wurde über sozial- und gesundheitspolitische Initiativen berichtet. Da liege die besondere Verantwortung der CDU.

Etwas anderes fiel auf: Immer wenn unsere Fragen bohrender und die Antworten komplizierter wurden, antworteten nicht die Amtsträger. Sie lehnten sich zurück und blickten voller Erwartung auf das einfache Parteimitglied Lothar de Maizière. Er antwortete aus christlichem Verständnis und sozialer Verantwortung und sprach notwendige Veränderungen in der DDR an.

In einer kurzen Gesprächspause lüftete mir Thomas de Maizière das Geheimnis dieser seltsamen Aufgabenaufteilung. Es war ein schöner Zufall. Am

Abend desselben Tages sollte der CDU-Vorsitzende Gerald Götting durch unseren Gesprächspartner abgelöst werden.

Und so geschah es auch. Mit seiner Wahl begann eine zunächst stockende, dann aber immer dynamischer werdende Veränderung der CDU in der DDR. Auf dem ersten Parteitag des neuen Vorsitzenden im Dezember überwogen noch die Bekenntnisse zu einem christlichen Sozialismus. Dann nahm das Programm immer stärker Überlegungen einer ökologischen und sozialen Marktwirtschaft an. Trotz großer Zurückhaltung aus dem Westen der Republik wurde die gescholtene, aber reformierte Blockpartei der entscheidende Partner auf dem Weg zur Vereinigung Deutschlands. Helmut Kohl, Generalsekretär Volker Rühe und der Parteiapparat der CDU in Bonn haben sich mit dem Namensvetter aus der DDR sehr schwer getan. Auf dem Parteitag der CDU im Berliner Kino Kosmos im Dezember 1989 erschien kein Bonner CDU-Vertreter, aber CSU-Generalsekretär Huber. Für mich war die Teilnahme, der Empfang durch die Delegierten, die Reaktion auf meine werbende Rede ein besonderes Erlebnis. Erinnerungen an die Gründungsgeschichte der CDU, an Jacob Kaiser und an den früheren Widerstand gegen die SED.

Die Bundespartei sah es mit Missvergnügen. Lange wurde die CDU (Ost) hingehalten, lange verzögerte Helmut Kohl einen Gesprächstermin mit seinem künftigen Partner. Lothar de Maizière hat ihn letztlich erzwungen. Er kündigte eine Erklärung zum Verhältnis der beiden christlichen Parteien in Deutschland an. Da konnte das Adenauerhaus nicht mehr auf Zeit spielen. Ein erster Gesprächstermin mit dem Kanzler wurde vereinbart.

Am liebsten hätte Volker Rühe eine neue Partei gegründet. Der Demokratische Aufbruch wurde mit großer Liebe und noch größerem Aufwand unterstützt. Die Partei schien von der Vergangenheit zunächst unbelastet. Selbst nach dem großen Wahlsieg der CDU (Ost) vermittelte man gerne den Eindruck, nicht die CDU, sondern der Demokratische Aufbruch habe die ersten Volkskammerwahlen gewonnen. Während die Berliner CDU mit ihren spärlichen finanziellen Mitteln Funktelefone, Abzugsmaschinen und Fotokopierer zum Namensvetter in den „Osten" und auch zur CSPD nach Leipzig transportierte, sammelte die Bundespartei für den Demokratischen Aufbruch. Ich habe oft etwas verärgert gespöttelt, diese Partei habe durch die massive Unterstützung mehr Fotokopierer und Abzugsmaschinen als Wähler. Das war sicherlich übertrieben. Meine Einschätzung war vielleicht auch eine Folge von Informationen über die Stasi-Verstrickungen des DA-Vorsitzenden Wolfgang Schnur.

In dem Arbeitspapier der marxistischen Sektion an der Humboldt-Universität gab es nicht nur die schonungslose Analyse der DDR-Wirtschaft. Es gab auch Handlungsanweisungen in der Form eines konspirativen Konzeptbuches. Sicher nicht die einzigen in der DDR. Es war die Aufforderung, oppositionellen politischen Organisationen beizutreten und damit gleichzeitig den unmittelbaren Anspruch dieser Gruppen auf Machtbeteiligung zu verhindern. Für die DDR und den Apparat der Staatssicherheit war das eine logische Folge der gesellschaftlichen Entwicklung. Vertreter des alten Systems haben bei der friedlichen Revolution tüchtig mitgemischt. Einige waren geschickt, andere wollten aus besserer Erkenntnis oder unter dem Druck der Massen einen veränderten Sozialismus. Sie riefen wie der Zauberlehrling die Geister und wurden sie nicht mehr los.

Das mindert die Verdienste der Organisatoren von Bürgerprotesten, Demonstrationen und Friedensgebeten in keiner Weise. Bleibend waren das Wunder und das Glück einer friedlichen Revolution. Aber es konnte dann auch nicht erstaunen, dass der Staatssicherheitsdienst in den Spitzen der neu gegründeten Parteien mitmischte.

Über die Verstrickung Wolfgang Schnurs gab es frühzeitig Hinweise aus seinem Rostocker Umfeld. Mehrmals waren Informanten in meinem Büro. Meine Hinweise in der Bonner Parteizentrale fielen zwar nicht auf taube Ohren, so recht glauben wollte man dieses Problem in der Lieblingsneugründung aber nicht. Die Hinweise führten – nicht zuletzt wegen fehlender Beweise – zunächst zu keinerlei Konsequenzen. Kurz vor der Volkskammerwahl platzte die Bombe. Bei für mich etwas gespenstischen Veranstaltungen mit dem DA-Vorsitzenden hatte ich mich immer mit dem alten Rechtsgrundsatz der Unschuldsvermutung getröstet. Meine letzten Zweifel aber räumte Schnur bei einem Besuch an seinem Krankenbett selbst aus.

Helmut Kohl hatte mich gebeten, Wolfgang Schnur nach einem vermeintlichen Nervenzusammenbruch gemeinsam mit Bernd Neumann, dem Bremer CDU-Vorsitzenden und DDR-Berater des Bundeskanzlers, in einem Berliner Krankenhaus zu besuchen. „Dich lassen sie da als alten Regierenden rein". Schnur lag apathisch im Bett, stritt alle Vorwürfe ab und sprach von der Sinnlosigkeit des Lebens. Suizidgefahr? Bernd Neumann sollte die Rücktrittserklärung niederschreiben, die Schnur dann unterzeichnen wollte. Plötzlich änderte sich das Bild. Wolfgang Schnur richtete sich quicklebendig auf und schrieb mit klarer Schrift seine Rücktrittserklärung mit einer langen Begründung. Mein Eindruck: da gab es keine Suizid- und Existenzsorgen. Der Mann hatte sich abgesichert.

Die Verstrickungen von Schnur waren in der Spitze von Reformbewegungen in der DDR kein Einzelfall. Verfasser der ersten systemkritischen Aufrufe der DDR-CDU mussten ihre Ämter wegen Stasiverstrickungen aufgeben. Die Sozialdemokraten mussten unmittelbar nach der Volkskammerwahl ihren Spitzenkandidaten Ibrahim Böhme ablösen. Er war schon als neuer Ministerpräsident der DDR gefeiert worden.

Eine immer stärkere Zusammenarbeit mit der CDU (Ost) führte auch bei der Berliner Union nicht zu einer einseitigen Orientierung. Dazu war die politische Landschaft in der DDR noch viel zu stark im Umbruch. Es gab vielfältige Neugründungen. Alle waren auf der Suche, orientierten sich aber verhältnismäßig schnell an Partnern aus der Bundesrepublik Deutschland. So hörten wir davon, dass sich in Leipzig neben der Initiative für Frieden und Menschenrechte neue Oppositionsgruppen gebildet hatten. Die Bürgerrechtsbewegungen wollten Veränderungen in der DDR. Sie blieben nach meiner Beobachtung in großer Mehrheit bei dem Satz „Wir sind das Volk" und sahen die Rufe „Wir sind ein Volk" mit großer Skepsis. Die Massen aber wollten die wirtschaftliche, die soziale und auch die politische Einheit. Das war die Grundlage für viele Neugründungen.

Der erste Partner in Leipzig war Hans Wilhelm Ebeling, Pastor an der Leipziger Thomaskirche und Vorsitzender einer jungen Partei, die sich Christlich Soziale Partei Deutschlands (CSPD) nannte. Wir trafen uns in seiner Wohnung. Jürgen Adler war wieder dabei, dazu Ansgar Vössing, der Mitarbeiter der CDU-Fraktion, der die Kontakte nach Leipzig unterhielt und organisierte. Generalsekretär dieser Partei war Peter Michael Diestel. Es wurde nicht nur über Perspektiven der deutschen Politik, sondern auch über praktische Hilfestellungen gesprochen. Die Berliner CDU gab, was sie konnte. Abzugsmaschinen und Fotokopierer gingen ihren Weg nach Leipzig. Auch hier war wieder eine demonstrative Zurückhaltung der Bundespartei zu beobachten. Ärgerlich, dass damit der CSU das Feld überlassen wurde. Die bayerische Schwesterpartei war auf der Suche nach einem Partner und diskutierte engagiert den Sprung über die bayerischen Grenzen. Sie versuchte, den bundesweiten Einfluss der CSU auch in einem wiedervereinigten Deutschland zu sichern. Wir wollten die Einheit der Union in den neuen Ländern. Der finanziellen und organisatorischen Kraft aus München konnte die Berliner CDU aber nur wenig entgegensetzen.

Im Januar war die CSPD dann die treibende Kraft, als aus elf jungen Parteien in einer Leipziger Schankwirtschaft die DSU gegründet wurde. Ebeling wollte in diesen Wochen die gleichberechtigte Partnerschaft der DSU mit den beiden bundesdeutschen Schwesterparteien. Mehr konnten wir Berliner nicht erreichen. Die Gründung einer CSU stand im Raum. Dass es dennoch zu einem einvernehmlichen Zusammenschluss kam, eine Abspaltung vermieden werden konnte, war dem ausgleichenden Temperament von Hans Wilhelm Ebeling und einer vorsichtigen Einflussnahme des damaligen Generalsekretärs der Berliner CDU Klaus Landowsky zu danken, der an diesem Treffen teilnahm.

Es folgte wenige Tage später der Gründungsparteitag. Der CSU-Generalsekretär und seine Leute hatten alles in Griff. Seine Professionalität bei der anschließenden Aufgabenverteilung für Funktionsträger war bewundernswert und auch irritierend. Der Gast wurde zum Chef.

Nach dem Parteitag versammelten sich weit über 50.000 Menschen auf dem Platz zwischen Gewandhaus und Opernhaus zur Kundgebung mit Theo Waigel. Die Zuschauer schwenkten schwarz-rot-goldene Fahnen und riefen

Macht der es wirklich richtig? Chefredakteur Bölke (Bildmitte) war auch beim italienischen Ministerpräsident Craxi ein aufmerksamer Beobachter

Zu Besuch bei Eleanor Dulles: „Schön, dass die Kongresshalle wieder aufgebaut wird!"

Wie viele Jahrtausende haben diese Steine gesehen? Teddy Kollek und Eberhard Diepgen in Jerusalem.

Großes Einvernehmen? Die britische Premierministerin Margaret Thatcher und Eberhard Diepgen 1987 im Rathaus Schöneberg.

Zu Gesprächen im Oval Office des Weißen Hauses mit USA-Vizepräsident George Bush.

Kirk Douglas macht es sichtlich Spaß: Als Leierkastenmann während der Filmfestspiele.

Fimstadt Berlin. Der Regierende besucht mit Tochter Anne die „Praxis am Bülowbogen" von Günter Pfitzmann und Anita Kupsch.

Wo bleibt der Ball? Uwe Seeler spielte in der gegnerischen Mannschaft. Traditionell ging der Erlös an die Rheumaliga.

Erstes Treffen mit Erich Honecker anlässlich der Leipziger Messe 1986. Im Hintergrund Wirtschaftssenator Elmar Pieroth.

Der Trabbi als Anlass politischen Streits. Seine Abgase durften im gesamtdeutschen Dialog nicht kritisiert werden.

SED HAUSMITTEILUNG

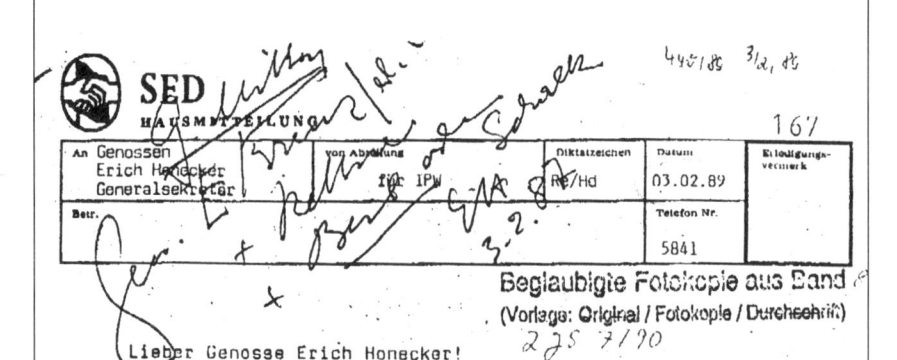

An Genossen Erich Honecker Generalsekretär	von Abteilung für IPW	Diktatzeichen Re/Hd	Datum 03.02.89	Erledigungsvermerk
Betr.			Telefon Nr. 5841	

Lieber Genosse Erich Honecker!

Im Zusammenhang mit der Eröffnung der Ausstellung "Topographie des Terrors" hatte ich gestern ein Gespräch mit Harry Ristock. H. Ristock informierte darüber, daß seit Mittwoch klar sei, daß die SPD Westberlins auf eine Koalition mit der Alternativen Liste hinarbeitet. Darüber herrsche Einigkeit in der Westberliner SPD-Führung. Die Zustimmung aus Bonn liege vor. Eine große Koalition mit der CDU käme nach Einschätzung der SPD nur der CDU zugute und würde die SPD schwächen. Hinzu kommt, daß eine breite Zustimmung in der SPD-Mitgliedschaft, aber auch in der AL, für eine Zusammenarbeit zwischen SPD und AL vorhanden sei.

Die laufenden Verhandlungen über die Bildung eines Senats werden mehrere Wochen in Anspruch nehmen. Walter Momper, der wie wir alle, so sagte H. Ristock, von diesem Wahlausgang überrascht wurde, verhalte sich zunehmend positiv und wolle Regierender Bürgermeister werden. Überlegungen, einen SPD-Senat mit Tolerierung der Alternativen Liste zu bilden, seien vom Tisch. Gespräche mit der AL liefen darauf hinaus, einen gemeinsamen Senat für die nächsten vier Jahre zu bilden. Darüber gebe es in der AL-Führung ebenfalls Zustimmung. Allerdings könnte sich die AL-Führung noch nicht der einheitlichen Unterstützung ihrer Partei sicher sein. In den Verhandlungen mit der AL müsse man sehen, was an gemeinsamen Positionen erreicht werden könne. Jetzt sei schon klar, daß die AL ihre Forderung - Einschränkung der Präsenz der drei Westmächte in Westberlin - relativiere. Ein Problem sei die Forderung der AL auf Verzicht der Übernahme der Gesetzgebung der BRD auf Westberlin.

H. Ristock schlug vor, daß wir der Westberliner SPD ein "Non paper" zustellen, in dem unsere Vorschläge für die weitere Entwicklung der Beziehungen zwischen der DDR und Westberlin auf politischen, ökonomischen, kulturellen und anderen Gebieten enthalten sind. Er denke daran, daß es z.B. an der Zeit sei, in Westberlin eine Art offizielle Vertretung der DDR und umgekehrt zu schaffen (eventuell in Form einer Vertretung bei der Industrie- und Handelskammer). Die SPD strebe Gespräche über den Ausbau von Schönefeld als Großflughafen an. Man denke auch an den Ausbau besserer Verkehrsverbindungen nach Schönefeld. Der Flughafen Tegel dürfe nicht weiter ausgebaut werden.

Meines Erachtens sollten wir recht schnell, wenn auch mit aller gebotener Vorsicht, ein solches "Non paper" erstellen, weil wir damit Einfluß auf das zukünftige Regierungsprogramm des Westberliner Senats nehmen können. Darin sollten jene politischen Grundsätze enthalten sein, wie sie in dem Beschluß des Politbüros "Zur Lage in Westberlin und Schlußfolgerungen für unsere Politik" festgelegt worden sind.

H. Ristock äußerte sich sehr besorgt über die Tatsache, daß die neonazistische Partei "Die Republikaner" in das Abgeordnetenhaus und in 11 Bezirksverordnetenversammlungen eingezogen sind. Er teilte im wesentlichen unsere Einschätzung der dafür entscheidenden Ursachen. Gemeinsam mit der AL werde die SPD an ihrer Forderung nach Einführung des kommunalen Wahlrechts für in Westberlin lebende Ausländer festhalten.

Wie bereits mitgeteilt, möchte sich H. Ristock kommende Woche (09. Februar 1989) erneut mit mir treffen.

Ich bitte Dich sehr herzlich um Kenntnisnahme und Zustimmung.

Mit sozialistischem Gruß

Gunter Rettner

Durch die Stasi wusste die SED bereits 1987, welchen Kurs die SPD bei einem möglichen Wahlsieg einschlagen würde.

Es waren alle gekommen. Eröffnung der 750-Jahr-Feier im ICC am 30. April 1987. Ernst Albrecht (Präsident des Bundesrates), Philipp Jenninger (Bundestagspräsident), Bundespräsidenten Richard von Weizsäcker mit Frau, Bundeskanzler Helmut Kohl.

Präsident Reagan gratuliert Berlin. Es freuen sich die Ehepaare Reagan, Kohl und Diepgen.

Das geht auch in der eingemauerten Stadt. Unter den kritischen Blicken von Bundesaußenminister Genscher starten die Bürgermeister von Berlin und Paris am 2. Juli 1987 die Tour de France am Platz der Republik.

Papst Johannes Paul II. bei der Erteilung des Segens vor dem Brandenburger Tor.

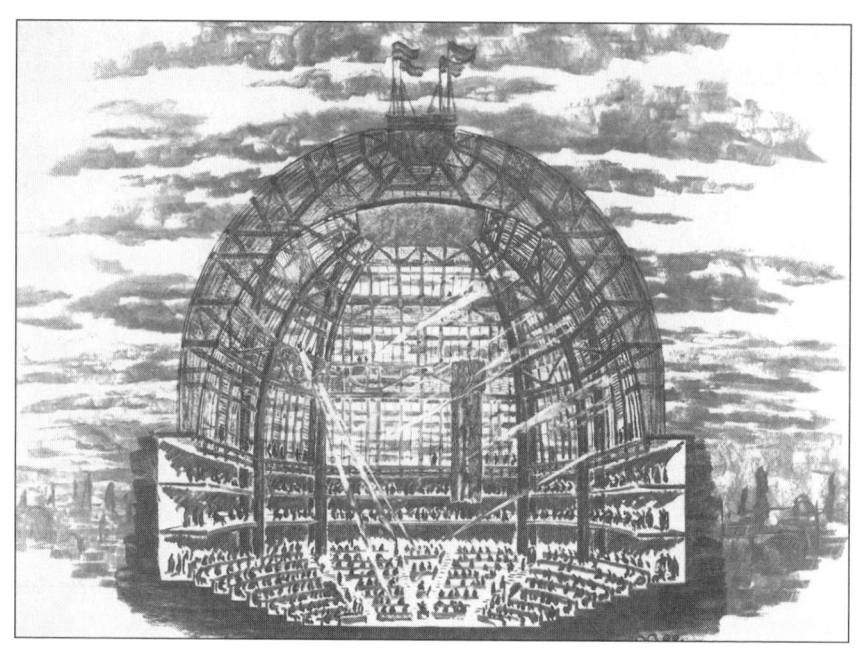

Planung 1988. Der Entwurf der Reichstagskuppel von Gottfried Böhm.

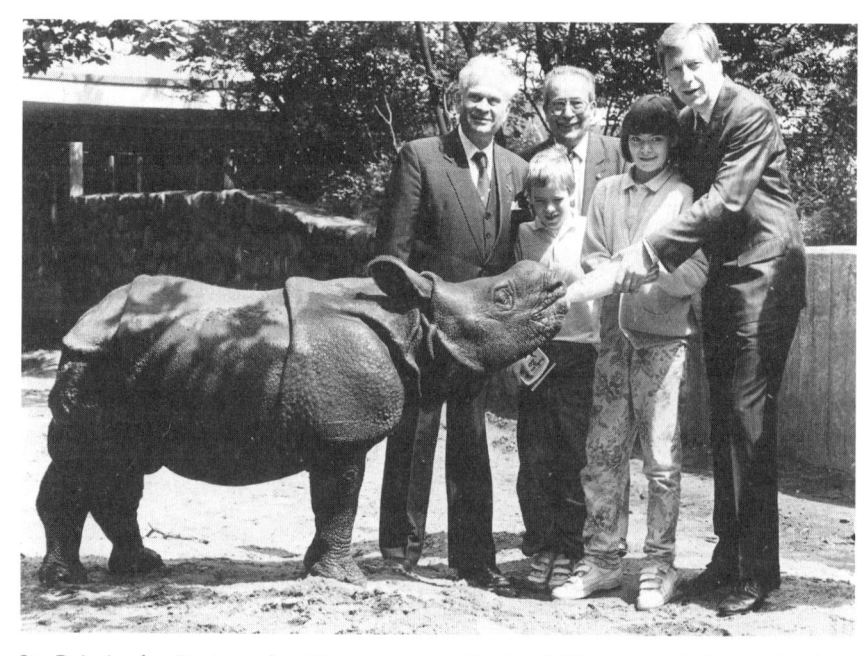

Im Beisein des Regierenden Bürgermeisters Eberhard Diepgen und dessen Kindern Anne und Frederik übergibt der nepalesische Botschafter dem Zoodirektor Heinz-Georg Klös das kleine Panzernashorn „Narayani" als Staatsgeschenk seines Landes

„Wir sind ein Volk". Es war die größte Menschenmenge, vor der ich in der DDR gesprochen habe.

Wir Berliner hatten die Bundespartei mehrfach aufgefordert, die Entwicklung in der DSU sorgfältig zu beobachten und das Feld nicht der CSU zu überlassen. Die CDU-Spitze machte einen gravierenden Fehler, der erst durch spätere Kommunal- und Landtagswahlen korrigiert werden konnte. CDU-Ministerpräsidenten in den Ländern der früheren DDR haben sich später noch mehrmals über CSU/DSU-Allianzen beschwert. Im CDU-Präsidium wurden sie immer mit dem Hinweis besänftigt, das werde sich nach Diskussionen in der bayerischen Partei schon alles in Wohlgefallen auflösen. Auch in Berlin kandidierte die DSU bei den ersten Gesamtberliner Wahlen. CSU-Chef Theo Waigel unterstützte sie im Wahlkampf und polemisierte als Ehrenvorsitzender der DSU gegen die Berliner CDU und ihren Spitzenkandidaten. Gott sei Dank hat das politisch keine Bedeutung gewonnen. Die CDU gewann mit gutem Vorsprung vor der SPD. Dennoch war es ärgerlich, ging es doch nach allen Prognosen bei den Berliner Wahlen 1990 um die Frage, wer stärkste politische Kraft in der Hauptstadt wird. Da konnte es auch auf ein oder zwei Prozent der Stimmen ankommen.

Helmut Kohl ist es gelungen, die drei Parteien der DDR, die der CDU/CSU nahe standen, zu einem Parteienbündnis für die Volkskammerwahlen zusammenzuschmieden: die ALLIANZ für Deutschland. Das Bündnis gewann. Die CDU wurde mit über 40% stärkste politische Kraft. Mit diesem Ergebnis hatte ich nicht gerechnet. Bei den ersten Hochrechnungen im Ost-Berliner Restaurant Ahorn verstand ich zwar die Zahl 40% für die CDU, ich fragte aber meinen Nachbarn sicherheitshalber, ob das nicht das Zwischenergebnis eines Wahlkreises wäre.

Mit dem Ergebnis der Volkskammerwahlen war die weitere Entwicklung in Deutschland vorgezeichnet. Lothar de Maizière zögerte zunächst, das Amt des Ministerpräsidenten der DDR anzunehmen. Er spielte mit dem Gedanken, das Amt Manfred Stolpe als dem im politischen Geschäft erfahreneren Kirchenmann anzutragen. Als er mir von der Idee berichtete, habe ich das als Schnapsidee bezeichnet. Es war aber eine ernsthafte Überlegung, verbunden mit Respekt vor der Aufgabe, die jetzt auf ihn zukam. Die Überlegung war nur eine Episode, sie sorgte jedoch für Aufregung und zeigt, dass zu diesem Zeitpunkt die parteipolitischen Grenzen noch sehr verschwommen waren.

Lothar de Maizière führte die DDR in die deutsche Einheit. Das Kabinett der Großen Koalition wurde aus CDU, SPD, den Liberalen, der DSU und dem Demokratischen Aufbruch gebildet. Die DDR existierte noch ein knappes halbes Jahr.

Das Modell der ALLIANZ für Deutschland haben wir auf die ersten demokratischen Kommunalwahlen in Berlin (Ost) übertragen. Es gab eine kleine

Besonderheit. Die Allianz für Berlin wurde aus der CDU Ost und West mit der DSU und dem Demokratischen Aufbruch gebildet. Angela Merkel vertrat bei diesen Vereinbarungen den Demokratischen Aufbruch. Das Volkskammerwahlergebnis hat auch für das Konrad-Adenauer-Haus in Bonn die Frage geklärt, mit welcher Partei in der DDR man primär zusammenarbeiten müsste. Der Demokratische Aufbruch ging in den nachfolgenden Monaten in der CDU auf, viele Mitglieder der DSU wechselten ebenfalls zur CDU. Als Partei blieb die DSU jedoch bestehen. Bei der Verschmelzung der Parteien aus Ost und West setzte sich Berlin an die Spitze. Monate vor dem großen Vereinigungsparteitag der Bundesunion wurde ein gemeinsamer Landesverband gegründet. Bedenken aus der Bonner Zentrale und Hinweise auf juristische Probleme nahmen wir nicht zur Kenntnis. Bei der Dynamik der deutschen Einigung und der Vorbereitung gesamtdeutscher und gesamtberliner Wahlen war das auch nicht möglich.

Auf dem Weg zur Einheit

Die Entwicklung in der Sowjetunion hat gezeigt, dass es nur eine sehr kurze Zeitspanne gab, in der die deutsche Wiedervereinigung bei einer gleichzeitigen Zugehörigkeit Deutschlands zum westlichen Bündnissystem möglich war. Misstrauen und massiver Widerstand der Nachbarn musste überwunden werden. Bündnispartner verdrängten zudem gerne ihre vertraglichen Verpflichtungen, nach denen sie an der Überwindung der Teilung Deutschlands mitzuwirken hatten. Über all das ist viel geschrieben worden. Helmut Kohl hatte im amerikanischen Präsidenten George Bush eine verlässliche Stütze, Michael Gorbatschow konnte er überzeugen. Assistiert von Außenminister Genscher ebnete er den Weg zur deutschen Einheit mit den Zwei-plus-Vier-Verhandlungen. Die Währungsunion wurde beschlossen. Wolfgang Schäuble und Günther Krause verhandelten den Vertrag über die Deutsche Einheit.

Am 3. Oktober stand ich mit meiner Frau, meiner Tochter Anne und dem Sohn Frederik in der Masse der Berliner vor dem Reichstag und beobachtete das Hissen der deutschen Flagge. Für mich war das ein würdevoller und bewegender Augenblick. Der Traum von der Überwindung der Teilung meines Vaterlandes und meiner Heimatstadt war Wirklichkeit geworden. Oft hatte ich mich öffentlich für das Festhalten an der Einheit der deutschen Nation schelten lassen. Es hat sich im Rückblick gelohnt. Der Tag der deutschen Einheit war weniger spontan – wen wunderte das –, auch nicht so begeisternd, aber auch viel weniger chaotisch als der 9. November vor noch nicht einmal einem Jahr. In Gedanken war ich schon bei den zukünftigen

Aufgaben. Bei der Gestaltung der wiedervereinigten Stadt wollte ich nicht in der Zuschauerloge der Opposition sitzen.

Mit dem 3. Oktober hatte sich auch das politische Berlin verändert. Die drei westlichen Stadtkommandanten hatten sich am Tage zuvor in einer Feierstunde im Rathaus Schöneberg verabschiedet. Sie erklärten die Suspendierung der alliierten Rechte „um Mitternacht" und ließen die Garnisonen unter ausschließlich militärischer Führung bis zum endgültigen Abzug im Jahre 1994 zurück. Die Lufthansa landete erstmals nach 45 Jahren als selbstständige deutsche Fluggesellschaft wieder auf einem Berliner Flughafen. Ganze Bibliotheken über die Feinheiten des rechtlichen Status von Berlin wurden über Nacht zu Geschichtsbüchern.

Mit dem Fall der Mauer war es in Berlin zwischen dem Senat von Berlin (West) und dem Magistrat in Ostberlin zu intensiver grenzüberschreitender Zusammenarbeit gekommen. Die nach den Gesprächen mit Honecker möglichen Partnerschaften von den Berliner Bezirken Spandau und Zehlendorf zu Städten in Brandenburg wurden Ausgangspunkt für die Überlegungen einer Zusammenarbeit in der Großstadtregion. Nach den Kommunalwahlen vom Mai wurde das intensiver, im Ergebnis agierten beide Stadtregierungen immer mehr als eine politische Verwaltung. Magistrat und Senat tagten unter Vorsitz der beiden Bürgermeister Momper und Schwierzina bald regelmäßig zusammen. Mitarbeiter der Senatsverwaltungen arbeiteten im Ostteil der Stadt zur Unterstützung der neu gewählten politischen Führung. Nach der Kommunalwahl war vorübergehend sogar daran gedacht worden, dass Senatsmitglieder korrespondierende Verwaltungen im Ostteil der Stadt leiten. Das scheiterte an den unterschiedlichen Koalitionen. Im Ostteil der Stadt hatte sich eine große Koalition SPD und CDU gebildet. Gegen eine Übertragung von Rot-Grün auf Ostberlin hatte auch ich erhebliche Bedenken, keine dagegen gegen Sozialdemokraten in der Doppelfunktion. Dennoch gab es bemerkenswerte – eigentlich amüsante – Berliner Besonderheiten auch auf diesem Gebiet.

Die Zusammenarbeit in den Unionsparteien Berlins entwickelte sich ausgezeichnet. Damit will ich nicht behaupten, alles liefe konfliktfrei, zu unterschiedlich waren die politischen Erfahrungen und die politische Sozialisation in verschiedenen gesellschaftlichen Systemen. Den Kommunalwahlkampf hatten wir gemeinsam geführt, die Programme auf Gesamtberlin abgestimmt. Ich war fast ständiger Gast in der Fraktion im Roten Rathaus und koordinierte gemeinsam mit dem Kollegen im Landesvorsitz, Eberhard Engler, die politischen Aussagen. In sozialpolitischen Themen und auch in der Drogenfrage mussten wir uns mühsam zusammenraufen. Das Koalitionsabkommen für die Bildung des Magistrats hatten wir miteinander beraten. So saß ich – indirekt – in der Ostberliner Koalition, konnte Einzelthemen nachfragen. Elmar Pieroth, Wessi im Ostberliner Magistrat und verantwortlich für die

Wirtschaft, war eine weitere wichtige Verbindung. Mit der Bildung des gemeinsamen Landesverbandes der CDU in Berlin war ich als Landesvorsitzender dann sogar offizieller Koalitionspartner von Walter Momper und Rot-Grün in der nach dem 3. Oktober aus Ost- und West-Berliner Regierung gebildeten Stadtverwaltung. Die Tatsache dieser Koalition bleibt eine nette Anekdote. Richtig zu Bewusstsein ist sie keinem der Beteiligten gekommen. Es war halt nur eine Folge des Einheitsvertrages, und der Wahltermin stand zwei Monate bevor.

Vom Saulus zum Paulus

In der Frage der Wiedervereinigung war Walter Momper im Verlauf des Jahres vom Saulus zum Paulus geworden. Wolfgang Schäuble bestätigte ihm das in seinem Bericht über die Verhandlungen zur deutschen Einheit ausdrücklich. Für die weitere Entwicklung konnte es dabei auch nicht darauf ankommen, ob die neue Position aus innerer Überzeugung oder nur aus dem Zwang der Ereignisse und mit einer Träne im Knopfloch eingenommen wurde. In den Verhandlungen über den Einigungsvertrag konnte nur mit dieser Position für die Rolle Berlins als deutscher Hauptstadt gestritten werden. Es war auf der westlichen Seite eine Stunde der Exekutive von Bund und Ländern unter Beteiligung des Deutschen Bundestages. Ich hörte spärliche Zwischenberichte im Bundesvorstand der Partei, erhielt Informationen aus dem Magistrat und vor allem auch von Mitarbeitern im Ministerrat der DDR. Winfried Fest hatte dort einen Schreibtisch bezogen und berichtete gelegentlich über die Stimmungslage bei Lothar de Maizière.

Ich fand die Nachrichten über die Verhaltensweisen deutscher Bundesländer alarmierend. Die Vereinigung sollte als Hebel für die Finanz- und Verfassungsreform dienen. Die großen Länder wollten vor allem durch die Stimmrechtsregelung ihren Einfluss wahren, und in der Hauptstadtfrage ernteten die Vertreter Berlins und der DDR Gelächter, wenn sie an Treueschwüre der letzten Jahre erinnerten – die Zeiten hätten sich eben geändert, das seien Reden von gestern, wurde geantwortet.

Wolfgang Schäuble und Dieter Schröder haben die unsägliche Rolle von Nordrhein-Westfalen und seinem Vertreter Wolfgang Clement in dieser Frage geschildert. Man hatte den Eindruck, die deutsche Einheit könnte an diesen Fragen scheitern, genauso wie an der Frage, ob Abtreibung strafbar ist oder nicht. Nach der Freude über die Öffnung der Mauer gab es wenig Gespür für den historischen Augenblick, stattdessen die Sorge um den eigenen Besitzstand. Es ist ja oft der Vorwurf gemacht worden, die verantwortlichen Politiker hätten zu wenig an die Opferbereitschaft der Deutschen für die Vereinigung ihres Vaterlandes appelliert. Sehr idealistisch, aber völlig unrealistisch. Wer sich an die Berichte über die Finanzverhandlungen zwischen den Bundesländern erinnert, kann leicht die Gründe nachvollziehen. Helmut Kohl hat in Gesprächen zu diesem Thema nur lakonisch angemerkt, die Leute, die diese Forderung aufstellten, würden eben die Menschen nicht richtig kennen. Auch mir ist dieser Ratschlag nach 1991 gelegentlich gemacht worden. Für die Situation der Berliner im Westteil der Stadt wurde dabei immer übersehen, dass diese – einmalig im Westen Deutschlands – mit der Wiedervereinigung durch den Abbau der Berlinförderung 8% ihres Nettoeinkommens verloren haben.

Mit Wohlgefallen habe ich in den politischen Erinnerungen von Dieter Schröder, Chef der Senatskanzlei in der rot-grünen Koalition, gelesen: „Nordrhein Westfalen führte sich eigentlich wie ein neues Preußen auf." Berlin wollte die möglichst frühe Vollendung der deutschen Einheit und forderte die westdeutsche SPD auch in der Hauptstadtfrage heraus. Durch eine Teilnahme der SPD-geführten Landesregierung Berlins an den sozialdemokratischen Abstimmungsrunden war eine sozialdemokratische Einheitsfront gegen Berliner Interessen nicht möglich. Das konnte auch gegenüber Positionen der DDR gelten, wenn sie von ihren Verhandlungsführern vorher mit den Vertretern Berlins abgestimmt worden waren Im Bereich der CDU existierte dazu leider keine Parallele. Die gab es erst in den Vorbereitungsrunden der Ministerpräsidentenkonferenzen mit der großen Koalition.

Die erste Entscheidung zu Lasten von Berlin fiel bereits, bevor der Einigungsvertrag unter Dach und Fach war. In einer Gesetzesänderung wurde Berlin als Sitz der Deutschen Bundesbank gestrichen. Die Zentrale war zwar schon seit langem in Frankfurt am Main, am Sitz in Berlin wurde aber aus politischen Gründen in den Nachkriegsjahren festgehalten. Warum jetzt so eilig eine Gesetzesänderung? Die Motive lagen auf der Hand. Welche Institutionen, die überall in der Welt in den Hauptstädten angesiedelt sind, sollten nach Berlin zurückkehren? Die hessische Regierung sicherte sich noch vor der „großen" Diskussion um Sitz von Regierung und Parlament den Sitz in Frankfurt. Es wirkte auf mich wie ein gegenseitiges Geschäft mit Nordrhein-Westfalen. Gleichzeitig erklärte der hessische Ministerpräsident Walter Wallmann seine Unterstützung für Bonn als Hauptstadt eines wiedervereinigten Deutschland.

Der Senat von Berlin erhob keine Einwände. Ich hielt das für falsch. Nicht, dass man eine Verlagerung der Bundesbank hätte erreichen können. Wohl kaum. Aber das Thema gehörte in das Gesamtpaket.

Ein anderer Weg?

Ist damals etwas versäumt worden? Objektiv muss man diese Frage wohl mit *JA* beantworten. Das Land Berlin versucht heute (2004) über eine Klage vor dem Verfassungsgericht die teilungsbedingten Lasten des eigenen Haushaltes durch eine Zuweisung des Bundes und der Länder aufzulösen. Für das Verfahren vor dem Bundesverfassungsgericht um eine Hilfe bei der Entschuldung des Landes ist die Antwort *JA* nicht nur richtig, sie ist auch für das Verfahren von Bedeutung. Geht es doch auch darum, ob Bund und Länder der Stadt zu hohe Lasten aus der Teilung Deutschlands aufgebürdet haben. So wurde beispielsweise gar nicht der Versuch unternommen, die erheblichen Lasten aus den staatlichen Wohnungsbauprogrammen über den Fonds deutscher Einheit zu finanzieren. Erfolgreich wäre der Versuch sicher nicht gewesen. Auch bei den späteren Verhandlungen um den föderalen Finanzausgleich stellte sich das Thema. Wir haben es 1994 kurz intern erörtert und wegen erwarteter Erfolglosigkeit nicht in die Verhandlungen eingebracht. Es hätte Erfolge auf anderen Feldern der Finanzbeziehungen gefährdet. Im Rückblick ist es für beide Fälle schade, dass Versuche – auch erfolglose Versuche – nicht die Protokolle von Bundestag und Bundesrat füllen.

Als Regierender unmittelbar vor und nach der „Wende" bin ich oft nach meinen Gefühlen während dieser Zeit gefragt worden. Selbst engagierter Verfechter der deutschen Einheit, empfand ich es schon als Ironie des Schicksals, dass in einer entscheidenden Phase der deutschen Geschichte in Berlin ein Regierender residierte, der erst angesichts der Rufe „Wir sind ein Volk" vom Saulus zum Paulus werden musste. Die SPD unter Oskar Lafontaine und die Berliner AL vermittelten auch nicht gerade den Eindruck einheitspolitischer Dynamik. Ich bin mir der Problematik des nachfolgenden Konjunktiv bewusst. Hätte ich Entscheidungen in eine andere Richtung beeinflussen können? Ich weiß es nicht. In der Hauptstadtfrage sicher nicht. Vielleicht hätte ich bei den CDU-Vorbereitungsrunden ein wenig mehr schlechtes Gewissen erzeugt, etwas mehr kollegiale Zurückhaltung. Die DDR konnte hier nur mühsam einen so genannten Kompromiss durchsetzen. Im Kern bedeutete er die Vertagung des Problems. Berlin stand als Hauptstadt im Grundgesetz, der Inhalt blieb offen und einer späteren Entscheidung vorbehalten.

Und in anderen Themen? Zwei will ich aufgreifen. In der Berliner ALLIANZ und im Programm der Gesamtberliner Union wurde die Frage, was kann die DDR in die deutsche Einheit einbringen, nicht mit der Arroganz des damaligen Zeitgeistes beantwortet. Wir versuchten es jedenfalls, die Kollegen um Eberhard Engler und OB-Kandidaten Roland Jacob waren sachkundige und beharrliche Gesprächspartner insbesondere auf den sozial- und gesundheitspolitischen Feldern. In den Eigentumsfragen hatten wir uns nicht für

Rückübertragung vor Entschädigung, sondern Entschädigung vor Rückgabe entschieden. Es deckte sich voll mit meinen Überzeugungen. Nach dem Gesetz sollten Eigentumsverhältnisse rückwirkend bis in das Jahr 1933 abgewickelt werden. Volle Gerechtigkeit kann es nach einem solchen Zeitabschnitt nach vielen Jahren Unrecht nicht geben.

Bei Kritik an meiner Position habe ich immer gerne Erlebnisse aus dem politischen Alltag und den Bürgersprechstunden als Regierender berichtet: Ein älteres Ehepaar fordert energisch die sofortige Rückgabe eines Hausgrundstücks, von dem es in den Fünfzigerjahren in der damaligen DDR vertrieben wurde. Es wollte – so energisch und auch tränenreich – die Rückkehr auf das alte Eigentum noch erleben. Aus gleicher Runde meldet sich ein junges Ehepaar, Kleinkinder an der Hand, und berichtet, es hätte vor Jahren ein solches Grundstück vom Rat der Stadt als Besitz übertragen erhalten. Nach jahrelanger Arbeit hätten sie den Umbau des Hauses für ihre Familie jetzt gerade erst fertig gestellt. Oft gab es die Ergänzung, das letzte Material hätten sie kurz vor der Wende von Bekannten aus dem Westen erhalten.

Gerecht? Nein! Aber ich hätte für Entschädigung entschieden.

Umstritten war in der Verhandlungsrunde die Straffreiheit für Agenten und der Umgang mit den Stasiakten. Ich hielt es für unsinnig, den Magdeburger oder Leipziger im wiedervereinigten Deutschland zu verurteilen, weil er gegen den anderen deutschen Staat spioniert hat. In der Verhandlungsrunde musste Wolfgang Schäuble seine Überlegungen zu einem – auf diesen Fall teilungsbedingter Straftaten begrenzten – Straffreiheitsgesetz aufgeben. Ich hätte ihn auch bei seinen Überlegungen zu einem restriktiven Um- und Zugang zu den Stasi-Akten unterstützt.

Das Problem der rot-grünen Berliner Koalition hat Walter Momper in seinem Buch „Grenzfall" beschrieben. Das Bündnis war nicht stabil und flexibel genug, um der historischen Herausforderung, die mit der Öffnung der Mauer begann, gerecht zu werden. Die Auseinandersetzung in seiner Koalition um eine gemeinsame Resolution des Berliner Abgeordnetenhauses am Tag nach der Öffnung der Mauer kennzeichnet er als Menetekel für die ganze spätere Entwicklung. „Im Grunde hätte man es damals schon beenden müssen, doch eine andere Mehrheit war im Parlament nicht möglich – außer einer großen Koalition, die damals weder ich noch irgendein anderer führender Sozialdemokrat, soweit mir bekannt war, wollte". Nicht möglich? Wahrscheinlich hatte Walter Momper mit dieser Analyse Recht. Versucht hat es aber keiner.

Die Hilfe beim „Aufbau Ost" in der Ostberliner Verwaltung unter Führung der deutschlandpolitisch problematischen Koalition war enorm. Die Senatskanzlei wurde mehr und mehr auch zur Kanzlei des Magistrats. Die in die Magistratsverwaltungen delegierten Beamten ließen sich von dem politischen Streit in ihrer eigenen Regierung und im Berliner Abgeordnetenhaus nicht von ihrer Aufgabe ablenken. Die zumeist „alten" Berliner empfanden ihre Arbeit im Regelfall als große Herausforderung und oft auch als ein Teil der Verwirklichung ihrer politischen Wünsche. Das gelegentliche Murren der Personalräte wegen Mehrbelastung musste in den ersten Wochen des Einigungsprozesses nicht so ernst genommen werden. In wenigen Monaten wurden wichtige Entscheidungen über eine Gesamtberliner Verwaltung vorbereitet und auch umgesetzt.

Der Berliner Einigungsvertrag

Zwischen den beiden Staaten in Deutschland wurde ein Einigungsvertrag ausgehandelt, durch die zunehmende Schwäche der DDR immer weniger auf gleicher Augenhöhe, aber doch ein Vertrag zwischen zwei Partnern. Ein Spiegelbild dieser Verhandlungen gab es in Berlin zwischen den beiden Teilen der Stadt. Durch Gesetz der Volkskammer war Berlin (Ost) zunächst einem Bezirk, dann einem Land gleichgestellt. Zwei „Bundesländer" mussten vereinigt werden.

Die Verwaltungshilfe war nur ein Teil der Aufgabe. Das gab es auch zwischen alten und neuen Bundesländern. Die Größenordnungen unterschieden sich. Die selbstverständlich übernommene Verantwortung des Westteils von Berlin war besonders groß. Bezogen auf die Bevölkerungszahlen hätte Nordrhein-Westfalen bei vergleichbarer Aufgabenstellung die Unterstützung aller neuen Bundesländer allein tragen müssen. Die Verwaltungsstrukturen mussten angepasst, Landesgesetze aufeinander abgestimmt werden. Berlin erwies sich mit dieser Aufgabe als Werkstatt der deutschen Einheit, in der die Chancen und Probleme des Zusammenwachsens auf engstem Raum erlebt und gestaltet wurden.

Nach dem Fall der Mauer gab es eine verstärkte Zusammenarbeit zwischen der Bundesrepublik und der DDR. Für Berlin und die angrenzenden Städte und Gemeinden fand sie ihren institutionellen Rahmen in einem provisorischen Regionalausschuss. Er hatte zwar keine hoheitlichen Befugnisse, es wurden aber eine Fülle von technischen Regelungen erarbeitet, die dann absprachegemäß auf beiden Seiten in Kraft gesetzt wurden. Nach der Kommunalwahl in Berlin (Ost) wurde durch gleichlautende Beschlüsse in Ost und West eine einheitliche Vertretung Berlins hergestellt. Wichtige gesetzliche Neuregelungen in den beiden Teilen der Stadt wurden durch eine Parallelgesetzgebung beschlossen. Eine weitgehende Angleichung des in Berlin (Ost) geltenden Rechts an die Bestimmungen in Berlin (West) erfolgte bereits im September und Dezember 1990 durch Gesetze über die Vereinheitlichung des Berliner Landesrechts.

Besonders spannend war die Verfassungsdiskussion. Eine selbstbewusste Stadtverordnetenversammlung von Berlin (Ost) wollte nicht einfach die Verfassung des anderen Teils der Stadt übernehmen. Die Anwendung des Artikel 23 des Grundgesetzes und damit die Wirksamkeit der Verfassung von Berlin im Ostteil der Stadt war für die erstmals nach demokratischen Grundsätzen gewählten Volksvertreter undenkbar. Das hätte zwar dem Anspruch dieser Verfassung und der westlichen Rechtsauffassung all der vergangenen Jahre entsprochen, hier stand aber nicht die Juristerei, sondern das politische Selbstverständnis der Stadtverordnetenversammlung im Vordergrund. Eine neue Verfassung für den Ostteil der Stadt wurde erarbeitet. Dabei stießen bei den Vorbesprechungen der Kollegen aus Ost – beeinflusst vom Geist der Runden Tische – und West sehr unterschiedliche Positionen aufeinander. Bei den Abstimmungen innerhalb der CDU kritisierte ich eine Inflation von Staatszielbestimmungen und breite Möglichkeiten für Volksbegehren und Volksabstimmungen in der Gesetzgebung.

Wünschenswert war eine Parallelgesetzgebung von Ost und West auch in der Verfassungsfrage. Bei einer Wiedervereinigung der Stadt mussten die Bestimmungen der Verfassung von Berlin (West) überarbeitet und die Bezirke aus Ost und West genannt werden. Endlich konnte auch ein Landesverfassungsgericht gebildet werden. Eine Einigung wurde nicht erreicht. So gab es über den 3. Oktober hinaus zwei Verfassungen im dann schon wiedervereinigten Berlin. Die Lösung des Problems lag, wie so oft im politischen Leben, in der Vertagung:

Die „Ostberliner Verfassung" wurde beschlossen. Sie sollte aber wieder außer Kraft treten, wenn ein neugewähltes Gesamtberliner Parlament die Gültigkeit einer Gesamtberliner Verfassung für die ganze Stadt festgestellt hat. Als Termin wurde der Tag der konstituierenden Sitzung des Abgeordnetenhauses vorgesehen. Und das alles wurde – das war die Vertagung des Streites mit vagen Vorgaben – an die Voraussetzung gebunden, dass in der Gesamtberliner Verfassung der Auftrag enthalten ist, in der ersten Wahlperiode eine endgültige Verfassung von Berlin zu erarbeiten und durch einen Volksentscheid in Kraft zu setzen. Grundlagen für die neue Verfassung sollte danach die geltende Verfassung von Berlin und die am 11. Juli beschlossene „Ostberliner Verfassung" sein.

Im Abgeordnetenhaus wurden dann die notwendigen Verfassungsbestimmungen beschlossen. Die Verfassung von Berlin konnte nach den Gesamtberliner Wahlen am 11. Januar 1991 in der Nikolaikirche in Berlin-Mitte auf der konstituierenden Sitzung durch Beschluss in Kraft gesetzt werden. Damit war die Einheit Berlins endgültig juristisch hergestellt.

Zwei Themen waren im Vorfeld einvernehmlich von den Fraktionen verabredet worden:

Gleichlautende Wahlgesetze wurden in Abgeordnetenhaus und Stadtverordnetenversammlung verabschiedet. Dabei änderte sich die Wahlperiode für die Bezirksverordnetenversammlungen. Die mit den ersten demokratischen Kommunalwahlen in den Ostberliner Bezirken gewählten Bürgermeister, Stadträte und Bezirksverordneten sollten eine angemessene Amtszeit haben. Dafür wurde einmalig der Wahltermin für das Land von dem der Bezirke getrennt. Die Wahlen für die Bezirksverordnetenversammlungen fanden erst im Mai 1992 statt. Die Bundespolitiker haben bei den Diskussionen um Hinterlassenschaften der DDR einschließlich der Straßennamen in der Hauptstadt nie begriffen, dass die Amtsträger in den Ostberliner Bezirken noch aus den letzten Kommunalwahlen der DDR stammten.

Mit der Suspendierung der alliierten Rechte in Berlin konnte ein Berliner Verfassungsgerichtshof gebildet und die Lücke im Rechtsschutz für die Berlinerinnen und Berliner geschlossen werden. Es war die große Stunde der Gruppe FKK, der Abgeordneten Finkelnburg (CDU), Künast (AL) und Körting (SPD). Die Gruppe hatte die notwendigen Verfassungsänderungen und das Gesetz über den Verfassungsgerichtshof ausgearbeitet. Der Gerichtshof konnte nach der Wahl seiner Mitglieder durch das neue Abgeordnetenhaus seine Arbeit aufnehmen. Mit der Entscheidung im Fall Honecker schrieb er schon bald danach Rechtsgeschichte.

Der frühere Generalsekretär der SED musste sich nach einer Entscheidung des Verfassungsgerichtshofes aus Gesundheitsgründen nicht wegen der Morde – so der Vorwurf – an der Mauer vor dem Berliner Landgericht verantworten. Er konnte nach Chile ausreisen. Das Urteil ist viel kritisiert und insbesondere die Zuständigkeit des Landesverfassungsgerichtes in diesem Strafverfahren bestritten worden. Ich war bereits wieder Regierender Bürgermeister und musste mich mit der Kritik am Verfassungsgerichtshof zurückhalten. Meine Position war ambivalent – auf der einen Seite widersprach es dem Rechtsempfinden und konnte in seinem juristischen Hintergrund dem berühmten „Otto Normalverbraucher" kaum erklärt werden. Die Grenzsoldaten, die auf Befehl geschossen hatten, standen vor Gericht. Die Kleinen hängte man, den Großen ließ man ausreisen. Andererseits – nur selten hinter vorgehaltener Hand gesagt – mit Honecker war auch ein juristisches, menschliches und politisches Problem ausgereist.

Der Auftrag aus der Verfassungsdiskussion des Jahres 1990 wurde mit einer größeren Überarbeitung der Verfassung von Berlin erfüllt. Mit den Wahlen des Jahres 1995 wurde sie in einer Volksabstimmung bestätigt. Ein umfangreicher Katalog der Grundrechte und der Staatszielbestimmungen und auch Regelungen zu Volksabstimmungen und Bürgerbegehren wurden beschlossen. Die Vorlage der Ostberliner Verfassung und der Zwang zur Einigung auf der Grundlage einer Zweidrittelmehrheit hatten hier ihre Wirkung. Wer Angst hat, als unmodern gescholten zu werden, schreibt in der neueren gesellschaftlichen Entwicklung bedenkenlos seine politische Lyrik in die Verfassungen und freut sich später über die Auslegung, die im Zweifelsfalle den Gerichten überlassen bleibt. Das jedenfalls ist typisch für immer mehr Landesverfassungen. Über das Ergebnis der Beratungen im Berliner Abgeordnetenhaus war und bin ich immer noch unglücklich. Ein Trost blieb: das Bundesrecht greift korrigierend ein

Meine Position könnte man getrost dem angeblich konservativen Lager zuordnen. Engagiert bin ich für eine Politik, die ausdrücklich auch eine Verantwortung für den Arbeitsmarkt übernimmt. Aber was bedeutet das Recht auf Arbeit, wenn keine Arbeitsplätze vermittelt werden können? In der Berliner Verfassung heißt es. „Wenn Arbeit nicht nachgewiesen werden kann, besteht Anspruch auf Unterstützung aus öffentlichen Mitteln." Ohne Einschränkung? Auch für den Inhaber großer Aktienpakete? Wir haben im Rahmen des gesamtwirtschaftlichen Gleichgewichts einen hohen Beschäftigungsstand zu sichern. Wie? Durch den Ausbau des öffentlichen Dienstes? Mein sozialpolitisches Engagement hat mir oft kritische Kommentare beschert. Aber was soll eine Verfassungsbestimmung, nach der soziale und karitative Einrichtungen „staatlich zu fördern" sind. Ein einklagbares Recht?

Ich will nur das Problem dieser Verfassungsdiskussion beschreiben. Das „Recht auf Arbeit" in der Berliner Verfassung stammte noch aus der ersten Beschlussfassung nach dem Krieg und unterlag dem damaligen Einfluss der Kommunisten. Es ist also nicht neu. 1995 wurde wenigstens die Aufforderung zu einer Wirtschaftslenkung gestrichen, mit der das Recht auf Arbeit verwirklicht werden sollte. Beschlossen wurden weitere Staatsziele. Ich bin gespannt, ob in Zukunft ein Berliner Haushalt auch deswegen als verfassungswidrig angefochten wird, weil er keine ausreichende Vorsorge für eine Politik im Sinne der Verfassungsziele trifft.

Nicht entschieden werden konnte 1990 die Bildung eines Landes aus Berlin und Brandenburg. Der bis zum 3. Oktober geltende Viermächtestatus für die ganze Stadt Berlin – so die westliche Position – machte jede staatliche Neugliederung vor diesem Termin unmöglich. In der DDR wurden jedoch bereits vor der deutschen Einheit die so genannten neuen Bundesländer gebildet. Man wollte die bestehende Verwaltungsstruktur der DDR möglichst schnell überwinden und die alten Bezirksverwaltungen auflösen. Die Länder sollten neue Identität stiften. So konnte auch der Ostteil Berlins nicht Teil des Landes Brandenburg werden. Ich habe mehrmals das Thema mit Lothar de Maizière, Mitgliedern der Volkskammer und des Deutschen Bundestages erörtert. Im Ergebnis konnte nur eine Regelung erreicht werden, die den Ländern Berlin und Brandenburg ein eigenständiges Recht zur Länderneugliederung gibt. Ein Volksentscheid ist durch das Grundgesetz vorgeschrieben. Dort heißt es zwar nur „unter Mitwirkung der Wahlberechtigten". Bei dieser Formulierung war aber sicher nicht nur an eine Forsa-

Umfrage gedacht. In die Berliner Verfassung wurde die Möglichkeit länderübergreifender Verwaltungen ausdrücklich aufgenommen.

Das Thema der Gründung eines Landes, das die Großstadt und das städtische Ballungsgebiet Berlin genauso umfasst wie die märkischen Seen und Wälder, konnte damit erst nach dem Aufbau des Landes Brandenburg angepackt werden. Das hat sich leider als unvermeidbarer historischer Fehler herausgestellt.

Rückkehr ins Amt – eine andere Stadt

Im Januar 1991 war ich wieder Regierender Bürgermeister. Der Bumerang als Abschiedsgeschenk des Personalrates vor weniger als zwei Jahren hatte die Zeitabläufe richtig vorhergesagt. Die CDU hatte die Wahlen zum Abgeordnetenhaus mit klarem Vorsprung zur SPD gewonnen. Das Berliner Ergebnis war sogar ein wenig besser als das der gleichzeitig stattfindenden Bundestagswahlen. Zu einer Koalition mit der SPD gab es keine rechnerische Alternative, denn zu dieser Zeit war auch für die SPD eine Regierungszusammenarbeit mit der PDS undenkbar. Damit galt für ein Jahrzehnt die Rechnung: Bilden CDU und PDS eine Mehrheit, dann muss die CDU an der Regierung beteiligt sein, bildet sie die stärkste Fraktion, dann stellt sie den Regierungschef.

Im Rathaus Schöneberg war mir alles sehr vertraut, die Sekretärin Christa Fischer im Vorzimmer, die Menschen und Gesichter bei den Rücksprachen, sogar das Essen in der Kantine. Auch bei den Sicherheitsbeamten trat auf meinen Wunsch das vertraute Team an. Aber es war eine andere Stadt, größer, spannungsgeladener und problembeladener, als es die Viermächtestadt war. Im Terminkalender standen nicht mehr die regelmäßigen Treffen mit den Stadtkommandanten und ihren politisch verantwortlichen Stellvertretern. Die Kommandanten der westalliierten Berliner Garnisonen kamen in Begleitung des Standortkommandanten der Bundeswehr zum Antrittsbesuch. Der Rat der Bürgermeister aus den Bezirken der Stadt hatte sich zahlenmäßig verdoppelt, und ich musste mir – aufgewachsen auf einer Seite der Mauer – bei einzelnen Entscheidungsvorlagen doch mit dem Blick auf die Stadtkarte eine Vorstellung vom Ort des Geschehens verschaffen.

Mit der Idee von der Einheit der Nation und dem sehr emotionalen Verständnis von *dem* Berliner habe ich im Vorfeld der deutschen Einigung die emotionalen und politischen Spannungen innerhalb der Stadt unterschätzt. Die beiden Stadthälften waren lange Zeit Antipoden, Hochburg des kommunistischen Deutschland auf der einen Seite, Symbol des Antikommunismus und der westlichen Demokratien auf der anderen. Wer glaubte, die Menschen könnten diese Geschichte auch bei neuen Erkenntnissen und veränderter politischer Überzeugung von einem Tag zum anderen wie einen alten Regenmantel ablegen, der irrte.

Die Bilder von den Demonstrationen am Alexanderplatz, die Rufe „Gorbi, Gorbi" und der Protest anlässlich der Rosa-Luxemburg-Gedenkmärsche überlagerten vieles. Das besondere politische Pflaster Ostberlin wurde im Vorfeld der Volkskammer- und der Kommunalwahlen bereits sehr deutlich. Berlin (Ost) war noch mehr als die Bezirkshauptstädte in der DDR Anziehungs- und Konzentrationspunkt der Eliten der DDR; viele, die im System Karriere machen wollten, zog es in die Hauptstadt des zentralistisch regierten Staates. Hier war der zentrale Machtapparat von Staat und Partei gewesen. Hier waren auch die Zentralen wichtiger Industrie- und Wirtschaftsunternehmen. Hier war Rundfunk und Fernsehen mit nur wenigen Ausnahmen konzentriert. Hier gab es den durch Arbeits- und Wohnungsangebot geregelten Zuzug aus allen Teilen der sozialistischen Republik. Und hier gab es keinen bedeutenden Zuzug ausländischer Arbeitskräfte. Im Vergleich zum Zuzug der so genannten Gastarbeiter in westdeutschen Städten und auch des Westteils von Berlin spielten die Arbeitskräfte aus Vietnam keine bedeutende Rolle.

Dem stand Westberlin gegenüber, eine Stadt, deren Überlebenskraft aus dem Widerstand gegen den Kommunismus abgeleitet wurde. An dem Selbstverständnis der „Westberliner" änderte auch die bundesdeutsche Fundamentalopposition nichts, die, durch die besondere Rechtslage angelockt, in Westberlin heimisch geworden war. Der „alte Westberliner" weist noch heute stolz darauf hin, dass er der Stadt trotz der vielen wirtschaftlichen Nachteile, trotz Mauer und Schikanen an den Grenzübergängen die Treue gehalten habe. Bei allen Fortschritten der Achtzigerjahre gab es hier nicht die Zuwanderung der Eliten aus allen Teilen der Republik. Im Gegenteil: Wer in der deutschen Industrie oder anderen großen oder internationalen Wirtschaftsunternehmen Arbeit und Karriere finden wollte, musste ab „gen Westen". Gleichzeitig war der Westteil der Stadt viel internationaler, das hatte mit den vielen Amerikanern, Engländern und Franzosen zu tun, aber natürlich auch mit den etwa 150.000 Berlinern aus der Türkei und vielen Jugoslawen (heute muss man fein säuberlich zwischen Serben und Kroaten unterscheiden). Man merkte es am Gaststättenangebot, aber auch an der Sprache. Den richtigen Berliner Dialekt hörte man schon seit Jahren unverfälscht nur noch in Ostberlin (neben sächsisch), im Westen überwogen die Anglizismen. Einen englischsprachigen Schlager im Rundfunk, angesagt im Berliner Dialekt: man konnte sicher sein, es war ein DDR-Sender. Wenn man im RIAS noch einen deutschen Dialekt klingen hörte, dann war es meist der aus Baden-Württemberg.

Man konnte im Regelfall sehen und hören, wer aus Ost oder West kam. An den Begriffen: „Wir haben das im Kollektiv besprochen" oder „Wir machen das in Teamarbeit", an der Mundart, an der Kleidung und an den Schuhen. Schnell musste ich auch lernen, mit unterschiedlichen Umgangsformen umzugehen. Bei der Urlaubsreise in ein anderes kulturelles Umfeld ist das eine Selbstverständlichkeit. Wir kennen es auch bei gleicher Sprache zwischen Briten und Amerikanern. Aber in der gleichen deutschen Stadt, dem Arbeitsplatz nur 1.000 Meter voneinander entfernt? Nach Arbeitsbesprechungen war ich gewohnt, das Ergebnis zusammenzufassen und bei Schweigen der Beteiligten von einer Übereinstimmung auszugehen. Wie oft musste ich in den ersten „Gesamtberliner" Runden erleben, dass das Schweigen des Gesprächspartners gar nicht so verstanden wurde. „Ich habe doch nicht zugestimmt!" Auch die Selbstverständlichkeit, mit der sehr schnell ganz persönliche Sorgen in eine dienstliche Unterhaltung einflossen, ja ein anderes Verhalten als Arroganz oder Unhöflichkeit gewertet wurde, hat zu Missverständnissen geführt. Olaf Klein hat in seinem Buch „Ihr könnt uns einfach nicht verstehen" beschrieben, wie Ost- und Westdeutsche aneinander vorbeireden. Nur langsam und sehr unterschiedlich gleicht sich in den Generationen das Verhalten, geprägt durch ganz unterschiedliche soziale Erfahrungen, wieder an.

Ich wusste aus der Anrede, woher die Menschen kamen. Herr Oberbürgermeister, das war die Anrede durch den Ostberliner. Herr Regierender oder ganz vertraulich Regiermeister, das war ein Westberliner. Herr Regierender Oberbürgermeister, das waren die aus dem Westen Zugereisten.

In dem Film „Good Bye Lenin" ist viele Jahre nach dem Mauerfall und dem Ende der DDR beschrieben worden, wie die Menschen in der DDR mit der Wiedervereinigung eines Morgens in einer völlig neuen Welt aufwachen. Nichts war mehr so, wie es der DDR-Bürger gewohnt war. Nicht das persönliche, aber das gesellschaftliche Wertesystem war verändert. Erst kam die DM und dann die Gefährdung oder der Verlust des Arbeitsplatzes. Erst kam die neue Freiheit, dann die Unsicherheit, wie man damit umgehen sollte.

Auch im Westteil der Stadt kamen viele Menschen mit der neuen Zugluft kaum zurecht. Damit meine ich nicht nur die neuen wirtschaftlichen Herausforderungen. Der Umbruch kam nach kurzem wirtschaftlichen Aufbruch des Einkaufszentrums Berlin (West). Die Lebensqualität in verschiedenen Stadtteilen änderte sich aber von heute auf morgen. Hatte sich eine junge Familie ein Haus in ruhiger Stadtrandlage gekauft, so flutete jetzt der Vorortverkehr durch die Straße. Es war nicht nur laut, die Kinder konnten auch nicht mehr unbeaufsichtigt zum Spielen geschickt werden.

Man hatte es sich natürlich auch hinter der Mauer gemütlich gemacht. Am Stadtrand nach Brandenburg gab es unmittelbar am Todesstreifen die Idylle mit ökologisch wertvoller Fauna und Kleintieren, die man schon für ausgestorben hielt. Am Mauerstreifen in der Innenstadt hatte der Abriss von Häusern für mehr Licht in den Hinterhöfen gesorgt. Mit den Extremen musste man politisch umgehen. Dort, wo die alternative Szene sich angesiedelt hatte, war der Unmut über jede Veränderung besonders groß. Als die Oberbaumbrücke, eine wichtige Verbindung an der alten Grenze über die Spree, nach den notwendigen Bauarbeiten wieder eingeweiht wurde, flogen die Eier. Es war einer der wenigen Fälle, wo meine Kleidung in Mitleidenschaft gezogen wurde. Dagegen scheiterte an der Bernauer Straße jeder Versuch, künftigen Generationen ein authentisches Stück der Mauer als Erinnerung an den Wahnsinn und die Realität der Teilung einer Stadt zu erhalten. An der Bernauer Straße waren 1961 die eindrucksvollsten Bilder vom Bau der Mauer und dem Leiden der Menschen entstanden. Es war das Bild, auf dem der Sprung einer älteren Frau aus dem Fenster in das Sprungtuch der Feuerwehr (West) gezeigt wurde. Das Wohnhaus war die Grenze. Die Türen wurden zugemauert. Die Wohnung lag im vierten Stockwerk. Das Haus wurde kurz danach abgerissen. Die Staatsgrenze in Beton gegossen. Jetzt wollten die Bewohner auf der anderen Seite der Straße den Anblick der Mauer keine Minute länger mehr ertragen. Auch in der CDU-Fraktion bin ich Anfang 1991 auf massiven Widerstand gestoßen, gegen die Proteste der Nachbarn einen Mauerabschnitt zu erhalten, der die wirkliche Maueranlage widerspiegelt: Mauer, Schießanlagen, Laufweg für Grenzposten und Hunde, Wachtürme. Das war etwas anderes als die Mauergalerie. Heute vermisst der Historiker und der Berlin-Tourist ein Stück Mauer in Natur. Aber es war 1991 nicht möglich. Danach begann nicht nur der Streit um „richtige Denkmalgestaltung", sondern auch der Stress mit dem Eigentümer.

Berlin war nicht länger der Brennpunkt der globalen Ost-West-Spannungen. Aber wieder wurden hier deutlicher als anderswo die sozialen und wirtschaftlichen Spannungen wie in einem Brennglas sichtbar. Wirtschaftliches und soziales Gefälle gab und gibt es auch zwischen München und Leipzig. Aber in Berlin wird es durch keine geographische Entfernung in ihrer Wirkung auf die Menschen gemildert. Das Gefälle hat die Distanz einer Straßenbreite. Und noch schwieriger: Es gibt die Unterschiede im Polizeiwagen, in dem zwei Polizisten zum Einsatz fahren. Es gibt sie im Büro, in dem zwei Sekretärinnen an den Schreibtischen gegenüber sitzen.

Wie oft habe ich am Alexanderplatz oder im Einkaufszentrum meines Wahlkreises in der Gropiusstadt in geringen Variationen die folgende Szene erlebt: Ein Rentnerehepaar aus dem Ostteil der Stadt beschwert sich über Verzögerungen bei der Rentenanpassung. Das alles sei ungerecht. Sie hätten ihr Leben lang gearbeitet. Eine ältere Dame aus dem Westen empört sich. „Sie haben ja mehr als ich". Antwort: „Ich habe ja auch immer von morgens bis abends gearbeitet". „Wollen Sie behaupten, ich hätte nicht gearbeitet. Ich habe meine Kinder großgezogen und gleichzeitig halbtags dazu verdient.

Jetzt habe ich weniger als Sie. Das ist ungerecht! Und Sie wollen die höhere Rente auch noch von unseren Beiträgen haben". Der Wortwechsel zeigt die Spannungen und Missverständnisse. Beide haben gute Argumente. Beide Partner des Ehepaares aus dem Osten erhalten ihre Rente. Zusammen ist das mehr als die Versorgung im Westen, wo die Ehefrau nicht oder nur teilweise berufstätig war. Die Einzelrenten wiederum sind im Westen höher. Aber die gesellschaftlichen Ausgangspositionen waren grundlegend unterschiedlich. Im Osten war der Kindergarten die Regel, im Westen der Kindergarten meist die pädagogische Ergänzung. Die gleiche Diskussion kann es auch auf dem Hauptbahnhof in Köln geben. In Berlin aber begegnen sich solche Rentnerehepaare tagtäglich und zu Hunderten.

„Tagtäglich erfahren die Berlinerinnen und Berliner die Spannungen, die sich aus unterschiedlichen Mieten, den unterschiedlichen Tarifen für öffentliche Dienstleistungen ergeben." So habe ich es in der Regierungserklärung vom Februar 1991 beschrieben. Für mich konnte es aus der Situation keine andere Schlussfolgerung geben als eine konsequente Politik der Angleichung der Lebensverhältnisse. Alles andere musste die Stadt zu einem Pulverfass machen. Und wenn wir aus ökonomischen Gründen, wegen einer anderen Politik von Bundesregierung und Bundestag oder auch, was noch schmerzlicher war, durch die Positionen in anderen neuen Bundesländern hier nur langsam vorankämen, dann müssten die Berliner wissen, dass ihre Landesregierung, ihr Bürgermeister, alle Anstrengungen auf diesem Gebiet unternimmt. Es war auch klar, dass die gleichen Lebensverhältnisse nicht überall in wenigen Jahren zu erreichen waren. Aber gerade deswegen musste das auf wichtigen Gebieten des täglichen Lebens schnell erreicht werden. Und, Berlin sollte als Werkstatt der deutschen Einheit der Motor dieser Entwicklung sein. Im Januar 1991 wusste ich noch nicht, wie stark ich mich dabei mit fast allen in der Republik streiten musste.

Die Aufgabe erfasste in Berlin alle Lebensbereiche. Der Magisenat hatte wichtige Vorarbeit geleistet, mit der Übernahme von Bediensteten auch Entscheidungen getroffen, die – selbst wenn man es wollte – nicht mehr korrigiert werden konnten. Ich sah dazu auch keine Veranlassung. Schritt für Schritt die Themen abzuarbeiten, das ging nur in Ausnahmen. In der Regierungserklärung gab es zwar eine Aufzählung von Politikfeldern, auf die sich die neu gebildete Koalition aus CDU und SPD konzentrieren wollte. Das war allerdings mehr Rhetorik, denn in Wirklichkeit konnte man weder die Entscheidungen zur Entwicklung der Mieten im Ostteil der Stadt aufschieben, noch die Frage unbeantwortet lassen, wie sich Berlin das Neben- und Miteinander von Freier Universität und Humboldt-Universität vorstellte. Das hieß nicht, dass alles sofort fertig gestellt werden konnte, die Konzepte und Ideen mussten aber auf den Tisch, die betroffenen Menschen mussten wissen, wohin die Reise geht. Auf Einzelprojekte konnte verzichtet werden.

Ganz schnell passierte das beispielsweise mit der geplanten Bundesgartenschau. Und auf den schnellen Umzug des Regierenden Bürgermeisters und der Senatskanzlei vom Rathaus Schöneberg in das alte Berliner Rathaus, das Rote Rathaus, wollte ich nicht verzichten. Das war für mich ein Symbol für das neue, das wiedervereinigte Berlin. Und es sollte ein Zeichen sein für Bundesregierung, Bundestag und Bundesrat: Man kann sehr schnell umziehen – wenn man will.

Bei einer Angleichung der Lebensverhältnisse stellte sich 1991 die Gretchenfrage nach den Anpassungsmaßstäben. In der Koalition aus CDU und SPD dachte keiner an eine Absenkung des Lebensstandards im Westteil der Stadt. Zu diesem Zeitpunkt prognostizierten alle Wirtschaftsweisen einen vereinigungsbedingten Wirtschaftsboom, mit dem die durch Änderungen bei den Lohn- und Einkommenssteuerermäßigungen erwarteten Einkommenseinbußen der Westberliner aufgefangen werden könnten. Der schnelle Kahlschlag bei der Berlinförderung erschien nach den Zusagen der Bundesregierung zunächst abwendbar. Die beiden Fraktionsvorsitzenden der Koalitionsparteien, Klaus Landowsky und Dietmar Staffelt, lehnten eine „Verostung" Westberlins strikt ab. Dennoch: Zwingend war der Grundsatz: Aufbau Ost vor Ausbau West.

„Um die Bereitschaft zum Teilen ... möchte ich hier alle Berlinerinnen und Berliner bitten. Das soll für niemanden zu einer Absenkung des Standards führen. Die Westberliner sollen sich aber darauf einstellen, dass etwa eine Straßenerneuerung zwei Jahre später durchgeführt wird, dass eine geplante Krankenhausrenovierung verschoben wird oder dass eine Wohnumfeldverbesserung erst in drei statt in zwei Jahren durchgeführt wird. – Die Ostberliner bitte ich um Verständnis, dass der Wiederaufbau Zeit braucht. Die Angleichung der Lebensverhältnisse kann nicht über Nacht erfolgen."

Das war meine Aussage in der Regierungserklärung. Aufbau Ost vor Ausbau West, dieser Grundsatz wurde über Jahre durchgehalten. Er zeigte sich in den Haushaltsansätzen für Instandsetzung und bauliche Unterhaltung genauso wie bei Neubaumaßnahmen. Nach ein paar Jahren gab es dann den Nachholbedarf in den westlichen Bezirken. Und je länger Unterschiede in einer vergleichbaren persönlichen Situation zwischen Ost und West bestanden, desto kritischer wurden alle politischen Entscheidungen beäugt. War das nicht eine Entscheidung zu Lasten von Westberlin, sind hier nicht wieder durch ein Projekt die ohnehin geringen finanziellen Mittel in den Osten (Westen) geflossen? Immer musste bei den Entscheidungen die alte Konkurrenz beachtet werden. Der Präsident der Freien Universität beklagte sich bei mir über den „liebevollen" Ausbau der Humboldtuniversität, die Charité über den Ausbau des Rudolf Virchow Klinikums.

Grotesk hört sich rückblickend die anfängliche Konkurrenz zwischen Tierpark (Ost) und dem Zoologischen Garten (West) an. Die tierliebenden

Ostberliner vermuteten einen Anschlag auf die Existenz ihres Tierparks, als Tiere aus einem defekten Aquarium in den Westen verlegt werden sollten. Ein Aufstand war die Folge. Man hätte es auch wissen und beachten müssen: Erst ein paar Huftiere aus dem Zoologischen Garten in den für die artengerechte Haltung dieser Tiere auch besser geeigneten Tierpark, dann auch ein Austausch in die andere Richtung. Heute ist wenigstens das überwunden.

Das Ost-West-Problem und seine ganze Emotionalität konnte sehr zielgerichtet eingesetzt werden. Daniel Barenboim nutzte es noch 2000 ohne jede Bedenken, um seinem Orchester an der Deutschen Staatsoper eine bessere Bezahlung zu verschaffen, besser als an der Deutschen Oper im westlichen Bezirk Charlottenburg. Er wollte den Vergleich mit den Philharmonikern. Gregor Gysi wurde als Anwalt engagiert. Damit war das Ost-West Problem angezeigt.

Aufbau Ost vor Ausbau West. Wir haben den Grundsatz durchgehalten. Es waren Parteien, die im Westen in die Regierungsverantwortung gewählt worden sind, die sich besonders für den Aufbau Ost engagierten. Dennoch wurde in Ostberlin die Ostklientelpartei PDS immer stärker.

Die Themen – alle ganz eilig – häuften sich 1991 auf den Schreibtischen aller Verwaltungen in Berlin. Planungen, die die Stadt mindestens für die nächsten Jahrzehnte bestimmen würden; an diese Aufgabe konnten wir herangehen. Wem bietet sich im beruflichen Leben eine solche Chance. Sie durfte nicht vertan werden. Das jedenfalls war die Faszination der ersten Jahre nach der Wiedervereinigung. Das Unternehmen Berlin, bewusst habe ich diese Überschrift zur Wirtschaftspolitik gewählt, wurde angepackt. Zuvorderst standen aber noch zwei historische Entscheidungen an. Eine war „nur" die Folge bereits getroffener Vereinbarungen. Die andere war schon in den Verhandlungen um den Einigungsvertrag heftig umstritten:

Der Abzug der Siegermächte des Zweiten Weltkrieges und die Entscheidung über die Frage: Was ist eine Hauptstadt?

Berliner Daten

Die Entwicklungen einer Stadt kann man an einzelnen Daten festmachen. Damit tut man sich in Deutschland nach dem Zweiten Weltkrieg sehr schwer, das Bewusstsein der eigenen Geschichte ist gering ausgeprägt. Ich habe mir angewöhnt, immer dann auf Zitate zurückzugreifen, wenn man sich der Gefahr aussetzen könnte, gegen eine angebliche „political correctness" zu verstoßen. Vertreter der CDU sind dabei besonders gefährdet. So zitiere ich zum Umgang der Deutschen mit ihrer Geschichte gerne Richard Schröder mit dem treffenden Satz „Für nicht wenige Westdeutsche ist

Auschwitz eine Sichtblende vor der deutschen Geschichte vor 1933". Bundespräsident Horst Köhler hat in seiner Antrittsrede die Liebe zu Deutschland als etwas Selbstverständliches dargestellt..

Der 9. November 1989 sollte uns zu Freudenstürmen hinreißen. Aber Zufall oder Gemeinheit der Geschichte zwingt uns an diesem Tag auch die Erinnerung an die Pogrome des Jahres 1938 auf, jede ausgelassene Stimmung ist erstickt. Günter Schabowski hat sicher nicht daran gedacht, als er auf seiner Pressekonferenz zunächst unbeabsichtigt die Entwicklung ins Rollen brachte. So war es richtig, den Tag der deutschen Vereinigung nicht auf den Tag zu legen, an dem die deutsche Republik 1918 ausgerufen wurde, Hitler 1923 in München marschierte, die Nazis 1938 deutsche Staatsbürger verfolgten, nur weil sie Juden waren, und 1989 nach einer friedlichen Revolution sich der Weg zur Selbstbestimmung der Deutschen öffnete. Der 3. Oktober ist willkürlich, aber auch in den Zwängen eines fortschreitenden Zusammenbruchs der DDR ausgewählt. Auch die meteorologischen Durchschnittswerte für den Oktober spielten eine Rolle. Helmut Kohl hat sie mir 1990 erläutert.

So wurde der 3. Oktober der Tag der Deutschen Einheit und deutscher Feiertag. Schade, dass bei der Gelegenheit der 17. Juni als besonderer Gedenktag zurückgestuft wurde und damit der Volksaufstand aus dem Jahre 1953 noch weiter in Vergessenheit geriet. Nach dem Umzug der Bundesregierung nach Berlin wollte das Bundesinnenministerium die bis dahin zentrale Gedenkveranstaltung auf dem Friedhof in der Berliner Seestraße in eine „stille Kranzniederlegung", das heißt im Regelfall Kranzniederlegung durch die Friedhofsverwaltung und kurze Presseerklärung, umwandeln. Mitarbeiter der Senatskanzlei waren ganz stolz, dass sie zuvor die Verantwortung vom Land auf den Bund übertragen konnten. Solange ich im Amt war, habe ich diesen Akt von Geschichtslosigkeit verhindert. Der 50. Jahrestag brachte dann eine Renaissance für die Bewegung des Jahres 1953, die in der Bundesrepublik über Jahre gerne als erfolgloser Streit um höhere Löhne abgewertet worden war. Nun wurde behauptet, die Bürgerrechtsbewegung in der DDR hätte 1989 die Forderungen von 1953 durchgesetzt. Ich befürchte, hier wird die eigenständige Bedeutung des 17. Juni mit seinen Forderungen nach der Wiedervereinigung Deutschlands wieder kleingeredet. Die Bürgerrechtsbewegung wollte in ihrer Mehrheit jedenfalls mit dem Beginn der Entwicklung in der DDR nicht die Wiedervereinigung, sondern die Reform des Sozialismus.

Bei den nachfolgenden Bemerkungen sichere ich mich nicht mit Zitaten ab und werde den ungebremsten Zorn der Föderalisten hervorrufen. Mit dem ersten Jahrestag der Wiedervereinigung und dem „Tag der deutschen Einheit" begann ein „Wanderzirkus" durch die deutschen Länder. Nicht in der Hauptstadt sollte der Staat sich an dem Tage darstellen, er sollte – wie einst im Mittelalter die deutschen Kaiser – durch die Lande ziehen. Die deutsche Vielfalt sollte sich darstellen; die Klammer, die ein starker Föderalismus geradezu fordert, wurde ängstlich oder mit partikularem Stolz zurückgewiesen. In jedem Jahr der Festakt in einem anderen Bundesland, daheim beim immer nur ein Jahr amtierenden Präsidenten des Deutschen Bundesrates. So kann mit diesem Tag keine gesamtstaatliche Tradition aufgebaut werden. Man stelle sich vor, Frankreich feiert den 14. Juli mal in Bordeaux, mal in Marseille oder auch auf Korsika. Ich habe versucht, den 3. Oktober immer auch mit Bildern aus Berlin anzureichern. Sponsoren wurden gefunden, Veranstaltungen organisiert, die Daten mit den offiziellen „Staatsakten" in den Hauptstädten der jeweils verantwortlichen Bundesländer abgestimmt und Absprachen mit dem ZDF zu bundesweiter Übertragung getroffen. So entstand auch die Idee des jährlichen Umzugs auf der Straße „Unter den Linden" mit Gruppen aus vielen deutschen Regionen. Als es wirtschaftlich schwierig wurde, hatte ich die Sponsoren gebeten, auf alle Fälle solange durchzuhalten, bis Berlin im normalen Turnus auch für die offiziellen Veranstaltungen zuständig wäre. Das Ende des Wanderzirkus war angepeilt, spätestens wenn alle Länder einmal dran gewesen sein würden. Die Überlegungen konzentrierten sich dann immer mehr auf das Jahr 2002, dem Jahr des Berliner Vorsitzes im Bundesrat. Gedrängt habe ich auf den Beginn von Veranstaltungen, die dann in Berlin Tradition werden sollten. In Deutschland muss es nicht die Militärparade sein, die in anderen Ländern zur Selbstverständlichkeit von Staatsfeiertagen gehört. Ich hielt ein öffentliches Gelöbnis für ein richtiges Symbol. Verpflichtung zum Dienst an der Gemeinschaft und das auch im Sinne des berühmten Satzes von Kennedy: *Frage nicht, was kann dein Land für dich tun, sondern frage dich, was du für dein Land tun kannst.*

Im Jahre 2003 war ich nicht mehr im Amt. Das vorher mit Scharping verabredete öffentliche Gelöbnis gab es am 20. Juli – ebenfalls ein würdiges Datum. Die Veranstaltung in Berlin war leider inhaltlich nicht geeignet, einen Anstoß zum Ende des Wanderzirkus zu geben. Mein Nachfolger und seine Koalition aus SPD und PDS hatten für das Thema „demokratisches Staatsverständnis" wohl auch außerhalb des Begriffes „feiern" keinen Sinn. Die Sponsoren um „Wir für Deutschland" zogen sich zurück. Wenigstens blieb es bei den Berliner Veranstaltungen der „Werkstatt Deutschland".

Am 3. Oktober gibt es seit dem Jahre 1991 im Roten Rathaus einen Bürgerempfang. Zuvor war die Senatskanzlei mit allen Mitarbeitern vom Rathaus Schöneberg in das Rote Rathaus umgezogen. Ganz Berlin wurde wieder aus seinem historischen Rathaus und aus der Mitte der Stadt regiert. Das Rote Rathaus aber war zudem noch für viele Jahre eine Baustelle. Doch besser konnte die Aufgabe im „Neuen Berlin" für Senat und Mitarbeiter nicht jeden Tag deutlich gemacht werden.

Am 1. Oktober 1950 war die Berliner Verfassung in Kraft getreten. Der 1. Oktober wurde daher als „offizieller" Umzugstag gewählt. Bausenator Wolfgang Nagel überreichte mir feierlich an der Tür des Rathauses den Schlüssel des Hauses und nach kurzer Sitzung des Senats – mehr für die Fernsehkameras als für die notwendige Arbeit – wurden an diesem „Verfassungstag" erstmals im Festsaal des Roten Rathauses Berlinerinnen und Berliner aus allen Teilen der Stadt mit dem Berlin-Orden – er wurde 1987 nach bayerischem Vorbild gestiftet – ausgezeichnet.

Auch der Umzug des Abgeordnetenhauses von Berlin in das instandgesetzte und umgebaute Gebäude des alten Preußischen Landtages wurde vorbereitet. Bereits 1990 war die Entscheidung gefallen. Jürgen Wohlrabe und dann Hanna-Renate Laurien haben sich an der Spitze des Parlaments hier große Verdienste erworben. Es gelang ein Umbau, in dem die historische Bausubstanz sehr gelungen mit einer modernen und funktionsgerechten Architektur verbunden wurde. Ich habe das Gebäude gerne als Berliner Beispiel für die Verknüpfung von altem und neuem Baustil den Gästen der Stadt gezeigt. Dabei war ich zunächst skeptisch. Der alte Preußische Landtag, seine Geschichte, Größe und Bedeutung schienen mir für ein Berliner Stadtparlament einfach eine Nummer zu groß. Mit den Hinweisen stieß ich – bei den ersten Entscheidungen noch Fraktionsvorsitzender – aber nur auf Unverständnis. Im Hinterkopf hatte ich bei der Argumentation allerdings auch die Überlegung, der Bundestag könne das Gebäude und das naheliegende Haus der Ministerien der DDR für einen schnellen Umzug aus Bonn nach Berlin nutzen. Das Angebot ist dann auch noch nach der Instandsetzung des Preußischen Landtages gemacht worden.

Das Abgeordnetenhaus zog 1993 von Schöneberg in die Stadtmitte. Damit war das erzwungene Westberliner Exil der Berliner Verfassungsorgane zu Ende. Und mit dem Abzug der russischen Truppen und der Westberliner Garnisonen der Westalliierten endete 1994 für Berlin die Nachkriegs- und Besatzungsgeschichte.

Der Abschied von den Siegermächten des Zweiten Weltkrieges war selbstverständlich in erster Linie ein Ereignis von nationaler Bedeutung. Die Berliner Landesregierung war aber nicht nur deswegen gefragt, weil die Verabschiedung in Berlin stattfand. Es war auch ein ganz spezieller Berliner Abschied – mehr für die Westberliner als für das frühere Zentrum der DDR. Im Berliner Abgeordnetenhaus hat man sehr darauf geachtet, dass der Senat dieses Jahr nicht nur mit Emotionen und Dankbarkeit der Westberliner gegenüber Amerikanern, Engländern und Franzosen begeht. Die Sorge war zwar aus meiner Sicht unnötig. Den Charakter der Militärregierungen im Westen als Schutzmacht wollte ich allerdings auch nicht in einen Topf geworfen wissen mit den Zielsetzungen der sowjetischen Präsenz. Dazu waren die Einsätze russischer Soldaten am 17. Juni 1953 oder die sowjetischen Jäger, die absichtsvoll über der Innenstadt von Berlin mit einem Riesenknall die Schallgrenze durchbrachen, doch noch zu stark in Erinnerung.

Aber mit Russland gab es inzwischen eine gute Nachbarschaft und die durfte nicht durch Ungeschicklichkeit oder Gedankenlosigkeit belastet werden. Der Abzug aus Deutschland und die ungewisse Unterbringung der russischen Soldaten in ihrer Heimat war für die russische Seele alles andere als ein Triumph. Wünschen der Russen, auch wenn sie in der Berliner Öffentlichkeit auf Ablehnung oder Unverständnis stießen, bin ich deswegen entgegengekommen. So wollten unsere Umweltschützer und auch die zuständige Bauverwaltung bei der großen Abschiedsparade in Oberschöneweide nur den Vorbeimarsch von Fußtruppen zulassen. Auch in „meiner" Senatskanzlei gab es Widerstände. Leichte Kettenfahrzeuge würden ebenso die gerade reparierten Straßendecken zerstören. Aber bei einem Abzug von Truppen nach fast 50 Jahren Besatzungszeit war das für mich kein Thema. So habe ich denn auch ohne eigene Zuständigkeit entschieden. Das reichte den Russen zunächst nicht. Drei Generalmajore mit entsprechender Begleitung erschienen im Rathaus und forderten in höflicher aber bestimmter Form unsere Zustimmung auch zum Mitführen schwerer Panzer, die sie schon nach Berlin transportiert hatten. Das aber widersprach den Vereinbarungen mit der Bundeswehr. Wir konnten nicht zustimmen. Am folgenden Tag fand eine eindrucksvolle Abschiedsparade der russischen Streitkräfte statt – ohne schwere Panzer. Es war eine Demonstration und Hoffnung für die Zukunft, dass der russische Truppenbefehlshaber General Makarenko mit dem Berlinorden ausgezeichnet wurde.

1994 war für mich ein Jahr der militärischen Paraden. Wohl selten wird ein Zivilist so viele Paraden abgenommen haben, nicht etwa nur als Gast auf der Ehrentribüne, nein, gemeinsam mit den Truppenkommandeuren, den angereisten Oberkommandierenden der jeweiligen nationalen Streitkräfte oder Mitgliedern des britischen Königshauses. Mit besonderem Zeremoniell verabschiedeten sich die Streitkräfte von der Bevölkerung in ihren Sektoren, Orden und Ehrenzeichen wurden verliehen. Seit diesen Tagen könnte ich in meinem Namen den Zusatz KBE führen, Knight of the British Empire. Die Berlinbrigaden wurden von mir mit Berliner Fahnenwimpeln geehrt, die obersten Militärs mit dem Berlinorden.

Heute (2004) liest man oft in Berliner Zeitungen bei einzelnen politischen Entscheidungen und auch beim Abschied von großen Künstlern, die das Bild Berlins über Jahre mitgeprägt haben, vom Abschied vom alten Westberlin. Meist steht hinter der Kommentierung eine Mischung von geschichtlicher Unkenntnis, Oberflächlichkeit und dem Vorurteil, das bei der Übersiedlung nach Berlin mitgebracht wurde. Der Abschied von Soldaten und Zivilangestellten der westlichen Schutzmächte war wirklich ein Abschied vom alten Westberlin. Dieses alliierte Berlin war ein Teil der Stadt, ein Teil ihrer Emotionen, ein Bestandteil ihrer Sicherheit. Und so war auch der Abschied der Berliner. Voller Dankbarkeit, voller Erinnerungen – an die Luftbrücke, an die Besuche der Queen, die Rede Kennedys –, auch ein wenig Trauer und bei so manchem das Gefühl, jetzt allein zu sein. Diese Emotionen wurden 1999 bei Veranstaltungen zur Erinnerung an die Luftbrücke noch einmal wach. Wir hatten die Veteranen dieser großartigen humanitären, technischen und militärischen Leistung nach Berlin eingeladen, zeigten das NEUE BERLIN und bedankten uns mit einer Veranstaltung im großen Rund des Flughafens Tempelhof. Auch nach 50 Jahren flossen noch in der Erinnerung viele Tränen.

Von den Emotionen des Jahres 1994 bei dem Abzug der Russen kann ich nur aus der Beobachtung berichten. Mit Sicherheit gab es keine dem Westen vergleichbare Situation, jedenfalls nicht in der Breitenwirkung. Aber es war auch ein Abschied mit ganz unterschiedlichen Gefühlen. Endlich Schluss der Besatzung, aber auch der Abzug eines Partners im antifaschistischen Kampf. Zudem hatte Gorbatschow das Bild von den Russen verändert, die Bürgerbewegung hatte gegen die deutsche kommunistische Führung auf den neuen Kurs der KPdSU gesetzt. Die Freiheit von Berlin und die Wiedervereinigung der Stadt hingen für mich immer mit dem Abzug der Sowjets aus Deutschland zusammen. Kein Wunder, dass ich dem 31. August 1994 – dem Tag des Abzuges – besondere Bedeutung einräume. Der Ablauf war aber auch beeindruckend, in Form und Symbolik aus meiner Sicht besser gelungen als der 3. Oktober vor dem Reichstag.

Die „Besatzungsmacht" Russland zog ihre Truppen vor den „Schutzmächten" USA, Großbritannien und Frankreich ab. Es gab den Festakt zur Verabschiedung der Westgruppe der russischen Truppen mit Präsident Jelzin und Bundeskanzler Kohl im Schauspielhaus. Am sowjetischen Ehrenmal in Treptow zogen die russischen Truppen in Paradeuniformen und Stechschritt symbolisch aus Deutschland ab. Sie sangen das Lied, das zu diesem Anlass gedichtet und wohl auch vertont worden war: „Deutschland, wir reichen Dir die Hand und kehren zurück ins Vaterland". Langsam zog die Bundeswehr ein und nahm den Platz der russischen Soldaten ein. Mit dem Lied nahmen die russischen Soldaten für ihr Land Abschied von Deutschland und der Periode nach dem Zweiten Weltkrieg und boten gleichzeitig gute Nachbarschaft und künftige Zusammenarbeit an. Es strahlte Kraft und Würde aus.

Mein Freund und Kollege aus Moskau, Jury Lushkow, war in der Begleitung von Boris Jelzin nach Berlin gekommen. Wir haben den letzten Zug mit russischen Soldaten gemeinsam am Bahnhof verabschiedet. Die russischen Offiziere wussten nicht recht, was jetzt auf sie an Aufgaben zukommt. Es war dennoch eine gelockerte Atmosphäre. Das galt auch für die Veranstaltungen im Roten Rathaus. Der russische Präsident war zur Eintragung in das Goldene Buch gekommen. Sichtlich angeheitert, dirigierte er gleich am Eingang zum Rathaus den extra aufgebotenen Chor und die Kapelle und verletzte zum Entsetzen des Berliner und russischen Protokolls alle Verabredungen. Vergnügt beobachteten die Besucher, dass der Präsident, kaum hatte er den Wappensaal des Rathauses betreten und das Goldene Buch entdeckt, zur Tat schritt und seine Unterschrift in das Buch setzte. Ich sollte und wollte ihn in einer wohlvorbereiteten Rede darum bitten „uns die große Ehre zu erweisen ..." und bei der Gelegenheit all das sagen, was sich bei einem solchen Anlass gehört. Vor allem musste ich Jury Lushkow besonders begrüßen und die Städtepartnerschaft Berlin–Moskau als Beispiel deutsch-russischer Zusammenarbeit loben. Jelzin war so schnell, dass ich mich nur noch bedanken und den Journalisten mitteilen konnte, es gelte in diesem Falle nicht das gesprochene, sondern das geschriebene Wort der vorher ausgeteilten Redemanuskripte. Beim Rückweg auf der großen Treppe des Rathauses überkamen mich Ängste. Der Präsident wollte sich bei mir vor den Gefahren eines Sturzes abstützen. - Voller Hochachtung erlebte ich zwei Stunden später den Präsidenten toppfit beim Empfang in der russischen Botschaft.

Der Abschied von den Westalliierten zog sich über mehrere Wochen hin. Sie verabschiedeten sich in ihren Sektoren von der Bevölkerung. Höhepunkt war der 8. September. François Mitterand, John Mayor und der amerikanische Außenminister Warren Christopher waren angereist. Wieder ein Festakt im Schauspielhaus und wieder die Eintragung in das Goldene Buch im Roten Rathaus, zusätzlich die Erinnerung an die Luftbrücke am Denkmal vor dem Flughafen Tempelhof. Beeindruckend war der große Zapfenstreich auf dem Pariser Platz vor dem Brandenburger Tor. Die Veranstaltung sollte einer möglichst großen Öffentlichkeit zugänglich gemacht werden. Auf Tribünen östlich des Brandenburger Tores wurden annähernd 14.000 Sitzplätze installiert. Nach den Erfahrungen mit grüner „Berliner Demonstrationstechnik" musste man leider damit rechnen, dass auch über Einladungen an die Fraktionen des Berliner Abgeordnetenhauses Störer in den Veranstaltungsbereich gelangen könnten. Helmut Kohl, der ähnliche Vorkommnisse wie am 10. November vor dem Schöneberger Rathaus befürchtete, hatte den Chef der Senatskanzlei, Volker Kähne, mit ausgestrecktem Zeigefinger in meinem Besprechungszimmer ermahnt: „Und du sorgst mir dafür, dass alles ohne Krawall abläuft!" Das geschah dann auch. Zwar waren die notwendigen polizeilichen Maßnahmen und Kontrollen gegenüber den Besuchern lästig, doch hatte die Polizei alle Versuche, die Zeremonie zu stören, resolut im Griff. Die lauten Demonstranten, die am liebsten die Musik des Zapfenstreichs übertönt hätten, wurden auf Distanz gehalten. So gehört die Erinnerung an diese Begleitmusik zum Großen Zapfenstreich nur zur Atmosphäre einer spannungsgeladenen Stadt. Wirklich gestört hat es nicht.

Von den Reden im Schauspielhaus werden die Ausführungen des französischen Staatspräsidenten immer in besonderer Erinnerung bleiben. Sicher nicht nur bei mir. Helmut Kohl, John Mayor und Warren Christopher sprachen über Vergangenheit und Zukunft des Bündnisses, die künftigen Aufgaben. Der französische Staatspräsident berichtete kurz vor seinem Ausscheiden aus dem Amt über seine Erfahrungen als Kriegsgefangener in Deutschland. Es war nicht die Abrechnung mit Nazideutschland. Er berichtete von der Selbstverständlichkeit, mit der ihm Menschen in Deutschland geholfen hätten. An dem Tag, an dem sein Land sich als Besatzungs- und Schutzmacht aus Deutschland zurückzog, distanzierte sich der französische Staatspräsident damit von allem Gerede über eine angebliche Kollektivschuld eines deutschen Tätervolkes. Ich dachte in dem Augenblick auch an das Lied der russischen Soldaten an ihrem Ehrenmal in Treptow.

War es das? Mit der Frage setzten wir uns in der Senatskanzlei und im Abgeordnetenhaus auseinander. Das besondere Miteinander im Berlin des Kalten Krieges sollte in der Stadt weiter sichtbar bleiben. Es entstand das Alliierte Museum an der Berliner Clayallee. Das Abgeordnetenhaus gründete die Stiftung Checkpoint Charlie, die Austauschprogramme mit den USA organisieren und Verbindung zu den vielen GI's halten sollte, die in Berlin einmal gedient und „einen Koffer in der Stadt" hatten. Mit dem amerikanischen Botschafter Holbrooke entwickelte ich die Idee der „New Traditions". Immer wieder musste ich in den nachfolgenden Monaten diesen Begriff erläutern. Er ist ja in sich ein Widerspruch. Tradition, das sollte auf die gemeinsamen Erlebnisse, auf den Nachkriegskampf um Berlin erinnern. Es sollte auch die Tatsache aufnehmen, dass es amerikanische Unternehmen oder französische kulturelle Einrichtungen nicht erst im Nachkriegsdeutschland in der Stadt gab. Die Hugenotten haben tiefe Spuren in der Stadt hinterlassen. Der Berliner Dialekt ist neben dem Jiddischen stark vom Französischen geprägt. Gerne habe ich stets auf den ersten internationalen Vertrag hingewiesen, den das junge Amerika nach seiner Unabhängigkeitserklärung abgeschlossen hat. Das war ein Freihandelsabkommen mit Preußen, so modern, dass unsere Außenhandelspolitiker es sich zum Vorbild machen sollten. Traditionen, auf denen man aufbauen kann, gab es also genug. Sie sollten mit Neuem gefüllt werden.

Von der New Tradition-Initiative tritt eine Einrichtung heute immer wieder in besonderer Weise in das Rampenlicht der Öffentlichkeit Die Idee einer American Academy entstand in meinem Amtszimmer im Roten Rathaus in einem Gespräch mit dem amerikanischen Botschafter. Wir beschlossen, Richard von Weizsäcker und Henry Kissinger um eine Ideenskizze zu bitten. Es sollte eine gemeinsame Einrichtung und eine gemeinsame Gründung sein. Das Land stellte mit einem langfristigen One-DM-Mietvertrag das Haus am Wannsee zur Verfügung. Für die laufende Finanzierung sollten

Sponsoren in den USA gewonnen werden. Heute verdankt die Academy insbesondere der Familie Kellen die weiteren Grundlagen für ihre sehr erfolgreiche Arbeit. Der Familie gehörte das Haus, bevor sie nach 1933 Deutschland verlassen musste.

Engländer und Franzosen beteiligten sich an der Idee eines Engagements mit neuen Projekten. Sie halfen beim Aufbau neuer Universitätsinstitute und Kultureinrichtungen in ihren alten Sektoren. Ausdrücklich wurden mir beim Besuch im britischen Außenministerium 1994 drei Wünsche vorgetragen: der BBC sollte eine bessere Sendefrequenz erhalten, ein „Großbritannienlehrstuhl" sollte entstehen und der Internationale Club am Funkturm in britischer Tradition fortgeführt werden. Für die Entwicklung Berlins war mir ein anderer Gedanke besonders wichtig: Hilfe bei Investitionsentscheidungen zugunsten der Stadt. Nach den Festakten zur Verabschiedung der Westalliierten eröffnete die Konferenz „New Traditions" im Kronprinzenpalais. Für Berlin und die Berliner Wirtschaft wurde in der Veranstaltung mit Unternehmen aus den USA geworben. Die Konferenzen sollten im Turnus von zwei Jahren stattfinden. Bisher gab es zwei Folgeveranstaltungen.

Hauptstadtentscheidungen

Wer sich nicht mit der Löwenhaut bekleiden kann, nehme den Fuchspelz
Gracián, 220

Mit dem Vertrag über die deutsche Einheit war die Hauptstadtfrage nur vertagt. Vergeblich hatte die neue demokratische Führung der DDR ihr ganzes Gewicht für Berlin in die Waagschale geworfen. Sie konnte nur einen Kompromiss durchsetzen, der wenigstens den Begriff der Hauptstadt mit Berlin verbunden hat. Unter Führung der Regierung von Nordrhein-Westfalen war in der westdeutschen Verhandlungsdelegation jede weitere Festlegung verhindert worden. Die Teilnehmer berichteten über Wut und Ärger von Wolfgang Clement, als er erfuhr, dass er dem Kompromiss unmittelbar vor der Bitte der DDR-Führung nach einem schnellen Termin der deutschen Einheit zugestimmt hatte. Die DDR war wirtschaftlich am Ende, ihre Verhandlungsposition in der Hauptstadtfrage damit nichts mehr wert. Dieser Sachverhalt, den Wolfgang Schäuble sachlich und mit nur leicht anklingendem Ärger beschreibt, deutete schon darauf hin, wie intensiv und emotionsgeladen auch nach der Wiedervereinigung über den Sitz der Verfassungsorgane gestritten werden würde. Kein Schwur von gestern hatte noch Bestand. Plötzlich war Bonn Ursprung und Garant der Versöhnung Deutschlands mit den Freunden im Westen. Vergessen war die historische Binsenwahrheit, dass gerade Berlin und die Luftbrücke Ausgangspunkt für die Versöhnung der Deutschen mit den ehemaligen Kriegsgegnern im Westen gewesen ist, vergessen, dass damit in Berlin die Wiege der NATO stand. Berlin war plötzlich die Hochburg des Nationalsozialismus geworden. Verdrängt wurde die Tatsache, dass weder Hitler noch Goebbels sich in der Arbeiterstadt Berlin wohl fühlten und schon gar nicht Mehrheiten erringen konnten, deutscher Widerstand gegen Hitler in Berlin organisiert wurde. Man malte das Schreckensbild eines zentralistischen Staates und einer Mega-Stadt Berlin an die Wand. Und dann waren da natürlich die Kosten eines Umzuges. Immer höher und höher wurden sie prognostiziert. Keine Bereitschaft bestand dafür, wenigstens die Überlegung anzuhören, dass ein Umzug zwar teuer, der Verzicht auf den Umzug aber noch teurer sein könnte.

Die Debatte hat bei mir eine tiefe Enttäuschung und weitere Zweifel an dem Begriffspaar Glaubwürdigkeit und Politik aufkommen lassen. Der Begriff „Berliner Republik" wurde nach meinem Eindruck als Kampfbegriff gegen Berlin benutzt. Erst später hat der Brite Anthony Ash die Formel aufgenommen und versucht, an der geographischen Verlagerung des politischen Zentrums der Bundesrepublik Veränderungen in Deutschland darzustellen. Ich habe damals den Begriff in Diskussionen und Vorträgen verwendet und versucht, ihn positiv zu unterlegen: Berlin sollte für die Partnerschaft in der westlichen Wertegemeinschaft und den Blick nach Mittel- und Osteuropa stehen, für die Verbindung von Ost und West in Deutschland und für die Modernisierung unserer Gesellschaft.

Sehr typisch für diese Wochen und Monate der Hauptstadtdiskussion war eine Veranstaltung im Kölner Hauptbahnhof. Bekannte aus der gemeinsamen Arbeit in der Deutschen Studentenschaft hatten mich zu einer Veranstaltung der CDU eingeladen. Heftiger Widerspruch regte sich nach meinen Hinweisen auf die klaren Positionen, die auch die CDU des Rheinlandes noch vor wenigen Monaten öffentlich verkündet hatte. Paul Mikat, früher Kultusminister und dann Justitiar der CDU/CSU-Fraktion des Bundestages, verließ nach Abschluss der Veranstaltung laut schimpfend den Saal: „Ich will sie nicht, diese Berliner Republik".

Der Deutsche Bundestag entschied am 20. Juni. Die Debatte wurde oft als Sternstunde des Parlaments bezeichnet. Nimmt man die Reden zum Maßstab, kann es daran keinen Zweifel geben. Dennoch habe ich mit dieser Charakterisierung meine Schwierigkeiten.

Dem Historiker wird bei der Durchsicht der Protokolle auffallen, dass fast alle Bundestagsabgeordneten aus Berlin mit der ersten Abstimmung eine klare Entscheidung für eine Hauptstadt mit dem Sitz aller Verfassungsorgane vermieden haben. Das musste doch aber das Ziel sein! Es wurde jedoch nur einem Konsens-Antrag zugestimmt, mit dem der Bundestag seinen Sitz nach Berlin verlagern sollte. Der andere Kernsatz lautete: „Sitz der Bundesregierung und der Ministerien ist Bonn".

Die Informationen über das vermutete Abstimmungsverhalten der Mitglieder in den verschiedenen Fraktionen war für die Berliner alarmierend. Der SPD-Bundesparteitag hatte sich im März für Bonn als Regierungs- und Parlamentssitz ausgesprochen und eine Volksabstimmung gefordert. Deutlich war dabei die Erwartung, der Westen Deutschlands würde mit seinem Stimmengewicht den Ausschlag für Bonn geben. In der CDU machten Abgeordnete die Berlindebatte für die Wahlniederlage in Rheinland-Pfalz verantwortlich. Das war einfacher als das Eingeständnis, dass man einen populären Ministerpräsidenten wie Bernhard Vogel nicht mit Parteiquerelen aus dem Amt hätte drängen dürfen. Auch in Hamburg hatte es ein Wahldesaster für die Union gegeben. Die Nervosität stieg. Das sorgfältige Auszählen von bereits angekündigten Stimmabgaben ließ eine deutliche Mehrheit für eine Totallösung Bonn erwarten. Die vorbereiteten Anträge, die Debatte und das Abstimmungsverhalten waren daher stark von taktischen Überlegungen geprägt. Immer mehr rückte die Frage in den Vordergrund, was denn in der Gemengelage des Deutschen Bundestages überhaupt noch für Berlin erreichbar sein würde. Vernünftige Strukturen für den Apparat der Bundesregierung und die Zusammenarbeit zwischen den Verfassungsorganen wurden zwar ebenfalls diskutiert; nach meinem Eindruck rückten sie aber mehr und mehr in den Hintergrund.

Ort des Geschehens war Bonn. Die Fraktions- und Parteiführungen hatten frühzeitig die politische Führungsaufgabe in den Schoß jedes einzelnen Abgeordneten zurückgegeben. Sie verzichteten mit Ausnahme der PDS auf eigene Anträge. Die Hauptstadtfrage gehörte zu den so genannten Gewissensfragen, in denen die besondere Loyalität zu Mehrheitsentscheidungen der Fraktionen nicht eingefordert wird. Berliner Senator vor Ort war Peter Radunski. Er war vor dem Wechsel in das Berliner Senatorenamt Bundesgeschäftsführer der CDU und nutzte nun seine „Insiderkenntnisse" für die Berliner Position. Peter Kittelmann, Gero Pfennig und Rupert Scholz führten Gespräche mit allen Gruppen der Bundestagsabgeordneten. Peter Radunski lud jeden Abend in die Landesvertretung Berlins ein und erläuterte vor einem großen Modell der Innenstadt die Entwicklung der Stadt. Nie gab es wohl sonst einen so intensiven fraktionsübergreifenden Gedankenaustausch. Mitglieder aus allen Fraktionen formulierten gemeinsame Anträge, sie besprachen das parlamentarische Vorgehen und stimmten sich ab, wer mit welchen Kollegen noch reden und Überzeugungsarbeit leisten sollte. Willy Brandt, Jochen Vogel und Wolfgang Schäuble machten sich für die Hauptstadt Berlin stark. Die öffentliche Zurückhaltung von Helmut Kohl löste Irritationen aus. Die Telefonleitungen nach Berlin und in die Senatskanzlei glühten.

Hatte Berlin überhaupt eine Chance? Die Mehrheit der so genannten Prominenz des Deutschen Bundestages warb zwar für Berlin und für die

Aussagen, die über Jahrzehnte zur „political correctness" der Bonner Republik gehörten. Der Druck aus Nordrhein-Westfalen war mit breiter Unterstützung aus Bayern jedoch sehr stark. Wolfgang Clement führte wieder Regie und der Bonner Landrat und Bundestagsabgeordnete Möller sammelte die Berlinkritiker um sich. Historisch interessant, dass die Positionen auch am Ende des 20. Jahrhunderts noch immer an den Grenzen des Rheinbundes und alter antipreußischer Koalitionen ablesbar waren. Willy Brandt hat das in der Debatte vom 20. Juni zu der Bemerkung veranlasst, „das Preußische taug(e) immer noch mehr als zu einer bloßen Karikatur". Ausgerechnet jetzt machte sich auch noch der Frust der alten DDR-Provinz gegen die bevorzugte „Hauptstadt der DDR" bemerkbar.

Ein riskanter Vorschlag

Alle Beteiligten an der Entscheidung vom 20. Juni 1991 werden sehr persönliche und auch sehr unterschiedliche Erinnerungen haben. Die Vorgänge in Bonn verlangten über mehrere Wochen die volle Aufmerksamkeit des Berliner Senats und der Berliner Parteien. Anders als 1990 bewährte sich die Zusammenarbeit von CDU und SPD. Ich bin heute noch überzeugt, ohne die große Koalition gäbe es den Hauptstadtbeschluss pro Berlin nicht. Es gab einen vollen gegenseitigen Informationsaustausch auch über so genannte vertrauliche Runden in den beiden Parteien. Ich warb für vertrauensbildende Maßnahmen gegenüber den Berlinkritikern: Es gibt keinen Zentralismus durch eine Entscheidung für Berlin, wir wollen einen lebendigen Föderalismus und Bundeseinrichtungen in allen Ländern. Aus der CDU/CSU-Bundestagsfraktion hörte ich von Bemühungen um einen vermittelnden Vorschlag. Es ging, wie Alfred Dregger gesagt haben soll, nicht mehr um eine befriedigende, sondern eine befriedende Lösung. Er hat Berlin als Parlamentssitz und Bonn als Regierungssitz vorgeschlagen. Daraus wurde der Konsensantrag Heiner Geißlers.

Peter Kittelmann empfahl mir in mehreren Gesprächen eindringlich, die Berliner müssten mit Heiner Geißler eng zusammenarbeiten und ihre Positionen und Öffentlichkeitsarbeit darauf abstellen. Er untermauerte das mit einer Analyse der Mehrheitsverhältnisse. Danach mussten wir jeden Strohhalm ergreifen. Ein Vabanquespiel dürften wir nicht verantworten. Gäbe es gegen alle Erwartungen eine Mehrheit für den Geißlervorschlag, wäre der Umzug des Parlaments sicher. Ob das nicht durch einen Rutschbahneffekt auch einen Zwang zur Umsiedlung wichtiger Teile der Bundesregierung nach sich ziehe, könne man getrost der Zukunft überlassen.

Der zweite Teil der Analyse war mir noch wichtiger: Der Konsensvorschlag von Heiner Geißler sei nicht mehrheitsfähig, auch wenn Berliner

Bundestagsabgeordnete und viele Berlinanhänger für den Antrag stimmten. Die rheinische Lobby sei siegessicher und nicht kompromissbereit. Wenn die Berliner aber gemeinsam mit Heiner Geißler einen Antrag formulierten und für eine Kompromisslinie votierten, könnten wir doch noch 20 oder 30 Abgeordnete aus der „Bonnfraktion" abspalten. Die Verärgerung über die Sturheit der Gruppe um Clement und Möller sei so groß, dass die Ablehnung des Konsensantrages frühere Bonnbefürworter, zu denen wir auch Heiner Geißler rechneten, zu einem Berlinvotum veranlassen würden. Mir erschien das einleuchtend. Loyalitäten zu Bonn und den Bonnbefürwortern mussten bei der bevorstehenden Abstimmung gelockert werden. Dann kann doch wieder die Erinnerung an die Selbstverständlichkeit in den Vordergrund rücken, mit der die Frage nach der deutschen Hauptstadt vor dem Fall der Mauer beantwortet wurde. Also sollte das Wohlverhalten Berlins die Chance bieten, von den Sturköpfen abzurücken.

Der Vorschlag war riskant. In der eigenen Partei wurde ich ohnehin schon attackiert, weil ich nicht jeden Tag vom Bundeskanzler und Parteivorsitzenden ein Berlinbekenntnis abverlangte. Es war den Heißspornen nicht klar zu machen, dass Berlin keine öffentliche Diskussion, sondern die Zustimmung von vielen einzelnen Bundestagsabgeordneten zu gewinnen hatte. Nicht laut abschrecken, leise überzeugen – das ist ja ein angeblich unberlinerisches Vorgehen. Ich kannte Helmut Kohl zu gut und wusste, dass ein öffentliches Drängen und Zerren nur kontraproduktiv sein würde. Der Bundesparteivorsitzende wollte sich offensichtlich nicht persönlich an die Spitze der Auseinandersetzung setzen. Er dachte auch nach dem 20. Juni vor allem an den Zusammenhalt der Partei. In der Familie des Kanzlers war Hannelore Kohl sicher der verlässlichste und energischste Berlinanhänger, obwohl der Chefredakteur des Bonner Generalanzeigers, Helmut Herles, den Kanzler sogar als Berlin-Fan bezeichnet hat. Er meinte das als Beschimpfung und hat es nach der Entscheidung des Bundestages mit der Prognose verbunden, Helmut Kohl hätte die Rheinische CDU noch auf längere Jahre mit seinem Votum aus dem Machtspiel um Düsseldorf abgemeldet. Wohlgefällig hat der Bonner Chefredakteur auch darüber berichtet, am Rhein sei über die Gründung einer Volkspartei nach dem Beispiel der CSU zumindest nachgedacht worden.

Aus Berlin machte sich eine Gruppe von beinahe 30 CDU-Mitgliedern des Abgeordnetenhauses auf den Weg an den Rhein, um den Kanzler energisch zur Rede zu stellen, selbstverständlich mit entsprechender öffentlicher Begleitmusik. Für eine notwendige Kompromisslösung votierte von ihnen keiner. Im Gegenteil, sie wollten mit dem Austritt aus der Partei drohen.

Ich konnte es den kampfesmutigen Parlamentariern nicht ausreden. So setzte sich dann der neu gewählte Fraktionsvorsitzende Klaus Landowsky an die Spitze der Delegation und bemühte sich darum, dass forsches Auftreten nicht auch noch zu Flurschäden führte. Helmut Kohl empfing die Gruppe nach einigem Hin und Her und beruhigte sie. In einer internen Sitzung der Bundestagsfraktion hatte er schon einmal angekündigt, dass er sich bei der Abstimmung für Berlin entscheiden würde. Ich glaube auch heute noch, dass er damals nicht nur aus Gründen des Zusammenhaltes der Partei sehr zurückhaltend war und seine Führungskraft nicht einsetzte. Er war auch mit sich uneins. Berlin zog ihn an und schreckte ihn zugleich. Bonn war seine vertraute Umgebung. Der Historiker wusste aber wie auch bei der Wiedervereinigung von seiner geschichtlichen Aufgabe und außerdem von dem blanken Unverständnis, mit dem unsere Nachbarn diese „deutsche" Diskussion miterlebten. So war er nach meiner Einschätzung zwar mit geteiltem Herzen, aber vollem Verstand, bei der Grundsatzentscheidung für Berlin. In der Parlamentsdebatte hat er klar Position bezogen; mit Streicheleinheiten für den Kompromissversuch Bonn/Berlin und besonders freundlichen Worten an die Adresse der Stadt am Rhein.

Dem Verfahrensvorschlag von Peter Kittelmann stimmte ich zu. Er hat ihn mit anderen Kollegen im Bundestag abgestimmt. Die Marschrichtung war klar: erst Zustimmung zum Konsens und dann, sollte er erwartungsgemäß abgelehnt werden, *JA* zum Berlin-Antrag. Der Konsens dürfte aber nicht in der entscheidenden Abstimmung des Deutschen Bundestages die Alternative zu dem Antrag der rigorosen Bonnbefürworter sein. Dann wäre bei einer Ablehnung für Berlin alles verloren. Über den Konsensantrag musste als erstes und allein abgestimmt werden. Bei einer Ablehnung konnten die Berliner Gesten dann (hoffentlich) ihre psychologische Wirkung entfalten.

Im Ältestenrat wurde die Reihenfolge bestimmt, nach denen über die Anträge abgestimmt werden sollte. Es lagen fünf Anträge vor. Der von Heiner Geißler vorbereitete „Konsens-Antrag" einer örtlichen Trennung von Bundestag und Bundesregierung stieß auf einen Gegenantrag „zur Erhaltung der Funktionsfähigkeit der parlamentarischen Demokratie" einer Abgeordnetengruppe, die sich um Peter Conradi und Otto Schily geschart hatte. Die Antragsteller befürchteten, dass sich eine Regierung um so leichter der parlamentarischen Kontrolle entzieht, je weiter Regierung und Parlament voneinander entfernt sind.

Der Ältestenrat entschärfte die Situation. Über diese beiden Anträge sollte zunächst abgestimmt werden, erst der Konsens-Antrag, dann die Position zur Funktionsfähigkeit eines parlamentarischen Systems. Danach war über den Kern des Streites zu entscheiden. Er lag dem Bundestag mit Anträgen zu den Stichworten „Modell Bundesstaat" und „Vollendung der deutschen Einheit" vor. Beide bemühten sich in den Formulierungen auch um die andere Seite. Die Bonner machten „Zugeständnisse" mit einem „ersten Sitz" des Bundespräsidenten in Berlin, dazu Bundestagssitzungen, die zu besonderen, wohl festlichen Anlässen in Berlin stattfinden sollten. Auch die alle fünf

Jahre zur Wahl des Bundespräsidenten einzuberufende Bundesversammlung sollte in Berlin stattfinden. Der Bundesrat sollte nach Berlin umziehen. Es war allerdings bekannt, dass dieses Verfassungsorgan sich alle Beschlüsse des Bundestages über seine künftige Arbeit zuvor verbeten hatte. Da konnte man leicht eine Hand ausstrecken. In Wirklichkeit war es die Totallösung Bonn.

Der Berlin-Antrag wollte den Bundestag und die Kernbereiche der Regierungsfunktionen in der deutschen Hauptstadt ansiedln. Mit der Forderung nach einer „fairen Aufgabenaufteilung" im Bereich der Verwaltung verschob er wichtige Entscheidungen auf ein Berlin/Bonn-Gesetz und eine Föderalismuskommission.

Schade: der einzig angemessene Antrag für eine historisch einmalige Situation kam ausgerechnet von der PDS. „Sitz von Parlament und Bundesregierung ist Berlin." Und im nächsten Absatz: „Der Beschluss ist sofort in Kraft zu setzen." Man hätte auch schreiben können, eine provisorische Unterbringung ist nicht auszuschließen. Leider hatten es die anderen Parteien nicht so leicht. Der Abgeordnete Gregor Gysi zog den Antrag zurück. Er hätte mit einer Stimmenzersplitterung das Abstimmungsrisiko für Berlin nur erhöht. Zum Ausgleich für diesen Antrag der Vernunft ist die PDS wenige Jahre danach auf eine völlige „Bonn-Linie" umgeschwenkt. Sie wollte mit einem Antrag im Deutschen Bundestag alle Umzugsaktivitäten einstellen lassen.

Es war ein großer Tag des Parlamentarismus und eine Debatte mit vielen guten und schlechten Argumenten und wohl noch mehr Emotionen. Nervös saß ich auf meinem Platz auf der Bank des Bundesrates und spürte die Anspannung des Tages. Es war in der Tat nervenaufreibend. Die Stimmung im Saal war schwer einzuschätzen. Ich konnte mir kaum vorstellen, dass Abgeordnete den Plenarsaal mit einer noch offenen Position betreten hätten und sich durch den Verlauf der Debatte beeinflussen ließen. Wirklich Neues konnte es wohl nicht mehr geben. Oder doch? Wolfgang Schäuble erreichte die Herzen, nicht mit neuen Argumenten, aber mit der Form des Vortrags, mit der Wirkung seiner Rede und der schlichten Bitte, mit ihm für Berlin zu stimmen. Der langanhaltende Beifall aus dem ganzen Parlament ließ die Hoffnung entstehen, dass er doch etwas bewegt hat.

Norbert Blüm prognostizierte Berlin sechs Millionen Einwohner und den unlösbaren Wohnungsmangel einer Megastadt. Willy Brandt vergaloppierte sich bei einem Vergleich mit Vichy und der Feststellung, kein Franzose wäre auf die Idee gekommen, in dieser idyllischen Stadt zu bleiben, als fremde Mächte die Rückkehr nach Paris nicht mehr verhinderten. Johannes Rau richtete mit einer geschickten Rede seine Mannen auf. Pflichtgemäß habe ich in meinem Beitrag die Konsensbemühungen gelobt und auf die Aufgabe der Föderalismuskommission hingewiesen, die über Ansiedlung von

Bundeseinrichtungen in allen Ländern entscheiden sollte. Bei der nachträglichen Lektüre habe ich festgestellt, dass mein Ärger über die bundesdeutsche Wirklichkeit doch sehr sichtbar geworden ist. „Im Westen konzentrieren sich kraftvolle Zentren von Verwaltung, Wirtschaft, Finanzen und Wissenschaft, und im Osten wird abgewickelt, und er soll sich mit Titeln und Filialen begnügen".

Der Hauptstadtbeschluss

Peter Kittelmann hatte bei seiner Einschätzung zu den Mehrheitsverhältnissen beim Konsensantrag Recht. Mit großer Mehrheit wurde diese Initiative abgelehnt, ganz knapp scheiterte der Antrag, der eine örtliche Trennung von Parlament und Regierung verhindern wollte. Dann rief die Bundestagspräsidentin zur entscheidenden Abstimmung auf. Für mich war die Spannung nahezu unerträglich. Und doch musste ich mich auf die erste Stellungnahme nach der Entscheidung einstellen. Die Journalisten würden mir keine fünf Minuten Luft lassen. Vorsichtshalber war ich auf einen negativen Ausgang vorbereitet.

Ich hoffte, das Manuskript nie nutzen zu müssen:

„Die Entscheidung hat vor der Geschichte keinen Bestand. Dieser Beschluss ist ein Druckfehler im Buch der deutschen Geschichte. Aber dieses Buch wird weiter geschrieben. Die Stadt hat in ihrer Geschichte schon viele Schläge einstecken müssen, aber stets daraus neue Kraft gewonnen. Die heutige Entscheidung ist nach der Überwindung der Blockade, des Chruschtschow-Ultimatums und von Mauer und Stacheldraht natürlich besonders schmerzlich. Aber das Herz des vereinigten Deutschlands wird weiter in Berlin schlagen".

Ich konnte den Zettel in der Tasche lassen.

Es ist bei allen Abstimmungen das Gleiche. Kurz vor Abschluss der Auszählung steigert sich die Spannung. Erste Meldungen erreichen den Saal. Wie ist der Gesichtsausdruck der Auszähler? Im Bundestag entsteht Unruhe bei den Spitzen der Bonn-Fraktion. Freundliches Nicken zur Berliner Bundesratsbank. Dann verliest die Präsidentin das Ergebnis – 337 Stimmen für Berlin, 320 für Bonn. Wir – die Berliner – hatten gewonnen.

Mir fielen mehrere Steine vom Herzen. Die Entscheidung war sehr knapp. Die Reaktion im Plenarsaal zeigte große Überraschung. Neun Stimmen mehr für Bonn und ich hätte die vorbereitete Erklärung abgeben müssen. So aber war jetzt die erste Entscheidung in der Hauptstadtfrage getroffen und die eingeschlagene Richtung stimmte. Welche Motive, welche Taktik bei dem knappen Ergebnis auch immer eine Rolle gespielt haben mögen – es war der

Erfolg einer Gemeinschaftsarbeit. Heiner Geißler und die Antragsteller des „Konsensantrages" hatten in der entscheidenden Abstimmung die Erwartungen – Zusagen? – erfüllt. Mehr als Dreiviertel dieser Antragsteller hatte im Ergebnis für den Berlinantrag gestimmt. Wolfgang Schäuble hatte die Emotionen im Sinne Berlins aufgewühlt und wohl auch die angesprochen, die unter dem Druck ihrer Landesverbände eine Abstimmung für Bonn geplant hatten. Wir hatten Anlass zu ausgelassener Freude.

Den Abend des 20. Juni in Bonn werde ich allerdings auch aus einem anderen Grunde nicht vergessen. Die Enttäuschung in der Stadt konnte ich verstehen. Die vorbereitete Siegesfeier fiel aus. Die Atmosphäre ließ die Schärfe der Auseinandersetzungen vorherahnen, die in den nächsten Jahren bei der Umsetzung des Hauptstadtbeschlusses auf uns zukam. Es gab nur wenige Vergleiche, die ich nach persönlichen Erfahrungen anstellen konnte: Die Reaktion der Holländer in einer Gaststätte an der Nordseeküste nach dem Siegestor der Deutschen gegen die Niederlande in der Fußballweltmeisterschaft 1974. Schlimmer war es nur auf dem Alexanderplatz, als ich mit einer Delegation der Jungen Union während der Weltjugendfestspiele 1973 in der DDR Flugblätter verteilte.

Ein Beschluss wird bearbeitet

Es hätte ein gutes Signal sein können. Die Termine waren vorgegeben. Der Deutsche Bundestag und der Kernbereich der Regierung sollte in vier Jahren in Berlin sein. Bis 1995 sollte die Arbeitsfähigkeit des Parlaments in Berlin hergestellt und die politische Präsenz der Bundesregierung in der Hauptstadt gesichert sein. Internationale Investoren würde es weniger interessieren, ob einzelne Baumaßnahmen für den Bundestag bis zu diesem Zeitpunkt noch nicht abgeschlossen wären oder Teile der Ministerialverwaltung ihren Sitz in Bonn hätten. Berlin konnte sich als wichtiges Zentrum zwischen Paris und Moskau darstellen und versuchen, mit diesem Hintergrund internationale Dienstleistungen in die Stadt zu ziehen.

Nach dem verhaltenen Jubel in Berlin kam schnell die Ernüchterung aus Bonn. Die beiden großen Parteien hatten mehrheitlich für eine andere Entscheidung votiert. Schnell zeichnete sich ab, dass das knappe Ergebnis nicht widerstandslos akzeptiert wurde. Dietmar Kansy hat in seinen Aufzeichnungen „Zitterpartie" eindrucksvoll beschrieben, mit welchem Einfallsreichtum von der Bonn-Lobby und großen Teilen der Ministerialbürokratie Entscheidungen erschwert, behindert und verzögert wurden. Die Zeit ist darüber hinweggegangen und man könnte das alles als unbedeutende und allzu menschliche Episoden zu den Akten legen. Heute ist der Reichstag Sitz des bundesdeutschen Parlaments und gleichzeitig ein beliebter Publikumsmagnet. Berlin ist Sitz der Bundesregierung. Ende gut, alles gut? Leider nein. Der wirtschaftlichen Entwicklung Berlins wurden durch das Gezerre entscheidende Chancen genommen, und noch heute sind Teile der Bundesregierung in Bonn angesiedelt.

Es zeichneten sich sehr einfache Strategien ab.

Der Bonn-Lobbyist konnte darauf vertrauen, dass auch viele korrekte und loyale Beamte hofften, den Rest ihrer Dienstzeit noch in Bonn verbringen zu können. Sie entwickelten sich zu wahren Meistern beim Suchen und Finden neuer Probleme. So hatten sie der Bundesbauministerin Adam-Schwaetzer eingeredet, man müsse in einem aufwändigen Verfahren die Standfestigkeit von Gebäuden prüfen, auch wenn es dafür keinen Anlass gab. Dahinter stand zugleich der Wunsch, möglichst viel abzureißen und eine Neubauplanung zu beginnen. Jedes Thema konnte zunächst durch eine neue Arbeitsgruppe lange bearbeitet werden. Im Bauministerium hat erst Klaus Töpfer als Umzugsbeauftragter mit dieser Praxis Schluss gemacht. Ich lobte ihn damals „Jetzt wird nicht mehr geschwätzert, jetzt wird getöpfert". Aus der FDP wurde ich danach damit bedroht, bei den Beratungen im Haushaltsausschuss werde man an die unfreundliche Bemerkung denken. - Mit großem Eifer stürzte man sich auf den Begriff der Arbeitsfähigkeit des Parlaments. Die Kriterien wurden immer höher gelegt, die Vorbereitung immer zeitaufwändiger, der Umzugstermin immer weiter aufgeschoben.

Nach der Entscheidung des Bundestages sollte „zwischen Berlin und Bonn eine faire Arbeitsteilung vereinbart werden, sodass Bonn auch nach dem Umzug des Parlaments nach Berlin Verwaltungszentrum der Bundesrepublik Deutschland bleibt, in dem insbesondere die Bereiche in den Ministerien und die Teile der Regierung, die primär verwaltenden Charakter haben, ihren Sitz in Bonn behalten". Der Kernbereich der Regierungsfunktionen sollte in Berlin angesiedelt werden. Eigentlich gab es an diesem Beschluss wenig zu interpretieren. Bonn sollte ein Verwaltungszentrum, Berlin das Regierungszentrum in Deutschland sein. Hier aber fand man einen Einstieg zu einer Interpretation des Bundestagsbeschlusses, an den die Autoren mit Sicherheit nicht gedacht hatten. Das Entgegenkommen der Berlinbefürworter bei der Formulierung ihres Antrages rächte sich. In dem Beschluss gebe es eine Reihe von Zielkonflikten, so wurde im Bericht des Arbeitsstabes Berlin/Bonn im September 1991 argumentiert, die eine einfache Umsetzung durch die Bundesregierung nicht möglich machen. Man könne insbesondere den Begriff Kernbereich der Regierungsfunktionen nicht klar umschreiben und eine Gleichsetzung mit den ministeriellen Aufgaben sei nicht zwingend. Auf diesem Wege wollte man den Weg nach Berlin auf politisch besonders herausgehobene Regierungsaufgaben begrenzen. Es müssten in Berlin örtlich nur die Ministerialfunktionen angesiedelt seien, die im Verhältnis zum Parlament besonders wichtig seien - damit war der Weg offen für zwei politische Zentren. Das aber war genau *nicht* die Zielrichtung des Hauptstadtbeschlusses.

Der Arbeitsstab Berlin/Bonn der Bundesregierung hat sich unter Leitung des Staatssekretärs aus dem Innenministerium, Franz Kroppenstedt, voll auf die Argumentationslinie des bereits von mir mehrmals erwähnten so genannten Möller-Kreises der Bonn-Lobbyisten zu bewegt. Alle Überlegungen zu einer Verwaltungsreform mit der Trennung rein ministerieller Funktionen von den Arbeiten primär verwaltenden Charakters wurden beiseite geschoben. Das Parlament hatte mit Rücksicht auf die wirtschaftlichen Sorgen Bonns das Ziel vor Augen, „den größten Teil der Arbeitsplätze in Bonn zu erhalten". Nur so konnte man auch den Sorgen des mittleren und gehobenen Dienstes in den Ministerien entgegenkommen, der seine Häuschen am Bonner Stadtrand nicht nach Berlin würde umsetzen können. Nunmehr ging es aber um einen zweiten Regierungssitz. Der Arbeitsstab benennt Ministerien, deren politische Führung und Fachabteilungen in Bonn bleiben könnten, andere sollten ausschließlich die politische Spitze in Berlin ansiedeln. So wurde der Beschluss vom 20. Juni systematisch ausgehöhlt. Helmut Kohl hatte – in offensichtlicher Sorge um die rheinische Partei – den Weg dazu bereits im September 1991 freigegeben und erst einmal die verärgerten Gemüter der unterlegenen Bonnbefürworter mit dem Hinweis in der CDU-Fraktion zu beruhigen versucht, jetzt müsse erst mal ein vernünftiger Terminplan erarbeitet werden. Anschließend hatte er im Ältestenrat „seine Einschätzung" dargelegt, es könnten ja auch einige Ministerien vollständig in Bonn verbleiben.

Eine dritte strategische Linie war für die Entwicklung in Berlin noch gefährlicher: das liebe Geld.

Der zweite Regierungssitz ist teuer und unpraktikabel. Hier würde die Zeit die richtigen Lösungen erzwingen. Die Rutschbahn kommt von ganz allein. Nur eine umfassende Unterscheidung zwischen verwaltender und regierender Arbeit kann den Ausgleich schaffen. Auch der persönliche Widerstand gegen den Umzug hat erwartungsgemäß bei den mittleren und jüngeren Jahrgängen abgenommen. Ärgerlich waren die Folgen der Verzögerungen für die Entwicklung Berlins. Ansonsten habe ich auf den Wandel vertraut: Das Gespräch am Bonner Gartenzaun würde sich verändern von „Ach, liebste Freundin, es tut mir ja so leid, dass Ihr Mann immer nach Berlin reisen muss!" in „Ach, Ihr Mann gehört nicht mehr zu den wichtigen Mitarbeitern der Ministerien und bleibt in Bonn?" Mit den angeblichen Kosten des Umzuges aber wurde noch mehrmals ein Generalangriff auf den Umzug nach Berlin gestartet. Dabei ging es nicht nur um eine noch weitere Verzögerung.

Horrorzahlen wurden mit großer publizistischer Unterstützung in die Welt gesetzt. Experten hätten – so der Bonner Oberbürgermeister Daniels –

die Kosten eines neuen Regierungssitzes in Berlin auf 200 Milliarden DM errechnet, die beschlossene Verlagerung solle verschoben und erst wieder aufgegriffen werden, wenn sich der Staat diesen Luxus leisten könne. Es fehlte natürlich nicht der Hinweis, das Geld würde bei den Familien mit Kindern und den Pflegebedürftigen fehlen. Berlin und den Berlinern wurde Gigantismus vorgeworfen, die gigantischen Forderungen und Pläne aber wurden von den Bonnern entworfen.

Ich empfand das als besonders perfide. Der Berliner Senat und die Berliner Bundestagsabgeordneten Kittelmann, Buwitt (CDU) und Wartenberg (SPD) machten konkrete Vorschläge, bestehende und funktionsfähige Gebäude zu nutzen, in Bonn aber war zunächst eine regelrechte Neubaueuphorie ausgebrochen. Wir schlugen dem Bundestag vor, den gerade neu hergerichteten Preußischen Landtag in den Sitzungswochen zu nutzen, der Bundestag entschied sich dagegen und wollte erst in einem „Neubau" Reichstag seine Berliner Arbeit aufnehmen. In den Bonner Kommissionen entschied man sich gegen einen Umzug „auf niedrigem Niveau", gleichzeitig beklagte man die hohen Umzugskosten.

Rita Süßmuth und Dietmar Kansy, der Vorsitzende der Baukommission des Bundestages, haben den rheinischen Horrorzahlen energisch widersprochen. Seriös konnte man von einem Kostenrahmen von etwa 10 Prozent der von Herrn Daniels angegebenen Summe reden. Darin waren besondere Unterstützungen für Bonn enthalten. Wir wissen heute, dass diese 20 Milliarden DM sehr realistisch waren und nicht in voller Summe benötigt werden. In den Gutachten, die der Berliner Senat in Auftrag gegeben hatte, war von noch geringeren Summen ausgegangen worden.

Die von der Bonner Lobby frei erfundenen Zahlen taten jedoch ihre Wirkung. Mit der Behauptung von den 200 Milliarden DM hatte der Bonner Oberbürgermeister die Spitze der Unseriosität erklommen. Auch die späteren Zahlenangaben von 100 Milliarden, die von der Initiative „Ja zu Bonn" in Umlauf gebracht wurden, oder die hochgerechneten Zahlen aus dem Bundesfinanzministerium von über 50 Milliarden sorgten für Unruhe. Es ist müßig, all die Einzelinitiativen und Parlamentsanträge aufzulisten, mit denen der Beschluss vom 20. Juni aufgehoben oder massiv verändert werden sollte. Es ging bis zu einem Antrag an das Bundesverfassungsgericht, das jedoch eine einstweilige Verfügung gegen die Umzugsentscheidung ablehnte.

Nach einer so genannten Elefantenrunde der Partei- und Fraktionsvorsitzenden am 14. Januar 1994 verabschiedeten Bundestag und Bundesrat fast drei Jahre nach dem Hauptstadtbeschluss das Berlin-Bonn-Gesetz. Der Beschluss vom 20. Juni wurde damit in seiner Substanz verändert:

Die Arbeitsfähigkeit des Bundestages wird nicht in den geforderten vier Jahren nach 1991 hergestellt. Er soll seine Arbeit in der 14. Legislaturperiode

– also nach den Bundestagswahlen 1998 – spätestens aber nach der Sommerpause 2000 in Berlin aufnehmen.

Bonn heißt jetzt Bundesstadt. Ministerien können ihren Sitz sowohl in Bonn als auch in der Bundeshauptstadt Berlin haben, Bundesministerien mit Sitz in Bonn sollen auch einen Dienstsitz in Berlin erhalten. Etwa 5.000 Arbeitsplätze von Bundesverwaltungen in Berlin werden nach Bonn verlagert.

Auch die Bundesregierung – soweit sie umziehen soll – will bis zum Jahre 2000 in Berlin sein, schrittweise will man mit einzelnen Ministerien schon früher in die Hauptstadt ziehen.

Der Kampf der Bonn-Lobby hatte sich gelohnt. Zu den Politikbereichen, die in Bonn besonders gefördert werden sollten, gehörten mit Bildung und Wissenschaft, Kultur, Forschung und Technologie, Telekommunikation sowie Umwelt und Gesundheit außerdem die Wirtschaftsbereiche, in denen Berlin seine eigentlichen Chancen für einen wirtschaftlichen Neuaufbau sah. Die Beschlüsse wurden einstimmig gefasst. Im Bundestag gab es nur wenige Enthaltungen. Der Bundesrat verabschiedete das Gesetz als Punkt 78 seiner Tagesordnung. Erklärungen wurden zu Protokoll gegeben. Aber auch hier wieder: „In welchen Schritten die für Berlin vorgesehenen Ministerien tatsächlich verlagert werden können, hängt nach unserer Auffassung entscheidend von der Finanzlage des Bundes ab. Wir halten es nicht für realistisch, den gesamten Umzugsprozess bis zum Jahr 2000 abzuschließen", so hatte es als Vertreterin von Nordrhein-Westfalen die Ministerin Anke Brunn zu den Akten gegeben. Gleichzeitig ahnte sie wohl, dass die Idee vom doppelten Regierungssitz immer wieder umstritten sein wird. „Es darf kein Zweifel daran entstehen, dass dieser Beschluss", so hält sie fest, „in allen Punkten gilt. Die Zusagen des Bundes für Bonn und für die Region müssen genauso verbindlich sein wie der Wille, den Bundestag und die Kernbereiche der Regierungsfunktionen nach Berlin zu verlagern ..., wer einen der beiden Pfeiler als Attrappe begreift, der bringt die gesamte Konstruktion zum Einsturz."

Ich muss es einräumen: Der Berliner Senat musste einem Beschluss zustimmen, der nur für den Augenblick sinnvoll war. Über Jahrzehnte aber galt für die Situation der Stadt und den notwendigen Pragmatismus der Tagespolitik die Erwartung, „nicht der Geschichte letztes Wort". So ist ein Buch mit Reden anlässlich der 750-Jahr-Feier überschrieben.

Ich habe im Bundesrat nicht „verhehlt, dass der Berliner Senat nicht über jede einzelne Regelung dieses Gesetzes glücklich ist. Gerade vor dem Hintergrund des Bundestagsbeschlusses von 1991 hätten wir uns manche Aussage deutlicher und konkreter gewünscht. Einige der vorgesehenen Verlagerungen von Bundeseinrichtungen aus Berlin nach Bonn schmerzen uns in besonderer Weise." Im Ergebnis mussten wir mit dem Gesetz zufrieden sein. Über Monate hinweg war zuvor zu befürchten, dass es zu einer totalen Umkehrung des Umzugsbeschlusses kommen würde.

Die Diskussion über die Zeitschiene war ärgerlich. Die Stadt brauchte die Dynamik der Veränderungen nach der Wiedervereinigung. Bei dem Versuch der Ansiedlung internationaler Dienstleister hat jede Verunsicherung bei deutschen Standortentscheidungen die Konkurrenz in Wien und auch in Warschau gestärkt. Völlig unerträglich wurde die Debatte dadurch, dass immer wieder die Grundsatzentscheidung infrage gestellt wurde. Immer wieder war in west- und süddeutschen Medien mit einem triumphierenden Unterton zu lesen und zu hören, es zeige sich immer mehr, dass ein Regierungs- und Parlamentsumzug nach Berlin unverantwortlich sei. Damit war natürlich auch die Forderung nach dem „großen Wurf" belastet, den Helmut Kohl immer wieder für Berlin forderte. Er forderte ihn zu Recht. Aber die Arbeit an einem großen Wurf durfte nicht die Grundentscheidung verzögern oder immer wieder infrage stellen. Berlin brauchte für seine Entwicklung schnelle und möglichst unmissverständliche Signale. Private und insbesondere ausländische Investoren wurden unruhig. Den großen Wurf konnte man auch schrittweise umsetzen. Dagegen sprach nur die Sorge vor dem Bestand von Provisorien. Das betraf aber auch das Provisorium Bonn.

Ärgerlich war auch eine andere Folge dieser ständigen Sorge um den Bestand des Hauptstadtbeschlusses. In allen Themen der Bundes- und Landespolitik musste der Berliner Senat auf die Psychologie dieses Hauptstreites Rücksicht nehmen, auch in Fragen, die nichts mit dem Ausbau der Hauptstadt zu tun hatten. Es ging einfach um das politische Klima. Und wir hielten uns bei Streitfragen so weit wie möglich zurück.

Gib dem Kaiser, was des Kaisers ist. Das war meine Devise bei dem Vertrag, der jetzt mit dem Bund über die Zusammenarbeit bei der Fülle von Bundesbauten abgeschlossen werden musste. Der Bund erhielt ein gewichtiges Mitspracherecht. Die „Hauptstadtbauten" wurden aus der kommunalen Verantwortung der Bezirke in die Zuständigkeit des Landes übertragen. Aber wir konnten nicht einfach jede Planung absegnen, die man sich in Bonner Amtsstuben ausgedacht hatte. Wir wollten möglichst viele Altbauten und Neubauten nur für den Restbedarf; wir wollten das, was erhaltenswert war, auch erhalten; wir wollten den Bund auch in die Mitverantwortung für die Stadtreparatur drängen. Die Berliner Verwaltungen arbeiteten unter Zeitdruck. Volker Hassemer und Wolfgang Nagel hatten bereits im November 1991 die Absichten der Stadt zum städtebaulichen Wettbewerb und zum Verkehrskonzept im Parlamentsviertel vorgestellt. Wir drängten, versuchten auf Wünsche aus Bonn einzugehen und die umfangreichen Schularbeiten bei den vorbereitenden Arbeiten für den Umzug vorzulegen. Angebliche Versäumnisse der Berliner Großen Koalition wurden in den

Amtsstuben von Bundestag und Bundesregierung immer gerne festgestellt, dabei konnte man sich gegenseitig sicher auch Versäumnisse nachweisen. Ein Lieblingsthema für die Berliner Unfähigkeit waren in dieser Zeit die Straßennamen. Nicht nur der Kanzler regte sich auf: „Ich bin gestern wieder durch die Otto-Grotewohl-Straße gefahren". Dann kritisierte er den Berliner Senat, dessen Forderungen nach einem schnellen Umzug nicht den eigenen Ansprüchen entspräche. Er wäre sicher nicht auf die Idee gekommen, die Landesregierung von Nordrhein-Westfalen für einen Straßennamen in Bonn zu kritisieren. Helmut Kohl blieb bei seiner Linie: Verständnisvoller Zuspruch für Bonn und kritische Anmerkungen zu Berlin, im Streit für Berlin nicht in vorderster Front und Umzug möglichst erst in ein neugebautes Kanzleramt.

In der vordersten Front kämpfte Wolfgang Schäuble für die Hauptstadt Berlin. Seiner Führung in der CDU/CSU-Fraktion war der Weg zu verdanken, der dann (wenigstens) zum Berlin-Bonn-Gesetz geführt hat. Er wollte eine gemeinsame Linie und ein klares Datum für den Arbeitsbeginn in Berlin erzwingen. Er drängte auf eine Entscheidungsrunde aller Beteiligten, zu der der Kanzler einladen sollte. Ich glaube, wirklich unumkehrbar wurde der Weg nach Berlin mit dem Weihnachtshochwasser des Jahres 1993. Der Ältestenrat des Bundestages hatte noch im September 1991 angesichts der Umzugsdebatte beschlossen, den so genannten Schürmannbau, einen schon länger geplanten Erweiterungsbau für das Parlament, weiterzubauen. Er war je nach Standpunkt klammheimliche Hoffnung oder in Beton gegossene Bedrohung eines Umzuges nach Berlin. Am 22. Dezember wurde der Bau so schwer beschädigt, dass er jahrelang ungenutzt bleiben musste. Mit hohen Kosten wurde er später für die Deutsche Welle hergerichtet.

Die bereits erwähnte Sitzung am 14. Januar 1994 fand im Kleinen Kabinettssaal des alten Kanzleramtes in Bonn statt. Helmut Kohl hatte zur „Elefantenrunde" in Sachen Hauptstadt Spitzen der Parteien und Bundestagsfraktionen und die Vertreter Bonns und Berlins eingeladen. Die politische Spitze der Republik war anwesend: neben Kohl auch die Parteivorsitzenden von SPD, FDP und CSU Scharping, Kinkel und Waigel, die Vorsitzenden der Bundestagsfraktionen Schäuble, Klose und Solms sowie der Landesgruppenchef der CSU Glos, die Bundestagspräsidentin Rita Süßmuth, der Vertreter von NRW Clement, der Bonner Bürgermeister Daniels und ich. Etwas dramatisch hatten wir uns in Berlin darauf eingestellt, es ginge um Sieg oder Niederlage. Noch immer waren die „Bonner" mit der bereits erreichten Verfälschung des Hauptstadtbeschlusses nicht zufrieden und wollten außerdem jedes Umzugsdatum nach hinten offen halten (also auch nach 2000). Aber die zuvor von Wolfgang Schäuble propagierte Formel setzte sich im Ergebnis durch. „Wenn Olympische Spiele in Berlin stattfinden, wollen wir im Jahre 2000 in Berlin sein, wenn die Spiele woanders stattfinden, müssen wir 2000 in

Berlin sein". Dem Kanzler gelang der Schulterschluss mit dem damaligen SPD-Vorsitzenden Rudolf Scharping, zu dieser Zeit Ministerpräsident im Bonn nahen Rheinland-Pfalz. Das Berlin-Bonn-Gesetz wurde in den Grundelementen festgezurrt. Mit dem Januar 1994 konnten die Bonn-Befürworter in ihrer großen Mehrheit die gesetzliche Hauptstadtregelung „Berlin" nicht mehr ablehnen.

Die Region am Rhein hat im Ergebnis zusätzlich 2,81 Milliarden DM erhalten und konnte auch Projekte verwirklichen, gegen die sich die Kommunalpolitik in der Vergangenheit immer gesträubt hatte. Im Berliner Hauptstadtvertrag wurden für besondere Hauptstadtaufgaben der nächsten Jahre zunächst 1,3 Milliarden festgesetzt. Der Bonner Oberbürgermeister sprach nach der Sitzung von einer Niederlage Bonns. Ich konnte darüber nur den Kopf schütteln. Die Bonner hatten den Hauptstadtbeschluss weitgehend verändert. Sie haben mehr herausschlagen können, „als sie am Anfang selbst gehofft hatten". Das stellte selbst der fanatische Bonnkämpfer und Chefredakteur des Bonner Generalanzeigers Helmut Herles im Vorwort seiner Dokumentation zum Berlin-Bonn-Gesetz fest.

Niederlage für Berlin? Diese Kommentierung durfte sich nach dieser Elefantenrunde auf keinen Fall einschleichen. Die Olympiaentscheidung „gegen" Berlin lag erst wenige Monate zurück. Politisch undenkbar. Das hätte die Entwicklung Berlins noch weiter gehemmt. Und die Rutschbahn führte ohnehin immer nach Berlin. Senatssprecher Butz war daher schon am Morgen des Tages das Risiko eingegangen und hatte die „andere" Sprachregelung vorbereitet. Im Auto vom Flughafen in die Stadt gab ich für die Abendsendungen die ersten Interviews über einen „Sieg der Vernunft". Bei allem Ärger hatte ich nach dem Gespräch im Kanzleramt das angekündigte Gesetz auch als Erfolg einer Berliner Gemeinschaftsleistung begrüßt. Wie heißt es bei Gracián? *Das Klagen schadet stets unserem Ansehen. Es dient leichter, der Leidenschaftlichkeit anderer ein Beispiel der Verwegenheit an die Hand zu geben, als uns den Trost des Mitleids zu verschaffen; denn dem Zuhörer zeigt es den Weg zu eben dem, worüber wir klagen, und die Kunde der ersten Beleidigung ist die Entschuldigung der zweiten.*

Die Föderalismuskommission

Mit dem Berlin-Bonn-Gesetz wurde der Beschluss des Deutschen Bundestages vom 20. Juni 1991 eigenwillig interpretiert. Nichts anderes geschah zuvor mit den Beschlüssen in der Föderalismuskommission. Der Bundestag hatte in seinem Hauptstadtbeschluss die Präsidentin gebeten, „eine Kommission aus Vertretern aller Verfassungsorgane, der obersten Bundesbehörden und von weiteren unabhängigen Persönlichkeiten zu berufen. Diese Kommission soll – als unabhängige Föderalismuskommission – Vorschläge zur Verteilung nationaler und internationaler Institutionen erarbeiten, die der Stärkung des Föderalismus in Deutschland auch dadurch dienen sollen, dass insbesondere die neuen Bundesländer Berücksichtigung finden mit dem Ziel, dass in jedem der neuen Bundesländer Institutionen des Bundes ihren Standort finden. Auch vorhandene Institutionen des Bundes in Berlin stehen dafür zur Disposition."

Institutionen des Bundes in Berlin stehen zur Disposition. Das wurde offensichtlich als eine Aufforderung empfunden, die vermeintliche Entwicklung der deutschen Hauptstadt zu einer Megastadt zu unterbinden. Schon die Zusammensetzung ließ Unheil ahnen. Mitglieder waren keineswegs unabhängige Persönlichkeiten. Vertreter der Bundesregierung und der 16 Länder sowie 16 Abgeordnete des Deutschen Bundestages bildeten die Kommission. Damit wurden Länderinteressen vertreten. Bei den Bundestagsabgeordneten waren es die Interessen der Länder, in denen ihre Wahlkreise lagen

Berlin war durch den Chef der Senatskanzlei Volker Kähne und den Bundessenator Peter Radunski vertreten. Sie berichteten von mühsamen Verhandlungen und heftigen Emotionen. Danach hatte der Vorsitzende der Kommission, Ministerpräsident Bernhard Vogel aus Thüringen, in der 7. Sitzung im Februar 1992 den Ablauf der Diskussion heftig kritisiert. Er könne, so beschwere er sich nach dem Bericht der Berliner Vertreter in seiner heftigen Unmutsäußerung, dem Ablauf der Verhandlungen nicht entnehmen, dass es sich bei dem Auftrag um eine besondere Berücksichtigung der fünf neuen Bundesländer handeln solle. Wieder ging es dem Hauptakteur in der Föderalismuskommission, dem Chef der Staatskanzlei von Nordrhein Westfalen, Wolfgang Clement, nur um Entscheidungen für Bonn.

Die heftige Kritik von Bernhard Vogel und das Datum dieser Sitzung nenne ich, weil man nur ahnen kann, welche Beratungen in höchster Vertraulichkeit bis zur nächsten Sitzung im Mai stattgefunden haben müssen. Dabei weiß ich, dass Peter Radunski und Volker Kähne während der gesamten Zeit in ständigem Kontakt mit ihren Kollegen standen. Der Bundessenator hatte Kollegen aus der Kommission zu Berliner Bundesdienststellen mit besonders aufwändigen technischen Anlagen geführt. Ihre Verlagerung wäre unsinnig gewesen. So konnte er beispielsweise erreichen, dass das Bundesamt für Materialforschung von der Liste möglicher Umzugskandidaten gestrichen wurde. Am 27. Mai 1992 rief mich Volker Kähne aus der Sitzung in der Winterscheider Mühle (zwischen Köln und Bonn) an und bat um eine Weisung für das Abstimmungsverhalten in der Kommission. Das war ein ungewöhnlicher Vorgang. Die Generallinie war im Senat abgesprochen worden und Einzelentscheidungen konnten im Regelfall vor Ort getroffen werden.

Was war geschehen?

Zu Beginn der üblichen Vorbesprechungen zeigte der Chef der Staatskanzlei aus Brandenburg, Dr. Jürgen Linde, seinem Berliner Kollegen Kähne eine Liste mit der Überschrift „Ergebnisse der Beratungen am 26./27. Mai 1992 in der Landesvertretung Saar zur Verlagerung von Bundesinstitutionen in die neuen Länder". In einer konspirativen Sitzung hatten sich Vertreter von 15 Ländern unter bewusstem Ausschluss des Landes Berlin am Vorabend der entscheidenden Sitzung der Föderalismuskommission in der Landesvertretung der Saarlandes getroffen und die Verteilung der Bundes-Institutionen nicht nur in den neuen Bundesländern, sondern auch für den so genannten „Bonn-Ausgleich" vereinbart. Die Vorschläge gingen im Wesentlichen zu Lasten Berlins. Es waren nicht nur Bundesverwaltungen in den „Bonn-Ausgleich" einbezogen, sondern auch Berliner Markenzeichen wie die in der Stadt ansässigen Entwicklungshilfeeinrichtungen (Deutsche Stiftung für internationale Entwicklung, Deutscher Entwicklungsdienst und das Deutsche Institut für Entwicklungspolitik) sowie das Max-Planck-Institut für Bildungsforschung. Die konspirativ unter Ausschluss Berlins vereinbarte Umzugsliste ist erst Stunden später den Berliner Vertretern offiziell übergeben worden.

Volker Kähne stellte gleich zu Beginn der Sitzung klar, dass Berlin dem vorliegenden Vorschlag nicht zustimmen könne. Er kritisierte die Verabredung zwischen den anderen Bundesländern am Beispiel der Empfehlung, das Bundesverwaltungsgericht von Berlin nach Leipzig zu verlagern. In der sächsischen Stadt hatte früher das Reichsgericht seinen Sitz. In den Traditionen der deutschen Rechtsgeschichte müsste also der Bundesgerichtshof oder Teile dieses Gerichtes von Karlsruhe nach Leipzig umziehen. Die Verwaltungsgerichtsbarkeit aber war mit Berlin und dem preußischen Oberverwaltungsgericht verbunden, in dessen Gebäude das Bundesverwaltungsgericht auch jetzt arbeitete. Karlsruhe, Sitz des BGH und der Wahlkreis des damaligen Justizministers Kinkel, würde offenbar verschont bleiben. Berlin sollte als der Steinbruch herhalten, aus dem die Interessen der neuen Länder und die Forderungen für einen Bonnausgleich befriedigt werden konnten.

Leider typisch für das „Alleinstellungsmerkmal Berlin" war der Fortgang dieser Winterscheider Sitzung: Nach dem deutlichen Widerstand Berlins nahm der anwesende Staatsminister Anton Pfeiffer aus dem Bundeskanzleramt Peter Radunski und Volker Kähne zur Seite. Nach dem Bericht des Berliner Chefs der Senatskanzlei machte er den Berlinern heftige Vorhaltungen. Unmissverständlich machte er deutlich, dass bei einer Ablehnung der Vorschläge durch Berlin das durch den Umzugsbeschluss vorgesehene „Berlin-Bonn-Gesetz" in Gefahr sei. Damit wäre eine sichere gesetzliche Grundlage für den Umzug von Bundestag und Bundesregierung nicht möglich.

Im zivilen Umgang nennt man das Nötigung, in der Politik eine Zwangslage.

Leider gab es in solchen Fällen keine Entscheidung unter Vorbehalt. Allein der Hinweis von Anton Pfeiffer konnte natürlich nicht schrecken. Den Beschluss der Kommission konnten wir nicht verhindern. Nicht einmal Brandenburg, das angesichts der Fusionspläne zwischen beiden Ländern eigentlich Berliner Interessen auch schon im Vorfeld hätte wahren müssen, würde sich einer Zustimmung verweigern. Für die Potsdamer Regierung galt nicht nur die sozialdemokratische Loyalität zur Landesregierung von NRW unter deren damaligen Ministerpräsidenten Johannes Rau und seinem Chef der Staatskanzlei Wolfgang Clement. Nordrhein-Westfalen war auch das Patenland Brandenburgs, und viele Beamte von Rhein und Ruhr leisteten in der Brandenburger Verwaltung Aufbauarbeit. In der Bevölkerung gab es schon eine neue Deutung für die Abkürzung NRW: NUN REGIEREN WIR. Die Berliner hatten in der Kommission nur einen sehr begrenzt engagierten Verbündeten. Sachsen forderte die Verlagerung des Bundesgerichtshofes aus Karlsruhe nach Leipzig und würde in diesem Falle gegen den Umzug des Bundesverwaltungsgerichtes stimmen. Das allein war aber nicht das Berliner Problem.

Was half uns die Gegenstimme bei einem sonst einmütigen Votum? Nichts! Vielleicht erbrachte das einen mitleidigen Kommentar für den kämpfenden Verlierer. Gegebenenfalls ein Gefühl der empfangenen Solidarität bei Umzugsbetroffenen. Und was schadete eine Gegenstimme? In unserer Entscheidungsfindung stellte sich das schnell als die entscheidende Frage heraus. Anton Pfeiffer wollte einen einfachen Weg und eine Einbindung der „Kampfgruppe Clement" sowie zufriedengestellte neue Bundesländer. Bieten wir zusätzliche Angriffsflächen bei dem Hauptziel Hauptstadtverlagerung? Bei der Abwägung kamen wir bei der Frage leider zwingend zu einem *JA*. Jeder deutliche Widerstand gegen einen Umzug aus Berlin würde in Bonn als willkommenes Argument gegen jeden Umzug aus Bonn gewertet werden. Jeder Widerstand gegen einen ansonsten einstimmigen Beschluss zur Ausführung der Entscheidungen vom 20. Juni des Vorjahres würde als eine Aufkündigung des Hauptstadtbeschlusses öffentlich interpretiert werden. Alles musste im Zusammenhang mit den Beratungen im Bundestag gesehen werden. Da machten die rheinischen Horrorzahlen über die Umzugskosten gerade die Runde. Darüber hinaus war der Bundestag mit den wirtschaftlichen Problemen im Osten Deutschlands, einer immer deutlicher werdenden schweren Rezession und der Schaffung eines Europäischen Binnenmarktes extrem belastet. Die außenpolitischen Folgen des Zerfalls der Sowjetunion verlangten hohe Aufmerksamkeit.

Es war eine lange Telefonkonferenz. Wir entschlossen uns schweren Herzens, dem zwischen den 15 anderen Bundesländern und der Bundesregierung verabredeten Vorschlag zuzustimmen. Den ganzen Rest der Republik wollten wir nicht gegen Berlin aufbringen.

In der Föderalismuskommission und auch bei den Beratungen des Berlin-Bonn-Gesetzes hatte man wichtige Teile der in Bonn ansässigen Bundesverwaltungen von vornherein ausgeklammert. Dabei ging es nicht wie in Berlin um technische und wissenschaftliche Anlagen, die sich für einen Umzug nicht eignen. Das Argument spielte nur bei Teilen des Bundesverteidigungsministeriums eine Rolle. Angesichts der bevorstehenden Privatisierung der Post und der Auflösung des bisher zuständigen Ministeriums wurde diese große Verwaltung jedoch erst gar nicht in die Umzugsüberlegungen nach Berlin einbezogen. Mit der Telekom wurde ein großer Wirtschaftsfaktor für die Region Bonn geschaffen. Große Unternehmen der Telekommunikation sind in anderen Ländern im Regelfall in den Hauptstädten angesiedelt, weil sie aus Gründen der technischen und wirtschaftlichen Entwicklung die Nähe von Regierung und Parlament suchen. Mit der Beschlussfassung der Föderalismuskommission wurden aus Berlin zehn Institutionen insgesamt oder in Teilbereichen in die neuen Länder verlagert. Das betraf etwa 5.000 Arbeitsplätze. Für den Bonn-Ausgleich wurden zehn Bundesbehörden beziehungsweise Teile dieser Behörden neben den Entwicklungshilfeeinrichtungen und dem Max-Planck-Institut für Bildungsforschung aus Berlin abgezogen.

Meine Zustimmung zu den Empfehlungen der Föderalismuskommission habe ich gegeben, weil für die wirtschaftliche Entwicklung Berlins nicht ein Saldo der Arbeitsplätze bei den Verlagerungen von öffentlichen Einrichtungen entscheidend ist. Wichtiger ist der Zuzug alles dessen, was sich rund um den Regierungssitz und das Parlament ansiedelt. Ich habe mich an dem Hauptthema orientiert: der Absicherung der Ansiedlung von Bundestag und Bundesregierung in Berlin Die Ergebnisse der Föderalismuskommission wurden zur Grundlage der Entscheidungen der geschilderten Elefantenrunde.

Der Bundesrat

„Der Bundestag empfiehlt dem Bundesrat, in Wahrnehmung seiner föderalen Tradition seinen Sitz in Bonn zu belassen". Das war die ausgehandelte Grundlage für den Hauptstadtbeschluss vom Juni 1991. Wir Berliner blieben in den anschließenden Beratungen der Länderkammer vertragstreu und stimmten einem Antrag aus Nordrhein-Westfalen zu:

„Der Bundesrat hat seinen Sitz in Bonn. Er behält sich eine Überprüfung dieser Entscheidung im Lichte der noch zu gewinnenden Erfahrungen sowie der tatsächlichen Entwicklung der föderativen Struktur in späteren Jahren vor."

Auch hier wird dem Leser der Bundesratsprotokolle wie auch bei dem Abstimmungsverhalten der Berliner im Deutschen Bundestag eine etwas seltsame Situation auffallen. Berlin stimmte damit gegen einen Antrag, der den Sitz des Bundesrates nach Berlin verlagern wollte. Ein verändertes Votum hätte sogar zu einer Pattsituation geführt und jeden Beschluss damit unmöglich gemacht. Der bayerische Ministerpräsident Streibl hatte die Initiative ergriffen. Seine Landesregierung und auch die Mehrzahl der Abgeordneten aus Bayern hatten sich in der vorangegangenen Debatte vehement für den Regierungs- und Parlamentssitz Bonn eingesetzt. Eine örtliche Trennung der beiden gesetzgebenden Verfassungsorgane Bundesrat und Bundestag hielt die bayerische Landesregierung aber für falsch. Sie fürchtete um die Einflussmöglichkeiten des Bundesrates und gab bereits 1991 den sehr pragmatischen Hinweis, Ministerpräsidenten hätten nicht nur im Bundesrat, sondern auch gegenüber Bundestag und Bundesregierung ständig Aufgaben wahrzunehmen. Bayern war dann auch das erste Land, das in Berlin eine Landesvertretung einrichtete. Max Streibl nahm für diese Entscheidung sogar heftige Kritik aus seinem Landtag in Kauf.

Also eine Entscheidung mit umgekehrten Vorzeichen. Berlin durfte am Beginn der bevorstehenden Auseinandersetzungen bei aller Sympathie für den bayerischen Antrag nicht wortbrüchig gegenüber seinen Verbündeten im Deutschen Bundestag sein. Die Überprüfungsklausel war die Brücke, über die wir gehen konnten. Die Fronten verliefen auch im Bundesrat quer durch die Parteien. Björn Engholm hatte den Alptraum von einer Megapolis Berlin, Hans Eichel und Gerhard Schröder hielten den Umzug nach Berlin für richtig. Für den Ministerpräsidenten aus Baden-Württemberg standen die Kosten im Vordergrund.

Ich will es auf einen einfachen Nenner bringen: Vor dem Berlin-Bonn-Gesetz ist im Kreise der Ministerpräsidenten keiner ernsthaft auf die Überprüfungsklausel zurückgekommen. Dann war es nur noch eine Frage der Zeit, dass der Bundesrat das Thema eines Umzuges nach Berlin wieder ernsthaft aufnahm. Zuerst war es Rücksichtnahme und große Kollegialität gegenüber Johannes Rau, die die Sozialdemokraten im Kreise der Ministerpräsidentenkonferenz zu einer Zurückhaltung veranlassten. Der Bremer Bürgermeister Henning Scherf legte bei diesen Gelegenheiten sein Gesicht besonders eindrucksvoll in Falten und bat milde um Verständnis. Wir Berliner haben das Thema nicht demonstrativ forciert. Wir gaben auf Nachfrage Hinweise zu den Unterbringungsmöglichkeiten in Berlin und vertrauten ansonsten auf die Zwänge der praktischen Arbeit des Bundesrates und – Verzeihung – auch die Bequemlichkeit der Ministerpräsidenten, die mit Sicherheit auf die Dauer nicht ständig an mehreren Orten präsent sein wollten.

Die Initiative ging wieder von Bayern aus.

Unter einer sozialdemokratischen Präsidentschaft im Bundesrat bewegte sich nichts. Es änderte sich, als Edmund Stoiber 1995 Bundesratspräsident wurde. Er kündigte sofort eine Initiative zur Überprüfung des Standortes der Länderkammer an. Die Begründung war einfach: „Zur Erfüllung der verfassungsmäßigen Aufgaben ist der Bundesrat auf ständige Kontakte mit der Bundesregierung und dem Bundestag sowohl auf Arbeitsebene in den Ausschüssen als auch auf der Beschlussebene im Plenum angewiesen ..., um eine effektive Kooperation des Bundesrates mit (Bundestag und Bundesregierung) zu gewährleisten, muss der Bundesrat dort arbeiten, wo der Bundestag und der Kernbereich der Regierungsfunktionen angesiedelt sind".

Wieder kollidierten die Positionen von Bayern und Nordrhein-Westfalen. Wieder gab es die Konstellationen, die wir bereits aus dem Bundestag kannten. Wieder machte sich die Bürokratie auf den Weg, suchte und fand viele Gegenargumente. Wie bei der Bundesregierung wurde über eine örtliche Aufteilung der Bundesratsverwaltung und der verschiedenen Ausschüsse des Bundesrates verhandelt. Der bayerische Bundesratspräsident und der Bremer Bürgermeister Henning Scherf waren dann verantwortlich für eine Kompromissformulierung, die mit großer Mehrheit verabschiedet werden konnte. Damit wurde im September 1996 die Grundsatzentscheidung für den Sitz in Berlin getroffen.

Hildegard Boucsein, die Bundesbevollmächtigte Berlins, berichtete zwar von einem lang andauernden Feilschen um die Ausgestaltung einer Außenstelle in Bonn. Sie dauerte bis zum November des nächsten Jahres. Aber die Entscheidung war dennoch schneller gefallen, als ich es nach den Erfahrungen mit Bundestag und Bundesregierung für wahrscheinlich gehalten habe. Erwin Teufel, Ministerpräsident aus Baden-Württemberg, hat dann als Bundesratspräsident die Baumaßnahmen in Berlin eingeleitet. Es war die Zeit, als die Neubaueuphorie für alle Bundeseinrichtungen schon zu Ende ging und sich die Berliner Argumente für die Instandsetzung historischer Bauten durchsetzten. Bei einem Besuch des zerstörten Gebäudes des alten preußischen Herrenhauses konnte ich ihn von dem Charme und den Möglichkeiten dieses Standortes überzeugen. Im fertig gestellten Preußischen Landtag war bereits der Beweis gelungen, dass ein modernes Parlament in einen historischen Bau hervorragend integriert werden kann.

Der Bundesrat konnte im Jahre 2000 seine Arbeit in Berlin aufnehmen. Noch gibt es eine Außenstelle in Bonn. Der Unmut darüber wächst in allen Landesregierungen.

Angekommen

Mit dem Berlin-Bonn-Gesetz machten sich die Karawanen auf den Weg, von Bonn nach Berlin, von Berlin, Frankfurt/Main und anderen Städten nach Bonn, von Berlin nach Leipzig. Das sind nur die Hauptrichtungen. Immer mal wieder stockte es, gab es Ärger und Proteste, aber der Zug war unterwegs. Dietmar Kansy hat festgestellt, der Widerstand an Rhein und Ruhr war noch nicht zu Ende, nur anders, subtiler und nicht minder professionell. Kleine Erfolge wurden erkämpft, Arbeitsplätze und Arbeitsgebiete im Bereich der Bundesregierung für den „Bonner Raum" und sicher dabei auch für die Zeit bis zur Pensionierung erkämpft, um später immer näher an die Rutschbahn in einen vernünftigen Verwaltungs- und Regierungsapparat zu gelangen. Zunächst verringerte sich jedenfalls auf geheimnisvolle Weise die Zahl der umzugsbetroffenen Mitarbeiter der Ministerialverwaltungen.

Die Zeiten Preußens, als ein Beamter dem Marschbefehl aus Westfalen in ein Landratsamt nach Ostpreußen vielleicht murrend, aber doch selbstverständlich folgte, waren eben schon lange vorbei. Und die Berliner hatten keine Veranlassung, sich über diesen Umstand in besonderer Weise zu erregen. Lehrer aus dem Westteil der Stadt wollten auch partout nicht im Osten der Stadt unterrichten und ausgerechnet die Hochschullehrerschaft einer Fachhochschule für Sozialarbeit und Sozialpädagogik wollte den Umzug in ein neues Gebäude im Ostteil Berlins mit allen Mitteln verhindern.

Einen Unterschied gab es aber: In der Region am Rhein konnten alle Umzugsbetroffenen sich im demonstrativen Mitgefühl der Stadt- und der Landesregierung sonnen. Mobilität wurde nur in Reden zur Globalisierung und den damit verbundenen Chancen der jungen Generation gefordert. Wir in Berlin haben uns eher demonstrativ zurückgehalten, offensichtlichen Unsinn nur intern bekämpft und teilweise auch verhindert. Große wissenschaftliche Labore und bauliche Anlagen des Bundesgesundheitsamtes konnte man beispielsweise nicht einfach verpflanzen. Aus Gesprächen in meiner regelmäßigen Sprechstunde weiß ich, dass viele Berlinerinnen und Berliner sich durch dieses Verhalten des Senats und ihres Bürgermeisters allein gelassen vorkamen – schwierig in einer Zeit ständiger Wahlen und TED-Umfragen. Bei den vorhandenen Zwängen wollten wir aber keine falschen Erwartungen wecken und konnten deswegen die Erwartungen der Menschen auch nicht erfüllen. Es waren viele betroffen. In Berlin gab es vor der Wende in den verschiedenen Bundesverwaltungen mehr Bundesbedienstete als in der Bonner Ministerialbürokratie. Mit dem Umzug der Verwaltungen in beide Richtungen sind es zunächst weniger geworden.

An der Spitze der Bewegung stand Bundespräsident Richard von Weizsäcker. Er hatte sich massiv in der Hauptstadtfrage engagiert und setzte mit einer schnellen Verlagerung seines „ersten Amtssitzes" ein Zeichen. Bundestag und

Bundesregierung kamen zwar im Vergleich zum „historischen Beschluss" vom 20. Juni 1991 mit erheblicher Verspätung in Berlin an. Es ging dann aber doch noch etwas schneller, als es bei den Formulierungen „spätestens im Jahre 2000" zu vermuten gewesen war. Bundeskanzler Helmut Kohl hat ein erstes Kanzlerbüro noch im Staatsratsgebäude der DDR aufgeschlagen. Seinen Nachfolger Gerhard Schröder habe ich mit dem Tross des Kanzleramtes im Sommer 1999 dort in der Nachbarschaft zum Roten Rathaus willkommen geheißen. Wir konnten die Fertigstellung des Reichstages und die erste Sitzung des Bundestages im neu gestalteten Kuppelbau, die Einweihung des neuen Kanzleramtes und den Umzug des Bundesrates feiern. Nur die ersten Begrüßungen von Bundesministern in neuen Berliner Amtssitzen waren eine Meldung in den Berliner Zeitungen wert. Dann folgte Routine und Alltag.

Der Reichstag

Davor lagen aber viele Kämpfe und heiß umstrittene Entscheidungen. Die Baukommission des Bundestages mit ihrem Vorsitzenden Dietmar Kansy hat Schwerarbeit geleistet, ebenso als Vertreter der beiden großen Parteien die CDU-Abgeordnete Brigitte Baumeister und der immer wieder ideenreiche und unbequeme SPD-Bauexperte Peter Conradi. Es waren die Standort- und Architekturentscheidungen dieser Jahre, die das Bild der deutschen Hauptstadt heute so entscheidend mitbestimmen.

Die Städtebaulichen Wettbewerbe mussten von den Berliner Städteplanern vorbereitet, Einzelheiten zwischen dem Bund und Berlin abgestimmt werden. Bücher ließen sich füllen, enttäuschte Architekten konnten sich nicht immer selbst verwirklichen, die Demokratie musste sich als Bauherr an vielen Großbaustellen bewähren, Legenden wurden geboren.

Der Reichstag mit seiner neuen Kuppel ist heute ein Wahrzeichen der Stadt. 1991 stand nicht nur die Frage im Raum, ob dieses Gebäude auf der Grundlage der von dem Architekten Paul Baumgarten bis 1970 wiederhergestellten Ruine für den Bundestag „nur" vorübergehend funktionstüchtig gemacht werden sollte. Conradi argumentierte für einen neuen Standort des Parlaments im Berliner Zentrum. Ich empfand für diese Position große Sympathie. Ein neuer Standort hätte ja auch der Schlossplatz und damit ein Wiederaufbau des erst nach dem Krieg von den Kommunisten gesprengten Schlosses sein können. Volker Hassemer hatte den Standort auch für das Kanzleramt vorgeschlagen. Ein oberstes Verfassungsorgan gehört in das Zentrum der Hauptstadt eines Landes. Straßenführung und Sichtachsen richteten sich in Berlin-Mitte an dem alten Königsschloss aus. Früher das Zentrum der preußischen Monarchie, heute sichtbares Zeichen einer parlamentarischen Demokratie. Das passte zusammen.

Am Platz des alten Schlosses stand der inzwischen wegen Asbestverseuchung verlassene Palast der Republik. Das war entgegen jeder DDR-Nostalgie keine Entscheidung des bösen Wessis. Die Volkskammer hatte das Gebäude geräumt. Zudem war die Technik des Hauses bereits seit Jahren dringend erneuerungsbedürftig. Mehrere hundert Millionen DM würde eine Instandsetzung kosten. Aus meiner Sicht auch angesichts der Architektur des Gebäudes unverantwortlich. Ohne das Asbestproblem hätte ich alle Überlegungen zu einer endgültigen – sofern man den Begriff überhaupt benutzen darf – Lösung auf Jahre verschoben. Aber die Tatsachen waren und sind leider auch heute noch anders.

Man entschied sich für den Reichstag als endgültigen Sitz des Deutschen Parlaments. Sir Norman Foster erhielt den Auftrag für den Bau des Reichstages. Er legte die alte Struktur des Gebäudes von Paul Wallot aus der Zeit vor dem Umbau des Jahres 1970 wieder frei und verband alte Architektur mit neuer. Sein Entwurf für den Wettbewerb setzte den historischen Bau unter ein großes Dach aus Glas und Stahl. Überzeugt hat er die Jury mit der Konzeption des Innenausbaus. Gegen den Bau der Kuppel hat er sich jedoch lange gewehrt. Alles andere sind populäre Irrtümer. Sie wurde ihm gewissermaßen „aufgedrückt". Nach langer Diskussion entschied sich der Bundestag für eine Kuppel, die Auftragsvergabe an Foster war daran gebunden.

Auch eine andere Entscheidung ist gegen die Berliner Mitte gefallen. Die Mitarbeiter des Bundespräsidialamtes fanden im Schloss Bellevue nicht genug Platz. In Betracht käme wiederum der Wiederaufbau des Berliner Schlosses in einer Kombination von historischer und neuer Architektur; oder das Kronprinzenpalais ganz in der Nähe des Schlossplatzes an der Straße „Unter den Linden". Dort hatten Wolfgang Schäuble und Günter Krause den Einigungsvertrag unterzeichnet. Es war also ein Gebäude auch der neuesten deutschen Geschichte. Beim Kronprinzenpalais gab es zwar einige Probleme. Das für eine Erweiterung dringend notwendige Prinzessinnenpalais war langfristig vermietet und als Café und Restaurant einziger und wichtiger Zielpunkt für Berliner und Touristen beim Spaziergang Unter den Linden. Das wäre aber lösbar gewesen. Auch über die protokollgerechte Anfahrt von Staatsgästen und den Platz für ein notwendiges Zeremoniell hatten wir uns hinreichend Gedanken gemacht. In dem eigens angesetzten Besprechungstermin mit dem Bundespräsidenten und dem Bundeskanzler – er hatte die Präsidentin der Bundesbaudirektion Professorin Jakubeit zu seiner Beratung mitgebracht – bin ich mit den Überlegungen zur Stadtphilosophie und Stadtgestaltung aber nicht weit gekommen. Richard von Weizsäcker hatte Bedenken gegen die kompakte Bauweise des alten Hohenzollernschlosses. Helmut Kohl nervte diese Standortdiskussion insgesamt. Aus Höflichkeitsgründen hat er wohl nicht gefragt, ob wir denn keine anderen Sorgen hätten. Er fürchtete jedes

Thema, mit dem im Deutschen Bundestag die Kosten des Umzuges noch einmal richtig hoch gerechnet werden könnten. Also bitte keine neue Standortentscheidung. Es müsse beim Schloss Bellevue bleiben, und die Berliner müssten eben auch ihren Umweltschützern deutlich machen, dass für die Verwaltung des obersten Repräsentanten unseres Staates im Tiergarten ein paar Bäume weichen müssten. Diskussionen dieser Art waren ihm nicht unbekannt, in Berlin empfand er sie aber als besonders lästig.

Wir verabredeten uns – es sollte beim Schloss Bellevue als Sitz des Bundespräsidenten bleiben. Heute steht im Tiergarten in der unmittelbaren Nähe des Schlosses Bellevue ein neuer Verwaltungsbau des Bundespräsidialamtes. Mit dem Kronprinzenpalais wird bis heute nicht angemessen umgegangen. Kürzlich las ich in einer Zeitung, es sei vorübergehend für einen Schuhverkauf vermietet worden.

Der Bundeskanzler entwickelte bald nach dem Hauptstadtbeschluss des Bundestages seine Vorstellungen für den Standort des Kanzleramtes. Es sollte im Spreebogen an der Stelle entstehen, an der wir wenige Jahre zuvor den Grundstein für das Deutsche Historische Museum gelegt hatten. Bereits im Januar 1992 erkundete Helmut Kohl auf einem gemeinsamen Spaziergang rund um das Zeughaus mit mir die Möglichkeit eines Ersatzstandortes einschließlich der notwendigen Erweiterungen des Museums an dieser Stelle. Der Bund hat dann die Grundstücke gesichert. Das Kanzleramt sollte damit im unmittelbaren Gegenüber zum Bundestag entstehen, das Zentrum der Regierung gegenüber dem obersten Kontrollorgan der parlamentarischen Demokratie. Auch die Architektur verdeutlicht heute die Balance zwischen den beiden Staatsgewalten.

Für die Berliner Planer bestand damit die Aufgabe, mögliche Hindernisse für den Bau des Kanzleramtes auszuräumen. Das war der Beginn der entscheidenden Diskussion um die Verlagerung des insbesondere bei jungen Leuten sehr populären Veranstaltungszeltes Tempodrom. Wegen Lärmbelästigung hatte es zwar schon länger Ärger mit Anwohnern gegeben, aber jetzt ging es nach meiner Erinnerung vor allem um die Baustelleneinrichtung, der der beliebte Veranstaltungsort weichen sollte. Es scheint eine Gesetzmäßigkeit zu sein, dass in solchen Fällen die Wünsche an den neuen Standort alle Träume erfüllen sollen und den Verdacht der Gigantomanie aufkommen lassen. Zunächst sollte die einvernehmliche Räumung des Standortes am künftigen Kanzleramt mit in diesem Zusammenhang erstrittenen Schadensersatzansprüchen nicht private Taschen füllen, sondern bei einem angemessenen Neubau helfen. Das war die Politik der Senatskanzlei. Es entstand aber offensichtlich eine Dynamik mit Entscheidungen der späteren SPD/PDS-Regierung, die noch heute (2004) das Berliner Parlament mit einem Untersuchungsausschuss beschäftigt.

Vertrag mit dem Bund

Am 25. August 1992 hatten Helmut Kohl und ich im Roten Rathaus den ersten Vertrag über die Zusammenarbeit zwischen dem Bund und Berlin beim Ausbau der Hauptstadt feierlich unterzeichnet. Die Zielsetzung kommt im vollen Wortlaut des Vertragsnamens zum Ausdruck: „Vertrag über die Zusammenarbeit der Bundesregierung und des Senats von Berlin zum Ausbau Berlins als Hauptstadt der Bundesrepublik Deutschland und zur Erfüllung seiner Funktion als Sitz des Deutschen Bundestages und der Bundesregierung". Es ging um Verfahrensfragen und die gegenseitige Beteuerung guter Absichten. Aber der Vertrag machte auch den Regelungsbedarf deutlich und die Fülle der Aufgaben, die nur bei einer angemessenen Zusammenarbeit vernünftig gelöst werden konnten:

Die Zusammenarbeit erstreckt sich insbesondere auf die geordnete städtebauliche und siedlungsstrukturelle Entwicklung der Gebiete mit Hauptstadtfunktionen und die Einbindung hauptstadtbedingter Einrichtungen einschließlich der dafür erforderlichen Infrastruktur,
die angemessene Unterbringung der Verfassungsorgane des Bundes, sonstiger oberster Bundesbehörden und
die damit in Zusammenhang stehende Unterbringung nachgeordneter Behörden,
die Wohnungsversorgung der Mitglieder der Verfassungsorgane und der Bediensteten des Bundes,
die Unterstützung ausländischer Missionen, der Vertretungen der Länder beim Bund sowie sonstiger hauptstadtbezogener Institutionen bei der Beschaffung für ihre Unterbringung geeigneten Liegenschaften und bei der Wohnungsversorgung ihrer Beschäftigten,
Art, Umfang und Standort hauptstadtbedingter wohnungsbezogener Struktureinrichtungen,
den zur Wahrnehmung der hauptstadtbezogenen Aufgaben erforderlichen Bau und Ausbau sowie die Instandhaltung der Verkehrs – und sonstigen technischen Infrastruktur,
hauptstadtbedingte Kultur- und Bildungseinrichtungen, an denen die Bundesregierung ein besonderes Interesse hat,
die wechselseitige Bereitstellung von Liegenschaften.

Ein „Gemeinsamer Ausschuss" unter dem gemeinsamen Vorsitz der Bundesbauministerin und mir wurde gebildet und selbstverständlich auch die Zusammenarbeit mit Brandenburg nicht vergessen. Ich hatte schon erwähnt, dass bei Baumaßnahmen der Verfassungsorgane nicht die Bezirke Berlins, sondern die Hauptverwaltung des Landes zuständig sein sollte. Der frühere Ministerpräsident des Landes Rheinland-Pfalz kannte auch noch als

Bundeskanzler die Mühsal kommunaler Entscheidungsabläufe bei großen Bauvorhaben und drängte auf einen Verhandlungspartner der Landesebene. Das hat mir zwar den Vorwurf allzu großen Entgegenkommens gegenüber dem Bund eingebracht, bei den gegenseitigen Abhängigkeiten verschiedener Maßnahmen war es aber zwingend notwendig. Es war auch segensreich. Der Bezirk Mitte hatte eine kluge aber auch sehr eigenwillige Baustadträtin mit dem besonderen Anliegen der Denkmalpflege. Manchmal hatte ich den Eindruck, sie wollte alle auch schon halb leergezogenen Plattenbauten schützen. Die enge Zusammenarbeit des Hauptstadtbüros in der Senatskanzlei mit den Bezirken hat den Ärger der Kommunalpolitiker aber in Grenzen gehalten.

Bei späteren Verwaltungsreformüberlegungen wollte die SPD auch mit Unterstützung von einzelnen Bezirksvertretern der CDU die Regelung korrigieren. Es wurde eine einfache Tatsache in der Politik eines großen Stadtstaates übersehen: Den Bezirken kann man nicht Aufgaben zur alleinigen Entscheidung überlassen, die für die gesamte Stadt von entscheidender „gesamtstädtischer" Bedeutung sind. Ich musste kräftig dafür kämpfen, dass eine Regierung im Stadtstaat nicht nur die typischen Landesaufgaben vom Landesbeamtenrecht bis zur Hochschulorganisation wahrnimmt, sondern auch gesamtstädtische kommunale Verantwortung tragen muss. Der Senat als regelmäßiger Verhandlungspartner des Bundes bei dem Aufbau eines neuen Regierungsviertels war also durchaus kein Ansatz für besonderes Entgegenkommen oder gar eines vorbeugenden Gehorsams gegenüber Wünschen des Bundes.

Die Atmosphäre im „Gemeinsamen Ausschuss" war zunächst gespannt. Die Diskussionen im Bundestag und die Strategie immer neuer Gutachten belastete die Zusammenarbeit. Der Arbeitsstab der Bundesregierung vermittelte unter Staatssekretär Kroppenstedt den Eindruck einer nahtlosen Zusammenarbeit mit der Bonn-Lobby. Bei mir haben sich später Mitarbeiter aus dem Bauministerium über das Misstrauen beschwert, das sie als engagierte und im eigenen Haus bekämpfte „Berlinvertreter" bei den Gesprächen mit Berliner Kollegen und im Ausschuss spürten. Wir haben sicher nicht hinreichend differenziert oder auch differenzieren können. Nachträglich habe ich mich angesichts des fertig gestellten Regierungsviertels bei einzelnen früheren Mitarbeitern des Bauministeriums für meine Skepsis entschuldigt.

Gefühl für Kiez und Kosmos

Erst langsam entwickelte sich bei „Bonner Wünschen" ein Gefühl für die große Stadt Berlin. Hier musste nicht ein Teil von Bonn nach Berlin verlagert werden. Ich hatte zunächst den Eindruck, man verstand nicht, dass die

Regierung und ihre Mitarbeiter in den lebendigen Organismus einer Stadt umziehen und auch eingegliedert werden sollen. Wir wollten nicht neue Wohnsiedlungen, sondern Wohnungen für die Neuberliner. Ich wollte, dass sich die Bundesregierung bei der Suche nach neuen Dienststellen an Gestaltung und Instandsetzung der Stadt beteiligt. Mit Unbehagen musste Berlin den Planungen zum Bau eines Viertels der Landesvertretungen in den Ministergärten zustimmen oder auch dem Bau eines großen Komplexes für Abgeordnetenwohnungen an der Spree.

Ich will das an Beispielen erläutern:

Im Berlin des Jahres 1991 bestand ein akuter Wohnungsmangel. Andere sprachen von Wohnungsnot. Einvernehmen bestand daher hier zwischen der Bundesregierung und dem Berliner Senat, dass der Bund in der Hauptstadt Wohnraum für seine Mitarbeiter schafft. Dafür standen etwa 8.000 Wohnungen der Alliierten zur Verfügung, die dem Bund gehörten und die mit dem Abzug der alliierten Streitkräfte frei werden würden. Darüber hinaus sollten etwa 6.000 Wohnungen neu gebaut werden. In den so genannten alliierten Wohnungen wohnten Berliner, die bei den Alliierten beschäftigt waren. Jetzt verlangte der Bund, dass diese Berlinerinnen und Berliner aus den Wohnungen ausziehen. Mein Vorschlag, man könne diese Mieter in den Wohnungen belassen und eine entsprechende Anzahl von Wohnungen bei den städtischen Wohnungsbaugesellschaften und auch anderen Hauseigentümern für Mitarbeiter des Bundes zurückhalten, stieß bei der Bundesministerin Adam-Schwätzer auf heftigen Widerstand. Mir wurde hinterbracht, dass sie diesen Vorschlag nahezu für eine Unverschämtheit hielt. Im Berliner Wohnungsmarkt war aber nach allem anfänglichen Mangel eine erhebliche Bewegung gekommen. Mein Vorschlag bedeutete also mehr Wahlmöglichkeiten für die Mitarbeiter aus Bonn, ein Eintauchen in ganz unterschiedliche Stadtteile. Umgebung, Schulangebot, Entfernung zum Arbeitsplatz und Verkehrswege bestimmen die Lebensqualität. Ich gewann den Eindruck, man hatte für die Vielfalt einer Millionenstadt, die Unterschiede der Bezirke, der verschiedenen Kieze und des Angebotes von 1,8 Millionen Wohnungen kein hinreichendes Gefühl.

Die Menschen waren klüger als die Planer. Überall in der Stadt haben sich die Neuberliner Wohnungen gesucht. Das gilt zu meiner Freude auch für viele Abgeordnete. Sie wissen inzwischen, was ein Berliner unter seinem Kiez versteht und leben in Charlottenburg oder Kreuzberg oder auch im Plattenbau in Mitte. Ein Großteil der alliierten Wohnungen steht leer. Nun hat sich der Wohnungsmarkt erheblich verändert, die früheren Mieter wären aber gerne in ihren Wohnungen geblieben.

Die Unterbringung der Bundesministerien war zunächst ein Kampf zwischen Neubau und Altbau. Es war doch eigentlich selbstverständlich, dass bestehende Gebäude – zumindest die im Bundesbesitz – genutzt und wiederhergerichtet werden sollten. In der Baupolitik galt in Berlin bekanntlich der Grundsatz Instandsetzung vor Abriss. Berlin jedenfalls wollte Neubau und Erneuerung. Bei dem Ausmaß der Zerstörung musste mit bestehender Bausubstanz besonders pfleglich umgegangen werden. Das ist eine Frage der Identität der Stadt. Nur Neubauten kann man auf der grünen Wiese errichten. Die Regierung zog aber in eine Stadt.

Am Anfang der Diskussion stand der Wunsch nach Neubauten eindeutig im Vordergrund der Bonner Unterbringungswünsche. Auch die Verzögerungstaktik in vielen Ministerien unterstützte diese Entwicklung. Über Prüfungsaufträge zur Standfestigkeit hatte ich bereits berichtet. Und die Mitarbeiter wollten, wenn denn schon der Umzug unumgänglich ist, sich in der Unterbringung nicht verschlechtern oder endlich den Traum eines angemessenen Dienstzimmers verwirklicht sehen. Die Mitarbeiter der Berliner Senatskanzlei haben in den Abstimmungsrunden – durch den Vertrag mit Bonn ausdrücklich vorgesehen – ziemlich dicke Bretter gebohrt. Im Ergebnis kann Berlin dankbar sein. Mit dem Unterbringungskonzept hat die Bundesregierung einen wichtigen Beitrag zur Stadtreparatur geleistet.

Überwunden wurden dabei auch Hemmungen im Umgang mit historischen Gebäuden. Das Gebäude des heutigen Finanzministeriums hat in seiner relativ kurzen Geschichte seit den Dreißigerjahren des vergangenen Jahrhunderts viele Hausherrn gesehen: Hitlers Luftwaffe, das Haus der Ministerien der DDR, die Treuhandanstalt für den Wiederaufbau. Im Gebäude des ZK der SED war früher die Reichsbank. Heute beherbergt es das Außenministerium. Kann man denn diese Gebäude überhaupt nutzen? Die Frage klang an. Ich fand, ernsthaft durfte man das nicht diskutieren. Soll halb Rom abgerissen werden?

Die Nöte des Bundesaußenministers Kinkel waren besonders groß. Das Außenministerium gehörte in Bonn zu denen, die immer mit ihrem Neubau warten mussten und inzwischen in der Tat unangemessen untergebracht waren. Der Groll gegen den Umzug – weniger bei den Diplomaten als bei den sonstigen Mitarbeitern – wurde durch die Hoffnung auf den „nun endlich lange versprochenen Neubau" ein wenig eingedämmt. Der Außenminister versprach auch erst einen Neubau, wurde dann aber von der alten Reichsbank überzeugt. Umbau des alten Gebäudes für die neuen Aufgaben und ein Ergänzungsbau. Das Außenministerium wurde ein Beispiel für „neue" Regierungsbauten. Von der Bundesregierung hat nur das Kanzleramt einen ausschließlichen Neubau. Das Innenministerium hat einen Neubau an der Spree gemietet.

Ich halte es heute noch für bemerkenswert, dass die Entscheidungen zur Stadt- und Verkehrsplanung zwar mit einem erheblichen Geräuschpegel und den dabei notwendigen Auseinandersetzungen der Planer und Architekten, aber doch weitgehend einvernehmlich getroffen wurden. Die Stadt hatte die

Planungshoheit, die Abstimmung mit dem Bund war aber in vielen Bereichen notwendig. Für Kanzleramt und Bundestag waren der Wettbewerb Spreebogen und seine Ergebnisse entscheidend. Hier verlor die Stadt im Einvernehmen mit dem Bund ihr urbanes Gedächtnis. Ich glaube, in dieser Form das einzige Mal bei den vielen Entscheidungen im letzten Jahrzehnt. Nicht der Spreebogen wird für die Stadtgestaltung aufgenommen. Das Band der Demokratie überspannt den Fluss und die alte Grenze mit Stacheldraht und Mauer. Es ist eine Idee, die so wohl nur in der unmittelbaren Zeit nach dem Fall der Mauer überzeugen konnte. So sind in einem Band das Kanzleramt sowie Sitzungssäle und Büros der Bundestagsabgeordneten entstanden.

Immer wieder gab es zu Einzelfragen unterschiedliche Positionen. Sie beschäftigen auch viele Beteiligte. Als Regierender habe ich nach meiner Erinnerung bei den großen Planungsfragen nur einmal massiv interveniert und bin beim Kanzler vorstellig geworden. Es ging um das Eisenbahnkonzept. Der internationale und nationale Verkehr sollte in das Herz der Stadt und in die unmittelbare Nähe des Regierungsviertels geführt werden. In der ehemals geteilten Stadt konnte eine neue Nord-Süd-Durchquerung gebaut werden. Das Verkehrsministerium wollte plötzlich den Tunnel unter der Friedrichstraße entlang führen und eine Erschließung des Potsdamer Platzes damit ausklammern. Die Mitarbeiter aus der Senatskanzlei waren alarmiert. Dietrich Hinkefuß hatte bereits die Verhandlungen mit der DDR über die Elektrifizierung der Strecke nach Hannover begleitet und war zum Eisenbahnexperten geworden. In einem umfangreichen Brief habe ich alle technischen und stadtplanerischen Bedenken dargestellt und mich mit dem Kanzler auch zu diesem Punkt getroffen. Es war behauptet worden, er hätte die Entscheidung zugunsten der Trasse unter der Friedrichstraße getroffen, um Komplikationen beim Bau des Kanzleramtes zu vermeiden. Auch diese Frage wurde einvernehmlich mit dem Bund geklärt. Es blieb beim Vorschlag Berlins. Die technischen Probleme bei der Unterfahrung der Spree und die ständige Überarbeitung der Verkehrsplanung aus finanziellen Überlegungen füllt allerdings unüberschaubare Mengen von Leitzordnern.

So ganz am Rande

Mit einer Fülle von „aufregenden" Kleinigkeiten war ich allerdings immer wieder beschäftigt. Sie bewegen die Gemüter und die Berichterstattung bekanntlich besonders. Der Deutsche Bundestag wollte die Dorotheenstraße generell für den Durchgangsverkehr sperren oder wenigstens nur als Einbahnstraße nutzen. Damit würde der Ost-West-Verkehr zusammenbrechen. Aber warum streiten? Zunächst musste die Straße als Trasse erhalten bleiben. Es

11. November 1989 an der Glienicker Brücke. An der nun offenen Grenze gibt es einen ersten Gedankenaustausch zwischen Ost- und West-Polizei – Basis für die spätere neue Zusammenarbeit.

Die Allianz für Berlin wird gegründet. Angela Merkel vertritt den Demokratischen Aufbruch in dem Bündnis mit der CDU West und Ost sowie der DSU; links Eberhard Engler, der Bezirksvorsitzende der CDU in Ost-Berlin.

Wahlen zur Volkskammer 1990 in der DDR: Die CDU ist der Wahlsieger der ersten freien Wahlen in der DDR.
Lothar de Maizière wird Ministerpräsident.

Im Rathaus war alles noch sehr vertraut. Christa Fischer im Sekretariat des Regierenden Bürgermeisters.

Mitglieder des Senats zu Besuch bei Daimler Benz auf dem Hochhaus am Potsdamer Platz. Von links: Maria Peschel-Gutzeit (Justiz), Jörg Schönbohm (Inneres), Peter Strieder (Stadtentwicklung), Eberhard Diepgen, Gastgeber Menfred Genz (Daimler), Christine Bergmann (Arbeit und Frauen), Jürgen Klemann (Bau und Verkehr), Beate Hübner (Gesundheit und Soziales), Annette Fugmann-Heesing (Finanzen).

Dienstliches Vergnügen. Der Regierende zu Besuch bei einer türkischen Folkloregruppe.

Der Regierende im Gespräch mit dem Vorsitzenden der CDU-Fraktion.

Ob hierbei auch Berlin ein Thema ist? Mit Hannelore Kohl beim Berliner Presseball.

„Eberhard, bei der Auszählung der Stimmen liegt Bonn noch vorn." Peter Kittelmann hat keine guten Nachrichten aus dem Deutschen Bundestag.

Anspannung. Peter Radunski und Eberhard Diepgen kurz vor der Bekanntgabe des Abstimmungsergebnisses am 20. Juni 1991 durch die Bundestagspräsidentin.

18. September 1991: Der französische Staatspräsident François Mitterand vor dem Roten Rathaus mit dem Regierenden Bürgermeister und Bundespräsident Richard von Weizsäcker.

Übergabe der Berliner Olympia-Bewerbung in Lausanne. IOC-Präsident Samaranch erkundigt sich bei Jürgen Klemann und Eberhard Diepgen nach den Windverhältnissen an der Regattastrecke in Grünau.

Es wär so schön gewesen: Der Aufmacher des TAGESSPIEGEL vom 24. September 1993 war bereits vorbereitet.

Auch ohne Olympiade in Berlin ein Schmuckstück der Stadt: das sanierte Olympiastadion im Sommer 2004.

Werbung für den Wiederaufbau des Berliner Schlosses; links Wilhelm von Boddien, Initiator der Stadtschloss-Ausstellung.

Umschulung zum Disc-Jockey oder Nachrichtensprecher? Viel Optimismus bei der Einweihung des neuen Funkhauses von 100,6 im November 1993.

Eine abendliche Sinfonie der Kräne am Potsdamer Platz.

Senatssprecher Michael Butz informiert Journalisten auf einer Auslandsreise über die Gespräche mit Regierungsvertretern.

ging also zunächst nur darum, dass Übergänge zwischen den auf beiden Straßenseiten gelegenen Bauten einen künftigen Verkehr nicht behindern können, also nichts Unumkehrbares gebaut wird. Die Schließung während der Baustelle führte allerdings zum Berliner Lieblingsstreit um die Öffnung des Brandenburger Tores für den Verkehr in beide Richtungen. Zum Ärger der SPD nutzte der Verkehrssenator Klemann (CDU) die Chance. Die Berliner konnten mehrere Jahre das Tor durchfahren. Nichtberliner verstehen diesen Streit nicht. Das ist weniger Verkehrspolitik. „Macht das Tor auf" und der Traum, durch dieses Tor zu fahren – das war die Sehnsucht der Berliner.

Ich habe mich oft und öffentlich darüber erregt, dass der Ausbau der ICE-Strecke von Berlin nach Wolfsburg durch Trappen nicht nur um mehrere Monate verzögert, sondern auch um viele Millionen DM teurer geworden ist. Ein langer Erdwall musste zum Schutz der Tiere errichtet werden. Im Ergebnis nisteten sie dann zwischen Wall und Eisenbahnstrecke, vor der sie doch gerade geschützt werden sollten. Sicherheitshalber wurden auch die Füchse weiter geschützt und konnten sich mit großem Erfolg über das Gelege der Trappen hermachen. Wer weiß schon, dass nicht der Deutsche Bundestag oder die ablehnende Position des Bundeskanzlers, sondern ein Turmfalke beinahe die Verhüllung des Reichstags durch Christo und Jeanne Claude verhindert hätte? 13 Vogelarten hatten sich den Reichstag als ihr Heim ausgesucht, darunter ein besonders seltener und unter Schutz stehender Turmfalke. Er brütete in einem Nest im Reichstag und war damit ein Objekt des Naturschutzes. Sowohl für den Umbau des Reichstages als auch für die Verhüllung musste das Nest des Falken auf ein anderes Dach verbracht werden. Eigentlich unmöglich während der Brutzeit. Bundestag, Bundesbaudirektion und die Gesellschaft „Verhüllter Reichstag" beantragten das in einem gemeinsamen Schreiben beim Senat. Die Rechtslage? Es wurde „unbürokratisch" gehandelt.

Es war ein einzigartiges Ereignis. Die Verhüllung des Reichstags ist mit dem Umbau verbunden. Christo hatte in der Schlussphase der Diskussion des Bundestages seine künstlerische Begründung verändert. Mit der Verhüllung werde ein Teil der Geschichte des Reichstages abgeschlossen. Danach beginne der Umbau und damit eine neue Periode in der Geschichte des Baus. Für alle, die Bedenken gegen die Verhüllung wegen des Umgangs mit einem nationalen Symbol hatten, war das sicher hilfreich. Ich hatte mich der Idee nach anfänglicher Zurückhaltung immer mehr genähert. Christo und Jeanne Claude hatte ich schon in New York besucht. Sie hatten mich überzeugt und nach den Entscheidungen über den Umbau hielt ich das Projekt für eine besondere Attraktion für Berlin. Die Größe des Erfolges, die einzigartige Neugier, Stimmung und Begeisterung der Menschen hatte ich allerdings nicht vermutet.

Der bereits erwähnte Vertrag vom August 1992 war die Grundlage für die Vereinbarung, die 1994 in Zusammenhang mit dem Berlin-Bonn-Gesetz zwischen dem Bund und Berlin abgeschlossen worden ist. Da wurde es dann konkret. Stadt- und Verkehrsplanung waren weiter fortgeschritten. Verkehrsprojekte und ihre Finanzierung wurden jetzt beschlossen. Es ging um den S-Bahn-Ring, den Straßentunnel unter dem Tiergarten und eine neue U-Bahnlinie zwischen Stadtzentrum und dem neuen Regierungs- und Parlamentsviertel. Die Sonderbelastungen für Kultur- und Bildungseinrichtungen sowie die Sicherheitsaufgaben blieben mit insgesamt 300 Millionen DM für den Geltungszeitraum bis 2004 zu kurz bemessen. 240 Millionen DM waren dabei als Zuwendungen für kulturelle Einrichtungen zweckgebunden. Nur mit Mühe konnte eine einvernehmliche Protokollnotiz aufgenommen werden, dass es für die Zeit nach 2000 eine Anschlussvereinbarung geben solle.

Berlin wurde die größte Baustelle Europas, die Stadt der Kräne, ein Tummelplatz internationaler Architekten. Wettbewerbe wurden ausgeschrieben und entschieden. Die Baustellen für den Regierungsumzug waren nur ein Teil davon. Hinzu kamen die Baustellen der Stadt Berlin und privater Investoren sowie die Vorbereitungen für die erhofften Ansiedlungen von Dienstleistungen und produzierender Industrie. Schon aus wirtschaftlichen Gründen versuchte der Senat alles, um einen schnellen Umzug von Regierung und Parlament zu ermöglichen und – das war wirtschaftlich am wichtigsten – die ausländischen Vertretungen, wichtige Verbände und Interessenvertretungen und die Medien in Berlin anzusiedeln. In der Senatskanzlei wurden Planung und Zusammenarbeit mit dem Bund koordiniert, die Sitzungen des „Gemeinsamen Ausschusses" mit dem Bund vorbereitet und Kontakt mit Bonner Umzugsbetroffenen gesucht. Es gab eine Botschaftsbörse. Botschaften wurden Grundstücke angeboten oder vermittelt. Gleiches galt für Interessenverbände, politische Parteien und Stiftungen. Wer sich früh entschied, den belohnte der Kaufpreis. Das Land gewährte in den ersten Jahren Nachlässe beim Kauf von landeseigenen Grundstücken. Damit konnten wir einen Impuls erzeugen und der „Bonner Verunsicherung" etwas entgegensteuern. Mitarbeiter der Bonner Dienststellen und ihre Personalräte wurden nach Berlin eingeladen, um ihnen die Wohnviertel zu zeigen, in denen der Bund Wohnungen für sie bereit hielt. Und noch wichtiger: es gab eine Personalbörse. Mitarbeiter mit Umzugsproblemen in Richtung Berlin wurden im Austausch an Dienststellen vermittelt, die sich gerade Richtung Bonn aufmachen mussten. So gab es eine Rotation gegen die Mobilität. Sozialpolitisch wünschenswert, aber ob in allen Fällen nach der Rotation noch die Fachkompetenz richtig eingesetzt war, ist wohl bisher sicherheitshalber nicht umfassend untersucht worden. Die Bundesdienststellen waren vorrangig an dieser Aktion beteiligt. Berlin versuchte bei Ehepartnern im Landesdienst zu helfen, also beispielsweise bei einem Stellentausch von Lehrern.

Bei meinem Ausscheiden aus dem Amt des Regierenden Bürgermeisters war der Umzug aus Bonn nach Berlin (fast) abgeschlossen. Auch die meisten ausländischen Vertretungen, wichtige Verbände und Interessenvertretungen sowie die Medien waren in der Stadt. Für den Rest der Regierung wird man nur noch über den Neigungswinkel der Rutschbahn streiten können und die Verantwortung von Bundesregierung und Bundesrat für eine leistungsfähige und kostengünstige Verwaltung. Rückzugsgefechte einzelner Ministerialabteilungen sollte man einfach nur als solche zur Kenntnis nehmen.

Verstehen sie sich, die Berliner und die Neuberliner? Ist Bonn in Berlin? Vor dem Fall der Mauer hat man sich aus sicherer Distanz gegenseitig mit Wohlwollen überschüttet. An die neue Nähe müssen sich alle erst gewöhnen. Bei der Spargelrede 2000 habe ich versucht, die Entwicklung an einem Beispiel aus dem täglichen Leben zu beschreiben:

Zehn Jahre nach Polterabend und Mauerfall wurde geheiratet ... Der Bund kam zur Braut, Bonn besuchte Berlin ... Aber schon nach der ersten Nacht die bestürzende Erkenntnis: all das war nicht umsonst zu haben, die Nähe hatte ihren Preis. Was die Braut für schick hielt, erachtete der Bräutigam plötzlich als extravagant, was sie anspruchsvolle Manieren nannte, empfand er als zickenhafte Umgangsform. Zanken und Zetern verdrängten Zärtlichkeit und Zuneigung. Heerscharen von Journalisten, stets darin geübt, intime Zweisamkeit zu sozialisieren und zu publizieren, schrieben spaltenweise über zerrüttete Verhältnisse und wie so häufig, ging es weniger um Eifersucht als um das liebe Geld.

Aber gemach, irgendwie ist das alles doch ein Stück weit normal, wenn man überraschend aus der getrennten Wohnung in eine gemeinsame zieht. Wer nimmt was mit, wer gibt was her, was wird neu angeschafft und wie viel darf es kosten, die Fragen kennt doch jeder. Wir werden uns also in Berlin einrichten, vielleicht nicht das Bett, wohl aber das Haus teilen in guter Partnerschaft.

Stadtplanung

Nie aus Eigensinn sich auf die schlechtere Seite stellen, weil der Gegner sich bereits auf die bessere gestellt hat
Gracián, 142

Wir bauen eine Stadt für das 21. Jahrhundert. Das war die Forderung und der Auftrag der Berliner. Die Brache in der Innenstadt, der Todesstreifen mitten durch Berlin war plötzlich nicht nur Symbol eines bankrotten Systems, sondern eine Chance für die Stadtgestaltung. Hastig und im Sauseschritt und nach dem Motto, jeder darf nach einem unbürokratischen Genehmigungsverfahren bauen, was er will, durfte das aber nicht gehen. Die Stadt für das neue Jahrhundert sollte entstehen, aber keine Legostadt, die man einfach umstecken kann, wenn die Anordnung nicht mehr gefällt. Vor der Baustelleneinrichtung lag die Planung und vor der Einzelplanung das städtebauliche Konzept. Ich erwähne das, weil damit die Arbeit deutlich wird, die in Berlin in kurzer Frist vor den vielen Baustellen und der Silhouette mit Hunderten von Kränen geleistet werden musste. Zahllose Pläne und Projekte wurden bearbeitet. Der alte Flächennutzungsplan für West-Berlin war bereits ein Jahr nach seiner umkämpften Verabschiedung durch den Fall der Mauer Makulatur; nicht viel anders ging es dem Generalbebauungsplan des ehemaligen Ostberlin. In kürzester Zeit wurde eine verbindliche Grundlage für die räumliche Entwicklung der Stadt geschaffen. Die Zusammenarbeit mit Brandenburg war dafür wichtig. Wo sollen die Gewerbegebiete angesiedelt werden? Mit welcher Abwanderung aus der Stadt in das Umland muss man rechnen? Und vor allem: Welche Bevölkerungsentwicklung legt man zugrunde. Welche Vorsorge muss man bei aller Skepsis gegen Planungsprognosen treffen.

Nicht nur die Bonnfraktion im Deutschen Bundestag malte die Megastadt Berlin an die Wand. Die Prognosen der wissenschaftlichen Institute verwiesen auf einen erheblichen Anstieg der Bevölkerungszahl im Ballungsraum von Berlin. Die Zahlen pendelten zwischen sechs und acht Millionen. Auch die Prognosen für das Wirtschaftswachstum waren sehr optimistisch. Wir waren skeptischer. Für die notwendige Vorsorge gingen wir für das Jahr 2010 von einer Bevölkerungszahl von 4,5 Millionen Menschen aus. Das lag nach den damaligen Erwartungen an der unteren Grenze, aber dennoch im optimistischen Trend. Für den Flächennutzungsplan war das unproblematisch, wurden doch Flächen beispielsweise für Wohnungsbau, Schulen oder Kindergärten nur von anderer Bebauung freigehalten. Berliner Stadtgeschichte sollte mit ihren bezirklichen Zentren weitergeführt werden.

Angesichts der möglichen Bevölkerungsentwicklung entschieden wir uns aber in der Stadtplanung zu einer Verdichtung des städtischen Zentrums von der historischen Mitte bis zur City West. Die Stadt sollte nicht planlos in das verfügbare Land über die Grenzen der heutigen Stadt hinauswuchern. Bis zum Fall der Mauer war das Ausufern der Stadt, so wie es Paris und London, aber auch deutsche Großstädte kennzeichnet, durch die politische Lage verhindert worden. Der Berliner prägte für die DDR den Begriff Dunkeldeutschland. Das war keine politische Einschätzung oder Diskriminierung, sondern die ganz einfache Beschreibung des Blickes aus dem Flugzeugfenster beim nächtlichen Landeanflug nach Berlin. Die Stadtgrenzen waren durch die Lichter scharf markiert. Die Stadtrandsiedlungen gingen in die unbeleuchteten Äcker auf der anderen Seite der Mauer über. Die frühere Einschnürung war jetzt eine Chance für sinnvolle Planung. Bei zunehmender Bevölkerungszahl könnten wir – abgesehen vom bisherigen Areal in der Stadt – auf Gebiete in Brandenburg zurückgreifen, so wie es auch die spätere Idee einer gemeinsamen Landesplanung mit Brandenburg vorsah. Der fürchterliche Begriff der „dezentralen Konzentration" wurde dafür geprägt, neue Ansiedlungen auf das Stadtgebiet konzentriert und ansonsten in einem Kranz von Satelliten rund um die Stadt.

Unumkehrbar und unabhängig von der tatsächlichen späteren Bevölkerungsentwicklung aber waren Entscheidungen zum Stadtbild und zur Verkehrsentwicklung. Die empörte Kritik von Wolf Jobst Siedler und der Vorwurf der „gemordeten Stadt" standen mir vor Augen. Es war ja im Regelfall nicht der Krieg, der die Stadt Berlin zerstört hat. Der hat die Häuser zerstört. Danach kamen in Ost und West die Stadtplaner und haben vieles niedergewalzt und Platz geschaffen für ihr Bild einer Stadt: Schlafstädte, Bürostädte, Kulturzentren. Und im Osten kamen die Aufmarschplätze noch dazu.

Berlin war für die Planer und Architekten aus aller Welt hochinteressant. So gab es beim Wettbewerb für das Gebiet der Spreeinsel fast zweitausend Einsendungen. Ich weiß nicht, ob dieser Weltrekord inzwischen irgendwo eingestellt worden ist. Zunächst aber musste sich die Stadt selbst darüber im Klaren sein, was sie wollte.

Es waren drei Überlegungen, bei denen sehr schnell Übereinstimmung bestand.

1.) Die alte Berliner Mischung von Wohnen, Leben und Arbeiten – im Vorderhaus die Wohnung und hinten die Werkstatt – sollte sich im NEUEN BERLIN in zeitgemäßer Form widerspiegeln, um das Zentrum mit den Büros der neuen Dienstleister nach Feierabend nicht in einen ausgestorbenen Stadtteil zu verwandeln.

2.) Moderne Architektur sowie die Rekonstruktion und Instandsetzung alter Gebäude sollten nebeneinander stehen. Architekten aus aller Welt würden am Aufbau beteiligt werden und so der Stadt ein Markenzeichen für das 21. Jahrhundert geben.

3.) Der historische Stadtgrundriss sollte Ausgangspunkt für die weitere Stadtplanung sein.

Diese Sätze lassen sich schnell niederschreiben. Wie immer steckte der Teufel im Detail und in der Suche nach einem ausgewogenen Verhältnis zwischen der Funktion, der Ästhetik und dem Wohlbefinden der Berlinerinnen und Berliner. Brecht hat Berlin nach dem Zweiten Weltkrieg einmal als eine Radierung Churchills nach einer Idee von Hitler bezeichnet. Auch wenn natürlich im Zentrum die Kriegsschäden weitgehend beseitigt waren: jetzt ging es darum, eine repräsentative Hauptstadt zu entwickeln, die zugleich liebens- und lebenswert war. Eine erste demonstrative Entscheidung fand breite Zustimmung: Das DDR-Außenministerium wurde abgerissen. Plötzlich öffnete sich vom Schlossplatz wieder der Blick auf die historische Altstadt, die Friedrichwerdersche Kirche, das Kronprinzenpalais und die Kuppel der Hedwigskirche. Es war die Aufforderung zum Bau der Stadtkommandantur und dem Wiederaufbau von Schinkels Bauakademie.

Hochhäuser und Traufhöhe

Die Entscheidung für den historischen Stadtgrundriss – die wichtigste unter den drei geschilderten Überlegungen – war die Entscheidung für die europäische Städtebautradition. Sie orientiert sich an einer Gliederung der Stadt in Straße, öffentliche Parkanlagen und Plätze sowie eine Blockbebauung. Für mich war es auch die Absage an das beziehungslose Nebeneinander von selbst unbestritten guter Architektur. Natürlich gab es auch die vehementen Forderungen nach richtigen Wolkenkratzern an allen Ecken der Stadt, für manche der Inbegriff moderner Architektur und einer Stadt des nächsten Jahrhunderts. Für mich kam das nicht infrage. Wenn richtige Hochhäuser, dann doch bitte Hochhauszentren, die sich auch in das sonstige Stadtbild einfügen. Ich hielt nichts von so genannten städtebaulichen Ausrufungszeichen, mit denen mal hier und mal da ein Hochhaus errichtet wird, das meist wie ein Fremdkörper in seiner Umgebung wirkt. Zur Erleichterung dieser Debatte gibt der Berliner Baugrund das nur bei erheblichen Zusatzkosten her, wenn überhaupt. Die Stadt ist auf Wasser gebaut. Gute und moderne Architektur ist auch bei Blockbebauung und Beachtung einer Traufhöhe möglich.

Die Planung von Hochhäusern erhielt ihre Dynamik durch das Ziel, die Innenstadt bei einer höheren Bevölkerungszahl und stärkerem Dienstleistungsangebot zu verdichten, denn ein Wolkenkratzer kann die herkömmliche Bebauung eines ganzen Areals ersetzen. Ein Vorschlag von Hans Kollhoff wurde aufgegriffen. In der FAZ-Beilage hatte er den zunächst erschreckend anmutenden Vorschlag von zwei „Wolkenkratzerzentren" an beiden Enden der Linden vorgestellt: Ein bisschen „Down Town" am Potsdamer und Alexanderplatz. Der eine Platz war eine städtebauliche Wüste an der ehemaligen Mauer und im alten Berlin ein belebter Verkehrsknoten, der andere war zwar der Stolz der DDR-Architektur gewesen, aber städtebaulich durch den Sozialismus ruiniert. Mit der Konzeption Kollhoffs könnte man Raum schaffen und die historische Stadt zwischen dem Brandenburger Tor und dem Schlossplatz retten, die klassizistischen und barocken Bauten wieder herrichten und am Pariser Platz neue Architektur im alten Stil zur Geltung bringen.

Der Potsdamer Platz ist in diesem Sinne gestaltet worden, nicht mit Wolkenkratzern, aber doch mit ansehnlichen Berliner Hochhäusern. Auf dem angrenzenden Leipziger Platz gilt wieder der historische Stadtgrundriss. Es war eine ausdrückliche Entscheidung, den Platz in der alten Form des Oktagons wieder aufzubauen. Hans Kollhoff hat den städtebaulichen Wettbewerb zur Gestaltung des „Alex" gewonnen, eine Gruppe von Hochhäusern, die sich in den einzelnen Baukomplexen aber erst hinter einer vorgezogenen Blockbebauung erheben. Mich hat daran überzeugt, dass der Fußgänger auf dem Platz nicht sofort von Höhe und Masse des Hochhauses erschlagen wird. Es ist ein Projekt für die nächsten Jahrzehnte. Ich hoffe, man wird darauf achten, dass beim Blick vom Brandenburger Tor auf die Kuppeln des historischen Zentrums auch der Turm des Rathauses nicht durch Hochhaustürme überlagert wird.

Im Amtszimmer im Roten Rathaus traf ich in den ersten Jahren nach der Wiedervereinigung viele potenzielle Investoren. Der Berliner Immobilienmarkt war international interessant. Manchmal hatte man den Eindruck, alles sei möglich. Schnell waren bei mir allerdings Zweifel an den hohen Grundstückskosten und den erwarteten Büromieten entstanden. Das war Spekulation wie in den früheren Berliner Gründerjahren nach der Reichsgründung 1871. Ganz vorneweg der Bund. Das hatte erhebliche Rückwirkungen auf die Verkehrswerte. Auch das Land konnte sich dem nicht entziehen. Erzielbare aber nicht erzielte Grundstückserlöse hätten nicht nur das Parlament und die Rechnungshöfe zur Kritik herausgefordert, sondern auch die Staatsanwaltschaften.

Die Durchsetzung der Berliner Mischung stieß bei vielen ausländischen Gesprächspartnern auf Unverständnis. Schnell war der Vorwurf der Bürokratie zur Hand und in den Medien sprach man von der Behinderung großer Investitionen. Ich empfehle denen die Kommentare ihrer eigenen Zeitung, die zehn Jahre danach über einen unverantwortlichen Bauboom lamentieren.

Berliner Mischung

Die Berliner Mischung wurde durch Vereinbarungen beim Grundstückskauf und das Baurecht erzwungen. Beim Bau von Büroflächen mussten auch 25 bis 35% der Nutzfläche für Wohnungen bereitgestellt werden. Am Potsdamer Platz wurde ein kulturelles Angebot – die Kinos, das Musicaltheater, das Filmmuseum – und Einzelhandelsflächen vereinbart. Sony hatte sich mit dem Grundstückskauf verpflichtet, das Hotel Esplanade und den alten Kaisersaal in das neue Projekt zu integrieren. Das Hotel war neben dem Weinhaus Huth der einzige Bau am Potsdamer Platz, der die Nachkriegsentwicklung überlebt hatte. Es wurde in spektakulärer Aktion mehrere Meter verschoben und mit dem Bau des Architekten Helmuth Jahn verbunden.

Die Bauten am Potsdamer Platz sind typisch für das NEUE BERLIN. Die funktionelle Mischung wurde eingehalten. Sie erhält den Platz lebendig Die

Vorgaben für den Wohnungsbau müssen allerdings trotz des nun gleich folgenden Vorwurfes sprudelnder Bürokratie noch verfeinert werden. Wir wollten Wohnungen, auch Wohnungen für Familien, und es entstanden zu viele Zweitwohnungen, Wohnungen für einen häufigen, aber nicht ständigen Aufenthalt in der Stadt. Für Familien und Dauerbewohner sind viele zu klein, zu schlecht geschnitten oder zu teuer.

Die „Daimlerstadt" spiegelt mit ihren Straßen und Plätzen die europäische Stadt wider. Viele berühmte Architekten geben dem Stadtteil ihr Gesicht. Im Komplex von Sony zeigt sich ein Gegenmodell: Es ist der Entwurf „nur" eines Architekten. Eine große Halle, um deren Innenraum sich Wohnungen, Büros und Gaststätten gruppieren, ist ein Platz für Kommunikation und Veranstaltungen. Damit treffen drei Ideen von Stadt rund um den Potsdamer Platz aufeinander, denn im Westen schließt sich das Kulturforum Hans Scharouns mit den Museen, der Philharmonie und der Staatsbibliothek an. Diese Konzentration von kulturellen Einrichtungen ist eine Absage der Nachkriegsplaner an die Idee einer Verbindung von Wohnen, Leben und Arbeiten.

Bei der Entscheidung über die Planungen des „Daimler-Bereiches" waren die Beteiligten unter ausdrücklicher Zustimmung der Senatsvertreter über die ursprünglichen Wettbewerbsvorgaben hinweggegangen. Der gesamte Komplex sollte nach Westen geöffnet werden. Wie ein Sperrriegel schiebt sich die Staatsbibliothek Scharouns durch eine nach Osten gerichtete geschlossene Fassade dazwischen. Sie steht auf der alten Trasse der Potsdamer Straße und erzwingt eine komplizierte neue Straßenführung. Die Fassade sollte geöffnet und wenigstens ein Eingang zur Bibliothek auch von dieser Seite geschaffen werden. Wie oft habe ich bei den amtierenden Präsidenten der Stiftung Preußischer Kulturbesitz nachgefragt und gedrängt. Angeblich lässt es die innere Struktur der Staatsbibliothek nicht zu. Ein Umbau sei zu kompliziert.

Nutzen wir eine nächste Chance. Auf das Kulturforum wartet noch eine Entscheidung. Nach den Überlegungen Scharouns sollte auf dem Forum des Kulturforums ein Gästehaus entstehen. Die Planungen sind immer wieder überprüft worden. Der Wiener Architekt Hollein hatte bereits vor der Wende einen Gegenentwurf gemacht. Für dieses Gästehaus gab es auch immer wieder interessierte Investoren. Für mich aber war der Platz insbesondere nach der Wende ein Beispiel dafür, dass nicht alles und sofort bebaut werden darf. Eine Stadt sollte auch die Chance zu einer harmonischen Entwicklung haben. Ich wollte vor einer Entscheidung wissen, welche Entwicklung der Potsdamer Platz nimmt. Sind Ergänzungen, sind Korrekturen notwendig, für die die benachbarte Fläche auf dem Kulturforum benötigt wird? Bisher hat sich meine Zurückhaltung durchgesetzt, auch bei guten Bekannten musste ich um Verständnis bitten.

Die Gute Stube

Die Leere am Pariser Platz sollte wieder „Berlins gute Stube" werden. Mit dieser Formulierung wollte mich wenige Wochen nach der Senatsbildung im Jahre 1991 der Bausenator Wolfgang Nagel offensichtlich vom Aufbau des Platzes in altem Stil überzeugen. Das war die Konsequenz aus den Überlegungen zum historischen Stadtgrundriss. Der Bausenator wollte aber offensichtlich eine ganz andere Diskussion wenigstens vorübergehend beenden: Kann das Brandenburger Tor den Verkehr zwischen dem Westen und dem alten Zentrum der Stadt aufnehmen? Schon der Rot-Grüne Senat hat immer neue Varianten zum Umfahren des Tores vorgelegt. Mit der Rekonstruktion des Pariser Platzes aber war die von den Verkehrspolitikern entwickelte Alternative eines Kreisverkehrs rund um das Brandenburger Tor vom Tisch.. Wir blieben beim historischen Stadtgrundriss. Damit haben wir der Koalition allerdings auch einen jahrelangen Lieblingsstreit über den Verkehr durch das Brandenburger Tor beschert.

Die früheren Bauten am Pariser Platz sollten nicht rekonstruiert werden, jedoch beim Wiederaufbau der Gesamteindruck des historischen Platzes entstehen. Vorgaben für die Gestaltung wurden gemacht: Stein als Baumaterial, die zulässige Höhe der Bauten und für die Fassadengestaltung Richtlinien für die Gesamtfläche der Fenster. Mehrmals stand die Gestaltungssatzung für den Platz auf der Tagesordnung des Senats. Bei den Gebäuden zeigte sich dann Einfallsreichtum und Beharrungsvermögen von Architekten und Bauherren. Wer vor der DG-Bank, der französischen Botschaft und insbesondere an der Baustelle der Akademie der Künste steht, wird nicht glauben, das es für den Platz klare Gestaltungsvorschriften gab. Positiv ausgedrückt: Die Gestaltungssatzung gab ausreichend Raum für individuelle Lösungen. Über zähe Gespräche mit Professor Kleihues bezüglich der beiden Bauten links und rechts neben dem Brandenburger Tor hat der dann als Bausenator zuständige Jürgen Klemann wiederholt berichtet. Von Zwillingsbauten wollte der Architekt nichts wissen. Anständige Fenstergrößen mussten ihm abgerungen werden. Professor Kleihues, der sich bei der Planung und Organisation der Internationalen Bauausstellung für die Qualität des Berliner Baugeschehens so große Verdienste erworben hat, neigte – man entschuldige meine Zuspitzung – bei eigenen Bauten zu schießschartenähnlichen kleinen Fenstern. Durch kleine Kunstgriffe hat er entgegen den Absprachen die Dächer des Liebermannhauses und der Repräsentanz der Commerzbank (Haus Sommer) mit unterschiedlichen Simsen ausgestaltet. Dieser in Stein gehauene Protest gegen staatliche Gestaltungsvorschriften musste wohl sein.

Viel schwieriger war der Umgang mit der Akademie der Künste. Sie sollte neben den Räumlichkeiten am Rande des Tiergartens im westlichen

Stadtzentrum wieder an den alten Sitz am Pariser Platz zurückkehren. Ihr Mitglied und Architekt Günter Behnisch und mit ihm die Spitze der Akademie um den Präsidenten Walter Jens wollte das vorgegebene Baumaterial nicht akzeptieren. Ein Bau aus Glas und Stahl sollte den Blick in das Innere des Gebäudes und auf die letzten Reste der aus der Vorkriegszeit geretteten Architektur ermöglichen. Die Akademie sah die Freiheit der Kunst gefährdet. Das Argument war öffentlichkeitswirksam, aber Unsinn. Und über den Architekturentwurf von Behnisch konnte man auch streiten. Sein Bau des erst 1992 eingeweihten Neubaus des Bundestages in Bonn hat mich nur beim ersten Blick beeindruckt, funktional war der offene Bau aus Glas und Stahl jedenfalls nicht. Die Behauptung einzelner Architekturkritiker, der Bau symbolisiere mit seiner Offenheit die Demokratie, fand ich übertrieben Aber die Akademie als künftiger Nutzer wollte das Konzept offensichtlich auch für Berlin.

Klemann verhandelte, ich vermittelte. Unmittelbar neben dem Hotel Adlon konnte ein Behnisch-Bau den Platz vorteilhaft auflockern, wenn denn Elemente der Bausatzung und damit die Struktur des Gebäudes auch in oder unmittelbar hinter der gewünschten Glasfassade sichtbar werden. Das war dann auch der Kompromiss, den Jürgen Klemann mit der Akademie erzielte. Mit der Akademie und ihrer Architektursparte wollten wir zu diesem Zeitpunkt keinen größeren Streit.

Ungeliebte Zuchtmeister

In der Stadtplanung, Stadtgestaltung und einzelnen Architekturentscheidungen war ich engagiert. Am liebsten hätte ich mich noch mehr eingemischt. Das waren Entscheidungen, die für lange Zeit Bestand haben würden, oft in Stein gegossene Gesellschaftspolitik. Im Senatsausschuss 2000 wurden viele Projekte und Planungen oft bis in die Morgenstunden vorbereitet. Dabei wurde über die Gestaltung des Mauerdenkmals an der Bernauer Straße entschieden. Auch über die Erinnerungsstätte an den Volksaufstand vom 17. Juni vor dem Gebäude des heutigen Finanzministeriums. Wir erlaubten uns, dem Votum des Preisgerichtes nicht zu folgen und eine Gegenüberstellung der glücklichen Werktätigen auf dem DDR-Mosaik mit den Bildern vom Volksaufstand zu wagen. Die Fülle der Einzelentscheidungen zur Gestalt des NEUEN BERLIN aber lag bei den Fachverwaltungen in der Verantwortung von Volker Hassemer und Wolfgang Nagel. Der Senat hatte die Linie vorgegeben.

Bauherren und Architekten beschwerten sich oft bei mir über den starken Einfluss, den die Bauverwaltung und ihr Staatssekretär Hans Stimmann auf die Auswahl von Architekten und die bauliche Gestaltung ausüben wollten.

Offiziell gab es zwar keinen Stadtbaudirektor mit umfassenden Kompetenzen, Stimmann kam in seiner Amtsauffassung dem allerdings sehr nahe. Das war Anlass zu Unstimmigkeiten in der Zusammenarbeit der Koalition. Mir missfiel der rüde Umgangston, über den sich Bauherren immer wieder beklagten. Im Rückblick muss ich aber festhalten, dass die Stadt in diesem Bauboom der Neunzigerjahre eine starke Hand bei der Stadtgestaltung brauchte, auch die Bereitschaft sich einzumischen und in einzelnen Fällen den Konflikt zu suchen. Über einzelne Architekturentscheidungen der so genannten kritischen Rekonstruktion wird man immer streiten können. Doch es geht um das Gesicht und damit die Atmosphäre der Stadt. Ich empfinde den Altbau oder einen Anklang an die Architektur des alten Berlin in einigen Straßen des neuen Berlin als eine Erholung für das Auge. Auch in der Friedrichstraße geht mir das so. Man wird auch über die Frage streiten können, wie viel städtebaulicher Unsinn oder architektonische Belanglosigkeit bei der Masse der Vorhaben in den Neunzigerjahren entstanden ist. Ich glaube, es hält sich in bemerkenswerten Grenzen, auch dank der Einmischung und Qualitätsanforderung einer Bauverwaltung.

Zahllose Pläne und Projekte wurden entwickelt. An vielen Orten der Stadt sind sie sichtbar. Nach den Grundsteinlegungen und ersten Spatenstichen folgten die Richtfeste und Eröffnungen. Mein Kalender war voll von Richtfesten wichtiger Großinvestoren Die Stadt der Kräne feierte sich und machte die vielen Baustellen zur Touristenattraktion. Wolfgang Nagel erfand die Info-Box am Potsdamer Platz, die neugierige Berlinbesucher in Scharen anzog. Beim Richtfest dirigierte Daniel Barenboim die „Sinfonie der Kräne". Die Riesenkräne bewegten sich nach der Musik und den Weisungen seines Taktstockes.

Das Berliner Schloss

Unvergessen und hoffentlich erfolgreich bleibt die Initiative zum Wiederaufbau des Berliner Schlosses. Engagierte Freunde der Hauptstadt Berlin, an der Spitze der Hamburger Wilhelm von Boddien, hatten mit einer maßstabgetreuen Fassade aus Plastik das alte Schloss optisch wiederhergestellt und die Diskussion um die Gestaltung des Schlossplatzes und den Abriss des Palastes der Republik neu entfacht. Die Bedeutung eines Baus in dem Grundriss des Schlosses wurde sichtbar. Er gehört auch zu einem Wiederaufbau der Stadt, der sich am historischen Grundriss orientieren will. Und ein Bau an dieser Stelle muss neben den Bauten Schinkels bestehen können.

Die Politik hat sich schwer getan. „Rettet den Palast der Republik", riefen die einen. „Wir wollen Architektur unserer Zeit", forderten die anderen.

Denkmalschützer sahen im Wiederaufbau eines abgerissenen Gebäudes gar einen Hauch von Disney-Land und ließen sich auch durch Hinweise auf die Frauenkirche in Dresden oder das Stadtschloss von Warschau nicht besänftigen. In der Auseinandersetzung um den Palast der Republik wurde ich Asbestexperte. Warum soll der Palast abgerissen werden, wenn im ICC in Westberlin eine Asbestsanierung möglich ist? War das nicht ein Komplott der Wessis gegen die alte DDR? Oft habe ich den Unterschied zwischen Plattenasbest und Spritzasbest erläutert, die besondere Gefährdung im Palast der Republik dargestellt, weil unterschiedliche Wärmedehnung von Stahl und aufgespritztem Asbest immer wieder zu Rissen führt und dann Asbestteile durch die Lüftungsanlagen durch das gesamte Haus transportiert werden. Auch die stolze Meldung der Bauleitung des Palastes konnte ich zitieren, nach der besonders viel Asbest verwendet und das Soll übererfüllt worden wäre. Der Palast war und blieb für viele ein DDR-Symbol und eine Erinnerung an schöne Stunden in den Räumen dieses Gebäudes, bei „Ein Kessel Buntes" oder der Jugendweihe.

Ich hatte schon erwähnt, dass die Volkskammer der DDR 1990 den Palast der Republik wegen der Asbestbelastungen geräumt hat. Die Unterlagen über die Gesundheitsgefährdungen stammten aus der Zeit der Führung durch die SED und kamen an die Öffentlichkeit, als die SPD auf der Suche nach einem geeigneten Saal für ihren Bundesparteitag beim Hausherrn de Maizière anklopfte. Er kannte die westdeutsche Sensibilität und berichtete vertraulich über den streng geheimen Bericht in seinem Tresor. Damit war natürlich nichts mehr geheim. Die Volkskammer zog um.

Der Gemeinsame Ausschuss von Bundesregierung und Senat hat mehrmals über den Wiederaufbau des Schlosses beraten. Frühzeitig wurde ein Nutzungskonzept diskutiert. Nachdem weder der Bundespräsident noch der Deutsche Bundestag oder der Bundeskanzler in die Berliner Mitte wollten, standen vier Überlegungen im Vordergrund: Gästehaus der Bundesregierung und Hotel, Landes- oder Universitätsbibliothek sowie Ausstellungsflächen für die Stiftung Preußischer Kulturbesitz, unmittelbar an der Spree mit Restaurants und Cafés ein Treffpunkt der Berlinerinnen und Berliner

Für mich gab es klare Prioritäten.

Es gibt Plätze, die können auf eine weitere städtebauliche Ausgestaltung und Nutzung warten. Die Mitte des historischen Berlin nicht. Wie eine Barriere liegt die Hülle des Palastes der Republik zwischen Zeughaus und Rathaus. Und es sollte ein Bau entstehen, der auch noch in dreihundert Jahren das Zentrum der Stadt prägt. Schlüter musste deswegen an allen Wettbewerben teilnehmen.

Der Staat zeigte sich bei diesem Thema nur begrenzt handlungsfähig. Die Asbestbeseitigung im Palast der Republik wurde durch den Bund eingeleitet und ist inzwischen abgeschlossen. Jede Instandsetzung würde mehrere

Millionen Euro kosten und wäre nur bei erhaltenswerter Architektur vertretbar. Berlin und der Bund hätten alle weiteren Beschlüsse gemeinsam treffen müssen, nicht nur wegen der Verpflichtung zur gegenseitigen Zusammenarbeit in der Hauptstadtplanung oder wegen einer späteren Nutzung des Gebäudes. Der Bund war Eigentümer von Grund und Boden, auf dem der Palast der Republik stand, dem Land gehörte das sonstige Grundstück des alten Schlosses. Die Mitarbeiter der Senatskanzlei waren sehr stolz auf diese Aufteilung des Eigentums. Das Bundesfinanzministerium betrachtete in Berlin, anders als in anderen Ländern, allen früheren preußischen Besitz a priori wegen angeblicher früherer Nutzung durch das Reich als Bundeseigentum. Berlin widersprach natürlich. Aber beim Palast der Republik drehte sich die Diskussion. Wegen der Sanierungskosten hätte der Bund diese Immobilie gern Berlin überlassen. Nun wollten wir nicht – und so kam es zu der Aufteilung. Es war ein Verhandlungsergebnis mit einem schwierigen Verhandlungspartner.

Später habe ich es oft bedauert. Wollte der Bund das Bauvorhaben forcieren, hatten wir in der Koalition mit dem Schlossbau Schwierigkeiten; gab es einen günstigen Augenblick in Berlin, gab es in Bonn Probleme. In der Architekturfrage gingen die Fronten quer durch die Parteien. Auch Hassemer wollte der Architektur des ausklingenden 20. Jahrhunderts eine Chance geben, Bundesbauminister Töpfer hätte das Thema zeitweise gern auf Eis gelegt. Volker Hassemer hat sich nach seinem Ausscheiden aus dem Senat als Chef von Partner für Berlin sicher mit Unterstützung seines Freundes Töpfer engagierter für eine Unterbringung des Tempodroms als für den Neubau des Schlosses eingesetzt. Ich glaube, bei alleiniger Zuständigkeit in Berlin hätte ich – zu einem rechten Zeitpunkt – eine Entscheidung in Berlin herbeiführen können. Das gesamte Grundstück hätte man für einen langen Zeitraum in eine ansonsten private Investition einbringen und eine Teilnutzung garantieren können. Erweiterungen für die Humboldt-Universität und die Stiftung Preußischer Kulturbesitz sind notwendig. Übrigens, in Dresden klappte nicht nur der Aufbau der Frauenkirche, schrittweise wird auch das Schloss wieder aufgebaut.

2002 hat der Bundestag sich dann doch für den Aufbau des Schlosses entschieden. Ich hoffe, aus Berlin gibt es dagegen keine ernsthaften Widerstände. Unsinn ist die Vorstellung, man solle den Palast abreißen und das Grundstück solange als kleinen Park nutzen, bis die Zeiten finanziell besser werden. Mir hat man stets vorgetragen, ein Abriss ohne Neubau an dieser Stelle würde den nicht weit entfernt liegenden Berliner Dom wegen der dann veränderten Grundwassersituation gefährden. Das kann sich doch nicht entscheidend verändert haben.

Der Senat hatte für die Hektik der ersten Gründerjahre die Richtung vorgegeben. Nach dem Abflauen des Booms wurden diese Überlegungen weiterentwickelt. Die Koalitionsvereinbarung zur Bildung einer zweiten Regierung der Großen Koalition nach den Wahlen des Jahres 1995 gab den Anstoß zur Arbeit an einem Planwerk Innenstadt, mit dem ein Gesamtkonzept entwickelt wurde. Der Senat beschloss es 1999 als Städtebauliches Leitbild. CDU und SPD wollten sich auch weiter am historischen Erscheinungsbild der Stadt orientieren. Bei den Konsequenzen für die Verkehrspolitik aber schieden sich die Geister.

Der Lieblingsstreit: Verkehr

Die eine Hälfte der Welt lacht über die andere, und Narren sind alle
Gracián, 101

Wollten die einen das Auto verteufeln, setzten sich die anderen dem Ruf einer Autopartei aus. Wollten Verkehrspolitiker der SPD alle Straßen zurückbauen, Fahrradwege und Busspuren zum Rückgrat des Verkehrs in einer Weltstadt machen, vermittelten einzelne Experten der CDU den Eindruck, die Breite einer Straße sei der Inbegriff moderner Verkehrspolitik. Das passte nicht mit den Bemühungen zusammen, in Berlin moderne Verkehrstechnik anzusiedeln, die Kapazitäten in Wirtschaft und Wissenschaft zu bündeln und im Großraum von Berlin Vorzeigeobjekte für moderne satellitengestützte Verkehrslenkung aufzubauen. Im Strategiekreis Verkehrstechnik der beiden Länder Berlin und Brandenburg wurden die konzeptionellen Weichen für eine Vorzeigeregion gestellt. Mit Manfred Stolpe und mir gaben die Ministerpräsidenten der Länder dem Kreis politisches Gewicht und hielten die Eifersüchteleien zwischen Berliner und Brandenburger Einrichtungen in Grenzen.

Der Streit der Verkehrsideologen musste in Berlin nicht immer entschieden werden. Die beiden Stadtteile Berlins hatten unterschiedliche Verkehrssysteme aufgebaut. Im Westen waren die Stadtautobahnen entstanden, im Osten Straßen als Magistralen ausgebaut worden, die mit ihrer Breite auch im Stadtzentrum jedes städtische Leben unterdrückten. Im Westen hatte man mit dem Autoboom die Straßenbahn abgeschafft, im Ostteil der Stadt war sie weiterhin wichtiger Bestandteil des öffentlichen Personennahverkehrs. Im Westen waren wegen des Boykotts der S-Bahn bis zu deren Übernahme in die Verwaltung der westlichen öffentlichen Verkehrsbetriebe, der BVG, Parallelstrecken zur S-Bahn durch neue U-Bahnstrecken und Busverbindungen geschaffen worden.

Das musste zusammengefügt werden. Aber natürlich Schritt für Schritt. Die Verkehrsbetriebe Ost und West mussten verschmolzen, der Nahverkehrsverbund aufgebaut und die nach 1985 getrennten S-Bahnbetriebe wieder unter ein Dach integriert werden. Wir hätten damals schon die gesamte S-Bahn und die Berliner Verkehrsbetriebe zusammenfassen sollen. Aber die S-Bahn (Ost) gehörte der Deutschen Bahn und damit zum Bund, und die Verkehrsbetriebe waren Eigentum der Stadt. Aus finanziellen Überlegungen hatten wir eine Option aus dem Einigungsvertrag nicht wahrgenommen und die S-Bahn (Ost) nicht in das Eigentum des Landes übernommen. Zu zaghaft? Ende der Neunzigerjahre wurde dann ein Versuch unternommen, die S-Bahn und die Berliner Verkehrsbetriebe zu fusionieren. Das Thema konnte ich nicht mehr abschließen. Unterschiedliche Tarife für die Mitarbeiter, verschiedene Gewerkschaften und das beliebte Thema, wer übernimmt wen und welcher der fusionierten Betriebe übervorteilt den anderen, erwiesen sich zunächst als zu großes Hindernis für eine schnelle Entscheidung. Ich hatte allerdings den Eindruck, dass die sehr vertraulichen Sondierungen einen positiven Abschluss auch mit Zustimmung der Arbeitnehmer ermöglicht hätten. Für die Zukunft der beiden großen Berliner Verkehrssysteme – BVB und S-Bahn – erschien mir das wichtig.

Bei der Fülle der Aufgaben konnte man Streitpunkte ausklammern und die Prioritäten so setzen, dass die einvernehmlichen Projekte verwirklicht wurden. Das war meine grundsätzliche Auffassung in diesen Jahren, nicht nur in der Verkehrspolitik. Erleichtert wurde diese Position durch die Tatsache, dass ein planerisches Gesamtkonzept verabschiedet und die mögliche politische Kontroverse sich auf Einzelausgestaltungen begrenzen ließ.

Die Liebe zur Straßenbahn ist seltsamerweise offensichtlich nach Parteipräferenz unterschiedlich ausgeprägt. Ich hielt den Ausbau von Straßenbahnstrecken überall dort für sinnvoll, wo der Anschluss einer Straßenbahnlinie an andere Verkehrsträger insbesondere über die frühere Grenze zwischen Ost und West geschaffen werden musste. Die Diskussion über die Zweckmäßigkeit einer Straßenbahn im Innenstadtverkehr oder für die verkehrliche Anbindung von Außenbereichen will ich hier gar nicht aufnehmen. Die finanziellen Engpässe behinderten die Wünsche nach neuen Strecken; einmal beschlossen, fielen sie oft zwangsläufig neuen Sparbeschlüssen zum Opfer. Aber wenn zukünftig eine Strecke gebaut werden soll, so kann das bei einer ausreichend breiten Straße immer nachgeholt werden. Anders ist es, wenn Trassen freigehalten werden müssen, also Entscheidungen von heute die Optionen für morgen verbauen. Immer dann habe ich versucht, Entscheidungen durchzusetzen, wenn die Option für die Zukunft – in der Verkehrspolitik die Trasse für die Zukunft – offengehalten wurde.

Es war nicht durchzusetzen, dass der Nord-Süd-Tunnel von der Heidestraße zum Potsdamer Platz auch unter dem Landwehrkanal nach Süden weitergeführt wird. Wahrscheinlich müssen dort erst einige Autos in den Kanal fallen. Bei allen Bauplanungen im Bereich von Schöneberg habe ich immer nur die Frage gestellt, ob eine Trasse weiter nach Süden und auch nach Brandenburg hinein möglich bleibt. In einem anderen Bereich hat diese Politik allerdings zu einer auch aus meiner Sicht sinnlosen Investition und dem Einbau von Straßenbahnschienen in die Leipziger Straße geführt, die hoffentlich nie benötigt werden. Es ging um den Ost-West-Verkehr zwischen der City West und Berlin-Mitte. Das Brandenburger Tor kann und sollte den Verkehr nicht aufnehmen. Das Thema „Öffnet das Tor" kann nach dem Ausbau des Pariser Platzes zur „Guten Stube" der Stadt nicht zur ungehinderten Öffnung für den Durchgangsverkehr führen.

Aber die Dienstleister der City müssen erreichbar sein und damit muss der notwendige Individualverkehr auch eine Chance durch Straßen nördlich und südlich des Tores haben. Die SPD wollte auch diesen Verkehr durch Baumaßnahmen unmöglich machen. Es ging um die Französische Straße. Die SPD wollte diese Straße endgültig für den Verkehr zwischen den beiden Stadtzentren von Berlin schließen. Der notwendige Verkehr zur Innenstadt wäre massiv und unkorrigierbar behindert. Das Ergebnis der Verhandlungen zwischen Stadtentwicklungssenator Strieder und Verkehrssenator Klemann war ein Kompromiss und ein trickreicher Vorbehalt. Strieder wollte nur zustimmen, wenn er eine Straßenbahn durch die Leipziger Straße bauen konnte. Misstrauisch wegen der finanziellen Situation, wollte er den Beginn der Baumaßnahme mit dem Verlegen der Straßenbahnschienen sicherstellen. Er erhielt diese Zusage, die Schienen wurden eingebaut und Strieder verzichtete auf seine Planungen zur Französischen Straße. Jedermann wusste, dass eine Straßenbahn durch die Leipziger Straße nur bei dem Neubau einer Brücke über die Spree am Spittelmarkt möglich sein würde. Das aber könnte mit Sicherheit erst in zwanzig oder dreißig Jahren geschehen, wenn überhaupt.

Rausgeschmissenes Geld. Ich glaubte, das verantworten zu können. Im Streit hätte Strieder mit einer Mehrheit im Abgeordnetenhaus links von der CDU rechnen können. Gegen den ausdrücklichen Wortlaut der Koalitionsvereinbarung gab es seit 1991 immer wieder solche Fälle. Ein unkorrigierbarer Schaden war zu befürchten.

Die Bahn

Im schienengebundenen Verkehr sind gleich nach 1991 die entscheidenden Weichen gestellt worden. Bis zum Ende des Zweiten Weltkrieges galt Berlin als *die* deutsche Eisenbahnmetropole. Symbol waren die schnellen Zugverbindungen wie der Fliegende Kölner oder der Fliegende Hamburger. Der Anhalter Bahnhof war in das innerstädtische Nahverkehrssystem eingebunden. Berlin hatte national und international verkehrstechnische Maßstäbe gesetzt. All dies ging in der Kriegs- und Nachkriegszeit verloren. Die Stadt war von der eisenbahntechnischen Entwicklung ausgeschlossen. Von den sieben nach Berlin (West) führenden Eisenbahnstrecken der Vorkriegszeit waren fünf abgehängt, die im Krieg zerstörten Fernbahnhöfe wurden nicht wieder aufgebaut, über 100 Kilometer des Personenverkehrs in der Stadt wurden stillgelegt. Der einstmals berühmte innerstädtische Nahverkehr mit der S-Bahn war marode, erst nach 1985 wurde im Westteil der Stadt mit einer Instandsetzung begonnen. Was also lag näher, als an die Traditionen der Eisenbahnmetropole anzuknüpfen

Der Bundesverkehrswegeplan 1992 spiegelte die künftige Rolle der Metropole Berlin in Deutschland wider. Eine vernünftige Verkehrsanbindung der größten deutschen Stadt musste unabhängig von dem Streit um die Präsenz der Regierung in Berlin sichergestellt werden. Der schnelle Ausbau der Strecke nach Hamburg, die Strecken nach Bremen über Stendal, nach Frankfurt am Main über Halle, Leipzig und Erfurt, nach München und nach Dresden waren vorgesehen und weitere Verbindungen insbesondere in Richtung Norden und Osten der Stadt berücksichtigt. Der Ausbau dieser „Radialstrecken" setzte ein Konzept für einen Knoten Berlin voraus, den es in der Stadt bisher nicht gegeben hat. Das Berliner Eisenbahnnetz hatten im 19. Jahrhundert überwiegend private Gesellschaften mit jeweils eigenen Bahnhöfen aufgebaut. So gab es in Berlin keinen Hauptbahnhof, sondern viele große Endbahnhöfe wie beispielsweise den Anhalter oder den Hamburger Bahnhof. Die Verbindung zwischen den Bahnhöfen erfolgte durch die S-Bahn, die Stadtbahn verband den Osten mit dem Westen, aber es fehlte die Nord-Süd-Verbindung, Traum aller Eisenbahner und Stadtplaner bereits seit Beginn des vergangenen Jahrhunderts. Das konnte jetzt nachgeholt werden.

Unterschiedliche Expertenmeinungen stießen aufeinander. Anhänger des so genannten Ringmodells wollten die Züge in Nord-Süd-Richtung über den Innenring und in den Ost-West-Verkehr über die Stadtbahn leiten. Dazu hätte der Ring viergleisig ausgebaut werden müssen, der Flächenerwerb und auch der Lärmschutz für Häuser unmittelbar an der Bahnstrecke hätte zu erheblichen Problemen geführt. Den Senat überzeugten die Grundgedanken des so genannten Achsenkreuzmodells und damit eine durchgehende Nord-Süd-Verbindung durch das Berliner Stadtzentrum. Ein 3,5 Kilometer langer Tunnel sollte gebaut werden. Der Kreuzungspunkt mit der Stadtbahn und damit dem Ost-West-Verkehr sollte am früheren Lehrter Stadtbahnhof entstehen. Berlin konnte damit erstmals einen Zentralbahnhof in der Innenstadt und in der unmittelbaren Nähe zum so genannten Parlaments- und Regierungsviertel erhalten. Zum Verkehrskonzept gehörte die Verknüpfung des Berliner Rings mit der Nord-Süd-Bahn an zwei Bahnhöfen: Gesundbrunnen und Papestraße.

Der Senat hat sich dann für das zum so genannten Pilzkonzept modifizierte Achsenkreuzmodell auch aus Gründen der Betriebsplanung und der Betriebsführung der Bahn sowie aus Kostengründen entschieden. Das Modell wurde Teil des Verkehrswegeplanes. Über meine Intervention bei Helmut Kohl berichtete ich bereits. 1995 gab es den ersten Spatenstich für das auch technologisch beeindruckende Bauvorhaben. Die Termine haben sich alle etwas verschoben – wie auch bei den Fernverkehrsverbindungen. Der Baufortschritt ist aber täglich zu beobachten. 2006 soll der Zentralbahnhof in Betrieb gehen.

Die „Kanzlerbahn"

Für S- und Regionalverkehr konnte auf ein System zurückgegriffen werden, das zu Beginn des Jahrhunderts mit faszinierendem Weitblick aufgebaut worden war. Es musste nur instandgesetzt und modernisiert werden und ist auch 15 Jahre nach dem Fall der Mauer noch nicht wieder hergestellt. Selbst der durch den Hauptstadtvertrag mit dem Bund vereinbarte Bau einer neuen U-Bahnlinie U 5 war keine neue Idee. Ernst Reuter hatte sie in den Zwanzigerjahren bereits vorgeschlagen. In historischer Unkenntnis wird sie in der Berliner Diskussion Kanzlerbahn genannt. Im Hauptstadtvertrag wurde die Verbindung noch mit großer Einmütigkeit beschlossen, auch aus der Erkenntnis, die Umbauphase der Stadt zu nutzen und soviel Verkehr wie möglich unter die Erde zu legen. Erste Bauabschnitte einschließlich des wichtigen Bahnhofes am Reichstag waren im Rohbau fertig, als der Bau wieder infragegestellt wurde. Zwar beteiligten sich die Sozialdemokraten mit dem Lieblingsargument, eine Straßenbahn könne das doch alles besser, lebhaft an der Diskussion. Auch der Hinweis, bei den Fußballweltmeisterschaften 2006 dürfe es Unter den Linden keine Baustelle geben, musste herhalten. Der Finanzsenator prüfte seine Möglichkeiten zu Einsparungen oder die Verschiebung von Investitionen. Es waren allerdings nicht die „Politiker", die den Stein ins Rollen brachten, sie nahmen ihn nur auf und nutzten eine ihnen gebotene Chance.

Anlieger waren gegen die Baumaßnahme juristisch vorgegangen und drohten den vollen Instanzenweg auszuschöpfen. Der Zugang zu einem Literaturkaufhaus in der Friedrichstraße war zwar nicht unmittelbar beeinträchtigt, den Eigentümer störte aber die beabsichtigte Baustelleneinrichtung auf dem Nachbargrundstück. Er wollte dieses freistehende Grundstück kaufen. Der Verwalter des Quartiers an der Ecke Friedrichstraße war bei einem Gespräch in meinem Amtszimmer bereit, die Klage zurückzunehmen, wenn das Land ihm die Vermietung zu den ursprünglich kalkulierten Mieten garantieren würde. Ich musste ihn ziehen lassen.

Nach meiner Amtszeit wollte der neue Senat auf das Projekt verzichten. Seine finanzielle Argumentation, Berlin könne sich den Bau nicht leisten, führte in die Irre, denn es ging weitgehend nur noch um Bundesmittel und das Recht des Bundes, für leerstehende und vielleicht noch für Parties verwendete, fast fertig gestellte U-Bahn Tunnel Schadensersatz zu verlangen. Jetzt kämpfte der Bund die Interessen Berlins gegen den Berliner Senat durch. Erst wird die Stummelstrecke vom Lehrter Bahnhof zum Pariser Platz fertig gestellt, später auch die Strecke in die Innenstadt gebaut.

Olympische Spiele

Olympische Spiele wieder in Berlin. Ronald Reagan hatte sie in seiner Rede vor dem Brandenburger Tor noch für das geteilte Berlin vorgeschlagen; die Spiele der Jugend, des Friedens und der Verständigung zwischen den Völkern sollten die Mauer überwinden. Honecker hatte sofort mit einer möglichen Kandidatur der Sporthochburg Leipzig geantwortet. Doch die politische Dimension hatte bei aller Skepsis auch die Phantasie von Mitgliedern des Internationalen Olympischen Komitees (IOC), vor allem seines Präsidenten Juan Antonio Samaranch anregen können – wäre er doch dann wirklich ein Anwärter auf den Friedensnobelpreis gewesen.

Die Idee einer Bewerbung wurde von der Regierung unter Walter Momper auch nach dem Fall der Mauer wieder aufgenommen. Wollen wir das Projekt jetzt ernsthaft anpacken? Sollen wir die Spiele für das Jahr 2000 oder das Jahr 2004 anstreben? Diese Fragen standen mit der Regierungsneubildung 1991 an. Könnten wir das angesichts der gleichzeitigen Aufgaben der Vereinigung der Stadt schaffen?

Die Phantasie hatte die Stadt bereits beflügelt. Ernsthaft ist wohl nicht daran gedacht wurden, die Bewerbung zu den Akten zu legen. Wir glaubten trotz der deutschen Diskussion um die Hauptstadtentscheidung daran, dass der Fall der Mauer und damit Berlin als neues Symbol der Überwindung von Grenzen international die olympische Idee so überzeugend widerspiegeln könnte, dass eine Bewerbung auf eine breite Unterstützung stoßen müsste. Und das Jahr möglicher Spiele in Berlin? Für 2000 würde die Entscheidung im IOC im Herbst 1993 fallen.

Zunächst war 2004 angepeilt. Doch alles sprach für eine sofortige Bewerbung.

Würde die Faszination der friedlichen Revolution in Deutschland und des Mauerfalls bei einer Entscheidung des IOC am Ende des Jahrzehnts überhaupt noch eine Rolle spielen? Wohl kaum. Würde nach den Spielen in Mexiko nicht gerade eine europäische Stadt für das Jahr 2000 besondere

Chancen haben? Wäre dann eine Bewerbung für die nachfolgenden Spiele überhaupt noch erfolgversprechend? Müsste man andererseits nicht auch mehrere Anläufe zu einer erfolgreichen Bewerbung einkalkulieren?

Für mich war daneben ein anderes Argument ausschlaggebend: Olympische Spiele sind natürlich ein sportliches Ereignis mit großer Werbewirkung für die veranstaltende Stadt und viele Besucher. Auch! Für die ausrichtende Stadt aber sind nicht die Spiele – das ist ein einmaliges Ereignis – wichtig, sondern all das, was mit der Organisation der Spiele erreicht wird. In München werden die Olympischen Spiele mit dem Bau der U-Bahn verbunden, in Barcelona mit der Sanierung der Innenstadt. Nur in den USA baut man ausschließlich für die Sportveranstaltungen und reißt nach dem Sportereignis ohne Hemmungen wieder alles ab, was zuvor vom Olympischen Komitee beim Zuschlag für die Bewerbung verlangt worden ist.

Berlin stand vor einer gewaltigen Aufbauarbeit. Das betraf den Wohnungsbau, den öffentlichen Personennahverkehr, die Eisenbahnanbindung und den Flugverkehr. Beim Bau eines olympischen Dorfes wäre die nachträgliche Nutzung durch die Berlinerinnen und Berliner das Entscheidende. Konnten der Termindruck, die Dynamik einer Planung für Olympia und die zusätzlichen Finanzierungsformen für den notwendigen Aufbau der Stadt genutzt werden? Wir mussten es versuchen. Die notwendigen Arbeiten für Olympia und den Regierungsumzug waren in vielen Projekten identisch, also keine zusätzliche Aufgabe der Stadtgestaltung, sondern eine Aufgabe mit zwei konkreten Zielen. Hinzu kamen Sportanlagen. Das baufällige Olympiastadion hätte sowieso mit oder ohne Olympia saniert werden müssen, zudem war die Sportstättenausstattung der Stadt erbärmlich. Mit der Terminplanung für Olympia aber durften wir nicht in die Falle eines erst für später notwendigen Aufbaus der Hauptstadt tappen.

Mit diesen Überlegungen war eine Bewerbung für das Jahr 2000 sinnvoll. Die Bewerbung scheiterte im Finale von Monte Carlo. Berlin schied im zweiten Wahlgang mit nur neun Stimmen aus. Die Gründe sind sicher vielfältig:

Angeführt von einem Mitglied der Fraktion Bündnis 90/Die Grünen gab es gewalttätigen Protest gegen die Olympiabewerbung; es gab Drohbriefe gegen IOC-Mitglieder. Pannen und Personalverschleiß bei der Olympia GmbH, die eigens für die Bewerbung gegründet worden war, beschäftigten die Lokalpresse. In der öffentlichen Diskussion in Berlin gab es dabei einen bemerkenswerten Unterschied zu der Entwicklung in der späteren Olympiastadt Sydney. Dort wusste man von großen Umweltproblemen, thematisiert wurden sie in der Öffentlichkeit aber erst nach dem IOC-Votum für die Stadt. In Berlin suchten fleißige Öffentlichkeitsarbeiter mit detektivischer Leidenschaft nach möglichen Problemen und wollten durch ihre Beiträge die Planer wohl rechtzeitig auch auf theoretische Schwierigkeiten hinweisen. Als besonders schwerwiegende Panne wird auch Jahre nach der

Entscheidung von Monte Carlo die Zusammenstellung eines Dossiers über das IOC und seine Mitglieder bezeichnet. Diese entscheiden aber nun einmal über Erfolg oder Misserfolg einer jahrelangen Bewerbung. Ich wollte schon wissen, ob ich einen Gast aus dem IOC in Berlin in ein Museum oder in den Friedrichstadtpalast einladen soll. Und mich interessierte, wer aus dem IOC sich gegen den Verdacht der Korruption zu wehren hatte. Kein Unternehmen würde in vergleichbaren Fällen auf Informationen über die Entscheider verzichten. Ich konnte nur den Kopf über die Aufregung schütteln. Ärgerlich war nicht die Tatsache der Sammlung von Informationen, die übrigens aus der früheren Bewerberstadt Athen stammten, sondern der stolze Hinweis, man wisse jetzt alles über die wichtigen Mitglieder des IOC.

Stille Hoffnung auf Wunder

Unter Leitung des Geschäftsführers Axel Nawrocki wurde die Bewerbung formuliert. Das Konzept der Spiele in Berlin und Rostock fand große Zustimmung und erfüllte alle Kriterien des IOC. Viele haben mitgearbeitet. Die Präsentation in Monte Carlo wurde durchgängig hoch gelobt. Ich habe in den entscheidenden Wochen der Bewerbung immer nur an eine geringe Außenseiterchance geglaubt. Aber natürlich gab es auch die stille Hoffnung auf ein Wunder. Der Optimismus der Außenseiterchance wurde auch von mir verlangt, und dazu gehörte ein wenigstens respektables Ergebnis. Die Entscheidung gegen Berlin war durch die Konfrontation mit dem Favoriten Peking aber bereits Wochen vor dem Treffen von Monte Carlo getroffen worden. Frühzeitig hatte sich eine Front von IOC-Mitgliedern gebildet, die wenige Jahre nach den Ereignissen auf dem „Platz des himmlischen Friedens" aus politischen Gründen einen Sieg der Hauptstadt Chinas verhindern wollten. Man sah in Sydney den erfolgreichsten Gegenkandidaten und konzentrierte die Stimmen schon bei den ersten Wahlgängen auf die Stadt aus Australien. Die Unwägbarkeiten einer Stimmenzersplitterung bei den ersten Wahlgängen mit einer Vielzahl von Kandidaten wollte man vermeiden. Die Folge für Berlin waren die bereits genannten neun Stimmen im zweiten Wahlgang. Trotz der geringen Erwartungen blamabel. Mit heiligen Eiden hatten weit über 20 Mitglieder des IOC ihre Stimme für Berlin angekündigt. Der Prozentsatz der Abweichler war größer als die Sicherheitsmarge, mit der ich im Regelfall bei Abstimmungen auf Versammlungen politischer Parteien gerechnet habe.

Gegen eine Bewerbung Berlins war – mehr in Deutschland als im angeblich betroffenen Ausland – eingewendet worden, der Ort der „Nazispiele von 1936" sei für Spiele des Friedens verbrannt. Nach den Attentaten von München gegen die israelischen Sportler müsse man zusätzlich mit

Widerstand von Israel und den mit ihm befreundeten Ländern rechnen. Davon habe ich außerhalb von Deutschland nie etwas gehört. Der israelische Ministerpräsident Itzhak Rabin erklärte mir bei einem Besuch in seinem Amtssitz in Jerusalem ausdrücklich die Sympathie mit der Bewerbung der deutschen Hauptstadt, in den USA habe ich mehrmals vor der Jesse-Owens-Stiftung gesprochen und bin auf viel Unterstützung gestoßen. Dennoch waren die großen Hoffnungen auf eine nationale und internationale Unterstützung der Olympiabewerbung Berlins im Rückblick von Anfang an naiv. Als ich das nach den ersten „Schnuppererfahrungen" in der Olympiafamilie und in Politik und Gesellschaft feststellte, war ein Verzicht allerdings weder sinnvoll noch möglich. Zu viele hatten sich bereits mit Herzblut engagiert und einzelne konkrete Projekte waren schon zu weit fortgeschritten.

Wir „Westberliner" lebten mit der Erfahrung einer besonderen Solidarität aus den Ländern der westlichen Demokratien. Wir glaubten, etwas davon auf die Unterstützung der Olympiabewerbung übertragen zu können. Warum aber sollte in Frankreich, Luxemburg oder Holland mehr Zustimmung zur Olympiastadt Berlin bestehen als in Deutschland? Denn nach der mühsam erkämpften Hauptstadtentscheidung konnte das Land offenbar nicht auch noch die Olympiade in Berlin ertragen. Als der Sportsenator Jürgen Klemann und ich die Bewerbung formgerecht in Lausanne dem IOC-Präsidenten Samaranch übergaben, hatte das Bundesfinanzministerium tags zuvor eine kritische Stellungnahme zur Bewerbung veröffentlicht. Vom Bundeskanzler lag eine freundliche schriftliche Erklärung vor, aus seinen Gesprächen mit dem IOC-Präsidenten aber wurde berichtet, dass dieser die regierungsamtliche Unterstützung bei einer Plauderstunde im Kanzleramt wohl doch mehr als freundliche Pflichtübung angesehen habe. Es soll jeder Nachdruck gefehlt haben. Das Berlin-Bonn- Gesetz war noch nicht verabschiedet. Die eigentlich notwendige schriftliche Garantieerklärung der Bundesregierung lag auch bei der Entscheidung in Monte Carlo nicht vor. Wir setzten auf das erwähnte freundliche Schreiben Helmut Kohls und die Beteiligung des Bundesinnenministers Manfred Kanther bei der Präsentation vor dem IOC.

Über die Reaktion des Bundesfinanzministeriums auf das Finanzierungsmodell für die Spiele könnte man Glossen schreiben. Wie bei den Spielen in München sollte der Grundstock aus Sondermünzen finanziert werden. Diese Entscheidung aber war offen geblieben. Unterstützt durch die Deutsche Bundesbank, behauptete das Ministerium Theo Waigels mit der Prägung von neuen 20-DM-Münzen und einer Goldmünze würde bei einem Gesamtbetrag von etwa zwei Milliarden DM der Geldmengenumlauf unverantwortlich in die Höhe getrieben.

Bei einer Gesamtsumme von bis zu zwei Milliarden und der Tatsache, dass Sammlermünzen im Regelfall gesammelt und nicht ausgegeben werden, konnte man das bei einem Anflug von äußerster Zurückhaltung gerade noch als engherzig bezeichnen. Die Behauptung, die Münzen könne man nicht verkaufen, hielt ich einfach für falsch. Die wollten nicht. Auf die Idee einer Goldmünze wurde dann erst kurz vor der Einführung des Euro zurückgegriffen. Die Bundesbank wollte ihre Stiftung Soziale Marktwirtschaft finanzieren. Ich hatte eine Goldmünze gegenüber dem Bundesministerium immer wieder als Finanzierung für Sonderprojekte vorgeschlagen. Von der letzten Goldmünze profitiert jetzt auch die Museumsinsel. Die Münze war sofort vergriffen.

Für die Olympiafinanzierung aber mussten wir ein ganz klein wenig Vabanque spielen. Bei einem Zuschlag hätte es auch für das Bundesfinanzministerium Zwänge gegeben.

Für die nächste Bewerbung

Die nachfolgende Erfahrung berichte ich nur, weil es Parallelen im Jahre 2004 gab. Die Städte des Ruhrgebietes kündigten vor nunmehr mehr als zehn Jahren, angeführt vom Oberbürgermeister aus Dortmund und mit zurückhaltender verbaler Unterstützung der Bewerbung der deutschen Hauptstadt, frühzeitig an, dass sie sich bei dem erwarteten (selbstverständlichen) Scheitern Berlins sofort für die nächsten Olympischen Spiele bewerben würden. 2004 haben Vertreter aus NRW sich nach dem eigenen Ausscheiden bei der nationalen Auswahlentscheidung für Leipzig und gegen Hamburg entschieden, weil damit ein Scheitern der deutschen Bewerbung und eine neue Chance für den Verbund aus NRW für die nachfolgenden Olympischen Spiele in Aussicht stand. Ein sachkundiger Sportfunktionär konnte nur dann die Bewerbung Leipzigs unterstützen, wenn er die nächsten Olympischen Spiele nicht in Deutschland wollte. Spiele der Bescheidenheit sollten es in Leipzig werden. Wer das propagiert, sollte sich vorab in Lausanne Gebäude und Ausstattung des IOC ansehen. Chancen für die Ausrichtung der Sommerspiele haben nur Millionenstädte.

Dennoch – für die Bewerbung Berlins gab es auch viel engagierte Unterstützung. Dazu gehörte die ausgezeichnete Zusammenarbeit mit dem Berliner Landessportbund unter ihrem Präsidenten Manfred von Richthofen, der Rat vieler Mitglieder des Nationalen Olympischen Komitees (NOK), die Unterstützung durch Berthold Beitz und Edzard Reuter, der sachkundige Rat von Werner Göhner in der Olympia-Baugesellschaft und die materielle und ideelle Hilfe der Berliner Wirtschaftsverbände sowie vieler Unternehmen. Steffi Graf reiste extra zur Präsentation nach Monte Carlo und probte unseren Auftritt zuvor gemeinsam mit Edzard Reuter, Bundesinnenminister Kanther, Franziska van Almsick und mir. Sie war bei dem

Auftritt unser sportliches Aushängeschild. Ihr männliches Tennispendant Boris Becker verkündete dagegen, er halte gar nichts von der Berliner Bewerbung. In der Sportlerunterkunft in Barcelona hat er meine Frage *Warum?* allerdings mit keinem zusammenhängenden Satz beantwortet. Es ist nach meinem Eindruck im Umgang mit Spitzensportlern auch etwas vorschnell, wenn man davon ausgehen will, ihnen seien Spiele im eigenen Land eine selbstverständliche Herzensangelegenheit. Unvergessen sind mir auch Diskussionen um das Selbstverständnis von IOC-Mitgliedern. Sie verstehen sich oft als Botschafter des IOC in ihrem Heimatland und nicht als Vertreter ihres Heimatlandes im IOC.

Das Exekutivkomitee des NOK tagte in Berlin. Wir boten fast alles auf, was die Stadt zu bieten hat. Zum ersten Mal lud ich zu einem Abendessen am Fuße des Pergamon-Altars ein. Auch einzeln besuchten IOC-Mitglieder die Stadt, interessante und in ihren Heimatländern meist hochangesehene Persönlichkeiten mit großer internationaler Erfahrung. Trotz des noch mehr belasteten Terminkalenders möchte ich die Begegnungen nicht missen. Auch Pannen und „seltsame Zufälle" sind in Erinnerung geblieben. Ausgerechnet mit einem besonders wichtigen Gast blieb der Fahrstuhl des Glockenturmes am Olympiastadion stecken. Ein Sportfunktionär reiste im kalten Winter mit leichter Sommergarderobe an und musste von der Olympia-Marketing-Gesellschaft zunächst in ein exklusives Bekleidungshaus begleitet werden. Ein anderer musste unverzüglich rundum zahnmedizinisch versorgt werden. Die wesentliche Sorge des Südkoreaners Kim war ein Engagement seiner Tochter bei den Berliner Philharmonikern.

Doch was blieb nach den guten und schlechten Erfahrungen von der Olympiabewerbung? Außer Spesen nichts gewesen?

Nach der Entscheidung von Monte Carlo gab es den Verdacht, die Berliner Politik sei glücklich darüber gewesen, dass der Kelch der Organisation Olympischer Spiele im Jahre 2000 an ihr vorüber gegangen wäre. Nun könne sich die Stadt auf die Aufgaben der Modernisierung und Vereinigung konzentrieren. Gewiss, auch in der Niederlage muss ein Sonnenstrahl entdeckt werden. Das Datum Sommer 2000 war für die vielen Projekte der Stadtplanung nicht mehr der absolute Schlusspunkt aller Arbeiten. Das wäre der Stadt aber durchaus gut bekommen: am Lehrter Bahnhof, bei der Planung des Flughafens oder der Sanierung des Olympiastadions.

Eng mit der Olympiabewerbung verbunden sind heute die wichtigen Großsporthallen der Stadt: die Max-Schmeling-Halle, in dem die Basketballer von ALBA Berlin zum deutschen Meister wurden; das Velodrom mit der Radrennbahn, in der wieder Sechs-Tage-Rennen stattfinden; die große internationale Schwimmhalle – alles bemerkenswerte Neubauten im Ostteil der Stadt. Sie haben Raum geschaffen für den Schul- und Vereinssport und waren in den letzten Jahren wiederholt Tagungsort für viele nationale und internationale Wettkämpfe. Die Tennisanlage von Rot Weiß mit den German Open der Damen wurde so ausgebaut, dass internationale Wettkämpfe stattfinden können. Aus der Olympia Marketing GmbH wurde mit Partner für Berlin eine Gesellschaft der public private partnership, die weltweit die Berlin-Werbung organisiert hat und unter der Leitung von Volker Hassemer die Baustelle Berlin mit der Info-Box am Potsdamer Platz und der Veranstaltungsreihe „Schaustelle Berlin" zur touristischen Attraktion machte. Und ein wenig stolz bin ich darauf, dass nach langem Bohren – spät, aber nicht zu spät – doch noch die Goldmünze aus dem Finanzierungskonzept für die Olympischen Spiele geprägt wurde. Für einen anderen Zweck, aber Berlin profitiert mit der Museumsinsel auch davon. Eine Wiederholung der Olympiabewerbung Berlins kann nur in Betracht kommen, wenn Deutschland Berlin als seine Hauptstadt wirklich akzeptiert hat. 1993 waren wir meilenweit davon entfernt. Und das unkommentierte Abstimmungsergebnis vom IOC war auch keine Ermunterung für einen neuen Versuch. Also wurde das Thema zu den Akten gelegt. Aufgreifen kann man es vielleicht wieder für 2016 oder 2020 – Chancen haben nach meiner Meinung von den deutschen Städten nur Hamburg und Berlin. Naive Hoffnungen auf eine besondere internationale Unterstützung einer deutschen Bewerbung wird es nach den Erfahrungen von 2004 und 1993 hoffentlich nicht mehr geben.

Bei einer Bewerbung Berlins wird man zuvor leider auch das Thema der teilungsbedingten Lasten der Stadt aufgearbeitet haben müssen. Unterstützung für ein Olympiakonzept kann ich mir nur vorstellen, wenn ein hoffentlich erfolgreicher Kampf um die Hauptstadtfinanzen schon langsam in Vergessenheit geraten ist. In der Infrastruktur und den Sportanlagen kann Berlin die olympischen Anforderungen schnell erfüllen. Einen Hauptbahnhof (Lehrter Bahnhof) wird es ja in wenigen Jahren geben. Und bei Olympischen Spielen in Berlin oder Hamburg würde sogar die Lufthansa Direktflüge aus Asien und den USA anbieten.

Das Olympiastadion

Das Olympiastadion war – saniert, teilweise überdacht, selbstverständlich auch Leichtathletikstadion – als zentraler Veranstaltungsort der Sommerspiele 2000 gedacht. Als dann die Bauaufsicht die Sperrung weiter Teile des Stadions wegen der über Jahre verschleppten Sanierung des alten Betons androhte, flammte aber doch noch eine leidenschaftlich geführte Debatte auf. Die Alternative lautete: Neubau eines reinen Fußballstadions oder die Sanierung des Olympiastadions für die Leichtathletik und Ballspiele.

Zuvor war eine andere Frage entschieden worden:

Der Bund und damit die Bundesregierung war als Eigentümer eigentlich in der Verantwortung. Berlin war nur der Pächter. Und schon wieder ging es um das liebe Geld. Das Finanzministerium wollte das Stadion am liebsten an das Land Berlin verkaufen oder gegen andere Immobilien tauschen. Interesse an der Bespielbarkeit des Stadions hatte natürlich Berlin, nicht der Bund. Eigentum und Betrieb von Sportstätten können auch nicht als Aufgabe der Bundesrepublik Deutschland angesehen werden. Der Bund hatte seine Pflichten als Eigentümer im Rahmen des geltenden Pachtvertrages nicht erfüllt, politisch aber hatten wir den Schwarzen Peter. Nach langem Hin und Her und einem Spitzengespräch mit dem Bundeskanzler kam es zu einer Einigung. Wir übernahmen das Gelände, und der Bund zahlte einen Zuschuss zu den Sanierungskosten. Es waren nach der Verabredung mit Helmut Kohl 100 Millionen DM, also viel Geld, aber doch nur etwa 25 Prozent der kalkulierten Kosten für eine umfassende Sanierung.

Manfred von Richthofen und Hertha-Manager Dieter Hoeneß drängten massiv auf den Bau eines reinen Fußballstadions. Das lag im Trend. Vorbilder für neue Stadien gab es in Spanien und den Niederlanden. Sie ließen sich – so die Behauptung – wirtschaftlich besser betreiben, die geschlossene Bauweise schaffe eine bessere Atmosphäre für Publikum und Aktive. In Deutschland wird heute auf „Schalke" verwiesen, auch Bayern München baut mit staatlicher Unterstützung für die gesamte Infrastruktur zusätzlich zur Olympiaanlage ein Fußballstadion. Wir konnten uns das nicht leisten. Und das Olympiastadion durfte auch nicht zur denkmalsgepflegten Ruine verkommen. Mit internationalen Leichtathletikveranstaltungen konnte man für eine begrenzte Zeit auf kleinere Berliner Sportanlagen ausweichen. Bei unzureichenden Dauerlösungen aber würden die internationalen Fachverbände rebellieren und Berlin als Veranstaltungsort ausschließen. Ganz abgesehen davon, die Atmosphäre im Olympiastadion überträgt sich zwar wegen der größeren Entfernung zum Spielfeld nicht ganz so unmittelbar auf die Spieler wie auf „Schalke", sie ist aber hervorragend. Wenn es das Spiel auf dem Rasen hergibt.

Die Internationalen Auflagen mussten erfüllt werden. Die will ich aus Höflichkeit nicht kommentieren. Warum Schalensitze in den Stadien verlangt werden und Sitzbänke ausgebaut werden mussten, hat mich inhaltlich nicht überzeugt. Im Olympiastadion wurden schon vor der großen Sanierung die Sitzbänke ausgetauscht. Über Wochen hatten Lokal- und Sportredakteure über die spannende Frage zu berichten, ob die nach den Auflagen notwendigen Sitzschalen rechtzeitig angeliefert und eingebaut werden können. Berliner leisteten freiwillige Arbeitsstunden, Bausenator und Regierender Bürgermeister kontrollierten persönlich, den Schraubenschlüssel in der Hand, den Baufortschritt.

Hoeneß und Hertha BSC kämpften noch lange für ihre Stadionidee, übrigens eines der wenigen Themen, in denen ich mit Manfred von Richthofen nicht übereinstimmen konnte. Die „Fußballer" erhielten dabei unerwartete Unterstützung durch die Denkmalpflege. Die erzwang lange und mühevolle Diskussionen über die Dachkonstruktion. Der freie Blick über dem Marathon-Tor gehörte zum baulichen Ensemble des Stadions. Die Dachkonstruktion durfte ihn nicht versperren. Das Anliegen konnte berücksichtigt werden, aber nun begann Hertha gegen jede Dachstütze zu kämpfen, die sofort zu einer Sichtbehinderung für Tausende von Zuschauern stilisiert wurde. Die Baupläne haben den Senat mehrmals beschäftigt – von der Dachkonstruktion über Zahl und Anordnung der Sitzplätze, die Anordnung der Laufbahnen bis zur Zahl der gewünschten Logen und den Cateringzugang für die Ehrentribüne. Alles waren Wünsche, die den laufenden und wirtschaftlich erfolgreichen Betrieb eines Stadions betrafen. Hertha sollte große Teile des Olympiageländes für den Sportbetrieb nutzen. Es gelang eine Einigung mit allen Betroffenen. Jürgen Klemann konnte als Bausenator 1999 kurz vor seinem Ausscheiden aus dem Senat auch noch mit dem Bauunternehmen alles unter Dach und Fach bringen. Von Bundeskanzler Gerhard Schröder konnte ich im Jahre 2000 die Zusage des Bundes erreichen, dass er doch die Sanierungskosten für das Stadion in Höhe von bis zu 400 Millionen DM übernimmt.

Ort des Gedenkens

Der Mensch wird als Barbar geboren und nur die Bildung befreit ihn von der Bestialität
Gracián, 87

Neben dem Brandenburger Tor entsteht eine Erinnerungsstätte für die ermordeten europäischen Juden. Meine ablehnende Haltung zum Bau dieses Mahnmals nach den Plänen des amerikanischen Architekten Eisenman habe ich beim Thema Richtlinienkompetenz eines Regierenden Bürgermeisters schon anklingen lassen. Im Senat gab es unterschiedliche Positionen. Ich hielt das Stelenfeld von der Größe mehrerer Fußballfelder für eine monumentale Abstraktion, die weder stille Trauer, noch Erinnerung und Mahnung vermitteln konnte. Zudem hatte ich auch erhebliche Sicherheitsbedenken. Schmierereien und andere Formen des Vandalismus würden durch die Art des Mahnmals im Zentrum Berlins zusätzlich provoziert werden und selbst durch umfangreiche Polizeimaßnahmen, die zudem zu solch einem Mahnmal nicht passten, nicht beherrschbar sein. Diese Einwände hatte auch Helmut Schmidt vorgetragen.

Meine Position hat sich bis heute nicht geändert.

Der Planungsentwurf hatte bereits zu engagierten Stellungnahmen geführt. Viele Briefe erreichten mich, sehr differenzierte Stellungnahmen neben problematischen Emotionsausbrüchen – ein typisches Thema der political-correctness-Diskussion in Deutschland. Die Befürworter des Eisenman-Entwurfes haben mir vorgeworfen, ich würde mit meiner Kritik den Antisemitismus fördern, und am liebsten hätten mich einige Mahnmalbefürworter selbst in die Ecke des Antisemitismus gestopft. Gut, dass ich mich mit meiner Kritik in sehr guter Gesellschaft befinde:

In einem offenen Brief an die Auslober des Wettbewerbes zur Errichtung des Denkmals fürchteten unter anderem Marion Gräfin Dönhoff, Günter Grass, Helmut Karasek, Walter Jens, György Konrád und Wolf Lepenies, ein gigantisches „nationales" Mahnmal werde „ ein Ort eher der Ablenkung, der Entwirklichung und kalten Abstraktion bleiben; kein Zeugnis der Vergangenheit, kein Zeichen der Zukunft." Konrád sprach von „gigantischem Kitsch". Bedenken gegen den Standort fanden ihren Niederschlag in Charakterisierungen wie „Monumentalismus-Sog" (Salomon Korn) oder „verkehrsumfluteter Betroffenheitsinsel" (Nierhoff). Martin Walser argumentierte gegen eine „monumentale Dauerpräsentation unserer Schande".

Amüsant ist es, einen Vermerk aus der Kulturverwaltung vom März 1999 nachzulesen:

Die Diskussion ist recht unübersichtlich, zumal einzelne ihre Positionen verändert haben. So war z. B. „Naumann I" gegen „Eisenman II", weil er ihm „zu gigantisch, Speer-artig" war. „Naumann IV" ist inzwischen für einen Wettbewerbsentscheid für „Eisenman II", während Naumann III für Eisenman III ist. Walter Jens bezeichnete es als „nationale Schande", dass Bundeskanzler Kohl 1995 die Betongrabplatte von Jacob-Marks stoppte; Jens II lehnt inzwischen Eisenman II und die gesamte Größe des Denkmalstandortes als „Reichsopferfeld" ab. Senator Nagel war vehement für ein Mahnmal. Senator a. D. Nagel II sprach sich im Rahmenprogramm der Denkmalsentwurf-Ausstellung 1996/97 gegen ein Mahnmal aus.

Der Plan, ein Mahnmal für die ermordeten europäischen Juden in Berlin zu errichten, ist von Lea Rosh und ihrer Initiative bereits 1988 vor dem Fall der Mauer entwickelt worden. Es sollte ein durch Bürgerspenden errichtetes Mahnmal der deutschen Bevölkerung für die jüdischen Opfer des Nationalsozialismus sein. Ein sichtbares Zeichen der Verantwortung sollte damit gesetzt werden. Nach den Überlegungen von Lea Rosh würde das Mahnmal die Einmaligkeit des Völkermordes an den Juden herausstellen und andere Opfergruppen nicht ausdrücklich in das Gedenken aufnehmen. Das Finanzierungskonzept veränderte sich. Mit großer Selbstverständlichkeit waren der Bund und das Land Berlin zu einer anteiligen Finanzierung bereit. Der Bund stellte außerdem das Grundstück aufgrund einer Entscheidung von Helmut Kohl zur Verfügung.

Ich will hier nicht auf die verschiedenen Wettbewerbe zur Ausgestaltung des Mahnmals eingehen. Nach meinem Eindruck gab es mit dem zweiten Anlauf sehr sensible und eindrucksvolle Vorschläge. Die Initiative Lea Roshs hatte sich jedoch auf das Stelenfeld des Künstlers Serra festgelegt, das dieser mit dem Architekten Eisenman verwirklichen wollte. Und auch Helmut Kohl wollte einen überarbeiteten „Eisenman" akzeptieren.

Die Auslober des Wettbewerbes – Bundesregierung, Senat und der Initiativkreis um Lea Rosh – trafen sich im Frühjahr 1998 in Berlin im Neuen Marstall zur Besichtigung der Modelle. Dabei kam es vor allem darauf an, welche Position der Bundeskanzler einnehmen würde. Stimmte er der Position von Lea Rosh zu, würde es schwer werden, eine andere Position durchzusetzen. Ich versuchte natürlich vor dem Treffen, die Vorstellungen des Kanzlers zu erfahren. Aber selbst der Kanzler-Intimus Staatsminister Anton Pfeiffer hatte keine Ahnung.

Dem Bundeskanzler wurde nicht nur von Walter Jens vorgeworfen, er habe die Ergebnisse des ersten Wettbewerbes aus dem Jahr 1994 „selbstherrlich" nicht akzeptiert. Es waren die „gigantischen" Ausmaße der von Jacob-Marks vorgeschlagenen Grabplatte, die Helmut Kohl abgelehnt hatte. Zu Recht. Der Vorwurf der Selbstherrlichkeit war aber mindestens insoweit falsch, als die Position mit mir ausdrücklich abgestimmt war. Ob es nach diesen Erfahrungen nun Überzeugung war oder nur die Absicht, das Thema jetzt vom Tisch zu bekommen, konnte ich auch später nicht erkunden. Helmut Kohl marschierte im Marstall direkt auf das Modell von Eisenman zu, betrachtete es einen Augenblick und ging dann zu den anderen Ausstellungsstücken. Ich hatte den Eindruck, der Blick auf die Vorschläge von Gesine Weinmeister oder Liebeskind war nur eine Höflichkeitsgeste. Er kehrte, gefolgt vom gesamten Tross, sehr schnell zum „Eisenman/Serra" zurück. Den Entwurf könne man doch mit einigen Veränderungen verwirklichen, meinte er. Lea Rosh hing voller Ehrfurcht an seinen Lippen. So viel Respekt hat die journalistische Dauerkritikerin des CDU-Kanzlers wohl sonst nie in ihrem Leben gegenüber Helmut Kohl gezeigt. Sie hatte sogar keine Einwände gegen des Kanzlers Anmerkung, die Ausmaße des Stelenfeldes könnten verkleinert und der Übergang von der Straße zum Mahnmal durch die Anpflanzung von Bäumen weniger abrupt gestaltet werden. Kohl wollte damit offensichtlich meinem Einwand gegen die Gigantomanie des Entwurfs entgegenkommen. Meine Skepsis, ob Serra denn Veränderungen an seinem künstlerischen Entwurf auf Zuruf akzeptieren würde, fand in der Runde kein Echo.

Damit war die Frage nicht entschieden. Ich blieb bei meiner ablehnenden Position. Serra zog sich zurück und aus dem Serra/Eisenman wurde der „Nur"-Eisenman. Michael Naumann, als Mitglied der SPD-Wahlkampfmannschaft für die Bundestagswahlen noch Kritiker der „ausdruckslosen, speerhaften Gigantomanie", ließ sich im Amt als Staatsminister für Kultur auf eine Überarbeitung der Entwurfs ein. Leider kam es dabei nicht zu einer Reduzierung der Baumasse. Im Gegenteil, die Entwürfe Eisenman II wurden durch eine Forschungsstätte und eine Bibliothek im Kellergeschoss erweitert. Die unverständliche Abstraktion des Stelenfeldes sollte dem Beschauer durch ein Informationsangebot nahegebracht werden.

Über Kunst, die Aussagekraft eines Kunstwerkes, kann man streiten. Meine Ablehnung des Stelenfeldes wollte ich nicht als den Versuch der Reglementierung von Kunst verstanden wissen. Ein Mahnmal oder ein Denkmal aber stellt sich nicht im Museum den Kunstinteressierten zur Diskussion. Es ist kein Kunstwerk, das seinen Wert ohne eine äußere Zweckbestimmung nur in sich selbst trägt. Darin unterscheidet es sich auch von Vostells einbetoniertem Cadillac am Anfang des Kurfürstendamms. Ein Kunstwerk kann provozieren, muss sich aber die Frage stellen lassen, wozu es provoziert und wie es dem künftigen Betrachter dienen kann.

Meine strikte Position zu dem Thema hat sicher auch mit meinen persönlichen Erfahrungen zu tun. Ich gehöre einer Generation an, die nach allgemeiner Auffassung in der Schule zu wenig oder gar nicht mit den Verbrechen des Nationalsozialismus konfrontiert worden ist. Die Generation von Lehrern und Eltern war – mitgemacht, weggesehen oder desinteressiert – zu stark betroffen. Bei uns an der Schule erlebte ich das genaue Gegenteil. Über Wochen wurden wir mit Bildern aus Konzentrationslagern und den geschundenen Menschen konfrontiert. Wir rebellierten oder nahmen die Bilder einfach nicht mehr in uns auf. Gegen den uns als Deutsche treffenden Vorwurf protestierten wir mit den Bildern von der Zerstörung Dresdens. Die eigenen Erinnerungen an brennende Straßen und die Erlebnisse der Flucht wurden immer mächtiger. Das alles war wahrlich keine pädagogische Meisterleistung. Die Lektüre der Tagebücher von Anne Frank wäre eindrucksvoller gewesen.

Unvergessen ist für mich ein Erlebnis bei meinem ersten Besuch in Israel. Es war 1968. Es war die Zeit, als der Leiter der Gedenkstätte von Yad Vashem sich noch weigerte, die ihm wohlbekannte deutsche Sprache gegenüber Besuchern aus Deutschland zu benutzen. Ein älteres Ehepaar erkundigte sich in Askalon sehr interessiert nach der Entwicklung in Deutschland. Sie sprachen deutsch: leise, eindringlich, verständnisvoll, ein wenig wehmütig. Kein Vorwurf, keine Anklage klang in den Stimmen mit. Beide trugen in der Hitze lange Ärmel. Plötzlich, als ein Ärmel verrutschte, versuchte die ältere Frau ihn ganz schnell wieder herunterzustreifen. Sie wollte nicht, dass ich die tätowierten Zahlen des KZ-Häftlings sah. In dem Augenblick war ich nicht nur betroffen, ich wusste nicht, wie ich reagieren sollte und schämte mich für das, was den beiden angetan worden ist. Auch der Busfahrer war aus Deutschland vertrieben. Er kannte Goethe und Schiller besser als mein

Deutschlehrer. In Yad Vashem las ich Protokolle der Wannseekonferenz. Die drei ganz unspektakulären Begebenheiten in Israel lösten Fragen aus, machten betroffen und forderten zur Auseinandersetzung heraus.

Die Forderung nach dem Bau des Holocaust-Mahnmals in Berlin wurde stets mit der Behauptung begleitet, es sei an der Zeit, dass viele Jahre nach dem Kriege nun endlich eine Erinnerungsstätte entstehen müsse. Für den Umgang mit der Geschichte in Berlin kam diese Forderung mindestens etwas spät. Hier hat sich spätestens seit den Achtzigerjahren eine Kultur des Erinnerns gebildet und ständig weiterentwickelt. Ich will nur einige der Erinnerungsstätten nennen, die allein in der Zeit entstanden sind, in der ich die Entwicklung mitgestaltet habe: die Keller des Gestapo-Hauptquartiers in der Gedenkstätte „Topographie des Terrors", das Haus der Wannseekonferenz, die Rampe am Bahnhof Grunewald oder auch die Spiegelwand mit den Namen ermordeter Berliner in Steglitz. Es gibt in Berlin mehr als 50 Erinnerungsstätten, Mahnmale oder Gedenktafeln zu der Zeit von 1933 bis 1945. Die Mehrzahl ist an den Orten des schrecklichen Geschehens entstanden, mitten im pulsierenden Leben der Stadt; der Berliner wird im täglichen Leben mit der Geschichte konfrontiert. Man braucht nicht den willkürlich gewählten Ort, wenn ein Ort des Geschehens in unmittelbarer Nähe ist.

Das Haus der Wannseekonferenz war nach dem Kriege ein vom Bezirk betriebenes Jugenderholungsheim. Wer Kommunalpolitik kennt, weiß, welche Probleme sich mit der Verwendung des Hauses als Gedenk- und Forschungsstätte ergaben. Frühere Anläufe waren gescheitert. Ich räume auch ein, dass ich von der Idee des Gedenkens in den Folterkellern der Nazis anfangs überzeugt werden musste. Mit der bestehenden Gedenkstätte in Plötzensee, dem Ort der Hinrichtung der Männer des 20. Juli 1944, entstand ein besonderer Dreiklang: der Ort des Planens und des intellektuellen Verbrechens in Wannsee, die Erinnerung an die physische Gewalt, der die Menschen in den Folterkellern ausgesetzt waren und der Ort des gescheiterten Widerstandes.

Die Initiative von Lea Rosh musste schon bei ihrer Gründung in dieses Umfeld eingeordnet werden. Sie entwickelte aber immer mehr einen Ausschließlichkeitsanspruch und vernachlässigte jeden Blick auf andere Entwicklungen in Berlin.

1988 und auch bei der Entscheidung der Bundesregierung, das Grundstück am Brandenburger Tor zur Verfügung zu stellen, gab es weder das Jüdische Museum noch die umfangreichen Planungen der Gedenkstätte „Topographie des Terrors". Sie waren aber bei der Ausschreibung des zweiten Wettbewerbs zur Gestaltung des Holocaust-Mahnmals bekannt. In der Gedenkstätte „Topographie des Terrors" sollte eine Informations- und Forschungsstelle entstehen. Der Schweizer Architekt Zumthor hatte den Bauauftrag erhalten, mit dem Bau war bereits begonnen worden. Das Jüdische Museum war im Rohbau bereits vorhanden. Ursprünglich als jüdische Abteilung des Berlin-Museums geplant, sollte es vor 1980 in das Ephraim-Palais einziehen, das, aus Lotto-Mitteln finanziert, im Westteil der Stadt mit der eingelagerten alten Fassade entstehen sollte. Das Museum brauchte Raum für vorhandene Kunstwerke. Mit der Entscheidung für den Architekten Liebeskind wurde daraus in einem ungeplanten dynamischen Prozess ein selbstständiges Jüdisches Museum mit internationalem Anspruch. Geplant für die Unterbringung der vorhandenen Sammlung, ist es mit dem Neubau für jedes neue Exponat dankbar. Das Museum ist heute ein Publikumsmagnet. Das war es bereits vor der Eröffnung der ersten Ausstellung. Der Bau mit seiner skulptural- symbolischen Form eines zerbrochenen Davidsterns zog die Menschen an. Mit dem Holocaustturm und einem in den Proportionen eindrucksvollen Stelenfeld wurde es – selbst ohne ausgestellte Exponate – zu Recht als mögliches Mahnmal für die Opfer des Nationalsozialismus angesehen.

Ich habe nie verstanden, mit welcher Nonchalance sowohl die Vielzahl der Berliner Erinnerungsstätten als auch die besondere Entwicklung des Jüdischen Museums und der „Topographie des Terrors" in den Debatten des Deutschen Bundestages zur Seite geschoben wurden. „Jedes Gebilde und jede Widmung ... wird künstlich und steht im krassen Missverhältnis zu den vorhandenen Plätzen authentischer Geschichte, Zeugenschaft und Erinnerung. Nur wenige Hundert Meter entfernt vom Areal des geplanten Mahnmals entsteht auf dem Gelände des ehemaligen Gestapo-Hauptquartiers das Museum und Dokumentationszentrum der ‚Topographie des Terrors', vor den Toren Berlins liegt die Gedenkstätte des früheren Konzentrationslagers Sachsenhausen; in Berlin gibt es die Villa der Wannsee-Konferenz, gibt es Mahnmale an den Orten der Deportation und künftig auch das neu gebaute Jüdische Museum", so heißt es in dem bereits zitierten offenen Brief von Künstlern und Intellektuellen an die Auslober.

Die Planung von Zumthor ist fünf Jahre nach dem Beschluss des Bundestages zum Bau des Eisenman-Entwurfs aus technischen und finanziellen Gründen aufgegeben worden. Der tiefe Grund des Scheiterns liegt meines Erachtens darin, dass neben den vielen internationalen Architekten auch ein „Zumthor" in Berlin entstehen sollte. Der Bau war wichtiger geworden als die Sache. Die Parallele drängt sich auf: Beim Holocaustmahnmal ging es nicht mehr um das Erinnern, die Betroffenheit angesichts des Verbrechens, die Mahnung für die Zukunft. Es ging immer mehr um die Initiatoren und ihre Idee und ein sichtbares Zeichen des Architekten in der deutschen Hauptstadt.

Die Diskussionslage im Senat von Berlin und damit bei einem der Auslober war kompliziert. Die Sozialdemokraten waren von Eisenman begeistert, Peter Radunski machte sich öffentlich auch für diesen Entwurf stark. Der

Bundestagspräsident drängte, der Senat – er meinte damit mich –, solle den Weg zu einer Entscheidung der Auslober freigeben. Da man sich in der Koalition auch im Senat nicht gegenseitig überstimmen darf und ich wegen der causa Radunski in diesem Fall auch mit „eigenen" Leuten Schwierigkeiten hatte, wurde ein praktischer Ausweg der gegenseitigen Gesichtswahrung und der Aufrechterhaltung der jeweils gegensätzlichen Positionen gesucht und gefunden. Der Bundestag sollte entscheiden. Es war ohnehin angesichts der ausgeprägten Berliner Erinnerungslandschaft eine Sache des Bundes, denn man wollte offensichtlich – wenn überhaupt – nicht nur ein „Berliner", sondern ein Mahnmal der gesamten Republik. Gesucht wurde ein Ort für Gedenkveranstaltungen des Bundes – die TAZ nannte das respekt- und pietätlos „Kranzabwurfstelle". Einen solchen Wunsch musste eine Hauptstadt akzeptieren. Das wäre auch kein Widerspruch zu der notwendigen Einordnung des Mahnmals in all das, was vor Ort bereits besteht. Die zentralen Stätten der Erinnerung und Aufarbeitung der deutschen Geschichte sollten ohnehin in die Verantwortung des Bundes oder des Bundes und der Gemeinschaft der Länder übergehen. Neue Überlegungen für die Gedenkstätte „Topographie des Terrors" nach dem Ende der Planungen von Zumthor müssen deswegen jetzt unter Berücksichtigung des (leider) im Bau befindlichen Mahnmals am Brandenburger Tor überprüft werden.

Ich hatte angesichts sehr differenzierter Positionen im Deutschen Bundestag auf eine weise Entscheidung gehofft. Leider vergeblich. Auch die CDU/CSU-Fraktion hat sich mehrheitlich für den erweiterten Eisenman ausgesprochen. Es gab aber keine empfohlene Fraktionsmeinung. Die Fraktionsführung hatte den inzwischen abgelösten Vizepräsidenten des Zentralrates der Juden Michael Friedmann zur Diskussion eingeladen. Es kam zwischen uns zu einer heftigen Kontroverse. Er hatte sich nicht gescheut, alle Emotionen und Ängste im Umgang mit deutscher Geschichte zu entfachen. In der Debatte musste ich auch hören, Berlin sei Ausgangspunkt des Nationalsozialismus und müsse nun endlich ein Mahnmal errichten. Kenntnis der Berliner Erinnerungsstätten war nicht bei allen vorauszusetzen. Wegen des Ärgers um das Mahnmal, den ich für die Zukunft befürchte (hoffentlich habe ich Unrecht), will ich festhalten, dass Friedmann nach meiner Kenntnis einer der wenigen Vertreter der jüdischen Gemeinden in Deutschland ist, der sich so in der ihm eigenen Form für das Mahnmal engagiert hat. Ignatz Bubis hielt überhaupt nichts von diesem Plan. Mir gegenüber bat er um Verständnis, dass er sich in seiner Position aber auch nicht engagieren wolle. Im März 1998 schrieb er in der „Zeit": „Mir persönlich, wie den meisten Juden, reicht das Mahnmal in Yad Vashem, beziehungsweise das, was wir im Herzen tragen. Es ist Sache der Nichtjuden, ob sie in der deutschen Hauptstadt ein Mahnmal für das ermordete europäische Judentum errichten wollen oder nicht." Der damalige Berliner Vorsitzende der jüdischen

Gemeinde Andreas Nachama hat sich auch öffentlich sehr deutlich von den Plänen des Holocaust-Mahnmals distanziert. Nach meinem Eindruck war mit dem Baubeginn die Kritik nicht verstummt. Sie hat sich mit den Anzeichen einer besorgten Resignation eher wieder verstärkt.

In der Debatte im Deutschen Bundestag im Juni 1999 habe ich mich für den Vorschlag von Richard Schröder stark gemacht. „Du sollst nicht morden." Dieser Satz sollte im Mittelpunkt eines Mahnmals stehen. Die großen christlichen Kirchen hatten den Gedanken aufgenommen.

„Das Mahnmal ist nicht Selbstzweck, sondern die gute Absicht muss sich an der Wirkung messen lassen, die es erzielt ... beschränken Sie sich auf die Kernfrage:

ist die Botschaft verständlich?

wie wird sie heute, wie wird sie morgen aufgenommen werden?

und: wird der kolossale Ausdruck, die der Eisenman-Entwurf für das kolossale Verbrechen findet, auch noch übermorgen als ein Zeichen der Scham und der Reue entziffert werden?

Von qualifizierter Seite ist auf den Trugschluss hingewiesen worden, dass Maße und Größe nicht zwangsläufig die Wirkung steigern, sondern eher zu einer Blockade der Findung führen, eher abstumpfen als sensibilisieren ... doch es gehört zu den Absonderlichkeiten der Debatte um das Mahnmal, dass auf die Falle der Monumentalität ... immer wieder hingewiesen wird, dass daraufhin allerorts Problembewusstsein und Verständnis signalisiert wird, mit dem Ergebnis, dass das als zu groß erkannte Denkmal durch ein noch größeres oder ebenso großes Denkmal ersetzt werden soll.

Der Gegenvorschlag von Richard Schröder und Oskar Schneider ist – auch wenn er nur als Idee vorliegt – der Eisenmanschen Betonlandschaft diametral entgegengesetzt:

– an die Stelle von Masse setzt er das Wort

– er simuliert nicht den Schrecken, sondern erinnert an die gemeinsame Grundlage jüdischer und christlicher Kultur,

– er schüchtert nicht ein, sondern setzt auf die Erkenntnisfähigkeit des Menschen.

Die Botschaft steht im Vordergrund. Sie konzentriert sich hier auf die brutalste Form der Menschenverachtung, das systematische Morden von Millionen von Menschen, das mit der Nötigung von deutschen Nachbarn begann und über die schrittweise Ausgrenzung und Entflechtung nach Auschwitz führt. Der Vorschlag hebt jüdische Opfer hervor, schließt aber andere Opfer nicht aus."

Im Deutschen Bundestag hatte ich mit diesen Worten meine Position vorgetragen. Als Regierender Bürgermeister musste ich auch auf andere Positionen innerhalb der Berliner Koalition hinweisen. Bei meinem Amtsverständnis habe ich das selbstverständlich auch gemacht.

Besondere Sorgen machen mir die Gefahren des Vandalismus und der weltweiten Reaktionen auf jede noch so belanglose und dumme Verschandelung des Mahnmals. Lea Rosh nimmt das wissentlich in Kauf. Das Mahnmal kann damit in seiner Wirkung ins Gegenteil verkehrt werden. Ich habe auch im Bundestag davor gewarnt: „Vor den wenigen Köpfen, die dergleichen tun, wird man sich aller Voraussicht nach genauso wenig schützen können wie vor den Interpretationen, die ein solch unwürdiges Erscheinungsbild heraufbeschwören wird". Es ist unsinnig, das Mahnmal zu einem Lackmustest für den Reifegrad unserer Gesellschaft zu machen, zumal „eine Handvoll Fanatiker genügt, um den Test zum Scheitern zu bringen" und „die Entscheidungsträger", so habe ich György Konrád zitiert, „haben kein Recht, die zu erwartenden Antipathien außer Acht zu lassen". Die unmittelbare Nachbarschaft der amerikanischen Botschaft wird das Sicherheitsproblem um das Holocaust-Mahnmal und das gesamte Gebiet um den Pariser Platz erheblich erhöhen. Aus der heutigen Sicht war die Standortentscheidung und die Bereitstellung des Grundstücks – vielleicht auch die Standortentscheidung für die amerikanische Botschaft – falsch. Früher hätte ich nur formuliert: problematisch.

Der Deutsche Bundestag hat seine Entscheidung mit einer Mehrheit von 329 Mitgliedern getroffen. Als Forum für künstlerische und gestalterische Fragen hat er sich aus meiner Sicht bisher wenig bewährt. Der Holztrog von Hans Haacke im Innenhof des Reichstages mit dem Protest gegen die Widmung des Hauses „dem deutschen Volk", ist ein wenig hoffnungsvolles Beispiel für Kunstentscheidungen im Plenum eines Parlaments. Trost finde ich nur in der Entscheidung über den Aufbau des Berliner Stadtschlosses.

Die Entscheidung zum Bau eines Mahnmals für die europäischen Juden hat zur Forderung nach zentralen Erinnerungsstätten auch für andere Opfer des Naziterrors geführt. Der Plan zum Bau eines Mahnmals für die Sinti und Roma ist am weitesten fortgeschritten. Ich hatte mich gegenüber dem Zentralrat der Sinti und Roma stets energisch gegen einen Standort unmittelbar am Reichstag ausgesprochen. Mitglieder des Senats hatten aber gegenüber dem Vorsitzenden Rose andere Erwartungen aufkommen lassen. Die Entscheidung ist inzwischen gefallen, dieses Mahnmal soll am Reichstag entstehen. Es stellt sich wieder die Frage nach dem Umgang mit authentischen Orten des Verbrechens. Die Nazis hatten im Berliner Bezirk Marzahn ein Sammellager für Sinti und Roma eingerichtet.

Rund um den Reichstag wird jetzt – so ist zu befürchten – eine Mahnmalmeile entstehen. So wie die Größe eines Mahnmals nicht für die Qualität der Auseinandersetzung spricht, so wird auch die Zahl der Mahnmale die Intensität der Auseinandersetzung mit Geschichte nicht erhöhen. Rund um den Reichstag erinnern wir an verfolgte Mitglieder des Reichstages, an die Opfer der Mauer, in Sichtweite steht das sowjetische

Ehrenmal und demnächst das Holocaust-Mahnmal, es wird das Mahnmal für die Erinnerung an die ermordeten Sinti und Roma geben, weitere Gruppen von Opfern der Nazis werden sich melden. Die Mahnmale an der Straße Unter den Linden habe ich bei dieser unvollständigen Aufzählung noch nicht angesprochen. Ich hielt und halte diese Entwicklung nicht für sinnvoll.

Die Richtung musste stimmen

Nicht so verderblich ist die schlechte Ausführung als die Unentschlossenheit
Gracián, 72

Voller Elan sind die Berliner darangegangen, die alles andere als einfache, aber letztlich doch beispiellose Herausforderung der Vereinigung zu meistern. Die erste große Euphorie wurde zwar schnell von der Fülle von Problemen, vor denen alle in Ost und West standen, gedämpft, aber es blieb zunächst die große Neugier auf den jeweils anderen Teil der Stadt, das Pläneschmieden und die Freude und Herausforderung, bei diesen „historischen Ereignissen" dabei zu sein und mitmischen zu können. Nur so konnte letztlich die Vereinigung von Justiz, Polizei und Verwaltung zu einer Erfolgsgeschichte werden.

Altes und neues Personal

Senat und Magistrat der beiden Teile Berlins hatten die Weichen für Verwaltung und Justiz im wiedervereinigten Berlin gestellt. Das Personal aus den Ostberliner Verwaltungen wurde weiter beschäftigt, erst später holte man Personalauswahlentscheidungen nach. Das entsprach dem Verfahren in den neuen Bundesländern. Eine Sonderregelung gab es für die Justiz.

Die Berliner Justizverwaltung hatte eine Berlin-Regelung in den Verhandlungen des Einigungsvertrages durchgesetzt. Während in den neuen Ländern im Bereich der ehemaligen DDR die Justizmitarbeiter wie die Mitarbeiter in der Verwaltung zum 3. Oktober übernommen und erst danach auf ihre Eignung für die Justiz überprüft worden sind, wurden an diesem Tag die Gerichte und Staatsanwaltschaften in Berlin (Ost) geschlossen. 195 Richter und 186 Staatsanwälte wurden in den Wartestand versetzt und im April 1991 entlassen. Sämtliche Justizaufgaben übernahmen Juristen aus dem Westteil der Stadt.

Es war ein harter Schnitt. Die Justizsenatorin Professor Dr. Jutta Limbach, die spätere Präsidentin des Bundesverfassungsgerichtes, hat diese heftig attackierte Entscheidung im Februar 1992 im Berliner Abgeordnetenhaus noch einmal begründet:

„Dieser radikale Abschied von den Gerichten im Ostteil der Stadt ist der besonderen Situation Berlins geschuldet, das ein altes und neues Bundesland zugleich ist. Hier musste sich der Vertrauensverlust der Justiz der ehemaligen DDR im besonderen Maße niederschlagen, und ein Nebeneinander zweier unterschiedlicher Gerichtsorganisationen schien uns nicht praktikabel. Diese Entscheidung im Einigungsvertrag ist uns nicht zuletzt deshalb möglich gewesen, weil im Westteil der Stadt eine funktionsfähige Justiz zur Verfügung stand und damit vom ersten Tag der Einheit an allen Bürgerinnen und Bürgern der elf Bezirke im Ostteil der Stadt Rechtsschutz in allen Gerichtszweigen gewährt werden konnte."

In den bisherigen Gerichten der DDR-Justiz wurden Informations- und Rechtsantragstellen eingerichtet. Bis 1992 – ein Gericht konnte erst 1995 fertig gestellt werden – wurden die baulich maroden aber wunderschönen Gerichtsgebäude aus den Gründerjahren instandgesetzt, mit der notwendigen technischen Ausrüstung ausgestattet und wieder eröffnet. Ein dreistelliger Millionenbetrag musste investiert werden, die Gerichte im Westteil der Stadt haben heute in der Regel keine vergleichbare Ausstattung. Die umfassende Instandsetzung und ein teilweiser Neubau aber war notwendig. Beispielhaft für den Zustand der Mehrzahl öffentlicher Gebäude im Ostteil Berlins war das Landgericht in der Littenstraße in Berlin-Mitte. Die Eingangshalle war fein herausgeputzt, sie wurde für öffentliche Empfänge verwendet, im ersten Winter platzten jedoch zweihundertundachtzig Mal die Heizungsrohre. Unter den durchlässigen Dächern der Gebäude lagerten Akten aus der Vorkriegszeit, die jetzt im Zusammenhang mit Eigentums- und Versorgungsfragen nicht nur gerettet, sondern auch katalogisiert werden mussten. Alles war nur möglich durch einen einzigartigen Einsatz des Berliner Justizpersonals. Besonders bemerkenswert war dabei die Aufarbeitung der Grundbuchangelegenheiten, die für viele Investitionsvorhaben von großer Bedeutung waren. Es gab aus dem Ostteil der Stadt 35.000 unerledigte Anträge. Sie wurden bis 1992 abgearbeitet. Bis zur Wiedereröffnung der Amtsgerichte hatten die benachbarten Gerichte aus dem Westteil der Stadt allein 130.000 unerledigte Vollstreckungssachen noch nach DDR-Recht zu entscheiden.

Fast alle Richterinnen und Richter sowie Staatsanwälte von den vorher an den Stadt- und Stadtbezirksgerichten im Osten Berlins tätigen Juristen haben sich um eine Übernahme in den Justizdienst des Landes beworben. Nach einem Überprüfungsverfahren sind nur etwa 15% übernommen worden. Es waren insgesamt 44, davon zehn Staatsanwälte. Im Gegensatz dazu ist das nichtrichterliche Personal zu einem großen Teil sehr rasch übernommen und fortgebildet worden. Interessant sind die Zahlen aus den neuen Bundesländern, die dem Berliner Senat Anfang 1992 mitgeteilt worden sind. Danach sind von den am 2. Oktober 1990 in diesen Ländern als Richter und Staatsanwälte Beschäftigten in Mecklenburg-Vorpommern 32%, in Thüringen 44%, in Sachsen-Anhalt 45%, in Sachsen 52% und in Brandenburg 53% der Bewerberinnen und Bewerber übernommen worden. In Berlin ist offensichtlich mit größerer Strenge bei den Auswahlverfahren vorgegangen worden

Wir alle kennen den Vorwurf, in der ehemaligen DDR hätten sich sehr schnell die alten Seilschaften wieder etabliert. Kein Wunder. Die Eliten der DDR waren in besonderer Weise mit dem System verbunden und ohne ihre Mitwirkung konnte die Funktionsfähigkeit des Staates und weiter Bereiche der Gesellschaft nicht gesichert werden. Für meinen Geschmack haben sich zu viele etabliert, die noch heute in DDR-Nostalgie verfallen und gesellschaftspolitisch nichts dazu gelernt haben. Das Recht auf Irrtum dagegen muss in unserem Staat selbstverständlich sein. Bei der Übernahme ehemaliger Angehöriger der DDR-Justiz handelt es sich aber nicht um ein übliches Geschäft der Personalauswahl. Richter und Staatsanwälte aus der ehemaligen DDR stellten vielmehr eine Berufsgruppe dar, die in besonderem Maße politisch handverlesen und ideologisch mit dem SED-Staat verstrickt war. Mit ihrer Arbeit haben sie das Regime stabilisiert und politisch Andersdenkende ausgeschaltet.

Richterwahlausschuss und Justizverwaltung hatten einen gemeinsamen Kriterienkatalog erarbeitet. Danach war beispielsweise eine Zusammenarbeit mit dem Staatssicherheitsdienst immer dann ein Ausschlussgrund für eine Weiterbeschäftigung, wenn sie über die üblichen Dienstpflichten hinausging. Als Ablehnungsgrund wurde auch angesehen, wenn Bewerberinnen oder Bewerber schwerpunktmäßig im Bereich des politischen Strafrechts tätig waren oder in der DDR-Justiz herausgehobene Positionen bekleidet haben. Dabei ging es nicht mehr um einen konkreten individuellen Vorwurf. Den Rechtsuchenden sollte kein Richter oder Staatsanwalt zugemutet werden, der in besagter Funktion in der DDR tätig war. Die Betroffenen wurden für die angestrebte Aufgabe als objektiv kompromittiert angesehen. Dieser Gedanke musste auch auf leitende Mitarbeiter bei der Polizei übertragen werden und in der Verwaltung auf Personalabteilungen. Ich habe das immer so erklärt, dass überall dort, wo Macht über Menschen ausgeübt wird, besondere Sorgfalt und Glaubwürdigkeit notwendig sind.

Informelle Mitarbeiter

Wer immer im sicheren Hafen saß, kann schlecht beurteilen, wie er sich auf stürmischer See verhalten hätte. Mit diesem Hinweis will ich meine Zurückhaltung in den sehr emotional geführten Debatten über die Aufarbeitung des „DDR-Unrechts" anklingen lassen. Von dem Versuch, ein 40-jähriges Regime juristisch aufzuarbeiten, habe ich nie viel gehalten. Bei der Strafjustiz geht es um eine rechtswidrige und schuldhafte Einzeltat, aber nicht um das Versagen einer Gesellschaft in einem totalitären System. Das Strafrecht ist nicht dazu gemacht, mit einem Unrechtsregime abzurechnen. Es lässt sich wohl nicht bestreiten, dass Hochmut gegenüber Mitläufern in Deutschland immer größer wurde, je weiter man von der DDR weg war. Die Erfahrungen aus dem Nationalsozialismus waren verdrängt. Ich will nicht den Eindruck vermitteln, aus sicherer Distanz im Rückblick eine geläuterte Position zu beschreiben. Mitten in der Auseinandersetzung innerhalb der Evangelischen Kirche um die Rolle ihrer führenden Vertreter in der DDR musste ich auf der Tagung der Synode Stellung beziehen:

„Augenblicklich ist die Kirche sehr mit dem Thema Staatssicherheit befasst. Hierzu Stellung zu nehmen, ist nicht in wenigen Sätzen getan, zumal die Dinge in jedem Einzelfall anders liegen. Einige grundsätzliche Erwägungen scheinen jedoch unverzichtbar zu sein.

Zum ersten: allzu häufig wird mit der Elle des Hochmuts gemessen, aber ich glaube, wer immer im Hafen gesessen hat, sollte sich zurückhalten, wenn er das Verhalten derer beurteilt, die sich in stürmischer See bewähren mussten.

Zweitens: wir sind augenblicklich in einer Phase, in denen der Rechtsstaat einer Bewährungsprobe ausgesetzt ist, übrigens einer Bewährungsprobe auch gegenüber vielen Ungeduldigen, die Bestrafung ... schnell fordern und die Mechanismen des Rechtsstaates, auch eines langen Untersuchungsverfahrens, nicht recht verstehen. – Schon Einstein machte die Erfahrung, dass es, wie er sagte, leichter ist, einen Atomkern zu spalten als ein Vorurteil. Wir müssen aber davon weg, hastig eine Vorverurteilung an die Stelle eines abgewogenen Urteils zu setzen.

Zum dritten: die Erfahrung des letzten Jahres zeigt, dass der innere Einigungsprozess in Deutschland nur mühsam voran kommt. Vielfach haben psychologische Widerstände gegen das Zusammenwachsen unseres Landes sich eher verstärkt. In vielen Herzen und Köpfen lebt die Teilung unseres Landes leider fort.

Schon vor der Wiedervereinigung waren die Kirchen in Deutschland ein wichtiges gemeinsames Band. Die befriedende Funktion der Kirche war aber oft nur möglich, weil sie sich in der DDR durch viel Pragmatismus einen ausreichenden Zugang zu den dort Mächtigen bewahrte. Diesen Pragmatismus dürfen wir heute nicht nur aus der Sicht des Jahres 1992 beurteilen. Einige, die sich jetzt allzu leicht zu Richtern erheben, haben diesen Pragmatismus früher benutzt und als selbstverständlich toleriert, wenn nicht sogar respektiert ..., wir müssen im Umgang mit der Vergangenheit darauf achten, dass wir nicht die Kleinen schlechter behandeln als die Großen.

Mich beunruhigt es, wenn das berufliche Leben einer 50-jährigen Frau ruiniert ist, nur weil sie in der Stasi-Küche die Kartoffeln geschält hat, während sich Mielkes Generäle im Lichte der Öffentlichkeit sonnen."

Es war die Debatte um die vermeintlichen Stasi-Verstrickungen meines Brandenburger Kollegen Manfred Stolpe, die ich zum Missvergnügen der eigenen Partei zum Anlass für die nachfolgende Bemerkung nahm:

„Wir führen keine Debatten mehr über die wirklichen Täter, über die wirklichen Verantwortlichen, über diejenigen, die Menschen verängstigt und verunsichert haben und ihnen die Würde nahmen. Wo sind denn die wirklichen Schurken der Nation? Manche sieht man in Fernsehshows, andere lachen sich heimlich ins Fäustchen, weil die Energie, mit der eigentlich sie verfolgt werden müssten, sich an anderen erschöpft.

In großer Behutsamkeit zum sachlichen Wägen und Werten: Wir dürfen niemanden richten aufgrund von Urteilen, die dieser oder jener mit zusammenhanglos erstellten Aktenstücken und von ihm ausgewählten Informanten fällt. Die Wahrheit ist kompliziert. Ich selbst und viele andere, aus Politik und Wirtschaft, haben mit Manfred Stolpe zu den so genannten DDR-Zeiten Gespräche geführt, insbesondere auch, um seine Einschätzung der Lage und der handelnden Personen zu erfahren. Selbstverständlich bin ich davon ausgegangen, dass er Informationen an Verantwortliche der DDR weiterleitet, an wen auch immer: an die Verantwortlichen. Deswegen hatten wir zum Teil auch Kontakt. Entscheidend ist also nicht, ob Informationen weitergeleitet wurden, sondern ob er der Kirche und seinem Amt dabei loyal geblieben ist."

Dort, wo Verbrechen geschehen sind, wo Fehlverhalten anderen geschadet hat, müssen die Verantwortlichen zur Rechenschaft gezogen werden. Die Energie allerdings, mit der unsere Gesellschaft sich auf die Enttarnung „inoffizieller Mitarbeiter" stürzte, war meines Erachtens geeignet, falsche Schwerpunkte zu setzen und von der notwendigen Aufarbeitung der DDR-Vergangenheit abzulenken. Das ändert nichts an der moralischen Bewertung von Spitzeldiensten. Aber das Wesentliche in der DDR war die Partei. Nur wenn man das in den Vordergrund stellte, konnte nach meiner Auffassung einer unverantwortlichen DDR-Nostalgie entgegengewirkt werden.

Ausgerechnet bei der Anstellung einer Richterin zur Probe kam es zu einer öffentlichen Kontroverse, bei der ich als Scharfmacher erschien – eigentlich ganz gegen meine Grundposition. Kurz nach einer Entscheidung des Richterwahlausschusses gab es eine Anzeige gegen eine Richterin, die nunmehr durch den Senat angestellt werden sollte. Ihr wurde vorgeworfen, noch im Jahre 1989 einen Haftbefehl wegen Republikflucht erlassen zu haben. Die Staatsanwaltschaft leitete ein Ermittlungsverfahren ein und ich nahm ihre Verbeamtung von der Tagesordnung des Senats. Der Richterwahlausschuss sollte die Entscheidung noch einmal überprüfen.

Damit brach ein Sturm der Entrüstung los. Mitglieder des Richterwahlausschusses fühlten sich düpiert. Die Grundsätze der Gewaltenteilung wurden beschworen, denn der Richterwahlausschuss war vom Parlament eingesetzt – eine Berliner Sonderregelung – und der Senat konnte gegen sein Votum keine Richter ernennen. Aber er war und ist auch nicht nur der Notar des Ausschusses, und eine Anstellung bei gleichzeitig eingeleiteter staatsanwaltlicher Ermittlung erschien mir unabhängig von der abschließenden Beurteilung des Einzelfalles fragwürdig. Nur mühsam wurde ein größerer Koalitionskrach vermieden. Die Dame ist dann später nach dem Abschluss des Ermittlungsverfahrens eingestellt und noch später nach Brandenburg abgewandert. Späteren statistischen Angaben habe ich entnommen, dass das Berliner Sonderverfahren einer Entlassung und anschließenden Bewerbungsmöglichkeit sich bewährt hat, auch die relative Strenge bei den Auswahlentscheidungen. In den neuen Ländern mussten oft später mühsam Entlassungen von Richtern und Staatanwälten durchgesetzt werden.

Auch in einem anderen Bereich hat sich eine Berliner Sonderheit bewährt. An den Universitäten mussten sich die Hochschullehrer nach einer Übergangsfrist einem neuen Berufungsverfahren unterwerfen. Die Berufungskommissionen wurden durch Mitglieder anderer Universitäten ergänzt. Die Mehrheit einer Berufungsentscheidung für einen Hochschullehrer konnte nur erreicht werden, wenn mindestens ein „Auswärtiger" zustimmte. Das hat der Reputation der Humboldt-Universität sehr gut getan. Im Ergebnis gab es bei den Spitzenkräften (C 4) zu etwa 70% Neuberufungen, bei den Hochschullehrern der Besoldungsstufe C 3 waren es nur etwa 50%. Eigentlich hätte man diese Regeln auch an westlichen Universitäten und insbesondere bei einzelnen geisteswissenschaftlichen Fachbereichen der Freien Universität durchführen sollen. Die hatten noch immer nicht alle Folgen der 68er Revolution ausgeschieden, als politische Agitation den Weg zu einem Lehrstuhl ebnete. Ich denke auch an die zwei Fachbereiche Psychologie, einer politisch links, einer politisch rechts, Fachbereiche, die in den Siebzigerjahren entstanden, weil eine sachgemäße Zusammenarbeit der Vertreter der beiden „wissenschaftlichen Positionen" nicht möglich war. Senator Erhardt hat bei seinem Konzept der Konzentration des Angebotes vergeblich mit diesem Unsinn Schluss machen wollen. Die Hochschulpolitiker der SPD rebellierten.

Einigungsbedingte Strafverfolgung

In der DDR wurde im Auftrag des Staates Unrecht begangen. Die Straftaten waren nach der Vereinigung verfolgt werden. So sah es der Einigungsvertrag vor. Auf die Berliner Justiz kamen damit riesige Aufgaben zu. Die Justizbehörden am früheren Sitz der DDR-Regierung waren zuständig. Erst mussten die ohnehin überlasteten Staatsanwälte aus Berlin die Aufgabe übernehmen; bereits ab 1992 unterstützten Staatsanwälte, Richter und Bundesbeamte aus anderen Bundesländern diese Arbeit, dann wurde eine eigene Staatsanwaltschaft (Staatsanwaltschaft II) unter Leitung des Generalstaatsanwaltes Schaefgen gebildet. Ich hatte anfangs nur deswegen damit zu tun, weil Bund und Länder immer wieder um weitere Mitarbeiter gebeten werden mussten. Die Ermittlungen waren umfangreich, schwierig und zeitaufwändig. Revolutionäres Tempo und revolutionärer Geist sind aus guten Gründen einer rechtsstaatlichen Justiz wesensfremd. Die Kritik ließ nicht auf sich warten.

Die Kleinen hängt man, die Großen lässt man laufen! Das war ein Vorwurf, denn in der Tat wurden anfangs die Gewalttaten der „Kleinen" angeklagt. Die Sachverhalte waren einfacher und daher schneller aufzuklären als die Verantwortlichkeiten im Politbüro. Ich habe auch Verständnis für das Unbehagen, dass viele Menschen bei den Verfahren gegen Harry Tisch oder Erich Mielke erfasste. Der Chef des Staatssicherheitsdienstes wurde nicht wegen dieser Tätigkeit angeklagt, sondern wegen eines mehr als 60 Jahre zurückliegenden Mordvorwurfes. Und Harry Tisch, Mitglied des Zentralkomitees des SED, wurde wegen des Griffs in die Kasse des Gewerkschaftsbundes verurteilt. Die Verfahren gegen Erich Honecker und Willi Stoph sind aus Gesundheitsgründen eingestellt worden.

Dann liefen aber auch die Verfahren gegen die „Großen". Mit beginnender DDR-Nostalgie wurde der Vorwurf laut, es handele sich um politisches Strafrecht. Es war kein neues Strafrecht beschlossen worden und es galt das verfassungsrechtlich verankerte Rückwirkungsverbot. Verfolgt wurde nur, was zum Zeitpunkt der Tat auch in der DDR strafbar war. Mich haben die Zahlen überrascht, die ich bei der Auflösung der Staatsanwaltschaft II im Jahre 1999 erfahren habe. Danach gab es 22.854 staatsanwaltliche Verfahren und nur 602 Anklagen. 135 Verfahren waren noch nicht abgeschlossen. Damit wurden 22.121 Verfahren eingestellt.

Der Vorwurf der Unbelehrbaren ist mit diesen Zahlen wohl ad absurdum geführt.

Bei den Zahlen drängt sich die Frage auf, ob sich der Aufwand gelohnt hat. In den Diskussionen um den Einigungsvertrag wurde die Möglichkeit einer Amnestie leider nur sehr kurz erörtert und dann abgelehnt. Selbst für die Spionagetätigkeit ist sie abgelehnt worden. Letzteres hielt ich für falsch. Auch für einzelne Straftaten erschien mir die Amnestie ein gangbarer Weg. Im Grundsatz teile ich aber die Auffassung, dass Amnestien nur scheinbar befriedend wirken. Sie decken Unrecht mit dem Mantel des Schweigens zu, ebnen aber nicht den Weg zur Aussöhnung einer Gesellschaft. Stets muss deutlich werden, dass für Unrecht nicht der Lauf der Geschichte, nicht

Systeme oder Apparate, sondern immer Menschen verantwortlich sind und es auch für Regierende keinen straffreien Raum gibt.

An diese Überlegungen wurde ich nach 1999 erinnert, als ich mit dem Justizressort das Begnadigungsrecht in Berlin ausüben konnte und Anträge auf Begnadigung hochrangiger Funktionäre der DDR zu entscheiden waren. Verurteilt waren sie alle wegen Totschlags, wegen unterschiedlicher Verantwortung für den Schießbefehl an der Mauer. Im Dezember 1999 hatte der Senat bereits mit einer der letzten Amtshandlungen des damaligen Justizsenators Körting den früheren Chef der Grenztruppen und Generaloberst Baumgarten nach Verbüßung von mehr als der Hälfte seiner Freiheitsstrafe begnadigt und die Reststrafe zur Bewährung ausgesetzt. Der Kollege Körting hatte nach Rücksprache mit mir dafür noch die unmittelbare Verantwortung übernommen und den Weg für weitere Gnadenentscheide erleichtert. Der Unterschied zur Amnestie liegt aus meiner Sicht in der vorhergegangenen Verurteilung, mit der die Schuld im konkreten Fall festgestellt wird. Einsicht der Verurteilten in die eigene Schuld oder humanitäre Gründe waren dann bei den Anträgen „meiner Justizverwaltung" an den Gnadenausschuss und bei meiner eigenen abschließenden Entscheidung (nur wenn der Justizsenator vom Votum des Gnadenausschuss abweichen will, muss der Senat entscheiden) ausschlaggebend. Nach diesen Überlegungen wurden u. a. das ZK-Mitglied Günter Schabowski und das Mitglied des Nationalen Verteidigungsrates der DDR Günter Kleiber durch Gnadenentschließungen aus der Haft entlassen. Ich wollte zuvor wissen, ob in anderen Bundesländern so genannte „Kleine" aus der so genannten einigungsbedingten Strafverfolgung noch einsitzen. Das durfte natürlich nicht sein. Ich war aber bereit, das Thema der einigungsbedingten Strafverfolgung durch Gnadenerweise in der laufenden Legislaturperiode während meiner Amtszeit abzuschließen. Auch aus politischen Gründen: Egon Krenz war nur noch interessant, solange er als Freigänger im Gefängnis saß. Eine SPD/PDS-Koalition konnte ihn nicht begnadigen. Er musste auf die Entscheidung des Vollstreckungsgerichtes warten.

Vereinigung der Berliner Polizei

Die Zusammenführung von Bundeswehr und Nationaler Volksarmee ist in vielen Büchern beschrieben und hoch gelobt worden. Für die Berliner Polizei gilt das Gleiche. Zum 1. Oktober 1990 wurden 17.701 Dienstkräfte aus dem Westen der Stadt und 11.797 aus dem Ostteil zusammengeführt. Die Datumsangabe ist kein Druckfehler. Wegen der in ganz Berlin laufenden Vereinigungsfeier war kurzfristig entschieden worden, dass die Polizeihoheit in ganz Berlin bereits 35 Stunden vor dem Hissen der deutschen Flagge am

Reichstag in die Verantwortung des (West)berliner Polizeipräsidenten Georg Schertz übergehen sollte. In Ostberlin galt aber noch DDR-Recht. Erste Proben der Zusammenarbeit lagen aber schon weit zurück. Erstmals war die Westberliner Polizei anlässlich der Öffnung des Brandenburger Tores bis weit in den Ostteil der Stadt tätig geworden. Im Jubel der Öffnungsfeier hatte es viele Verletzte gegeben, ein Gerüst war zusammengestürzt. Aus diesem Anlass hatte die Westberliner Polizei zu ihrem großen Erstaunen festgestellt, dass die Volkspolizei zwar Verletzte in Krankenhäuser transportierte, aber auch 24 Stunden nach dem Unfall kein Überblick über Namen und Verbleib der Verletzten bestand. Diese im Westen selbstverständliche Dienstleistung für den Bürger gehörte nicht zu einem vorrangigen Aufgabenbereich.

Durchmischung war das „Zauberwort" für die Zusammenführung der Polizei. Und, neudeutsch, learning by doing. 5.000 Dienstkräfte sind jeweils im anderen Teil der Stadt eingesetzt worden. Polizisten in der Uniform der Volkspolizei konnten in den Wochen nach der Wiedervereinigung in keinem Teil der Stadt allein eingesetzt werden. Es fehlte die notwendige Autorität, selbst der Verkehrssünder ließ sich im Zweifelsfalle von dem „Kommunisten" in Uniform nichts sagen. Alle Bereiche der Polizei wurden daher zur gemeinsamen Arbeit – insbesondere auch „auf Streife" – aus Beamten (West) und ehemaligen Volkspolizisten besetzt. Die Einkleidung der „Volkspolizisten" mit den neuen Uniformen war wichtig, weil die Bevölkerung die unterschiedliche Herkunft der Polizei im Einsatz nicht erkennen sollte und wegen der Glaubwürdigkeit nicht erkennen durfte. Ein geschulter Blick auf Rangabzeichen und Schuhe konnte zwar noch für viele Jahre sehr genau differenzieren, aber nach einer Übergangszeit war eben ein geschulter Blick dafür notwendig. Für die Spitzen der Volkspolizei galt das oben beschriebene Prinzip der objektiven Kompromittierung. Ganz bemerkenswert die Zahlen über Verbindungen zum Staatssicherheitsdienst. Die Westberliner Polizeiführung hat festgestellt, dass etwa 20% der Volkspolizeioffiziere und 12% der Mannschaftsdienstgrade besondere Verpflichtungen zur Mitarbeit eingegangen sind.

Von den fast 11.800 Dienstkräften des Präsidiums der Volkspolizei haben sich 9.600 dem Votum einer der neun Personalauswahlkommissionen gestellt. Es wurden etwas über 1.000 Kündigungen empfohlen. Für die ehemaligen Volkspolizisten wurden bei der Übernahme nur sehr wenige Empfehlungen für die Einstufung in den höheren oder gehobenen Dienst abgegeben. Ich bin oft bei den Diskussionen mit den Berlinerinnen und Berlinern gefragt worden, warum die Führungskräfte der Polizei in den ersten Jahren nach der Vereinigung schwerpunktmäßig aus dem Westen kamen und warum für Volkspolizisten mit jahrelanger Erfahrung eine umfassende Aus- und Fortbildung für notwendig gehalten wurde. Man muss berücksichtigen, dass etwa 60% der Aus- und Fortbildung der Volkspolizei sich auf Lehrinhalte des Marxismus-Leninismus konzentrierten und der „normale" Volkspolizist vor Ort in der Regel keine eigenständigen Entscheidungen getroffen hat. Er berichtete der Einsatzzentrale und diese entschied „per Ferndiagnose". Ganz anders im „Westen"; eigenständige Entscheidungen werden vor Ort erwartet. Allein diese beiden Fakten weisen auf einen hohen ergänzenden Ausbildungsbedarf hin. Danach und nach dem Abschluss der gegebenenfalls notwendigen Prüfungen hat es aber auch Aufstiegsmöglichkeiten geben. Mir ist nicht bekannt, ob die Personalführung der Polizei dabei alle Möglichkeiten der sachgemäßen Eingliederung der Mitarbeiter aus dem ehemaligen Osten beachten konnte. Das Ergebnis ist bis jetzt unbefriedigend. Die eigentlichen Führungspositionen sind alle mit ehemaligen Polizeibeamten aus dem Westteil besetzt. Nur einem Volkspolizisten ist der Aufstieg in den höheren Dienst gelungen. Das kann nicht richtig sein. 2001 versahen fast 4.000 ehemalige Mitarbeiter der Volkspolizei ihren Dienst in der Berliner Schutz- und Kriminalpolizei.

Die ehemaligen Grenzen zwischen Ost und West sollten sich in der Verwaltungsorganisation nicht wiederfinden, weshalb Dienststellen zwischen Ost und West verlagert und nach Überlegungen der Stadtplanung angesiedelt wurden. Andere Senatsverwaltungen mussten der Senatskanzlei in das Zentrum des alten Berlin folgen. Bei der Bezirksverwaltungsreform achtete man darauf, dass Bezirke aus Ost und West eine neue Einheit bilden, nach gleichem Grundsatz wurden bereits vorher die Polizeidirektionen gebildet. Nur durch dieses Prinzip der Vermischung konnte eine gemeinsame Arbeit von Menschen aus Ost und West und damit eine Integration erreicht werden.

Die Polizei war für mich ein prägnantes Beispiel für die Probleme einer unterschiedlichen Besoldung von Menschen im gleichen Aufgabenbereich. Der Polizeiwagen mit Polizisten aus Ost und West im Einsatz, die gemeinsame Auseinandersetzung mit prügelnden Ganoven in einer Kneipe, der gemeinsame Einsatz gegen gewalttätige Demonstranten, mit diesen Beispielen überzeugte ich in der Regel schnell davon, dass Unterschiede nur für eine sehr kurze Zeit für die Betroffenen akzeptabel sind. Mich bewegte außerdem eine besondere negative Folge der sachgemäßen Durchmischung. Mit der Versetzung eines Volkspolizisten in den Westen war – nach Bundesrecht galt das Ortsprinzip – Westgehalt verbunden. Bei einer Versetzung von West nach Ost blieb es beim Westgehalt, weil eine Rückstufung rechtlich nicht möglich war. Meine Empfehlung an die Polizeiführung war, das Problem unterschiedlicher Besoldung bei der Polizei auf längere Sicht durch die Fluktuation zwischen den Polizeidirektionen zu lösen. Damit konnten wir dem Verfahren folgen, das lange Zeit in der Bundeswehr Anwendung fand.

Und immer die Lehrer

Leider war das Prinzip der Vermischung nicht in allen Bereichen durchsetzbar. Es bestimmte die erfolgreiche Zusammenführung der Berliner Verwaltung durch den Innensenator Professor Heckelmann. Schulsenator Klemann aber scheiterte bei seinen Bemühungen am Widerstand der (West)Lehrer und ihrer Gewerkschaften. Nur etwa einhundert Lehrer waren seinem Aufruf gefolgt. Da die Lehrkräfte Bezirksbeamte oder -angestellte waren, konnte der Senat nur appellieren.

Die Verweigerungshaltung der Lehrer war dann auch ein Motiv für eine Änderung der Rechtslage. Lehrer wurden Landesbedienstete, mit dem neuen Landesschulamt wurde ab 1995 die Chance einer Versetzung über die Bezirksgrenzen hinweg größer.

Eine Durchmischung der Kollegien durch Lehrkräfte aus Ost und West in allen Teilen der Stadt und damit eine gegenseitige pädagogische Anregung hätte der Berliner Schule sicher geholfen und auch ein Beispiel dafür setzen können, dass Schulen aus den unterschiedlichen Systemen auch in einem demokratischen Schulwesen jeweils ihre besondere Leistungsfähigkeit einbringen können. Schulpolitischer Sprecher war ich bis 1975, begebe mich also nicht auf fremdes Glatteis. Von der DDR konnte man nicht nur in Bezug auf sportbetonte Schulen und Internate lernen, auch das Interesse an der naturwissenschaftlichen Ausbildung war im Durchschnitt größer. Im Westen verweigerte eine Lehrer- und Elterngeneration den Kindern das Recht auf Erziehung, im Osten führte die Pflicht zur sozialistischen Erziehung zu Indoktrination. Lax im Westen, stramm im Osten; so einfach wurde es oft charakterisiert. Ansätze gab es also genug. Als Student hatte ich aber schon gelernt, dass fast hinter jeder bildungspolitischen Streitfrage ein Besoldungsthema steckte. Als die Ausbildung der Grundschullehrer endlich in die Universitätsausbildung integriert werden sollte, ging es natürlich auch um die höhere Eingangsbesoldung und C 4 für die Hochschullehrer. Und die GEW hat 1990/1991 bei ihrer Zusammenarbeit mit dem linientreuen FDGB auch nicht über Erziehungsdefizite und ideologische Verbiegungen gestritten, sondern um Tarife.

Jeder Praktiker weiß, dass ein gutes Zeugnis noch keine Gewähr für Kreativität sowie die Bereitschaft und Fähigkeit zu selbstständigem Handeln sein muss. In den letzten Leistungsvergleichen haben die Schulen aus dem Ostteil der Stadt besonders gut abgeschnitten. Vielleicht sollte das einigen Lehrern und Lehrerfunktionaren aus der Westberliner Tradition zu denken geben.

Von den Lehrern in der DDR waren sicher sehr viele Stützen des Systems. Stasikontakte waren seltener. Die Zahl der Kündigung von Lehrern wegen einer Zusammenarbeit mit dem Staatssicherheitsdienst war gering. Ich hatte aber stets den Eindruck, dass bei den Lehrern der Hang zur DDR-Nostalgie besonders verbreitet war. Und sie artikulierten den Unmut gegen tatsächliche und vermeintliche Besserwisserei aus dem Westen. Sie konnten auch auf historische Beispiele zurückgreifen. Ein Brief von Theodor Storm aus dem Jahre 1867 nach der Besetzung Schleswig-Holsteins durch Preußen wurde in den Kollegien verbreitet:

Wir können nicht verkennen, dass wir lediglich unter der Gewalt leben. Das ist desto einschneidender, da es von denen kommt, die wir gegen die dänische Gewalt zu Hülfe riefen und die uns jetzt, nachdem sie jene bewältigen geholfen, wie einen besiegten Stamm behandeln, indem sie die wichtigsten Einrichtungen, ohne uns zu fragen, hier über den Haufen werfen und andere dafür nach Gutdünken oktroyieren; obenan ihr schlechtes Strafgesetzbuch, worin eine Reihe von Paragraphen – längst der juristischen wie der Moralkritik verfallen – ehrlichen Leuten gefährlicher sind als den Spitzbuben, die sie angeblich treffen sollen. Und obwohl Preussen – sowohl wegen der Art, wie sie das Land gewonnen, als auch, weil wir zum geistigen Leben der Nation ein so großes Kontingent gestellt wie nur irgendein Teil von Preussen – alle Ursache zu bescheidenem Auftreten bei uns hat, so kommt doch jeder Kerl von dort mit der Miene des kleinen persönlichen Eroberers und als müsse er uns erst die höhere Weisheit bringen ... die unglaublich naive Roheit dieser Leute vertieft die Furche des Hasses, die Preussens Verfahren tief in die Stirn der Schleswig-Holsteiner eingegraben.

Auf diese Weise einigt man Deutschland nicht.

Trotz der klammheimlichen DDR-Nostalgie in diesem Vorgang traf der Brief von Theodor Storm auch viele Teile der deutschen Wirklichkeit im letzten Jahrzehnt. Es gab den Trend, alle Einrichtungen der DDR, für die es im Westen kein Pendant gab, sofort und ohne sorgfältige Prüfung zu demontieren. Der Sozialismus war gescheitert, also auch alles, was der Sozialismus hatte entstehen lassen. Sicher haben wir uns dieser Entwicklung anfangs auch in Berlin nicht ganz entziehen können. Der Trend war vergleichbar mit dem Einkauf der Westprodukte, die nach dem Mauerfall alle Waren aus der DDR vom Markt fegten, weil die Kunden zunächst ihre Neugier auf Westprodukte befriedigt haben. Ich glaube, der Berliner Senat hat zwar nicht rechtzeitig, aber vergleichsweise frühzeitig dagegen gesteuert, nicht nur beim Rechtsabbiegepfeil an der Ampel. So wurde nach kontroverser „ordnungspolitischer" Diskussion der poliklinische Gedanke in Gesundheitlich-Sozialen Zentren beibehalten. Als Beispiel will ich auch die Kinder- und Jugendsportschulen nennen. Der Schul- und Sportsenator Jürgen Klemann wollte sie trotz zusätzlicher Kosten erhalten und nutzte die Olympiabewerbung für die Unterstützung der Bildungseinrichtungen, die sportliche Begabungen besonders fördern. Ihr Vorbild stand Pate, als 1992 Sportgymnasien in das Berliner Bildungsangebot aufgenommen wurden. In der Bundesrepublik wurden die „Kaderschmieden des DDR-Sports" zunächst massiv abgelehnt. Der Berliner Landessportbund und Manfred von Richthofen haben sich sehr für diese Schulen und auch den mit ihnen verbundenen Internatsbetrieb eingesetzt. Heute gibt es vergleichbare Schulen auch in westlichen deutschen Bundesländern. Berlin hatte mit dem grundsätzlichen Erhalt der Schulen ein Vorbild für die bundesdeutsche Schullandschaft gegeben.

Die Berliner Schule

Bei der Regierungsbildung im Dezember 1990 hatte ich sehr darauf gedrängt, dass die CDU das in der Partei sehr unbeliebte Schulressort übernimmt. Der damals erst designierte Fraktionsvorsitzende Klaus Landowsky wollte in der Abwägung zwischen den Ressorts Schulen oder Kultur die Verantwortung für Theater und Kunst bei der CDU sehen. Das entsprach seinem Engagement in vielen Kunstvereinen, auch fürchtete er den absehbaren Streit mit GEW und Elternvertretern. Die erträumte Klassenfrequenz und die erhoffte Ausstattung der Schulen ist selten – und war schon gar nicht in einer Umbruchsituation wie in den Neunzigerjahren – erreichbar. Für mich aber ging es unmittelbar nach der Vereinigung um die Entscheidung über das künftige Bildungssystem der Stadt und seine Attraktivität für Menschen aus allen Teilen Deutschlands. Im Magisenat war schon versucht worden, die Weichen auf die Gesamtschule als einzigen öffentlichen Schultyp im Ostteil der Stadt zu stellen. Eine Schulverwaltung unter CDU-Führung konnte dagegen eine Vielfalt im Angebot sicherstellen.

Es wurde die Aufgabe von Jürgen Klemann und der Berliner Schulverwaltung, das Schulsystem im Ostteil der Stadt mit den dort bereits tätigen Lehrkräften aufzubauen und die Berliner Schule gleichzeitig an neue Herausforderungen in der deutschen Hauptstadt heranzuführen. Nach wenigen Jahren gab es in allen Bezirken Berlins Haupt- und Realschulen, Gymnasien und Gesamtschulen, die verschiedenen Formen der sonderpädagogischen Förderung und das Berufschulsystem. In den östlichen Bezirken wurde dieses vielgliedrige System nicht etwa verordnet, sondern angeboten. Die Nachfrage nach Gymnasien war besonders hoch. Leider hatten wir in diesen Jahren nicht die Möglichkeit zu einem Berliner Sonderweg: die Einführung des Abiturs nach 12 Jahren.

Im deutschen Föderalismus musste dieser Weg mit der Kultusministerkonferenz abgestimmt werden. Nur Modellversuche wurden da zugelassen. Sachsen und Thüringen haben sich ihren Weg unter anderen Ausgangspositionen erkämpft. Dort wurde das 13-jährige Gymnasium primär aus finanziellen Gründen nicht eingeführt. Ich erinnere mich aber auch an die heftig vorgetragenen pädagogischen Gegenargumente. Mehrfach intervenierte der Vorsitzende des Philologenverbandes. Jedes Fach, das um auch nur eine Stunde im Bildungskanon gekürzt werden sollte, prophezeite den Zusammenbruch des Abendlandes. In Berlin war das aber nur ein Teil der Argumente. In der Sache ging es um einen bildungspolitischen Kompromiss aus der unmittelbaren Nachkriegszeit: die sechsjährige Grundschule.

Sehr vereinfacht ausgedrückt ging es damals um die Alternative zwischen einer Einheitsschule und einem gegliederten Schulsystem. Der Kompromiss war die sechsjährige Grundschule. Jedermann hielt sich seitdem daran. Alles andere war gleichbedeutend mit einem Kulturkampf. Und – eigentlich nur im ideologisch verminten Feld der Bildungspolitik möglich – die Fronten existierten immer noch. Bundesweit behindern sie die allgemeine Einführung des Abiturs nach 12 Jahren Schulbesuch. In Berlin führte die Sorge um die sechsjährige Grundschule zu weiterem Streit um das so genannte Expressabitur sowie Zahl und Angebot von grundständigen Gymnasien.

Den Begriff „Grundständiges Gymnasium" muss ich auch heute noch vielen Neuberlinern erklären: Es ist ganz einfach das Gymnasium, das man von Bayern bis Schleswig-Holstein kennt. Nach dem Kompromiss zur sechsjährigen Grundschule konnten Berliner Gymnasien im Unterschied zu den Schulen in westlichen Bundesländern erst mit dem 7. Schuljahr beginnen. Ausnahmen, die bereits mit dem 5. Schuljahr beginnen, sind die Berliner Grundständigen Gymnasien. Um ihre Existenz und Weiterentwicklung entfachte sich stets der Streit der Bildungspolitiker. So auch nach 1991 in der großen Koalition. Dabei war ich in dieser Phase der Berliner Entwicklung an einem „Schulkampf" nicht interessiert. Dazu war zu viel zu tun und die parlamentarische Mehrheit im Abgeordnetenhaus im Zweifelsfalle auch noch mit der SPD gegen jedes so genannte Elitegymnasium. Der Begriff Elite ist ja erst seit dem Beginn des 21. Jahrhunderts wieder im sozialdemokratischen Wortschatz aufgetaucht. Aber die Vielfalt des Angebotes – und damit auch „grundständige" Gymnasien – konnte erweitert werden, ohne die „geheiligte" Form der Grundschule anzutasten. (In meiner Grundschulzeit hat die Lehrerin spätere Einschulung in die verschiedenen Schulformen durch die Zuweisung der Sitzplätze von der Fensterbank bis zur Bank an der Wandseite vorweggenommen).

Bundesregierung und Personalräte der Ministerien drängten auf ein vergleichbares Bildungsangebot für die Umzügler. Das hat die SPD mühsam zugestanden, es gab also zusätzliche „Grundständige", aber hier sollten dann die Schüler und Eltern aus anderen Bundesländern auf einem Umweg auf den Pfad der Tugend geleitet werden: Die SPD wollte neue gymnasiale Klassen 5 und 6 nur mit einem Angebot von Griechisch und Latein zulassen. Neusprachler bitte erst auf die sechsjährige Grundschule. Inzwischen hat sich das auch eingerenkt. Um die sechsjährige Grundschule ging es auch beim so genannten Expressabitur, es sollte leistungsfähige Schülerinnen und

Schüler nach 12 Jahren zum Abitur führen. Expressabiturklassen wurden eingerichtet. SPD, PDS, Bündnis/AL und die GEW befürchteten die Aushöhlung der Grundschule. Die Nachfrage war dagegen sehr groß, sie konnte wegen der politischen Schwierigkeiten nicht erfüllt werden.

Die Organisation der Grundschule und Religion als Wahlpflichtfach sind in großen Teilen der Sozialdemokraten Berlins Symbolthemen für ihre bildungspolitische Tradition. Nach meinem Eindruck kann das nur durch massiven Druck der Bundespartei aufgebrochen werden. Die Hauptstadtdiskussion und der erwartete Umzug der „Bonner" hat der schulpolitischen Diskussion bereits kräftige Anstöße gegeben. Die Ansiedlung der Botschaften, die erhofften internationalen Dienstleister und die angestrebte Rolle als Metropole zwischen Paris und Moskau erforderten neue Anstrengungen für ein international attraktives Bildungsangebot. So entstanden die Staatlichen Europa-Schulen, bilinguale Züge an Gymnasien, Real- und Gesamtschulen und ein erweitertes Fremdsprachenangebot.

Ich habe als Mitglied des Abgeordnetenhauses und als Regierender Bürgermeister viele Schulen besucht. Bei den ersten offiziellen Bezirksbesuchen im Ostteil der Stadt wurden mir natürlich immer die Extreme gezeigt: entweder nach den Traditionen der fein herausgeputzten Protokollstrecken ein gerade frisch renovierter Teil oder als Schocktherapie völlig vergammelte Fachräume oder Sanitäreinrichtungen. Auch wenn man diese Auswahl einkalkulierte, war der Handlungsbedarf eindeutig nachgewiesen. Die marode Bausubstanz und steigende Schülerzahlen machten ein umfangreiches Schulbausonderprogramm notwendig.

In den ersten fünf Jahren nach der Vereinigung der Stadt mussten allein über 400 Millionen DM für ein Mobilbauprogramm ausgegeben werden. Es entstanden für den kurzfristigen Bedarf etwa 1.200 zusätzliche Unterrichtsräume. Die Zahlen der damaligen Bauprogramme wirken heute schwindelerregend – und waren es damals auch:

Mit dem Grundschulsonderprogramm wurden 54 Schulen und 37 Sporthallen saniert, um- oder neu gebaut; für Baumaßnahmen an 32 Oberschulen wurden 1,28 Milliarden DM eingeplant und für die Berufsausbildung waren fünf Neubauten und etwa 200 Um- und Erweiterungsbauten notwendig.

Aufbau Ost vor Ausbau West, den Grundsatz will ich hier auch noch einmal betonen. So wurde durch die Maßnahmen im Bereich der beruflichen Bildung Unterrichtsraum für 15.000 Schüler geschaffen, davon fast 13.000 aus dem Ostteil der Stadt.

Doppeltes Angebot?

Die Zahlen des Schulbausonderprogramms nenne ich nur als ein Beispiel für den enormen Investitionsbedarf. Sie zeigen auch, dass unmittelbar nach der Wiedervereinigung im Bildungsbereich deutliche Schwerpunkte gesetzt worden sind. Vergleicht man die Größenordnungen und den Finanzbedarf, so mussten andere Bereiche zurückstehen. Auf den Bedarf der Justiz habe ich schon hingewiesen, bei der Polizei ging es primär um eine vernünftige technische Grundausstattung. Der Umbau der Verwaltung war ohne eine Modernisierung der technischen Ausstattung auch nicht möglich. Die Pläne für die Krankenhausmodernisierung, die Sportstättensanierung oder auch den Universitätsausbau lagen bald auf dem Tisch und mussten bei immer knapper werdenden Mitteln bei jeder Haushaltsberatung zeitlich gestreckt werden.

Ihr habt ja alles doppelt! Dieser Ausruf schallte Berlin schon Anfang der Neunzigerjahre entgegen und sollte zu Einschnitten in die Substanz der Stadt anregen und dem Berliner Zentralismus entgegenwirken. Nichts ist schlimmer als Halbwahrheiten. Weder ein klares *JA* noch ein einfach begründetes *NEIN* ist möglich. Und das richtige „*JA* aber" oder „*NEIN* aber dennoch" bringt den Politiker schnell in die Defensive. Im Wettstreit der Gesellschaftssysteme gab es in den Aushängeschildern der „beiden Berlin" Paralleleinrichtungen und damit nicht nur mögliche, sondern notwendige Rationalisierungen. Dieser Umgestaltungsprozess musste in einer Gesellschaft, deren Markenzeichen die Besitzstandswahrung ist (war?), beherzt und gegen den Widerstand vieler Betroffener angepackt werden. Diese Rationalisierung konnte den notwendigen Reformprozess bei den Leuchttürmen von Freiheit und Sozialismus entscheidend fördern.

Das durfte den Blick aber nicht von der Hauptsache ablenken: Der Ausbau von Ost- und Westberlin auf dem kulturellen und wissenschaftlichen Gebiet war doch in erster Linie keine Last, sondern eine Stärke der wiedervereinigten Stadt. Und es galt die wissenschaftliche und kulturelle Landschaft der Stadt zusammenzuführen und in ihrer Substanz zu erhalten. Berlins Rohstoff war und ist Wissen. Hier die Axt anzulegen, wäre gleichbedeutend mit dem Verzicht auf jede vernünftige wirtschaftliche Perspektive. Der Zusammenbruch der verlängerten Werkbank im Westen zeichnete sich mit dem angekündigten Abbau der Berlinförderung genauso ab wie der Zusammenbruch der traditionellen industriellen Schwerpunkte im Ostteil. Die Zukunft mit industriegestützten Dienstleistungen und den neuen Technologien musste sich auf ein breites Ausbildungs- und Forschungsangebot stützen können. Der Begriff „Capital of Talent" ist im Zusammenhang mit der Medienbranche erst später für Berlin entwickelt worden. Wir hätten das Ziel auch schon bei den ersten Grundsatzentscheidungen so beschreiben können.

Als absurd habe ich die Gedankenspiele angesehen, die Humboldt-Universität oder die Freie Universität zu schließen. Schnell lag der Hinweis auf dem Tisch, die Freie Universität sei ja nur gegründet worden, weil an der Humboldt-Universität die Freiheit von Forschung und Lehre durch die Kommunisten mit Füßen getreten worden sei. Als könne man 40 Jahre Universitätsgeschichte ausblenden, als könne man mit dem Einmarsch der FU in die Räume der Humboldt-Universität wieder in den Jahren 1948/49 anfangen. 1990 klang die Diskussion anfangs auch noch weniger nach finanziell notwendigen Einschränkungen als nach einem Nachklang zur gesellschaftspolitischen Auseinandersetzung – Siegermentalität wurde in den Gängen der Charité befürchtet.

Entscheidend ist doch in erster Linie die Frage nach den Ausbildungskapazitäten. Welche konnte und wollte das Land in der Zukunft bereitstellen. Was konnten wir uns leisten? Ich habe die Frage immer mit „Was müssen wir uns leisten" ergänzt! Dabei ging es um die Entwicklungsmöglichkeiten der Stadt, die sich aus einem Angebot von Fachkräften sowie den Einrichtungen für Wissenschaft und Forschung ergeben können. Berlin war ein überregionales akademisches Ausbildungszentrum. Das entspricht nicht nur der Rolle als Hauptstadt, es ist die selbstverständliche Aufgabe einer Metropole und Motiv für die Ansiedlung von Branchen, die auf die Nähe zu Lehre und Ausbildung angewiesen sind.

Ausgewiesen waren in Berlin etwa 115.000 Studienplätze. Tatsächlich gab es in der Stadt rund 140.000 Studenten. Hörsäle und Bibliotheken waren und sind überfüllt. Man kann jedoch stets mit mehr Studenten als ausfinanzierten Studienplätzen rechnen. In den Planungen wurden die Studienplätze erst um 15.000 und bei dem immer stärker werdenden Finanzdruck nochmals um 15.000 zurückgenommen. Die damit festgelegte Planungszahl von 85.000 lässt weitere Reduzierungen aber nicht mehr zu. Und mit der Festlegung auf Studienplätze und eine Gesamtsumme für die Haushalte war es auch nicht getan. Eine dienstleistungsorientierte Industriestadt in Verbindung mit Wissenschaft und Wirtschaft schloss eine Konzentration auf die „billigen" Geisteswissenschaften von vornherein aus. Bei aller notwendigen Selbstverwaltung der Hochschulen durfte man sie deshalb bei den Schwerpunktentscheidungen nicht allein lassen. Es gab – ich hoffe, es war nur eine skurrile Art des Protestes gegen Einsparungswünsche – an der Technischen Universität einen Beschluss, auf die „teuren" technischen Fachrichtungen zu verzichten und dafür ein Mehr an geisteswissenschaftlichen Lehrstühlen zu ermöglichen.

Die Schwerpunkte mussten in Abstimmung mit dem Wissenschaftsrat auch politisch festgelegt werden. Wir haben den Universitäten einen breiten eigenen Handlungsspielraum gegeben. Aufgrund einer Experimentierklausel im Hochschulgesetz galt das auch für die Organisationsstruktur. In Zeiten ständiger Haushaltskürzungen wurde den Universitäten durch Hochschulverträge über mehrere Jahre finanzielle Planungssicherheit gegeben. Dieses Modell von Wissenschaftssenator Peter Radunski setzte ein Beispiel für andere Bundesländer. Ohne Vorgaben für die Ausbildungs- und Forschungsschwerpunkte kann der Staat das aber nicht verantworten. Leider bewahrheitet sich die Lebensweisheit immer wieder: Vertrauen in den Sachverstand ist gut, Kontrolle besser.

Ich habe intensiv alle Überlegungen unterstützt, die Berliner Hochschullandschaft mit ihren drei Universitäten, den Kunst- und Fachhochschulen bei organisatorischer Selbstständigkeit der einzelnen Einrichtungen weiter zu entwickeln. Universitäten legen sich ab einer bestimmten Größenordnung meist selber lahm, und die Konkurrenz zwischen Humboldt-Universität und Freier Universität hat sich für die Qualität von Forschung und Lehre als sehr positiv herausgestellt. Man kann es an der Entwicklung der für die Forschung eingeworbenen Drittmittel deutlich ablesen. Der Neuanfang an der traditionsreichen Humboldt-Universität ist von der FU als Herausforderung begriffen worden. Wissenschaftssenator Professor Erhardt und sein Staatssekretär Thies haben den Aufbau der Humboldt-Universität mit viel Sorgfalt begleitet und mit der Berufungspolitik wissenschaftliche Schwerpunkte gesetzt. Zu meinem Bedauern haben es der bundesweite Mangel an Studienplätzen und die Rechtsprechung zum numerus clausus verhindert, dass diese Universität bei überschaubaren Studentenzahlen bleiben und sich durch ein günstiges Zahlenverhältnis zwischen Studenten und Hochschullehrern auszeichnen konnte. Auch das gehört zu einer Eliteuniversität.

Mit einem Hochschulstrukturplan und seinen Fortschreibungen wurde das Problem der „unnötigen Doppeleinrichtungen" angepackt und die Berliner Hochschullandschaft verschlankt. Immer stießen die Planer auch auf das Ost/West-Problem. Es war neben Qualität und Ausstattungsbedarf immer auch zu beachten. Den ständigen Vorwurf von Siegermentalität musste man einkalkulieren, verständlicherweise haben Betroffene das Argument allzu gern aufgegriffen. Da halfen oft auch keine Tatsachen, die eher auf eine besondere Belastung ehemals westlicher Einrichtungen schließen ließen. Besonders die FU fühlte sich durch das Interesse an der Neugestaltung der Humboldt-Universität ins Abseits gerückt. FU-Präsident Professor Gerlach erinnerte mich mehrfach an meine FU-Vergangenheit. Zur gegenseitigen Seelenmassage trafen wir uns auf meinem Weg ins Rathaus mehrmals zum Frühstück. Pläne zur Universitätsmedizin mussten ihn besonders alarmieren. Die Schließung der Medizin an der FU und damit des Steglitzer Klinikums war ein ständig wiederholtes Lieblingsthema der Sozialdemokraten. Weil es immer auch um Krankenhausbetten ging und damit um die Größe des Angebots an der Charité, stießen sie damit im Ost/West-Streit schnell auf Sympathien bei Kollegen des Abgeordnetenhauses aus dem „Bereich östlich des Brandenburger Tores". So wurde – politisch korrekter – der ehemalige

Ostsektor gerne genannt. Die wenige Kilometer voneinander entfernt liegenden Universitätsklinika Rudolf-Virchow und Charité waren organisatorisch verbunden und der Humboldt-Universität zugeordnet worden. Das war innerhalb von kurzer Zeit die zweite große Zusammenlegung von Großkliniken, denn die Universitätsklinik der FU in Westend war gerade erst mit dem großen städtischen Rudolf-Virchow-Krankenhaus mit gleichzeitigem erheblichen Bettenabbau verschmolzen worden. Die Charité bangte um ihre Existenz. Da ich eine Zusage für den Ausbau der inneren Medizin in Berlin-Mitte gegeben hatte, war ich bei den FU-Medizinern auch in Verdacht geraten.

Das Steglitzer Klinikum der FU hat sich in der ersten kritischen Phase den Namen „Benjamin-Franklin-Klinikum" gegeben. Es wollte auf die amerikanische Unterstützung beim Aufbau der FU hinweisen und damit politisch punkten. Im Senat und der Koalition wurde zwar heftig über das Thema gestritten. Für die CDU war die Universitätsmedizin der FU aber immer, und aus meiner Sicht sehr berechtigt, ein Tabu-Thema. Es ging um die FU als Volluniversität, die Verknüpfungen mit den Naturwissenschaften und auch um die gesellschaftspolitische Einordnung. Bei einer Ausgliederung der „konservativen" Mediziner wäre die FU wieder politisch von den „Linken" bestimmt worden. Mindestens damals war zu befürchten, dass darunter die notwendige Zusammenarbeit von Wirtschaft und Wissenschaft gelitten hätte.

Rund um das Steglitzer Klinikum sind in den letzten Jahren Unternehmen entstanden, die eng mit der medizinischen Forschung an der FU zusammenarbeiten, Medizintechnik, Biotechnologie. Die ständig wieder aufflammende Diskussion um die Existenz der Universitätsklinik gefährdet die Existenz dieser Unternehmen und fördert eine Abwanderungsbereitschaft. Die Krankenbetten der Universitätsmedizin waren immer wieder von der Krankenhausplanung und verstärkt durch die Gesundheitsreform betroffen. Ich habe seit meiner Mitgliedschaft im Abgeordnetenhaus keine Legislaturperiode erlebt, in der nicht über Bettenreduzierungen und Krankenhausschließungen entschieden werden musste. Der erfreuliche Fortschritt der Medizin war dafür immer ausschlaggebender als die Finanznöte der Krankenkassen. Gesundheits- und Wissenschaftspolitiker versuchten stets, Bettenschließungen auf den jeweils anderen Bereich zu schieben. Das Thema stand in meiner Amtszeit als Regierender sicher an der Spitze der so genannten Chefgespräche, den Einigungsgesprächen zwischen den streitenden Senatsverwaltungen. Solange nach Tagessätzen und nicht nach der unterschiedlichen medizinischen Leistung abgerechnet wurde, konnte es auf der staatlichen Seite zwischen „Universitätsbetten" und „städtischen Betten" nie zu einer wirklich sachgerechten Lösung kommen. Durch neue Abrechnungsformen gibt es vielleicht eine neue Chance.

Die Hochschulstrukturpläne betonten besonders die Ausbildung an den Fachhochschulen. Mehrere Fachbereiche verschiedener Universitäten wurden zusammengelegt. Dabei konnten nicht alle Sparchancen ausgeschöpft werden. Auf der anderen Seite gab es auch sehr forsche Beschlüsse. So hatte auch ich zunächst keine Bedenken gegen eine Auflösung der Landwirtschaftlichen Fakultät, sollte diese Ausbildung doch besser in Flächenländern mit besonderer landwirtschaftlicher Prägung geschehen. Ich habe mich dann aber anders überzeugen lassen. Diese Fakultät war breiter angelegt, wichtig für die gesamte Nahrungsmittelindustrie und verfügte über hervorragende internationale Kontakte. Der Fehler wurde korrigiert, die Fakultät „nur" schlanker. 2004 ist man wieder auf dem Weg zu dem alten Fehler.

Unsinnige Doppelungen meiden: Dieser Gedanke musste eigentlich für das Ballungsgebiet Berlin Anwendung finden. Eine gemeinsame Planung für die gesamte Region war eines der Motive für eine Fusion von Berlin und Brandenburg. Auch im Vorfeld wurden die Landesplanungen abgestimmt. So ist es in einem Staatsvertrag verabredet. Beide Länder warfen sich bei Einzelprojekten Egoismus vor. Nach den Erfahrungen von Baden-Württemberg und Nordrhein-Westfalen wird sich das auch noch nicht gleich nach der Bildung eines gemeinsamen Landes und einer Landesregierung ändern. Statt bestehende Einrichtungen in der Region zu reformieren und gegebenenfalls auszubauen, geschah in der Hochschulpolitik und auch beim Angebot von Spezialkliniken im Ballungsgebiet rund um Berlin leider das Gegenteil. Vernünftigerweise hätte sich die FU mit einzelnen ihrer räumlich beengten Fachbereiche – z. B. im Universitätssport – nach Potsdam ausdehnen sollen. In Potsdam hätte in Abstimmung mit Berlin eine Fachhochschule nach dem Bedarf der Region entstehen können. Der Stolz des Landes Brandenburg und seines Wissenschaftsministers Enderlein verlangte aber nach einer Universität in der Landeshauptstadt. In der Hauptstadt und dem Zentrum des Ballungsgebietes Berlin-Brandenburg mussten Studienplätze abgebaut, um einen Steinwurf davon entfernt neu aufgebaut zu werden. Und das diente nicht etwa der Unterstützung einer strukturschwachen Gegend, die Planungen für Frankfurt/Oder oder Cottbus fanden sich in allen gemeinsamen Planungen von Berlin und Brandenburg wieder. Potsdam profitiert von der Nähe Berlins und hat bessere Arbeitsmarktdaten als die „vor seinen Toren" gelegene Großstadt.

Noch deutlicher und ärgerlicher war die Brandenburger Engstirnigkeit in der Krankenhausplanung. Durch das Klinikum Buch waren weite Teile der DDR medizinisch versorgt worden. Berlin musste dort hochspezialisierte Einrichtungen abbauen, nur wenige Kilometer entfernt wurde in Bernau eine Herzklinik neu gebaut. Die engagierte Regine Hildebrandt war über meinen Hinweis auf vergeudetes Volksvermögen bei einer gemeinsamen Sitzung der beiden Regierungen richtiggehend beleidigt.

Berlin und Brandenburg

Wir hatten uns an ein Pilotprojekt für die ganze Republik gewagt. Für den beabsichtigten Zusammenschluss der Länder Berlin und Brandenburg gab es kein Vorbild. Der Einigungsvertrag organisierte einen Beitritt, Baden-Württemberg entstand durch ein Bundesgesetz „von oben" in Verbindung mit einer Volksabstimmung. Völlig neu auch war der Versuch, einen Stadtstaat mit einem Flächenstaat zu verbinden. Wohlwollend wurde der Versuch aus dem Süden der Bundesrepublik begleitet – Erleichterungen im Länderfinanzausgleich erschienen am fernen Horizont; Unbehagen gab es im Norden, Widerstand bei Bremen und insbesondere Schleswig-Holstein. Die Kieler Ministerpräsidentin Heide Simonis versäumte keine Gelegenheit zu einer spitzen Bemerkung. Berlin-Brandenburg sollte kein Vorbild für eine Neugliederung im Norden sein. In der Mehrzahl jedoch begleiteten uns gute Wünsche.

Die Beispiele aus der Hochschul- und Gesundheitspolitik zeigen, wie notwendig „Entscheidungen aus einer Hand" in der Hauptstadtregion Berlin-Brandenburg sind. Solange es keine gemeinsame Landesregierung gibt, wird es immer ein Zuviel an gegensätzlichen Interessen geben. Brandenburg ist ein dünn besiedeltes und von der Fläche geprägtes Land. Es wird von anderen Fragestellungen dominiert als die Großstadt Berlin. Dennoch bestimmt das Ballungsgebiet und die wirtschaftliche Kraft Berlins die Entwicklung. Animositäten oder Eifersüchteleien gegen die Stadt im Zentrum des Ballungsgebietes schaden der Entwicklung in der gesamten Region. Bei der sinnvollen Bildung gemeinsamer Gerichte im Jahre 2004 hat Brandenburg durchgesetzt, das Landesfinanzgericht in Cottbus anzusiedeln. Das entspricht der Suche nach Arbeitsplätzen. Das gemeinsame Interesse aller Berliner und Brandenburger an einem gut erreichbaren Gericht ist in der Aufteilung der Gerichtsstandorte zwischen beiden Ländern zu kurz gekommen. Eine gemeinsame Landesregierung wäre nie auf die Idee Cottbus gekommen und hätte einen Standort in oder im Umfeld von Berlin gewählt. Nach Cottbus gehören Einrichtungen, zu denen nicht der Kaufmann aus Wittenberge im Nordwesten des Landes über Stunden zu einem halbstündigen Gerichtstermin anreisen muss: Landesbehörden ohne Publikumsverkehr.

Ich habe bereits auf die völkerrechtlichen Gründe hingewiesen, die es 1990 nicht möglich machten, ein gemeinsames Land zu bilden. Unmittelbar nach dem Fall der Mauer wollten die Menschen mit revolutionärem Elan alle Grenzen beseitigen. Dann aber wurde zunächst der neue Verwaltungsapparat in Brandenburg aufgebaut, Berlin war mit den ersten Entscheidungen im Einigungsprozess der Stadt voll beschäftigt und außerdem verlangte die Hauptstadtdiskussion im Deutschen Bundestag die volle Aufmerksamkeit.

Und die neuen Verwaltungen etablierten sich. In der Hoffnung auf eine gute Karriere wollten Brandenburger und Neu-Brandenburger Verwaltungshelfer aus dem Westen ihre eigene Position nicht gleich wieder infrage stellen. Die Idee eines gemeinsamen Landes aber war lebendig, jetzt wurde sie jedoch nicht revolutionär, sondern generalstabsmäßig und mit allen Abläufen einer leistungsfähigen Verwaltung umgesetzt. Im Dezember 1991 bildeten beide Landesregierungen eine Gemeinsame Regierungskommission. Ihre Arbeit führte zu dem Auftrag an die Kanzleien in Berlin und Potsdam, den Entwurf eines Neugliederungsstaatsvertrages auszuarbeiten, der 75 Jahre nach der Ausfertigung des preußischen „Groß-Berlin-Gesetzes" am 27. April unterzeichnet wurde. Die Landesparlamente stimmten mit den notwendigen Zwei-Drittel- Mehrheiten gegen die Stimmen der PDS zu. Als Datum der entscheidenden Volksabstimmungen wurde der 5. Mai 1996 bestimmt.

Trotz der genannten Schwierigkeiten haben beide Landesregierungen gerade in den ersten Jahren nach der Wiedervereinigung mit viel Elan zusammengearbeitet. Die Nebenwirkungen des großen Planes eines gemeinsamen Landes waren erheblich. Gemeinsame Sitzungen der Regierungen oder einzelner Kommissionen waren häufig und selbstverständlich, unterschiedliche Positionen der Regierungen wurden bei diesen Besprechungen offen ausgetragen, die Fachressorts aus Berlin und Brandenburg unterstützten sich gegenseitig. Auch wegen der preußischen Geschichte wurden beide Länder Träger der Berliner Akademien der Künste und der Wissenschaft. Die Filmförderung wurde unter einem gemeinsamen Dach organisiert. Die Brandenburger waren dabei oft sehr forsch mit ihren Forderungen. Auch die Flughafengesellschaft aus Berlin, Brandenburg und dem Bund war ein Kind dieser Zeit.

Die Fusion der beiden Länder scheiterte in der Volksabstimmung. Die Berliner stimmten mit knapper aber ausreichender Mehrheit zu. Die Brandenburger verweigerten mit großer Mehrheit ihrer Regierung die Gefolgschaft. Nur die Berliner aus dem Westteil der Stadt stimmten 1996 für das gemeinsame Land. Ich hatte anfangs gerade bei den „Westberlinern" das Problem gesehen. Die Emotionen gegen das „linke" Brandenburg waren aber doch nicht größer als die Freude am Brandenburger Adler und der aufgelebten Hymne „Steige hoch du roter Adler". Im bürgerlichen Westen überwogen die wirtschaftlichen Gründe, die für ein gemeinsames Land sprachen. In der CDU Berlin hatte es zunächst Schwierigkeiten gegeben. Man wollte keine „Verostung" und fürchtete - banal gesagt - um die Macht. Brandenburg war fest in der Hand der SPD, und es gab eine starke PDS. Hier halfen Überzeugungsarbeit und Überredungskunst. Ich habe immer auf die Vergänglichkeit politischer Mehrheiten hingewiesen und die Kern-Rand-Wanderung, die beispielsweise Hamburg zu einer traditionell sozialdemokratischen Stadt gemacht, den Randgemeinden aber eine andere politische Mehrheit beschert hat. Und ein bisschen mehr Optimismus habe ich gefordert. Wenn die CDU in Berlin im roten Wedding Mehrheiten gewinnen könne, dann müsse das doch auch in Brandenburg gelingen. Eine Skepsis gegen die Fusion blieb. Damals kam das Wort von den sozialistischen Wärmestuben in Brandenburg auf, die man durch Aufbau Ost vor Ausbau West nicht auch noch heizen könne. Im Ergebnis gab es aber eine breite Zustimmung.

Sollte Berlin in dem gemeinsamen Land untergehen? So fragten sich die Berliner. Jürgen Linde, der Chef der Staatskanzlei aus Potsdam, begrüßte mich in dieser Zeit gerne als den Oberbürgermeister einer demnächst kreisfreien Stadt. Ich ärgerte ihn dann immer mit dem Hinweis, dem OB von Berlin könnte es gleichgültig sein, wer unter ihm Ministerpräsident des Landes wäre. Berlin bleibt Berlin. Das Schwergewicht der Stadt und ihrer kommunalen Selbstverwaltung stand nicht zur Disposition, aber ein gemeinsames Land würde sich ohne eine landespolitische Konkurrenz zwischen Berlin und dem Flächenstaat Brandenburg viel stärker an den Interessen des Ballungsgebietes orientieren. Das bedeutet keineswegs die Eingemeindung Brandenburgs in das wirtschafts- und bevölkerungsstärkere Berlin, es ist die „Eingemeindung" Brandenburgs und Berlins in ein Ballungsgebiet mit 4,5 bis 5 Millionen Einwohnern. Auch Helmut Kohl hatte mich erst erstaunt gefragt, ob ich denn wirklich dieses gemeinsame Land wolle. Seine Zustimmung war für die Begleitgesetze notwendig, die in – damals noch – Bonn beschlossen werden mussten.

Das gemeinsame Land scheiterte in Brandenburg. Motivforschung ist nur deswegen wichtig, weil noch einmal ein Versuch unternommen werden soll:

Ministerpräsident Stolpe hatte mit seiner Regierung nach den Jahren des Sozialismus ein neues Brandenburger Selbstbewusstsein erzeugen können, ein wenig DDR-Nostalgie, ein wenig gegen den Westen und damit Berlin (West) sowie insgesamt gegen die große Stadt in der Mitte Brandenburgs gerichtet. Diese Stimmung hatte schon 1991 zur Gründung des ORB geführt. Es gab das Spannungsfeld und das unterschiedliche Lebensgefühl der Menschen zwischen Stadt und Land. Die Aversion gegen die immer bevorzugte Hauptstadt der DDR war 1996 noch nicht abgeklungen. Wirtschaftlich unvernünftig, hörte man in den Dörfern Brandenburgs die Klage, es sei ja wie früher, die Menschen müssten wieder nach Berlin zur Arbeit fahren und am Wochenende kämen die Berliner Touristen und kauften die Läden leer. Noch verheerender war aber aus meiner Sicht die Diskussion über die Finanzen. Die beiden Finanzministerinnen nutzten die bevorstehende Fusion als Argument für immer neue Sparvorschläge und das Elend der Berliner Haushaltsperspektiven wurde ausgebreitet. Alles Wasser auf die Mühlen der Fusionsgegner.

Die Fusion wird oft mit dem einseitigen und auf Jahre hinaus sogar falschen Argument größerer Einsparungen und weniger Verwaltung in einem gemeinsamen Land begründet. Sicher kann man einen Teil der Landesverwaltungen einsparen. Das ist auch sinnvoll. Im föderalen Finanzausgleich verlieren beide Länder aber erhebliche Einnahmen. Für mich ging es bei der Fusion um mehr Chancen und Lebensqualität der Menschen. Die Landesgrenze in einem Ballungsgebiet darf nicht zu einer Mobilitätsbremse werden. Der Besuch von Schulen oder Krankenhäusern in der Nachbarschaft soll nicht behindert sein, unterschiedliche Bauordnungen die Bauherren nicht verunsichern. Eine obere Entscheidungsebene kann dafür sorgen, dass Straßen sich an einer Verwaltungsgrenze innerhalb des Wirtschaftsraumes nicht plötzlich verengen oder wichtige Infrastrukturprojekte nicht aus Gründen der Gesichtswahrung von zwei Landesregierungen plötzlich an einem falschen Standort gebaut werden. Eine planlose Zersiedelung der Landschaft vor den Toren der Großstadt soll verhindert werden.

Die Volksabstimmung war erst 1996 und damit lange nach der Euphorie der Wiedervereinigung. Zu spät oder zu früh? Die Senats- bzw. Staatskanzleien aus Berlin und Brandenburg hatten die Staatsverträge erarbeitet. In großer Runde kamen wir am Nachmittag des 1. April 1995 im Aspen-Institut am Wannsee zu einer Abschlussbesprechung zusammen: Vertreter der beiden Regierungen und der Fraktionen. Es gab noch offene Punkte. Nach meiner Erinnerung mussten insbesondere die Probleme der Niederlausitz und damit der Braunkohle gelöst werden. Der Grundgedanke für die Finanzbeziehungen wurde noch einmal festgezurrt: Durch die Bildung des gemeinsamen Landes durfte kein Gebietsteil Vorteile zu Lasten des anderen haben. Bei einer Fusion würde das Land erst über einen längeren Zeitraum wirklich zusammen wachsen. Zunächst war eher ein Staatenbund mit gemeinsamer Regierung und gemeinsamen Parlament geplant.

Offen war der Zeitpunkt der nach dem Grundgesetz notwendigen Volksabstimmung. Eigentlich war an eine Kombination mit den bevorstehenden Parlamentswahlen gedacht. Ein Selbstläufer würde das aber nicht werden. Dazu gab es zu viele kritische Stimmen und den massiven Widerstand der PDS. Würde die PDS bei einer Volksabstimmung am Tag der Wahlen nicht die Gegner der Fusion an sich binden und damit ihr Wahlergebnis verbessern können? Bei der Kombination beider Abstimmungen konnte man Kosten sparen und auch mit einer höheren Beteiligung an der Volksabstimmung rechnen.

Die Verhandlungen stockten. Bei den Vertretern der Berliner CDU kamen alle politischen Bedenken gegen die Fusion wieder in Erinnerung. Es war schon nach Mitternacht. Ein kleiner Kreis zog sich in einen Nebenraum zurück – Stolpe, Vertreter der Fraktionen und ich. Wegen des Datums der Volksabstimmung wollten wir dann kein Risiko eingehen. In den Parlamenten waren verfassungsändernde Mehrheiten notwendig. Wir einigten uns auf den 5. Mai 1996. Es gab keine Kombination mit Parlamentswahlen.

Bitte in diese Richtung, Herr Präsident. Der russische Präsident Boris Jelzin bei der Eintragung in das Goldene Buch im Roten Rathaus.

Gemeinsam mit Jury Lushkow, dem Oberbürgermeister von Moskau , werden die letzten russischen Soldaten auf dem Bahnhof verabschiedet.

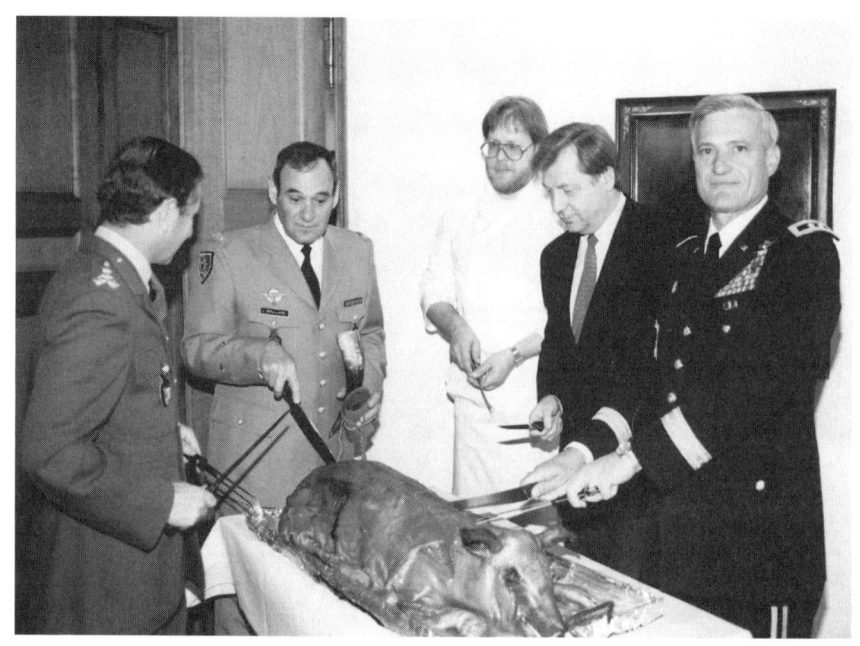

Auch das sollte in Erinnerung bleiben. Beim Abschiedsessen mit den alliierten Truppenkommandeuren gab es Spanferkel

Gott sei Dank sonniges Wetter. Mit Christo (rechts) auf dem Dach des verhüllten Reichstages.

Das war der erste Schritt. Die Chefs der Staats (Senats)kanzleien Berlins (Volker Kähne, re.) und Brandenburgs (Dr. Jürgen Linde) unterzeichnen die von ihnen ausgearbeiteten Verträge für ein Land Berlin-Brandenburg.

Mit Nelson Mandela vor dem Brandenburger Tor auf dem Pariser Platz. Links Monika Diepgen, rechts Nelson Mandelas Tochter Zindzi.

Drei Monate hat es gedauert. Die Landes- und Fraktionsvorsitzenden von CDU und SPD unterzeichnen 1996 den Koalitionsvertrag (v. l.: Klaus Landowsky, Detlef Dzembritzki, Eberhard Diepgen und Klaus Böger).

Der Spatenstich für das Deutsche Historische Museum, mit Helmut Kohl und Christoph Stölzl.

Zu Gast bei den Filmfestspielen: Shirley McLaine trägt sich im Roten Rathaus in das Gästebuch der Stadt ein.

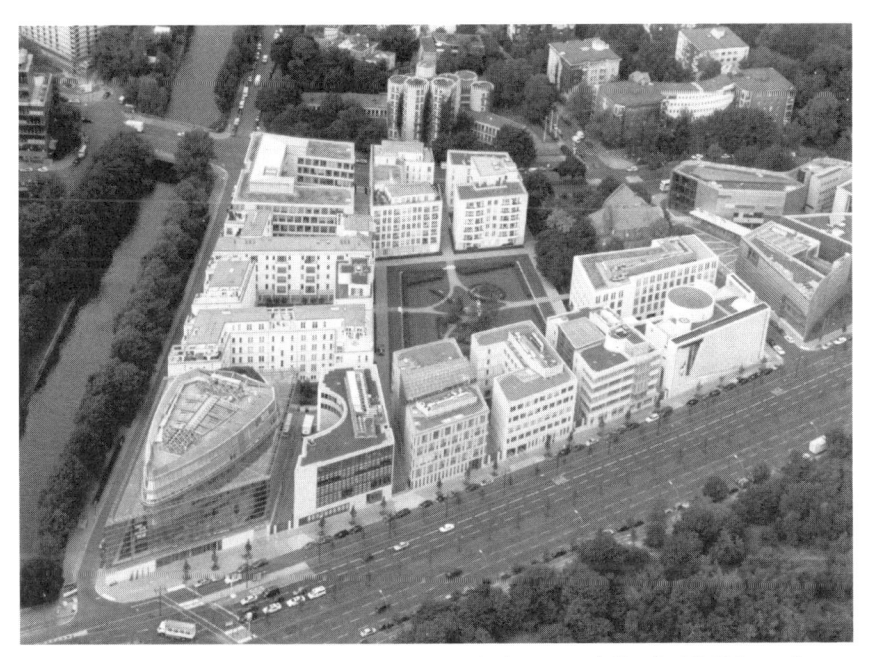

Bauten im Neuen Berlin. Das Tiergarten-Dreieck als Beispiel für die Vielfalt moderner Architektur (u.a. CDU-Zentrale, Botschaft von Mexico, Botschaften der nordischen Länder).

Kunstliebhaber im Gespräch. Peter Raue gratuliert Heinz Berggruen zur Ernennung zum Professor h. c.

Nicht nur der Airport Express, auch der Airport muss möglichst bald eingeweiht werden. Demonstration der Ministerpräsidenten und des Bundesverkehrsministers im Mai 1998.

Die Schirmherrin der Berliner Rheumaliga, Monika Diepgen, freut sich über eine Spende des ADAC, überreicht von Präsident Wolf Wegener.

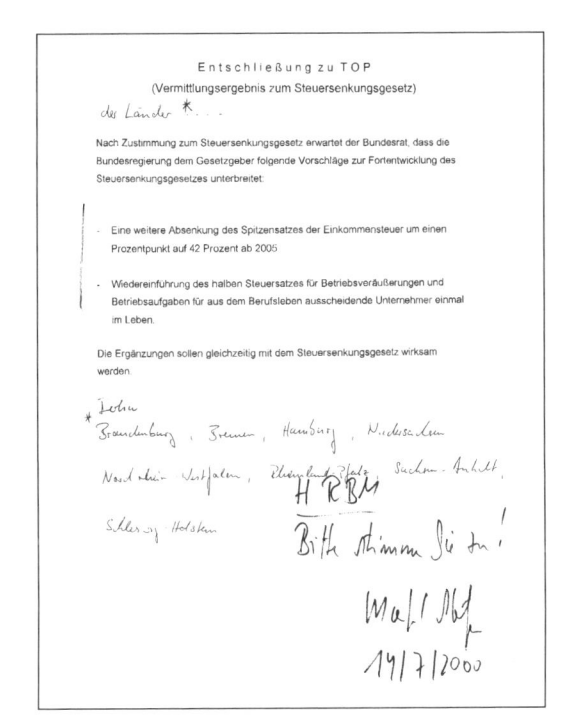

Initiative in letzter Minute. Die Bitte des Kollegen aus Brandenburg zeigt im Streit um das Steuersenkungsgesetz die Mehrheitsverhältnisse im Bundesrat.

Der Russische Präsident Putin und seine Frau mit den Berliner Gastgebern am Brandenburger Tor.

Ihnen verdanken wir die deutsche Einheit. Helmut Kohl, George Bush und Michael Gorbatschow auf dem Balkon des Roten Rathauses.

Es war der 2. April geworden. Genau um 3 h 36 war der Entwurf des Staatsvertrages politisch verabredet. Die Kanzleichefs Jürgen Linde und Volker Kähne hatten mit ihren Mitarbeitern ein umfangreiches Vertragswerk erarbeitet. Nicht nur die Organisation des gemeinsamen Landes ist damit vorbereitet worden. Leitbilder für die Landesplanung wurden beschrieben und Berlin als Einheitsgemeinde mit rechtlich unselbständigen Bezirken garantiert. Durch das verabredete Kommunalrecht (Magistratsverfassung) sollte es in Zukunft auch in Berlin eine Direktwahl des Oberbürgermeisters geben Für einen neuen Anlauf gelten noch heute die Sonderregelung des Art. 118 a des Grundgesetzes für eine erleichterte Neugliederung der beiden Länder, die 1994 von Bundestag und Bundesrat beschlossen wurde, und ein Bundesgesetz, das eine 15-jährige Übergangsfrist bei der Steuerverteilung im Finanzausgleich vorsieht. Diese Bestimmungen müssen bei einem neuen Anlauf für ein gemeinsames Land überarbeitet werden. Im Juni 2001 hatten Manfred Stolpe und ich bereits verabredet, das Thema bei den gerade anstehenden Neuregelungen für den Länderfinanzausgleich in den Ministerpräsidenten-Konferenzen Ende des Monats anzusprechen. Mit dem Senatswechsel ist das nicht weiter verfolgt worden.

Daueraufgabe Integration

Die neuen Aufgaben nach der Wiedervereinigung bewegten nach 1989 die politische Phantasie. Nicht nur die großen Themen der Zusammenführung der Stadt und den Auseinandersetzungen um die „Hauptstadt Berlin" verlangten zunächst alle Kraft und Aufmerksamkeit, es ging vor allem darum, wie wir die zwei Gesellschaften in West- und Ost-Berlin zusammenführen? Was konnte und musste die politische Führung dazu leisten? Mit dem Aufbau der gemeinsamen Infrastruktur, der Verwaltung oder der großen landeseigenen Betriebe allein war es ja nicht getan.

Bei der Würdigung von Lebensleistungen geht es sicher zunächst um gegenseitige Anerkennung von Bildungsabschlüssen und auch Versorgungsansprüchen. Zu den vermeintlichen Kleinigkeiten gehören aber auch Ehrungen durch Orden und Auszeichnungen. Bei dem anlässlich der 750-Jahr-Feier gestifteten Berlin-Orden habe ich immer auf Auszeichnungen von Berlinerinnen und Berlinern aus verschiedenen gesellschaftlichen Bereichen geachtet; Frauen und Ausländer – hoffentlich wird der Zusammenhang jetzt nicht bewusst missverstanden – durften nicht vernachlässigt werden. Jetzt musste in den ersten Jahren auch auf Ost und West geachtet werden. Die Ordensrichtlinien und insbesondere die Richtlinien für die Ernennung der Stadtältesten mussten auf die neue gesellschaftliche Situation ausgerichtet werden. Wer sollte denn aus der ehemaligen DDR Stadtältester werden, wenn er 20 Jahre in demokratisch gewählten Institutionen des Staates mitgewirkt haben muss?

Das Abonnement bei der Philharmonie hatten immer noch die aus dem „Westen", in der Komischen Oper und im Schauspielhaus traf sich der „Osten". Bei den Empfängen zu Ehren der Staatsgäste traf sich auch im Roten Rathaus der Kreis, der früher im Schöneberger Rathaus zusammenkam, bis der Reiz des Neuen verblasste und der Weg „in den Osten" für das „Dabeisein" anlässlich der Besuche weniger interessanter Gäste aus dem Ausland als ziemlich weit empfunden wurde. Ich habe den Protokollchef angewiesen, bei den Einladungslisten immer auf die richtige Mischung zu achten. Bitte keine ausschließliche „Westgesellschaft" im Roten Rathaus.

Elmar Pieroth organisierte mit seiner Frau Hannelore so genannte Wohnzimmergespräche. Das machen sie auch heute 14 Jahre nach der Einigung noch. Am Arbeitsplatz trafen sich Ost und West, nach der Arbeit aber waren es zwei Gesellschaften. Private Begegnungen sind mit diesen „Wohnzimmergesprächen" organisiert worden. Geschäftsleute und Hochschullehrer aus den westlichen Stadtbezirken trafen sich mit alten SED-Mitgliedern, früheren NVA-Offizieren oder leitenden Mitarbeitern volkseigener Betriebe. Es entstanden persönliche Bekanntschaften und Freundschaften, es gab aber auch Erfahrungen, die man als Schocktherapie bezeichnen kann. Westberliner bekamen engagierte Plädoyers zu hören, dass an der „Staatsgrenze eines souveränen Staates" eine Mauer errichtet und ein Schießbefehl existieren könne. Diese Kontroverse gehörte auch nach dem Fall der Mauer zur Diskussion im früher geteilten Berlin. Ich habe in den ersten Jahren nach der Vereinigung der Stadt an einigen dieser Gespräche teilgenommen. Da wollten sich die Gastgeber natürlich vom Regierenden einen Eindruck verschaffen. Aber es waren sehr offene Gespräche. Ich erinnere mich besonders an eine Runde in einem Einfamilienhaus in Köpenick. Mit einem ehemaligen Stadtbezirksbürgermeister hatten wir über systemübergreifende Ähnlichkeiten von Bürokratien diskutiert.

Eine andere Integrationsaufgabe geriet dabei für kurze Zeit in den Hintergrund: die Eingliederung von Menschen aus anderen Nationen und mit anderer Muttersprache. Das bleibt eine Daueraufgabe der Metropole Berlin.

In Berlin leben Menschen aus fast 200 Nationen. Die Stadt hat sich als weltoffen und tolerant erwiesen. Schon in West-Berlin gab es aber in den Arbeiterbezirken im Zentrum der Stadt immer wieder Auseinandersetzungen wegen der großen Konzentration von Ausländern insbesondere türkischer Herkunft. Nach meinem Eindruck verstärkte sich das Problem der „Ghettobildung" in der Folge der Wiedervereinigung. Die neuen wirtschaftlichen Herausforderungen haben zu einem Rückschlag der Integrationsbemühungen geführt. Die so genannten Gastarbeiter waren häufig als ungelernte Kräfte in Betrieben beschäftigt, die nach dem Wegfall der Berlinförderung ihre Produktion in Berlin einstellten oder verlagerten. Eine überproportionale Arbeitslosigkeit dieser Personengruppe und der Verlust einer Integration in ein doch wenigstens ansatzweise deutsches Arbeitsumfeld war die Folge. Das häusliche Umfeld dominierte und damit auch die türkische Sprache. Beim Weg durch „Ausländerviertel" sieht man auf den Balkonen die Fernsehsatellitenschüsseln. Die Gerichte haben den Bewohnern türkischer Nationalität auch gegen den Willen der Hauseigentümer das Recht gegeben, mit diesen Satellitenschüsseln Sender aus der Türkei zu empfangen. Kein Wunder, dass es immer größere Probleme mit der deutschen Sprache gibt.

Ich deute die Probleme nur an. Bei Besuchen in Paris, Brüssel oder auch New York habe ich immer wieder nach Rezepten gesucht, wie die Ballung sozialer Konflikte in einzelnen Stadtteilen vermieden oder doch wenigstens eingegrenzt werden kann. Aus Beispielen dieser Städte kennen wir die Entwicklungen und auch Ursachen für den Teufelskreis mangelnder Sprachkenntnis, Schulabbruch, Arbeitslosigkeit, Sozialhilfe und wachsender Kriminalität.

Welche Möglichkeiten hat eine Stadt, dem gegenzusteuern?

In den ersten Jahren meiner parlamentarischen Arbeit kandidierte ich in Moabit. Auch in späteren Jahren konnte ich an den Namensschildern in den Häusern und in der Markthalle die Veränderungen feststellen: Wegzug – es blieben die Alten - der deutschen Wohnbevölkerung, starker Anteil an Sozialhilfeempfängern und Arbeitslosen, immer weniger Kinder mit deutscher Muttersprache in den Schulen. Selbst politische Verfechter eines Traumes von der multikulturellen Gesellschaft kehren diesen Bezirken gemeinsam mit dem türkischen Facharbeiter oder Akademiker dann den Rücken, wenn sie für eine ordentliche Schulbildung ihrer Kinder zu sorgen haben. Vorher versuchen sie es noch mit der Gründung eines privaten aber vom Staat geförderten Kindergartens. Eine Abwanderung von Eltern schulpflichtiger Kinder kann nur durch ein anständiges Schulangebot vermieden werden. Über Sprachkurse auch für die Mütter wird heute ständig geredet. Das Problem besteht in den Ballungsgebieten von Ausländern, aber auch darin, dass Kinder deutscher Muttersprache ihre Sprache nicht hinreichend lernen. Wenn 70 oder 80% der Kinder eines Jahrganges nicht deutsch als Muttersprache haben, sind besondere Aktivitäten für die deutsche Minderheit notwendig.

Ich habe nie etwas von Zuzugssperren gehalten. Das wurde in den Achtzigerjahren diskutiert. Politik muss versuchen, die betroffenen Innenstadtbezirke – inzwischen gibt es das Problem auch in einzelnen Außenbereichen Berlins – für breite Bevölkerungsschichten attraktiv zu halten. Auch hier kommt es auf eine soziale Mischung an, die sozialen Frieden und Stabilität wahren kann. Wir wollten eine Abwanderung der Bewohner aus Problembereichen verhindern, die wesentlich zu einer stabilen sozialen Entwicklung beitragen. In Zeiten der Wohnungsnot gab es kein ausreichend attraktives Angebot in anderen Stadtteilen. Die Mobilität der Berliner war durch den Wohnungsmangel begrenzt. Das änderte sich mit dem Wohnungsbau und der Chance, auch in das Umland der Stadt zu ziehen. Der Senat versuchte es über die günstige Miete und verzichtete in einzelnen Problemgebieten auf Mieterhöhungen und die so genannte Fehlbelegungsabgabe für besserverdienende Mieter im sozialen Wohnungsbau. Die Mieten in Berlin mussten für den Mieter günstig bleiben. Wir befürchteten in den großen Siedlungen am Stadtrand eine Entwicklung, in der ein Facharbeiter – er zahlt die Miete selbst – in das Berliner Umfeld zieht und der Sozialhilfeempfänger in der Stadt bleibt. Noch wichtiger aber war aus meiner Sicht die Weitervermietung von freien Wohnungen. Ich habe an Hauseigentümer appelliert, bei der Vermietung auch daran zu denken, dass es in ihren Häusern eine angemessene soziale Mischung geben sollte. Die landeseigenen Wohnungsbaugesellschaften habe ich mit gleicher Zielsetzung in das Rathaus eingeladen und die Vorstände mit mäßigem Erfolg zu dieser Politik verdonnert. Mir standen die sozialen Folgekosten vor Augen. Zur Bekämpfung von Wohnungsnot muss eine Stadt heute nicht mehr eigene Wohnungsbaugesellschaften haben. Sie müssen als Instrument in sozialen Brennpunkten eingesetzt werden können.

Stadtquartiermanagement wurde zur Zauberformel, nicht zur Erfolgsgarantie, aber doch zu einem vielversprechenden Versuch. Das war eine Arbeit mit den Menschen eines Stadtteils, die damit auch regionale Solidarität entwickeln sollten: die Zusammenarbeit von Schule, Gewerbetreibenden, der Jugendarbeit, der Seniorentagesstätte und auch der Polizei. Auf so genannten Innenstadtkonferenzen mit den Bewohnern in den Problembezirken habe ich die Themen immer wieder diskutiert. Ich erwähne das, weil die Auswirkungen der Globalisierung, die sozialen Folgen der Niedriglohnsektoren für Menschen in teuren Ballungsgebieten und weitere Zuwanderungen immer neue soziale Brennpunkte schaffen werden. Vordenken und Vorbeugen – dieser Versuch ist notwendig.

Summe der Teilstädte

Das vereinigte Berlin war mehr als die Summe der beiden Teilstädte. Endlich war es den Generaldirektoren der großen Museen Wolf-Dieter Dube und Günter Schade möglich, die Sammlungen der Stiftung Preußischer Kulturbesitz zusammenzufügen und neu zu ordnen. Die Sammlungen erhielten dadurch zusätzliche Attraktivität. Das reiche kulturelle Erbe erstrahlt mit dem Kulturforum sowie der 1996 fertig gestellten Gemäldegalerie und der

Museumsinsel in neuem Glanz. Mit Milliardenaufwand wird die von der UNESCO zum internationalen Kulturerbe erklärte Museumsinsel restauriert. Mit drei Opern, einer Vielzahl von Theatern und Musiktheatern, den Museen, der Philharmonie und vielen hervorragenden Orchestern sowie einer breiten Szene der bildenden Kunst hat die Stadt keinen Mangel an kulturellen Attraktionen. Und für die Anziehungskraft auf junge Leute war nicht das etablierte und subventionierte Theater entscheidend, sondern die vielen kleinen Bühnen, die Off-Szene und die jungen Maler, die die spannungsgeladene und unfertige Stadt als anregend und herausfordernd empfanden. Wiener Kollegen habe ich gerne mit dem Satz geärgert, Berlin sei so schön wie Wien, aber nicht so entsetzlich fertig.

In Berlin ist nicht alles schön verputzt und verbaut. Die Lücken fordern die Kreativität heraus. Berlins Kulturlandschaft konnte zudem durch neue bedeutende Sammlungen und Museen in den letzten Jahren zusätzlich bereichert werden. Ich nenne nur die Sammlungen Berggruen und Marx, das Jüdische Museum und das Verkehrsmuseum. Mein Nachfolger konnte die Gespräche mit Helmut Newton inzwischen auch erfolgreich abschließen. Dessen Fotografien sind jetzt am Bahnhof Zoo in der Jebenstraße zu sehen. Ich hatte im Gästehaus des Senats mit ihm noch über ein Museum für Fotografie in der Charlottenburger Schlossstraße gesprochen. Newton war bereits auf dem Weg zurück in seine Heimatstadt.

Kultur und Wissenschaft sind in Berlin nie von der Stadt allein finanziert worden. Es war in der Geschichte auch weniger die deutsche Reichshauptstadt, die Hauptstadt Preußens wurde unterstützt. Für den Westteil Berlins war die Finanzierung des kulturellen hauptstädtischen Angebotes nach den bundesgesetzlichen Bestimmungen ausdrücklich Aufgabe des Bundes. In der DDR war das systembedingt für das Kulturangebot im Ostteil der Stadt ebenfalls nicht anders. Jetzt musste die Stadt mit geringerem Engagement des Bundes rechnen und konnte nur darauf setzen, dass der Bund sich nach dem Umzug von Bundestag und Bundesregierung wieder stärker für die Berliner Kulturszene interessieren wird. Die Entwicklung seit 1998 deutet auch in diese Richtung. Substanz erhalten und dennoch verschlanken, das war die Aufgabe der Berliner Kulturpolitik. Gleiches musste von den betroffenen Organisationen erwartet werden.

Das Schillertheater

1993 hat der Senat die staatlichen Schauspielbühnen und damit das traditionelle Schillertheater in der Westberliner City geschlossen. Es war ein schmerzlicher aber notwendiger Einschnitt und gleichzeitig ein Lehrstück: Der Haushalt für das Jahr 1994 musste vorgelegt werden. Der Senat hatte sich schon an Sparklausuren gewöhnt, wir lebten bei wachsenden Aufgaben mit den geringsten Haushaltssteigerungen im Bundesvergleich und Finanzsenator Pieroth hatte allen Ressorts Sparvorgaben verordnet. Ich bin ganz sicher, auf dem Weg zur Senatssitzung hatte kein Regierungsmitglied an die Schließung der großen Westberliner Bühne gedacht.

Wachsende Sozialausgaben belasteten den Etat. Die Berlinhilfe war weiter gekürzt worden Nach meiner Erinnerung gab es bei Sparvorschlägen der Finanzverwaltung stets heftigen Widerstand der Kollegen der betroffenen Fachressorts, verärgerte Senatorinnen und Senatoren mussten immer wieder beruhigt werden. Rücktrittsdrohungen geisterten durch den Raum. Den Wissenschaftssenator Erhardt musste ich immer wieder in den Besprechungsraum zurück komplimentieren. Kultursenator Roloff-Momin hatte jeden Sparbeitrag verweigert. Aber der Finanzsenator Pieroth forderte aus allen Ressorts Beiträge zur Haushaltskonsolidierung und bei diesem Grundsatz hatte ich ihn zu unterstützen. Ergänzend habe ich aber immer auf einer Folgenanalyse bestanden und damit pauschale Kürzungen in Grenzen gehalten. Die Forderung, einen bestimmten Prozentsatz zu kürzen, ist leicht erhoben. Die Folgen können aber verheerend sein und sehr teuer werden. Bei Rechtsansprüchen von Bürgern führt es zudem nur zu einem unehrlichen Haushalt und zwangsläufigen Überziehungen von Haushaltsansätzen.

Haushaltsklausuren unter Beteiligung der Fraktionsvorsitzenden und Haushaltssprecher der Koalitionsfraktionen arten immer zu Koalitionsverhandlungen aus. Die SPD zog sich oft und gerne zu Einzelberatungen zurück, für den CDU-Teil des Senats versuchte ich das möglichst zu vermeiden, der Senat sollte sich als Einheit verstehen und ich wollte der SPD nicht noch schlechte Beispiele geben. Aus einer dieser Einzelberatungen kam die SPD mit dem Vorschlag zur Schließung des Schillertheaters. Ich bin heute noch davon überzeugt, dass sie mit einem heftigen *NEIN* in der vollständigen Senatsrunde gerechnet hat. Die Sozialdemokraten konnten sich nicht vorstellen, dass die CDU angesichts ihrer Wählerschaft im Westen der Stadt einem solchen Vorschlag zustimmen würde. Wahrscheinlich hoffte der Kultursenator bei der Ablehnung dieses Vorschlages sein Ressort von anderen Sparüberlegungen freihalten zu können. Der Vorschlag stieß aber auf Gegenliebe.

Daher will ich hier meine Überlegungen kurz darstellen. Die neue Intendanz hatte das Haus „leergespielt". Für mich nicht unerwartet! Die Diskussion über die Nachfolge von Heribert Sasse war Ende 1988 mitten im Wahlkampf geführt worden. Volker Hassemer war von der Idee einer kollektiven Führung überzeugt. Bei der Vorstellung – ich glaube, es war im Gästehaus – hatte die „Viererbande", bestehend aus Vera Sturm, Alexander Lang, Alfred Kirchner und Volkmar Clauß auf mich aber keinen überzeugenden Eindruck gemacht – mit Ausnahme von Vera Sturm. Sie hatte ein Konzept, während die Herrenriege noch nicht einmal die Fragen nach der Art der Zusammenarbeit und den Schwerpunkten ihrer Arbeit für mich überzeugend darlegen konnte. Das musste schief gehen. Die Verträge sollten erst nach den Wahlen in den ersten Wochen des neuen Jahres endgültig beschlossen werden. Unterstützt – vielmehr sogar gedrängt durch Winfried Fest – wollte ich das Personalkonzept noch einmal überprüfen lassen. Dazu kam es durch die Regierungsneubildung nicht mehr, aber das Quartett hatte bei mir schlechte Karten und dann leider auch alle Befürchtungen bestätigt. Neben dem Deutschen Theater konnte das Schillertheater damals nicht bestehen. Zudem hatte sich die Schaubühne von der künstlerischen Ausrichtung, dem Publikumsinteresse und der Finanzierung immer mehr zu einem „Staats"theater entwickelt. Und Berlin brauchte eine große Bühne als Ausweichquartier für renovierungsbedürftige Opern und Theater. So erschien bei der dringend notwendigen Grundsanierung der Staatsoper eine längere Verlagerung des Spielbetriebes sinnvoll und kostensparend. Dafür aber kam das Schillertheater in Betracht. Das Haus würde für Jahre weiter genutzt werden, nach dieser Zeit könnte neu entschieden werden. Der Rechnungshof und alle Intendanten hatten außerdem immer wieder geraten, bei einem sinkenden Gesamtetat lieber ein Haus zu schließen, als allen anteilig die Zuwendungen zu kürzen.

Der Senat musste Zeichen setzen: hörbar und sichtbar. Es sollte begriffen werden, dass in Berlin wirklich gespart wird. Ohne Krach, Theaterdonner und lauten Protestaktionen wird in Deutschland ja kaum etwas wirklich zur Kenntnis genommen. Das ist bis heute das Schicksal der Berliner Haushaltsanstrengungen. 1.000 eingesparte Personalstellen nach wochenlangen Demonstrationen finden in einer Mediengesellschaft nun mal mehr Aufmerksamkeit als 10.000 Stellen, die einvernehmlich mit den Arbeitnehmern abgebaut worden sind.

So beschloss der Senat, und alle Beteiligten verschworen sich, den Schließungsbeschluss offensiv zu vertreten. Auch der Kultursenator hat das getan. Und die öffentliche Aufmerksamkeit war Berlin sicher.

Ich schrieb von einem Lehrstück. Das gilt für die Beschlussfassung, aber auch für die nachfolgende Diskussion: Theatermuffel entdeckten plötzlich ihre Liebe zur Bühne. Intendanten, die gerade noch zusätzliche Millionen gefordert hatten, um den Zusammenbruch ihres Hauses abzuwenden, entdeckten für die Zeit des medienwirksamen Streites ihre Solidarität und wollten aus dem eigenen Haushalt auf einmal Millionen zur Verfügung stellen. Bühnen, die sich immer außerstande sahen, das kulturelle Sommerloch im Veranstaltungskalender zu füllen, wollten plötzlich den Sommer durchspielen. Ganz Deutschland diskutierte über die Zukunft und die Finanzierbarkeit der deutschen Bühnen. August Everding stellte das „verbeamtete und vergewerkschaftete" Theater infrage und sogar die Honorierung der Intendanten und Regisseure wurde angeprangert. Viel ist nicht herausgekommen und die angebotenen Solidarbeiträge waren auch nicht wirklich ernst gemeint.

In Berlin wurde ein Theaterfinanzierungskonzept beschlossen – wie die Hochschulverträge wurde es zum Vorbild in anderen Städten. Wieder ging es um mehr Eigenverantwortung und Planungssicherheit für öffentliche und private Bühnen.

Sparen und gestalten

Sparhaushalte waren für Berlin nach der Wiedervereinigung nichts Neues. Schon Richard von Weizsäcker hatte einen Sparetat verkündet. Sorglose und fette Jahre gab es nur im nostalgischen Rückblick. Ein wichtiger Unterschied bestand allerdings in den Größenordnungen der notwendigen Haushaltskonsolidierung und in den Aufgaben, die vor und nach 1990 angepackt werden mussten. Ein neues Schulsystem, die Vereinigung von Verwaltung, Justiz und Polizei, die Verbindung von Straßen- und Schienenverkehr, die Verknüpfung der Versorgungssysteme, die Überwindung der Wohnungsnot, all das war nicht zum Nulltarif machbar, und die typischen Kosten für die Vereinigung unterschiedlicher Systeme in einer Stadt fielen auch nur in Berlin in dieser Form an. Zum bestehenden Wohnungsmangel im Westteil der Stadt kam der marode Wohnungsaltbau und der Modernisierungsbedarf bei den großen Plattenbausiedlungen im Osten. Bausenator Wolfgang Nagel hat die großen Wohnungsneubauprogramme auf den Weg gebracht. Wir konnten dabei aber nicht den nach der prognostizierten Bevölkerungsentwicklung errechneten Bedarf mit dem Programm für 80.000 Neubauwohnungen abdecken. Was heute als zu groß angelegt erscheint, war 1991 ein Mut zur Lücke. Wir entschieden nicht für Abriss vieler Plattenbauten, sondern die Instandsetzung und Modernisierung. Berlin wurde zum Kompetenzzentrum Plattenbau für viele frühere sozialistische Staaten. Aber vor allem musste eine neue wirtschaftliche Basis aufgebaut werden – wir mussten neue Rahmenbedingungen schaffen und investieren. Bei über 50% Fremdfinanzierung des Westberliner Haushaltes über die Berlinhilfe musste im wiedervereinigten Deutschland die Wirtschaftskraft und damit auch die Steuerkraft der deutschen Hauptstadt verbessert werden. Berlin hatte teilungsbedingt ein Einnahmeproblem und war deswegen auf die hohe Berlinhilfe angewiesen.

Eine wirtschaftspolitische Vorwärtsstrategie war notwendig. In der Regierungserklärung nannte ich sie „Unternehmen Berlin". Sie konnte an die wirtschaftspolitischen Schwerpunkte der Achtzigerjahre anknüpfen und die Zusammenarbeit von Wissenschaft und Wirtschaft in den Mittelpunkt rücken In den ersten Jahren der großen Koalition gab es wie in den ersten Jahren der Zusammenarbeit mit der FDP eine ordentliche Bündelung von Wirtschafts-,

Forschungs, Bau- und Stadtplanung sowie der Finanzpolitik. Oft haben Dietmar Staffelt, der Landes- und Fraktionsvorsitzende der SPD in dieser Zeit, sein Fraktionsgeschäftsführer Achim Kern, Klaus Landowsky und ich zusammengesessen und Pläne geschmiedet, wie Landesbetriebe ihre Geschäftsbereiche über die Grenzen der Stadt ausdehnen und damit neue Arbeitsplätze und Steuerkraft aufbauen könnten. Versorgungsbetriebe, Müllverbrennung und Recycling regten die unternehmerische Phantasie besonders an. Ganz entschieden haben wir auf die neuen Techniken gesetzt. Ein Berliner Aushängeschild der wirtschaftlich-wissenschaftlichen Kooperation ist heute Berlin-Adlershof. Hier ist eine integrierte Landschaft aus Wissenschaft und forschungsnahen Wirtschaftsunternehmen, ein Technologiepark, ein Gründer- sowie ein Ost-West-Handelszentrum entstanden. Es verbindet die Elemente der Wirtschaftspolitik, die man inzwischen auch an vielen anderen Standorten in der Stadt wiederfinden kann. Immer wieder mussten insbesondere nach 1995 die notwendigen Investitionen gegen den Spardruck durchgesetzt werden. Beim Finanzsenator Elmar Pieroth war die künftige Steuerkraft immer eine wichtige Triebfeder. Investitionen wurden nicht vernachlässigt. Nur beim Messeausbau war sanfter Druck notwendig. Er misstraute den Marktchancen.

Vereinigung nicht zum Nulltarif

Einheitliche Lebensverhältnisse: Auch das war nicht zum Nulltarif zu machen. Spektakulär war die Entscheidung des Senats zur Anpassung der Löhne und Gehälter überall dort, wo er dies als Arbeitgeber in eigener Verantwortung tun konnte. Für die Beamten konnte er aufgrund des Bundesrechtes nicht tätig werden. Es war ein Stufenplan über drei Jahre und es war auch keine volle Angleichung: so blieb es bei einer höheren Arbeitszeit im Tarifgebiet Ost und auch bei anderen Versorgungsregeln. Diese Entscheidung – für mich ein Thema der Gerechtigkeit und der inneren Einheit – habe ich persönlich sehr forciert. Es sollte ein Beispiel gegeben werden, auch gegen die Unaufrichtigkeit, mit der bei diesem Thema argumentiert wurde und leider auch heute noch wird. Ein Stufenplan der Tarifpartner des Bundes und der Länder war nicht in Aussicht. Also haben wir selber gehandelt.

Innensenator Heckelmann hatte vorher sondiert. Wir mussten mit dem Ausschluss aus der Tarifgemeinschaft rechnen. Darauf war Berlin aber vorbereitet, denn bei einem tariflosen Zustand oder bei künftigen Berliner Lohnrunden durften wir nicht plötzlich einer gewerkschaftlichen Willkür ausgesetzt sein Mit den Berliner Gewerkschaften des öffentlichen Dienstes hatten wir vereinbart, dass auch bei einem Ausschluss aus den zuständigen Tarifgemeinschaften die bundesweiten sonstigen Regelungen in Berlin gelten werden. Ärgerlich war der Ausschluss dennoch, zeigte er doch die Entschlossenheit der anderen Länder und Kommunen, ein wichtiges Thema zu verdrängen. Dabei hatten fast alle anerkannt, dass die Lohnunterschiede mindestens in der speziellen Berliner Situation besonders schwierig und für die Betroffenen ohne ein Licht am Ende des Tunnels unakzeptabel waren. Es gab aber nur wenige Bereiche in der politischen Diskussion, in denen vergleichbar doppelbödig argumentiert und gehandelt wird. Das gilt auch noch heute: Mein Lieblingsbeispiel ist der Deutsche Bundestag. Quer zwischen den Gebäuden läuft die alte Grenze und damit auch heute noch eine Tarifgrenze. Neu eingestellte Mitarbeiter – für die früheren „Bonner" gilt weiter Westtarif – arbeiten durch puren Zufall alle in Gebäuden im alten Westen, auch wenn es im Reichstag gar nicht so viele Büroflächen für die Bundestagsverwaltung gibt. Der Bundestag macht es im Ergebnis aus meiner Sicht richtig. Ich mahne Ehrlichkeit bei der Auseinandersetzung mit dem Problem an. Inzwischen ist das Problem allerdings durch weitere Tarifangleichung weniger bedeutsam geworden.

Sparen und Gestalten, dieses Begriffspaar bestimmte bereits die Phase des Aufbruchs in Berlin (W) seit 1981. Dieses Double galt noch mehr in der Zeit nach der Wiedervereinigung. Die Gewichte verschoben sich. Standen die Herausforderungen der Vereinigung und des Aufbaus zunächst eindeutig im Vordergrund, so wurde der Spardruck ab 1995 immer stärker. Die Berlinhilfe war ausgelaufen und die Wachstumsschwäche der Bundesrepublik riss immer größere Lücken in die erwarteten Steuereinnahmen. Dabei hatte sich das Begriffspaar schon längst zu dem Ziel „Sparen durch Gestalten" weiterentwickelt.

Die Strukturveränderungen und die Studienreform an den Hochschulen sollten einen geringeren staatlichen Zuschuss möglich machen, die Reform der Verwaltung sollte die Dienstleistung für den Bürger verbessern und – gegebenenfalls nach Investitionen für neue technische Ausstattungen – auch Einsparungen und Personalabbau ermöglichen. Was war zuerst da? Die Henne oder das Ei. Auf diese Grundformel ließ sich die Kontroverse in vielen Haushaltsberatungen des Senats zwischen den Fachkollegen reduzieren. Die Finanzsenatoren und -senatorinnen wollten erst den Sparbeitrag und waren danach „unter Haushaltsvorbehalt gegebenenfalls" zu einer finanziell geringeren Investition für eine Rationalisierungsmaßnahme bereit; die Fachkollegen verlangten zunächst die Chance zur Rationalisierung und sahen die Einsparung als Ergebnis einer vorangegangenen Investition. Diese Diskussion wurde zunächst losgelöst von der Parteizugehörigkeit der Fachsenatoren geführt. Nach 1995 hat Finanzsenatorin Annette Fugmann-Heesing (SPD) aus diesen ressorttypischen unterschiedlichen Verantwortungen und Betrachtungsweisen immer gerne einen Streit zwischen Koalitionspartnern gemacht. Sie konnte sich natürlich in die Probleme der Kollegen hineinversetzen, sie wollte das jedoch im Regelfall nicht. Damit erkämpfte sie sich den Ruf als eiserne Sparkommissarin. Ihre Parteikollegen und -kolleginnen kamen dann oft zu mir und konnten bei guten Argumenten auf Unterstützung rechnen. Insbesondere die Schulsenatorin Ingrid Stahmer musste ich immer wieder gegen unverantwortliche Kürzungen in der Berliner Schule unterstützen. Die Haushaltsklausuren entwickelten sich damit aber noch mehr zu einem Alptraum. Die Probleme waren – ohne Parteitaktik – schon groß genug. Ein Sparverlangen an ein Ressort allein mit der Begründung, ein von der anderen Partei geführtes Ressort habe bereits einen Sparbeitrag geleistet, waren schlicht ätzend und Grund für stunden- und nächtelange Sitzungen. Aber unsinnigerweise wurde der Erfolg von Senatsmitgliedern und den Koalitionspartnern nach solchen Sitzungen zunächst danach bemessen, wer mehr oder weniger in den vermeintlichen Sparstrumpf geworfen hatte.

Modernisierung der Stadt: Das hieß auch weniger Bürokratie und damit den Abbau von Personal.

Sparergebnisse

Anfang der Achtzigerjahre hat Richard von Weizsäcker die Einsparung von 7.500 Planstellen im Laufe der Legislaturperiode als Ziel gesetzt. In den Neunzigerjahren waren es 75.000 Planstellen. Das Ziel wurde erreicht; mit Murren in der Verwaltung, einzelnen Problemen bei den Dienstleistungen für die Bürger, Protestdemonstrationen – aber doch fast immer in kritischer Zusammenarbeit mit den Arbeitnehmervertretern. Nur wenige tausend Stellen aus dem heutigen Personalüberhang sind nicht kostenwirksam geworden, das heißt, das unkündbare Personal ist noch vorhanden. Hinzu kommt der Abbau des Personals in den landeseigenen Betrieben. Allein bei den Verkehrsbetrieben waren es mit 13.303 Mitarbeitern etwas über 50% der Belegschaft. Bei den beiden privatisierten Elektrizitätswerken Bewag und EBAG wurden ebenfalls über 50% der Beschäftigten abgebaut. Die Zahl der Wahlberechtigten bei Personalratswahlen in Berlin ist zwischen 1992 und 2002 um über 50% zurückgegangen. Die absoluten Zahlen sind noch beeindruckender, von 291.418 auf 140.100.

Dennoch konnte in dieser Stadt voller Spannungen der soziale Frieden bewahrt werden. Ich halte das für eine der besonderen Leistungen der großen Koalition aus CDU und SPD. Gegeneinander wäre das nicht möglich gewesen.

Ohne die Zusammenarbeit von CDU und SPD in einer Regierung wäre auch die Verringerung der Zahl der Berliner Bezirke nicht möglich gewesen. Die Zahl der Verwaltungsbezirke wurde von 23 auf 12 verringert. Der Widerstand der Bezirksorganisationen war erheblich und mit vielen Nachwirkungen verbunden. Ich habe sie nach dem Bruch der großen Koalition parteiintern auch noch zu spüren bekommen. Den Verlust eines Amtes wegen der Gebietsreform hatte man nicht vergessen und bei der SPD war es sicher – ein wenig überlagert durch die neue Führungsrolle im Senat – nicht anders. Für den Abbau an Bürokratie aber war weniger die neue Zahl der Bezirke als vielmehr die neue Aufgabenaufteilung zwischen Hauptverwaltung und Bezirken wichtig. Mehr Verantwortung in den Bezirken, das war das wesentliche Element der Verschlankung. Dabei musste der Elan gestoppt werden, mit dem Berlin plötzlich nicht mehr eine Einheitsgemeinde, sondern ein Land mit 12 selbstständigen Gemeinden geworden wäre. Ich musste massiv gegen diese Tendenzen argumentieren und konnte mich wenigstens teilweise durchsetzen. Aufgaben, die die gesamte Stadt berühren, blieben in der Verantwortung des Senats. Mir fiel immer die Parallele zu London ein. Margaret Thatcher hatte die Stadt (Groß)London im Kampf gegen den sozialistischen Bürgermeister aufgelöst. Erst unter Labour wurde das wieder korrigiert. Und in den Fusionsverhandlungen mit Brandenburg wollte die Staatskanzlei aus Potsdam Berlin ebenfalls auflösen – das hieß letztlich zurück in die Zeit vor 1920, als Groß-Berlin mit 20 Bezirken aus 8 selbstständigen Städten und 86 Landgemeinden und Gutsbezirken gebildet worden war. Die Stadt Berlin war den Brandenburgern in einem gemeinsamen Land einfach zu einflussreich.

Hinter den Zahlen über Personaleinsparungen verbergen sich viele Einzelschicksale: Frühpensionäre, Frührentner und Arbeitslose. Mir stand das jedenfalls immer vor Augen, und die Arbeitnehmer und ihre Vertreter sollten das auch wissen. Sozialverträglichkeit durfte bei dem Personalabbau nicht zu einer leeren Floskel werden. Es musste immer so viel Zusammenarbeit mit den Gewerkschaften geben, wie es auch nach deren Aufgabenstellung möglich war. Jeder verantwortungsbewusste und erfolgreiche Personalchef eines Großunternehmens handelt nach dieser Devise. Ich habe aus diesen Überlegungen auch einzelne Sparinitiativen gebremst, nicht ohne jeden Hintergrund wurde ich in der eigenen Partei der Nähe zur Sozialdemokratie bezichtigt und die SPD fühlte sich andererseits in ihrer angeblich „eigenen" Domäne herausgefordert.

Das will ich an einem Beispiel erläutern:

Der soziale Frieden war nur zu erhalten, wenn die Gewerkschaften bei den vielen Veränderungen nicht objektiv überfordert wurden. Ich hatte den Eindruck, dass sie bei dem Personalabbau und Veränderungen in der Gehaltsstruktur landeseigener Betriebe verantwortungsbewusst handelten. Es ging ja nicht allein um die Zustimmung zu allen innerbetrieblichen Maßnahmen und auch den Rechtsformänderungen und Privatisierungen. Entscheidend war auch die Frage, ob und wie sie gegebenenfalls Widerstand organisieren oder in vertretbare Bahnen lenken würden. Sie konnten Protestversammlungen einberufen oder zum Streik aufrufen. Sie konnten innerbetrieblich das Feuer schüren oder beruhigen. Als der Innensenator die Personalschlüssel für die Kindergärten und damit die Gruppengrößen verändern wollte, standen gerade erhebliche Veränderungen bei der Stadtreinigung und den Verkehrsbetrieben an. Ich glaubte zwar nicht, dass ein Kind mehr in der Kindergartengruppe Kinder und Erzieher überfordern würde – tatsächlich sind selten alle Kinder einer Gruppe im Kindergarten. Nach allen Erfahrungen würden Erzieherinnen aber zu Protestaktionen aufrufen und dabei auch die Unterstützung junger Mütter erhalten. Die mögliche Sparmaßnahme Kita wäre zu diesem Zeitpunkt aus meiner Sicht der berühmte Funken, der alles explodieren lässt. Die Gewerkschaftsführung hatte mir auch signalisiert: Das nun bitte nicht auch noch. Dann können wir dem innergewerkschaftlichen Druck nicht standhalten und müssen auf die Straße gehen.

Rot-Grün war bei einem Streik der Erzieher gegen Kürzungen im Bereich der Kindergärten 1990 auf die Nase gefallen. Unter großem Beifall des bürgerlichen Berlins hatte Walter Momper damals vom notwendigen Kampf gegen den ÖTV-Staat gesprochen. Das Trauma der Niederlage prägte die SPD noch lange Zeit. Aber die Zeiten ändern sich. In Berlin haben SPD und PDS der ÖTV 2003 das Rückgrat gebrochen. Ein Tarifvertrag mit Arbeitszeitverkürzung und Lohnkürzung – ich halte ihn auch heute noch für falsch – wäre vor fünf Jahren nicht möglich gewesen. Offensichtlich konnten nur Sozialisten und Kommunisten ihre eigenen Parteigänger in der ÖTV so überrumpeln. Ich bin sicher, die Vertreter von ÖTV und GEW hatten das von „ihren" Leuten einfach nicht erwartet und sich deswegen in eine aussichtslose Situation manövriert.

Wie dem auch sei. Gegen „Bürokraten" vorzugehen ist immer populär. Und das gesellschaftliche Klima hat sich verändert. Ich halte eine Verlängerung der Arbeitszeiten ohne Lohnausgleich für sachlich und sozial vertretbar. Das Geld in der Lohntüte muss stimmen. Das dicke Ende des Berliner Tarifabschlusses wird noch kommen. Bei allen Schichtdiensten sind Neueinstellungen notwendig, die Arbeitsorganisation wird bei kurzer Arbeitszeit immer schwieriger, die Verwaltungsreform als entscheidender Spareffekt wird gebremst, bei den umworbenen Leistungsträgern sind wir nicht mehr konkurrenzfähig und die unteren Lohngruppen werden Ausgleichszahlungen beim Sozialamt einfordern. Aber wie gesagt: Zunächst populär – das dicke Ende kommt später. Die Sozialhilfekosten sind gestiegen.

Schon 2001 bei der Auflösung der CDU/SPD-Koalition waren weitere gravierende Personaleinsparungen nur noch möglich, wenn Stellenkürzungen bei der Polizei und in der Lehrerschaft politisch gewollt gewesen wären. Die Einsparungen durch die Bezirksgebietsreform waren bereits eingeplant und einer weiteren Privatisierung öffentlicher Dienstleistungen Grenzen gesetzt.

Aus meiner Sicht waren Rationalisierungen nur durch Erfolge in der Verwaltungsreform möglich. Hier müssen die Boykottmöglichkeiten der Personalräte im Rahmen einer vernünftigen Mitwirkung abgebaut werden. Ein anderer Weg ist natürlich auch möglich. Er ist mit dem Verzicht auf politischen Einfluss verbunden. In der Senatskanzlei braucht ein Regierender Bürgermeister sicher weniger Mitarbeiter, wenn er auf politische Gestaltung verzichten und sich ausschließlich auf Repräsentation und die Moderation von Senatssitzungen beschränken will. Man kann auch auf eine Bürgerberatung verzichten und alle Beschwerdebriefe von Bürgern der Stadt nur an andere Verwaltungen weiterleiten. Ein solches Amtsverständnis kann man sogar mit der Berliner Verfassung verbinden. Meinem Amtsverständnis entsprach es nicht.

Verschiedene Wege

Bleiben wir beim Sparen durch Gestalten. Gesellschaftspolitisch sind CDU und SPD von unterschiedlichen Ausgangspositionen zu gleichen Ergebnissen gekommen. Die CDU wollte landeseigene Unternehmen privatisieren. Das musste nicht notwendig zu einem Verkauf der Unternehmen führen, die private Rechtsform als GmbH oder Aktiengesellschaft sollte die Unternehmen aber dem Einfluss der Tagespolitik entziehen. Im zweiten Schritt war auch an einen Verkauf gedacht. Die SPD wollte Anfang der Neunzigerjahre Betriebe nach öffentlichem Recht erhalten und war aus Haushaltsgründen zu einem Verkauf bereit. Der Unterschied steht für einen wichtigen Schritt in der Modernisierung der Stadt. Die Berliner Eigenbetriebe – insbesondere das größte kommunale Verkehrsunternehmen Europas, die Stadtreinigung und die Wasserwerke – sollten nach primär wirtschaftlichen Gesichtspunkten geführt und deshalb in Aktiengesellschaften umgewandelt werden. Der Plan scheiterte an der SPD-Fraktion. Der Kompromiss: eine selbstständige Anstalt des öffentlichen Rechts, die in der inneren Struktur und den Verantwortlichkeiten des Vorstandes einer Aktiengesellschaft nachgebildet wurde. Für die CDU war das ein Schritt in die richtige Richtung.

Landeseigene Unternehmen wurden zur Verringerung der sonst notwendigen Schuldenaufnahme verkauft: beide Energieversorgungsunternehmen (Gas und Elektrizität), mehrheitlich die Wasserwerke und Wohnungsbaugesellschaften. Für mich ging es nie nur um den Verkaufserlös, sondern auch um Standortinteressen und Arbeitsplätze in Berlin. Die Finanzsenatorin Fugmann-Heesing konnte in der Regel gute Konditionen erzielen und die Investoren auch mit zusätzlichen Aktivitäten an Berlin binden.

Ihr wollt ja gar nicht sparen! Das war ein beliebter gegenseitiger Vorwurf. Eine Finanzsenatorin musste ihn bei den wachsenden Schulden der Stadt eigentlich qua amt ständig machen; in ihrem parteipolitischen Eifer attackierte Annette Fugmann-Heering öffentlich den Koalitionspartner, in der SPD aber kämpfte sie mit wechselndem Erfolg auf ihren Parteitagen. Tatsächlich machte die CDU durch ihren Fraktionsvorsitzenden Landowsky im Unterschied zu seinem sozialdemokratischen Kollegen Böger den Eindruck stärkerer Zurückhaltung gegenüber einem rigiden Sparkurs. Klaus Böger blühte in der Spardiskussion geradezu auf. Klaus Landowsky hingegen verkündete gegenüber jedermann, dass er dieses Thema für unerotisch hielt und widmete sich lieber den sozialen und wirtschaftlichen Problemen.

Auch in der CDU-Fraktion wollte Landowsky die „ständige Elendsnummer" nicht „ständig" auf der Tagesordnung sehen. Ich habe mich oft geärgert, wenn er die Berichte von den schwierigen Beratungen aus dem Haushaltsausschuss des Parlaments möglichst knapp halten wollte. Auf der anderen Seite hat er die Sparbeschlüsse des Senats in der CDU zwar oft selbst kritisiert, aber dann doch durchgepaukt. „Einer muss ja auch formulieren, was die Menschen darüber denken". Die SPD-Führung stellte sich dagegen gerne als die Spitze einer ebenso rigiden wie auch (manchmal nur vermeintlich) soliden Sparpolitik dar. Bei der Beschlussfassung versagte ihr dann die SPD-Basis oder die Fraktion des Abgeordnetenhauses die Gefolgschaft. Ich will das an zwei Beispielen deutlich machen, die dann erst nach 2001 entschieden werden konnten:

Klaus Böger hat mit Unterstützung der CDU mehrfach und rechtzeitig die Trennung des Landes vom SEZ, einem beliebten aber für den Steuerzahler sehr teuren Sport- und Erholungszentrum im Osten Berlins, durchsetzen wollen. Es war als wesentlicher Sparbeitrag gedacht. Immer wieder lehnte seine Fraktion die immer wieder modifizierten Pläne ab. Das SEZ wurde zum Symbol für die Handlungsschwäche der SPD.

Der Senat hatte den Verkauf der Wohnungsbaugesellschaft GSW beschlossen. Verkaufsangebote lagen vor. Die Finanzsenatorin hatte die Einnahmen für den Etat fest eingeplant. Das Vorhaben scheiterte nach breiter Diskussion in der SPD. 2004 wurde die GSW nur noch zum halben Preis verkauft.

Ich beschreibe damit unterschiedliche Vorgehensweisen. Die CDU und nicht nur ihr Fraktionsvorsitzender haben in der öffentlichen Diskussion immer versucht, die Menschen dort abzuholen, wo sie in ihren Ängsten und Sorgen waren. Sie sollten nicht einfach mit einem Ergebnis nach der Devise „friss Vogel oder stirb" konfrontiert werden. Dabei konnte und sollte sogar in Kauf genommen werden, dass die Partei in der öffentlichen Berichterstattung nicht als Speerspitze der den Menschen zugemuteten Einschnitte galt. Ich glaube, die Vorgehensweise hat die vielen Veränderungen erst möglich gemacht. Dabei halte ich den Streit darüber für müßig, ob denn größere Sparergebnisse möglich gewesen wären. Natürlich. Bei einem Etat von über 25 Milliarden Euro findet man immer Ecken, die noch nicht ausgekehrt sind.

Und andere Maßnahmen waren unmittelbar nach der Vereinigung der so zerrissenen Stadt politisch (noch) nicht möglich. Für mich galt außerdem die Überlegung, dass ich wegen eines geringen Sparbeitrages nicht die Stadt mit Demonstrationen überziehen lasse. Die nächste wichtige Veränderung wäre dann politisch nicht mehr durchsetzbar gewesen. Und der soziale Frieden war für mich auch ein wertvolles Gut.

Es hört sich vielleicht etwas flapsig an, ist aber dennoch richtig. Auch bei Einsparungen durch die weitere Schließung eines Theaters, den Verzicht auf die Filmförderung, der Erhöhung der Mieten im sozialen Wohnungsbau oder höherer Ausgaben in der Sozialhilfe –das Grundproblem des Berliner Haushaltes hätte sich nur geringfügig verändert.

Kalter Entzug

Im Strafrecht kennt man den bedingten Vorsatz. Beim Abriss eines Stützpfeilers will der übereifrige Geselle zwar nicht den Einsturz des Hauses, er will das herausgerissene Material ja nur anderweitig verwenden. Er nimmt die Gefährdung und damit den möglichen Einsturz des Hauses aber billigend in Kauf.

An dieses Beispiel muss ich bei den Entscheidungen über die Neuordnung der Berlinhilfe und der Berlinförderung in den Jahren bis 1995 denken. Vielleicht war es auch nur grobe Fahrlässigkeit. Die vermeintliche Subventionsmentalität musste herhalten, um trotz der gewachsenen Aufgaben in der 3,5-Millionen-Stadt die Leistungen an den Berliner Haushalt und die Unterstützung der Berliner Wirtschaft überstürzt einstellen zu können. Die Stadt wurde dadurch in den Haushaltsnotstand getrieben. Man kann es auch netter ausdrücken: Die Folge der Abrissarbeiten von Bund und Ländern war der logische Weg in die Verschuldung und das - so hört es sich etwas netter an - gesamtwirtschaftliche Ungleichgewicht. Die Interessenlagen in Deutschland hatten sich in der Auseinandersetzung um den Hauptstadtbeschluss bereits gezeigt. Sie waren gegen Berlin gerichtet. Der Kampf gegen die „Abrissarbeiten" war daher von Anfang an verloren, Berlin konnte nur noch einzelne Schlachten gewinnen.

Ich weiß nicht, ob es sachkundige Haushaltspolitiker Berlins gab, die nach 1995 ernsthaft an eine Entschuldung aus eigener Kraft glaubten. Wohl kaum! Dennoch musste dieses Ziel kraftvoll angestrebt werden, eine Haushaltsgestaltung nach dem Motto, es kommt ja doch nicht darauf an, konnte nicht zugelassen werden. Es ging nur um zwei Fragen:

Würde die wirtschaftliche Entwicklung auch in Berlin zu zusätzlichen Steuereinnahmen und einem Abbau der Sozialausgaben führen? Wegen des

Länderfinanzausgleiches kam es dabei nicht nur auf die Entwicklung in Berlin an. Wirtschaftlicher Aufschwung in der Stadt würde beispielsweise bei geringerer Arbeitslosigkeit die Sozialhilfekosten senken.

Wie bereiten wir die Auseinandersetzung um eine Entschuldung der Stadt von teilungsbedingten Lasten vor? Mit der Haushaltspolitik mussten auch die Voraussetzungen für eine erfolgreiche Klage vor dem Bundesverfassungsgericht geschaffen werden. Also ging es um die eigenen Schularbeiten beim Sparen und Gestalten. Es schien auch klar, dass Berlin Teile seines Vermögens an Grundstücken und landeseigenen Betrieben bereits vor einer Klage für eine Verringerung der Verschuldung eingesetzt haben sollte.

In den letzten Jahren sind immer mehr politische Entscheidungen den Gerichten aufgebürdet worden. Ich halte das für eine Fehlentwicklung. Auch der Umgang mit den finanziellen Belastungen der Bundeshauptstadt ist zuallererst eine politische Frage. Dennoch war es nur eine Frage der Zeit, wann eine Klage eingereicht werden müsste. Glücklich waren wir im Senat über diese Logik nicht. Der Reputation der Stadt würde es nicht dienen.

Erstmals hat der Senat im Juli 1992 der Bundesregierung eine Klage vor dem Bundesverfassungsgericht angedroht. Die Diskussion um den Hauptstadtbeschluss hatte gerade einen neuen Höhepunkt erreicht. In diese Debatte passte die Ankündigung nicht. Sie zeigte aber die Dramatik der Situation und hatte bereits eine unangenehme Vorgeschichte.

Berlin hatte bis 1995 einen gesetzlichen Anspruch auf den Ausgleich des Landeshaushaltes durch eine Finanzzuweisung des Bundes (Berlinhilfe). Deshalb war das Bundesfinanzministerium auch immer wichtiger Partner bei jeder Haushaltsaufstellung. Die Selbstständigkeit Berlins war begrenzt. Schon Ende der Achtzigerjahre verwies der Bund die Stadt auf eine Kreditaufnahme. Nach dem System der Berlinhilfe mussten dabei die Zins- und Tilgungsleistungen in den nächsten Jahren die Bundesleistungen erhöhen. Der richtige Ärger begann aber erst nach dem Fall der Mauer und mit den Vorbereitungen auf die Vereinigung der Stadt. Das Finanzministerium wollte den lästigen Kostgänger möglichst schnell loswerden. Das stieß auf heftigen Widerstand der Regierung Momper und die Ankündigungen aus Bonn belasteten bereits die Bildung der neuen Regierung nach dem Wahlerfolg der CDU im Dezember 1990.

Bei den Koalitionsverhandlungen hatte es eine kurze Weihnachtspause gegeben. Beim ersten Treffen im Januar wollten wir schnell zu einem Abschluss kommen. Die SPD nahm die Berliner Union für das Verhalten des CSU-geführten Bonner Finanzministeriums selbstverständlich in Mithaftung. Walter Momper und Dietmar Staffelt sprachen von Wahlbetrug und stellten mit wachsender Schadenfreude fest, dass der Unionsfreund Waigel den CDU-Landesvorsitzenden und designierten Regierenden Bürgermeister nicht von den Überlegungen des Ministeriums unterrichtet hatte. Aber Theo

Waigel ließ Manfred Overhaus – ich hätte den ausgezeichneten Abteilungsleiter und späteren Staatssekretär gerne an meiner Seite gehabt – schalten und walten, wie er es wollte. Die Berliner Koalitionsverhandlungen stockten. Der ärgerliche Brief, den ich an den Kanzler schrieb, schildert die Situation:
Der Brief (des Finanzministeriums) *ist aber nicht nur wegen der Verfahrensweisen ärgerlich. Er ist inhaltlich ganz und gar inakzeptabel. Im Kern geht es um die Frage der Anwendung des Paragraphen 16 des Dritten Überleitungsgesetzes. Das Bundesfinanzministerium will diese Bestimmung offenbar nicht auf ganz Berlin anwenden. Das widerspricht dem Paragraphen 16 des III. Überleitungsgesetzes und vor allem auch dem Einigungsvertrag ... Die Grundtendenzen des Bundesfinanzministeriums zu den Fragen der Bundeshilfe und der Berlinförderung würden bei einer Verwirklichung die Stadt Berlin unregierbar machen. Das würde nicht ohne Folgen auf das gesamte Ballungsgebiet und damit auch die neuen Bundesländer bleiben.*

Ich will hier nicht mit Zahlenketten langweilen. Ostberlin, das vor dem Mauerfall zu über 50% aus dem Staatshaushalt der DDR finanziert wurde, konnte dann doch bei den Berechnungen der Berlinhilfe dem Grunde nach berücksichtigt werden. Über die Höhe konnte aber keine Einigung erzielt werden und es blieb eine zusätzliche Deckungslücke von mindestens 4 Milliarden DM. Immer wieder wurde Berlin von Bonn mit Kürzungen überzogen und selbst Höflichkeitsformen einer rechtzeitigen Konsultation blieben aus. Der Anspruch aus dem Überleitungsgesetz wurde als Subvention behandelt und pauschalen Kürzungen unterworfen. Einmal ging es um 640 Millionen DM am Ende eines Haushaltsjahres. Kein Wunder, dass das zur Haushaltsüberziehung führen musste.

Die erste Klagedrohung

Der Kern der Auseinandersetzung lag darin, dass der Zuschuss für den Berliner Haushalt nur über einen angemessenen Zeitraum abgebaut werden konnte. Bei einem sachgerechten Ablauf musste für wenige Jahre eine sich ständig verringernde Bundeshilfe auch neben dem ab 1995 geltenden und viel geringeren Länderfinanzausgleich vorgesehen werden. Darüber hat der Bund noch nicht einmal ernsthaft verhandelt. Er wollte den Abbau schon in der Zeit bis 1995 voll erreicht haben.

Die Klage hatte ich in einem Brief an den Bundeskanzler und CDU-Bundesvorsitzenden angekündigt:
Der Presse werden Sie entnommen haben, dass der Berliner Senat sich zu der Vorbereitung einer Klage in den Finanzfragen des Landes gegen die Bundesrepublik Deutschland entschieden hat. Ich bedaure diese notwendi-

ge Entscheidung des Senats. Ich sehe jedoch nach dem gegenwärtigen Diskussionsstand angesichts der aktuellen haushalts- und gesamtpolitischen Lage des Landes keine Alternative.

Die Bundesregierung hat entgegen früheren Finanzplanungen eine erheblich weitere Einschränkung der Bundeshilfe in die Finanzplanung aufgenommen. Von diesem Schritt wurden wir vor wenigen Wochen überrascht. Sie werden sich erinnern, dass bei unseren Gesprächen die Frage einer möglichen Aufstockung der Bundeshilfe ... im Vordergrund stand. Berlin akzeptiert selbstverständlich eine Reduzierung der früher teilungsbedingten Finanzzuschüsse an die Stadt. Wir haben massive Spareinschnitte durchgesetzt ... wir sind jedoch in den Sparmöglichkeiten an den Grenzen angekommen ... die Entscheidung aus dem Bundesfinanzministerium hat auch mich erheblich überraschen müssen, denn nach den atmosphärisch sehr guten Gesprächen mit dem Kollegen Waigel konnte ich davon ausgehen, dass der Bund sich um Hilfestellung für das Land Berlin bemühen würde. Dabei spielte die gesamte Diskussion um die Steuerreform und die Entscheidung über das Steuerpaket im Bundesrat eine mit entscheidende Rolle.

Die erwarteten weiteren Einschränkungen des Berliner Haushaltes für 1993 in einer Größenordnung von einer weiteren Milliarde und für das Jahr 1994 in einer Gesamtsumme von über 4 Milliarden DM Einsparungen sind nicht erbringbar. Die Reduzierung der Berlinhilfe auf das ohnehin noch umstrittene Niveau des Länderfinanzausgleiches bis zum Jahre 1995 geht an den Grundsätzen realer Haushaltspolitik einer Großgemeinde wie Berlin vorbei und verletzt die Pflichten des Bundes gegenüber einer Region und insbesondere gegenüber seiner Hauptstadt. In der geplanten Netto-Neuverschuldung gehen wir an die Grenzen des rechtlich und politisch Zulässigen. Die Steuereinnahmen des Landes Berlin sind eher optimistisch geschätzt und als Erlöse für Privatisierung öffentlicher Unternehmen sind bereits Beträge von 500 Millionen DM für das Jahr 1993 (ebenso war es 1992) eingesetzt.

Berlin braucht eine etwas längere Übergangsphase ...

In dem Brief war die Rede von der Entscheidung über das Steuerpaket im Bundesrat. In dem Gespräch mit dem Bundesfinanzminister über die Haushaltslage des Landes und die Möglichkeiten des Bundes war auch das Abstimmungsverhalten des Landes Berlin angesprochen worden. Unter anderem hatte Theo Waigel darauf hingewiesen, dass bei einem Scheitern des Steuerpaketes, das mit einer Erhöhung der Mehrwertsteuer verbunden war, der Bund auch gegenüber Berlin keinen Handlungsspielraum habe. Er hatte grundsätzlich eine Hilfestellung zugesagt.

Dem Steuerpaket hatte ich im Bundesrat dann zugestimmt. Das war sachlich aus meiner Sicht geboten, denn es ging um die Finanzierung des „Fonds Deutsche Einheit" und die Gemeindeverkehrsfinanzierung, aus der

Umsatzsteuererhöhung flossen Berlin erhebliche Mittel zu. Da die Bundes-SPD dem Steuerpaket im Deutschen Bundestag aber nicht zustimmen wollte, verlangte die Berliner SPD nach den Regeln des Koalitionsvertrages eine Stimmenthaltung im Bundesrat. Mit Brandenburg hatten wir bereits eine enge Abstimmung des Verhaltens in der Länderkammer verabredet. Der Kollege Stolpe wollte sich aus den Interessen seines Landes der Forderung nach sozialdemokratischer Solidarität nicht beugen. Gemeinsam haben wir dann zur durchaus verständlichen Empörung der Berliner SPD dem Steuerpaket der Bundesregierung zur Mehrheit verholfen.

Das war gegen die Berliner Koalitionsvereinbarung. Berlins Stimmverhalten erleichterte dem sozialdemokratischen Ministerpräsidenten von Brandenburg parteiintern die Abstimmung im Interesse seines Landes. Das weitere Verhalten des Bundesfinanzministers habe ich aus Gründen der Loyalität innerhalb der Union und angesichts der Abhängigkeiten Berlins vom Bund nie öffentlich kommentiert. An die vorangegangenen Gespräche und die damit verbundenen Erwartungen wollte er sich nicht mehr erinnern.

Der Bundeskanzler beruhigte zunächst die Situation. Er stellte eine Überprüfung der Entscheidungen für 1994 in Aussicht. Vor dem Hintergrund der Hauptstadtdiskussion im Deutschen Bundestag konnten wir uns eine Klage gegen den Bund in Finanzfragen sicher nicht leisten. Die Umzugsgegner hätten daraus nur Honig gesaugt.

Die Verhandlungssituation mit dem Bund aber änderte sich nicht. Es gab rege Korrespondenz und persönliche Aussprachen, meine Gespräche mit dem Kanzler waren in der Regel atmosphärisch gut. Wir trafen uns im Kanzleramt und plauderten über aktuelle politische Fragen und den neuesten Tratsch in der Partei. Immer, wenn Helmut Kohl in Strickjacke und Hausschuhen seine Gäste empfing, ließ er sich Zeit. Ihm wurde oft vorgeworfen, er würde Probleme aussitzen. Mir gefielen die Prioritäten nicht immer. Ich habe es aber als eine seiner Stärken kennen gelernt, wichtige Themen nach Möglichkeit nacheinander aufzugreifen. Rechtzeitig, bevor Juliane Weber erschien und den nächsten Termin anmahnte, musste man zur Sache kommen. Immer vorinformiert, wollte er ergänzende Informationen und ein paar Zeilen – auf weißem Papier ohne Angabe der Herkunft – zur Weitergabe an die Mitarbeiter. „Besprich das nochmal mit Fritz", das war Kanzleramtschef Friedrich Bohl. Das klappte nach dem Vorlauf meist; es klappte aber nicht gegenüber Finanz-Staatssekretär Overhaus. Von der Richtlinienkompetenz hat der Kanzler gegenüber dem Bundesfinanzminister und Vorsitzenden der CSU nicht Gebrauch gemacht.

Es wird heute oft von der angeblich selbstverschuldeten Finanzlage Berlins geschrieben. Das Argument wird auch bei der jetzt (seit 2003) anhängigen Klage vor dem Bundesverfassungsgericht eine Rolle spielen.

Deshalb noch ein Auszug aus einem Brief an den Kanzler. Er wurde im Januar 1994 von Volker Kähne, dem Chef der Berliner Senatskanzlei, im Kanzleramt übergeben:

... zunächst: aus den Medien habe ich die Entscheidung der Bundesregierung zur Kenntnis nehmen müssen, nachdem die im Jahre 1994 auslaufende und zuvor erheblich reduzierte Berlinhilfe nochmals um 640 Millionen DM gekürzt werden soll. Es handelt sich dabei um einen einmaligen Vorgang eines Eingriffs in den laufenden Haushalt eines Bundeslandes nach vorab eindeutiger Verständigung über die finanzpolitischen Maßnahmen des Bundes ... Die Maßnahme des Bundesfinanzministeriums kann nicht anderes, denn als ausdrücklicher Vertrauensbruch qualifiziert werden ...

Die Gesamtkürzung der Berlinhilfe ... beläuft sich im Haushaltsjahr 1994 nach den Entscheidungen der Bundesregierung auf über DM 4,6 Milliarden. Das ist somit ein Prozentsatz von ca. 10 Prozent des Gesamtvolumens des Berliner Haushaltes!

Aus dem Bundesfinanzministerium wird damit argumentiert, auch das Land Berlin könne mit einer Erhöhung der Netto-Neuverschuldung arbeiten. Es wird dabei insbesondere auf die gesetzlich gesicherte Regelung des Länderfinanzausgleichs für die Jahre nach 1995 verwiesen. Richtig ist demgegenüber jedoch, dass das Land Berlin bereits wegen Entscheidungen des Bundes zu einer Nettoneuverschuldung im Jahre 1994 gezwungen ist, die die Grenzen des verfassungsrechtlich Zulässigen tangieren ...

Der Senat muss alle Verantwortlichen drängen, die Entscheidungen zu korrigieren. Diese Notwendigkeit ergibt sich dabei insbesondere aus der Tatsache, dass die Bundesregierung den Bereich tatsächlicher Subventionen bei ihren Entscheidungen ausgeklammert hat (z. B. Kohlesubvention)

Wir konnten nichts erreichen. Ich hatte auch auf die Ausgleichmöglichkeiten durch einen Hauptstadtvertrag hingewiesen. Damit wurde dann aber noch nicht einmal der Ausgleich für hauptstadtbedingte Mehrkosten erbracht.

Das Klagen schadet stets unserm Ansehen, so heißt es bei Gracián. Also sind wir nicht jammernd und schimpfend durch die Lande gezogen. Eine Detaildarstellung aus dem Haushalt der Stadt Bonn versage ich mir. In einer Liste über laufende Aufwendungen der Stadt für Bundeszwecke habe ich die Hausstellen für Straßenbeleuchtung und die Freiwillige Feuerwehr gefunden. Es war sicher kein Zufall, dass die Landesfinanzminister die Probleme Berlins sachkundig analysierten und in einer ganz wichtigen Frage auch anders als der Bund berücksichtigten.

Der Länderfinanzausgleich

Die entscheidenden Beschlüsse zum Länderfinanzausgleich und die Verteilung des Steueraufkommens zwischen Bund und Ländern wurden in einer Ministerpräsidentenkonferenz in Potsdam vorbereitet. Parallel tagten die Finanzminister und erarbeiteten Vorschläge, die dann mit dem Bund verhandelt wurden. Für Berlin ging es um den Finanzausgleich, der an die Stelle der Bundeshilfe treten sollte. Entscheidend waren die Berechnungsgrößen. Zu hoch angesetzte Einnahmeerwartungen aus den verschiedenen Steuerarten konnten die Haushalte ruinieren. Damals kam Werner Heubaum, der langjährige Haushaltsstaatssekretär der Berliner Finanzverwaltung, mit seinem Mitarbeiter aus der Expertenrunde zu mir. Sie berichteten über horrende Einnahmeerwartungen, die als Grundlage für die Verhandlungen für Berlin errechnet worden waren. Wir haben diesen absichtsvollen (?) Optimismus gebremst.

Noch wichtiger aber war die Frage, ob nur der Ostteil Berlins oder ganz Berlin im Länderfinanzausgleich als neues Bundesland gelten konnte. Im Finanzausgleich wird die Bevölkerungszahl zugrundegelegt; für die neuen Länder wurde pro Einwohner ein höherer Betrag zugrunde gelegt als in den anderen Ländern. Durch diese Berechnungsformen werden unterschiedliche Belastungen berücksichtigt. Ähnlich ist es auch mit der so genannten Stadtstaatenklausel. Würde ganz Berlin als neues Land gelten, dann ergäbe sich eine Mehreinnahme in Milliardenhöhe. Ein Teil der Einnahmeverluste durch Wegfall der Berlinhilfe könnte ausgeglichen werden.

Elmar Pieroth und Werner Heubaum fanden bei den Finanzministern Unterstützung. Elmar Pieroth berichtete mir, dass insbesondere der damalige sächsische Finanzminister Georg Milbradt engagiert für diese Berlin-Regelung gefochten hatte. Er wusste: Berlin ist teuer, aber ohne sachgemäße Unterstützung wird es noch teurer. So wurde Berlin-West Teil der neuen Länder. In der früheren Terminologie des Statusrechtes hätte man formuliert, dass aus Berlin (West) nun Westberlin geworden ist. (So wollte es Honecker immer). In der anschließenden Runde der Ministerpräsidenten wurde das Thema dann nicht mehr problematisiert. Ich war mir nicht klar, ob alle die Bedeutung dieser Zuordnung ganz Berlins gesehen haben. Ich hielt mich zurück und achtete darauf, dass dieser Vorschlag nicht angesprochen und einfach im Gesamtpaket der Vorschläge der Finanzminister beschlossen wurde. So geschah es. Das Interesse der Kollegen galt auch mehr der Diskussion mit dem Bundesfinanzminister über den Verteilungsschlüssel zwischen Bund und Ländern.

In den Länderfinanzausgleichsverhandlungen hatten wir damit ein Gefecht gewonnen.

1991 erhielten wir zum Ausgleich des Berliner Haushaltes 17,5 Milliarden DM (einschließlich der Mittel aus dem Fonds Deutscher Einheit), 1995 8,3

Milliarden DM (Länderfinanzausgleich und Bundesergänzungszuweisung) Selbst wenn man die Investitionsmittel für den Aufbau Ost von etwas mehr als 1 Milliarde DM mit berücksichtigt, verblieb ein Minus von 8 Milliarden DM. Das waren 20% des Berliner Haushaltes. Das war weder durch weiteren Verkauf des Landesvermögens noch durch massive Einsparungen auszugleichen und führte in eine weitere Verschuldung. Die Sparpotenziale mussten bei dieser Ausgangslage in die Zins- und Tilgungsverpflichtungen versickern und die Gesamtverschuldung sich von Jahr zu Jahr zwangsläufig erhöhen. Die Finanzsenatorin Annette Fugmann-Heesing nannte das die Schuldenfalle.

Seit 1994 ist das Land Berlin durch die beschriebenen Entscheidungen in eine erhöhte Netto-Neuverschuldung getrieben worden. Das ist inzwischen ein Zeitraum von zehn Jahren mit dem jährlichen Anwachsen dieser Verschuldenssumme. Es ist der Betrag, der heute (2004) beim Bundesverfassungsgericht eingeklagt werden muss und nach einer Stellungnahme der Deutschen Nationalstiftung über den Fonds Deutsche Einheit finanziert werden sollte. Das wäre der Weg, der seit 1990 politisch nicht durchsetzbar war.

Der zweite Strick

Der unmittelbar nach der Wiedervereinigung prognostizierte Wirtschaftsschub blieb aus. Im Gegenteil. Die Alarmsignale hatte man zwar vernommen, nicht bekannt aber war das Ausmaß der Wachstumsschwächen in der Wirtschaft der Bundesrepublik Deutschland. Für Berlin aber war schon im Frühjahr 1991 ein weiterer kalter Entzug beschlossen worden.

Die Berlinförderung und damit die Grundlage für die Mehrzahl der Berliner Industriebetriebe wurde in kurzer Zeitspanne abgebaut. Es begann 1991 und war mit dem Ende des Jahres 1994 abgeschlossen. Es gibt in der Bundesrepublik keinen vergleichbaren Fall für den Abbau wirtschaftlicher Grundlagen für eine ganze Region. Man tat so, als seien mit dem Fall der Mauer alle Struktur- und Absatzprobleme der Berliner Industrie gelöst, als gäbe es nach der Abwanderung der großen Industrieunternehmen, der Banken und Versicherungen seit 1945 von heute auf morgen neue industriegestützte Dienstleistungen und auf die mühsam in Berlin gehaltenen verlängerten Werkbänke könne man nun verzichten.

Jeder sachkundige Beobachter wusste es doch: die Betriebe der Lebensmittel-, der Zigarettenindustrie und auch Kaffeeröstereien und Textilhersteller hatten sich wegen der Steuerpräferenzen in der geteilten Stadt angesiedelt. Das wollte der Gesetzgeber. Nun mussten die Unternehmen reagieren. Sie schlossen die Werke, die wanderten ab, konzentrierten ihre Produktion an anderen meist ausländischen Standorten, und in der Stadt blieben freie Industrieflächen zurück Die unmittelbaren Auswirkungen der

Streichung allein führten zu über 30.000 Arbeitslosen. Bewusst wurde der Abbau von Wirtschaftskraft, Arbeitsplätzen und regionaler Kaufkraft einkalkuliert. Dabei war das Berlinförderungsgesetz gerade erst novelliert worden. Die neuen Regelungen in den Wirkungen noch gar nicht überprüft. Mit dem Hinweis auf angebliche Subventionsmentalität und Missbräuche auf der Grundlage inzwischen bereits korrigierter Bestimmungen wurde jeder Einwand erstickt. Als mit Günther Rexrodt ein früherer Berliner Finanzsenator Bundeswirtschaftsminister wurde, versuchte ich noch einmal einen Anlauf. Sachlich gab er mir Recht. Er sah aber weder im Bundeskabinett noch in den Bundestagsfraktionen eine Chance zu einer Korrektur. Als wesentliches Argument für den überstürzten Abbau der Berlinförderung aber wurden die Europäische Union und ihre wettbewerbsrechtlichen Bedenken ins Feld geführt.

Die EU-Kommission, so wurde den Berliner Senatskollegen und mir immer wieder aus dem Finanz- und Wirtschaftsministerium entgegengehalten, wolle die weitere Berlinförderung nicht zulassen. Beim ersten Blick auf Deutschland war es für Portugiesen und Griechen auch schwer verständlich, dass ausgerechnet die Hauptstadt der Wirtschaftsmacht Deutschland eine besondere Förderung benötige. Auch hier ging es aber „nur" um angemessene Fristen zum Aufbau einer neuen wirtschaftlichen Struktur, und die Berlinförderung war für die geteilte Viermächtestadt im EU-Vertrag ausdrücklich abgesichert. Deswegen konnte ich bei der Darstellung von Bedenken aus der Kommission den Hinweis aufnehmen „auf den ersten Blick". Bei Besuchen in Brüssel jedenfalls stieß ich auf sehr viel Verständnis, mehr als bei Gesprächen in deutschen Ministerien.

In der Europäischen Kommission wirkte sich eine lange und intensive Auseinandersetzung mit den Problemen Berlins aus. Regelmäßig hatten andere Senatsmitglieder und ich Brüssel besucht. Die Arbeit der Berlin-Vertretung war sehr erfolgreich. In der Kommission gab es zudem mit Carlos Trojan einen engagierten und sachkundigen Berlinbeauftragten im Range eines Generaldirektors, der unmittelbar dem Präsidenten zugeordnet war. Auch bei Jacques Delors stieß ich immer auf offene Ohren. Aus gutem Grunde wurde der langjährige Präsident der EU-Kommission im Mai 1995 in Berlin mit der Ernst-Reuter-Plakette geehrt. Er war im regelmäßigen Gedankenaustausch mit den Ministerpräsidenten der Länder im Osten Deutschlands und zeigte sich stets als Kenner der besonderen Problemlagen bei der wirtschaftlichen Umgestaltung vom Sozialismus zur sozialen Marktwirtschaft.

Nein: An der EU lag es sicher nicht. Ein deutsches Engagement, etwas mehr als die pflichtgemäße Übermittlung der Berliner Wünsche, hätte die Zustimmung auch der EU zu angemessenen Übergangsfristen ergeben.

Wie ein Staubsauger

Das Auslaufen der Berlinförderung ist 1991 in Bundestag und Bundesrat beschlossen worden, zeitlich parallel zur Hauptstadtentscheidung. Es gab das Kräftespiel zwischen Regierung und Opposition, die Novelle landete im Vermittlungsausschuss. Berlin hätte eine Chance gehabt, wenn die SPD in Bund und Ländern gegen die beabsichtigten Bestimmungen zur Berlinförderung gestimmt hätten. Peter Radunski, unser Vertreter im Vermittlungsausschuss, berichtete mir, dass die SPD mehrheitlich die Probleme sah, den Abbau der Berlinförderung aber dennoch beschließen lassen wollte. Dafür reichte eine Stimme für die Regierungsvorlage aus ihrem Kreis. Die Aufgabe übernahm der damalige parlamentarische Geschäftsführer Peter Struck. Er stimmte zu. Die Berlinförderung lief kurzfristig aus

Ich will es bewusst sehr akzentuiert formulieren:
Wirtschaftskraft und Arbeitsplätze wurden durch Entscheidungen in den ersten Jahren nach der Wiedervereinigung aus Berlin abgesaugt. Es erinnerte an einen Staubsauger.

Mit dem Abbau der Berlinförderung mussten Betriebe und Arbeitsplätze in Berlin verloren gehen.

Erstmalig seit dem Bau der Mauer war Berlin von einer Kern-Rand-Wanderung betroffen.

Die Kern-Rand-Wanderung wurde durch höhere staatliche Fördermittel, als sie in Berlin und insbesondere in Berlin (W) möglich waren, unterstützt

Die Abwanderung in Länder Osteuropas wurde immer attraktiver und erfasste besonders Unternehmen, die durch staatliche Maßnahmen zu neuen Standortüberlegungen gezwungen waren.

Es gab den Wegfall von Arbeitsplätzen durch Auflösung der zentralen DDR-Institutionen (Regierung der DDR, Zentralen der DDR-Wirtschaft, Rundfunk der DDR).

10.000 Arbeitsplätze entfielen bei der Alliierten.

Es gab Abwanderungen durch Entscheidungen der Föderalismuskommission.

Festzuhalten ist das Negativsaldo bei der Bonn-Berlin-Regelung, das erst durch den Zuzug von Verbänden und Medien ausgeglichen wurde.

All diese Maßnahmen wurden mit den großen Erwartungen an die wirtschaftliche Entwicklung Berlins gerechtfertigt. Tatsächlich gab es in den ersten beiden Jahren nach der Wiedervereinigung auch im Westteil der Stadt eine zusätzliche Wirtschaftskraft. Überregionale Magazine titelten Boomstadt Berlin, und gern werden die hohen Investitionen in den Aufbau des Regierungssitzes und des Bahnknotens Berlin angeführt. Das darf niemand gering schätzen, auch wenn die Großaufträge weitgehend an Berliner

Unternehmen und Bauarbeitern vorbeigegangen sind. Die Sozialhilfe an Langzeitarbeitslose oder die notwendigen Instandsetzungen an den Schulen konnten davon aber nicht bezahlt werden. Lohnsteuer ist in Portugal oder Sachsen angefallen und die Unternehmenssteuer (wenn wir Glück hatten) irgendwo im Westen Deutschlands.

Und zu den Kosten des Umzuges ist festzuhalten: Plangemäß – eine tolle Leistung insbesondere auch der Bundesbaudirektion – wurden einschließlich der Investitionen in der Region Bonn weniger als 20 Milliarden DM ausgegeben. Ohne die Leistungen oder Mindereinnahmen nach dem Berlinförderungsgesetz sind nach Berlin (W) 1990 finanzielle Leistungen (einschließlich Besatzungskosten und Transitpauschale) in Höhe von etwa 21 Milliarden DM geflossen. Also in einem Jahr mehr als die gesamten Umzugskosten, die über zehn Jahre finanziert wurden. Ich gebe zu: Das ist eine Zahlenspielerei ...

Zu viel verlangt?

Damit will ich meinen Ärger über die Entwicklungen Berlin – Bund – Länder nicht weiter ausbreiten. Dabei muss ich einräumen, dass die „Berliner" den Repräsentanten des Bundes und der Länder immer wieder mit besonderen Wünschen auf die Nerven gefallen sind (fallen mussten). Die Unterstützung bei der einigungsbedingten Verfolgung der DDR-Kriminalität wurde eingefordert – in Berlin mussten fast alle Strafprozesse vorbereitet und durchgeführt werden; Wünsche zum Bestand von RIAS Berlin und Deutschlandsender Kultur beschäftigten die Ministerpräsidentenkonferenz; Regierungsbauten und Verkehrsprojekte verlangten die volle Aufmerksamkeit, und der Bund war als Gesellschafter des Berliner Flughafensystems zu Entscheidungen über einen künftigen Großflughafen aufgefordert, über früheres preußisches Eigentum wurde gestritten, und ... und ... und ... In den persönlichen Treffen unter vier Augen im Kanzleramt zeigte Helmut Kohl viel Einfühlungsvermögen in die Berliner Situation und war vor allem sehr am politischen Klima in der Stadt interessiert. Immer wieder fragte er auch nach dem Zusammenwachsen der Berliner CDU aus den Kreisverbänden West-Berlins und den Nachfolgern der Blockpartei aus Ostberlin. Im Vorfeld der Bundestagswahlen von 1994 und der Berliner Wahlen 1995 reagierte er aber auch sehr genervt auf immer neue Anmerkungen aus Berlin. Der Parteivorsitzende wollte die rheinische CDU mit der Hauptstadtdebatte versöhnen. Eine morgendliche Verärgerung bei der Zeitungslektüre veranlasste ihn schnell zu einer Beschwerde in einem schnell diktierten, Brief. Diese Gewohnheit hatte er sicher nicht nur gegenüber den „Berlinern". Historiker könnten seine jeweilige Seelenlage sicher über viele Jahre aus den schnell diktierten Briefen ablesen (bei mir wären es die diktierten aber nicht abgeschickten Briefe) Besonders spannend kann ich mir den Briefwechsel mit Heiner Geißler vorstellen. Der Berliner Bundessenator Peter Radunski diente oft als Blitzableiter, wenn er in der Landesvertretung Berlins mit Kritikern der Bundesregierung diskutiert hatte oder öffentliche Ratschläge zur Politik in den neuen Ländern gab. Selten vergaß der Kanzler dann in seinen Schreiben an mich den Hinweis, er sei noch der einzige, der Berlin in der Bonner Diskussion die Stange hielte. Davon wollte er sich trotz allem nicht beirren lassen.

Die Fülle der „Berlinthemen" machte das Ganze in der Tat nicht leichter, für keinen. Wie in einem System der verbundenen Röhren beeinflusste ein Thema das andere. Ich wollte aus Prinzip das sowjetische Ehrenmal im Berliner Tiergarten nicht aus Berliner Haushaltsmitteln renovieren. Das war eine Verpflichtung aus dem deutsch-russischen Vertrag. Der Bund hat seine Kosten dann einfach mit anderen Forderungen Berlins verrechnet.

Wir haben uns gewehrt, haben uns unbeliebt gemacht. Das galt für den Senat, das galt für beide Partner in der Berliner Koalition in ihren beiden Bundesparteien. Warum haben wir nicht noch lauter protestiert? – Weil es nichts geholfen hätte und eine jammernde Stadt sich national und international schlecht als geeigneter Investitionsstandort darstellt. Diese Politik kann man im Rückblick kritisieren. Vielleicht würde man dann nicht ganz so viel über die „selbstverschuldete Verschuldung" Berlins lesen. Aber selbst das halte ich nicht für wahrscheinlich. In anderem Zusammenhang habe ich schon Einstein zitiert: Einen Atomkern spaltet man leichter als ein Vorurteil. Kommentatoren haben sich an die Subventionsmentalität des „alten Westberlin" gewöhnt und hätten das Jammern nur als Bestätigung ihres Vorurteils angesehen. Und da die Mehrzahl von der Geschichte Ostberlins nichts weiß – oder viel weniger weiß –, wird eben auf dem alten „Geist von Westberlin" herumgehackt und dazu gehört Subventionsmentalität und selbstverschuldete Verschuldung.

Berlin musste seine Kraft darstellen, nicht seine Schwächen; die muss es so schnell wie möglich abstellen, aber sich nicht täglich daran ergötzen und sogar feierliche Eröffnungen oder Wiedereröffnungen von bedeutenden Kultur- und Wissenschaftseinrichtungen mit dem Hinweis beginnen, die Stadt hätte sich das nicht leisten sollen. Als es kritisch wurde mit dem Sony-Engagement in Berlin, hätte es gerade noch gefehlt, dass der Sony-Vorstand sich bei meinen komplizierten Gesprächen in Tokio auch noch auf Beschwerden des Senats über begrenzte Entwicklungschancen der Stadt beziehen konnte. Das Projekt stand bei meinem Besuch in Tokio auf der Kippe. Langfristig musste der Senat sich bei dem Filmhaus im Sony-Center binden, in dem jetzt Filmmuseum, Bibliothek und Archive unter einem Dach vereinigt sind. Nein: Nur mit einer optimistischen Perspektive konnte in der japanischen Hauptstadt überzeugt werden. Und auf die emotionale Bindung des Sony-Chefs Ogha an Berlin. Ich bin noch heute den Berliner Philharmonikern dankbar, dass sie nach meiner Bitte ohne lange Diskussion mit dem studierten Musiker Ogha als Dirigenten zur Einweihung der Sony-Zentrale in Berlin ein Konzert gegeben haben.

Optimismus

Optimismus nur aus Pflicht? Nach den Erlebnissen im Kampf um die neue Rolle Berlins im wiedervereinigten Deutschland konnte man als verantwortlicher Politiker in dieser Stadt auch in tiefe Depression verfallen; auf alle Fälle, wenn man nur in den Kategorien von Haushaltsansätzen und mittelfristige Finanzplanung dachte. Das wäre aber nur ein Teil der Lebenswirklichkeit. In jeder Phase gab es auch die Ereignisse, die den Ärger verdrängten und die Chancen Berlins aufzeigten. Die Deutsche Bahn AG verlegte ihren Sitz mit vielen Arbeitsplätzen nach Berlin. Debis bezog den neuen Berliner Standort. Medienunternehmen kamen in die Hauptstadt. „Bonner" Beamte und ausländische Botschaften brachten neue Kaufkraft. Die IT-Branche blühte auf. Der Tourismus ereichte neue Rekordzahlen. Mir ist einmal in einer Stellungnahme der Satz herausgerutscht, Berlin sei auf dem guten Weg, nur dem Haushalt ginge es schlecht. Die anschließende Kommentierung nur als kritisch zu bezeichnen, wäre eine maßlose Untertreibung.

Der Satz war zu diesem Zeitpunkt falsch und richtig zugleich. Falsch, weil er den Eindruck vermitteln konnte, der Regierende Bürgermeister nehme die Haushaltsprobleme und die damit verbundenen Sparmaßnahmen bei der Instandsetzung von Schulen oder Straßen nicht ernst genug. Richtig, weil die Lebensqualität der Menschen in einer Stadt nicht in erster Linie von der Pro-Kopf-Verschuldung abhängig ist. Auch der nachfolgende Satz ist politisch falsch und sachlich richtig: das Leben der Menschen in Bremen und im Saarland wird nicht durch die Tatsache bestimmt, dass ihre Länder sich bereits seit Jahren in einer extremen Haushaltsnotlage befinden, sie vor dem BverfG zusätzliche Finanzhilfen des Bundes erstritten und einzelne Haushaltsauflagen zu erfüllen haben.

Berlin wird sich in zwei oder drei Jahren (2006 oder 2007) in der Situation Bremens befinden. Aber nur soweit es die rechtlichen Folgen der extremen Haushaltsnotlage betrifft. Ansonsten will ich die Entwicklungschancen des Berliner Ballungsgebietes nicht mit denen der norddeutschen Hansestadt vergleichen. Wenn die Bundesrepublik Deutschland sich zu einer sachgemäßen politischen Lösung durch Bund und Länder entschließen könnte, wird sie den Vorschlag der Deutschen Nationalstiftung und damit eine alte

Position Berlins aufgreifen und die von Bund und Ländern mindestens mitverantwortete Verschuldung der deutschen Hauptstadt über den Fonds Deutsche Einheit abwickeln. Den Rest könnte und müsste Berlin allein schultern. Es darf dann allerdings seine eigenen Stärken als „Capital of Talent" und in Forschung und Wissenschaft nicht mutwillig durch eigene Entscheidungen ruinieren. Sparen an falscher Stelle ist nicht Mut zu unpopulären Entscheidungen, sondern eine Mischung aus Konzeptions- und Hilflosigkeit. Leider haben sich solche Entscheidungen seit 2001 gehäuft.

War (oder ist) Berlin auf dem richtigen Weg? Die Entwicklungen kann man nicht nur am Baugeschehen, der Architektur zwischen Rekonstruktion und Moderne, den Regierungsbauten und dem vor den Augen der Berliner entstehenden neuen Hauptbahnhof – Lehrter Bahnhof – ablesen. Die wirtschaftliche Strukturschwäche – durch die Bundesentwicklung noch verstärkt – ist nicht überwunden und viel zu gut kenne ich auch die Problemkinder der Berliner Politik. Leider hat sich in den Jahren nach 2001 auch noch vieles – von den Landeskrankenhäusern bis zu den Wohnungsbaugesellschaften – verschlimmert. Es gibt aber auch die verbesserte Produktivität und Exportorientierung der Berliner Industrie, das Handwerk hat die Talsohle durchschritten, es gibt mehr moderne Dienstleistung und die Stadt ist ein Magnet für junge Leute. Wer bei allen Schwierigkeiten der Berliner Situation Optimismus für diese Stadt auftanken will, der muss sich ansehen, wer nach Berlin strömt.. Es sind kreative, junge Leute, die in der Medien- und Werbebranche und in den Informationstechnologien viele Betriebe gegründet und auch zum Teil wieder aufgegeben haben, die aber bald auch das wirtschaftliche Klima der Stadt bestimmen werden. Die noch nicht fertige Stadt übt auf sie die Faszination aus, und das kulturelle Umfeld. Das ist ein wichtiger Teil des Neuen Berlin, das neben Ostberlin und Westberlin immer größer wird.

Es bestätigten sich politische Einschätzungen, die zuvor als risikoreich galten und heftig attackiert wurden. Als Alba Berlin von der Sömmeringhalle im tiefen Berliner Westen in die neu gebaute Max-Schmeling-Halle nach Ostberlin umzog, prophezeiten viele das Ende des Basketballvereins. Wieder eine typische Entscheidung zu Lasten des Westteils der Stadt – so wurde geschimpft – und die Fans würden den Weg in die neue Halle nicht finden, der Verein würde seine Basis verlieren. Das Gegenteil ist eingetreten. Alba ist ein Beweis für die Integrationskraft des Sports und die Max-Schmeling-Halle ein Zeichen dafür, dass Standortentscheidungen die mentale Vereinigung einer lange geteilten Stadt fördern können.

Die heftigste Kontroverse gab es bei der Akademie der Künste. Die Rechtsnachfolge der ehemaligen DDR-Akademie und die Rückwirkungen auf Archive, Bibliotheken, Sammlungen und Gedenkstätten machten staatsvertragliche Regelungen mit den neuen Bundesländern und eine Zusammenarbeit mit dem Bundesinnenministerium notwendig. Die Rechtsposition der

Akademie aus dem Westteil der Stadt musste genauso berücksichtigt werden wie die Veränderungen in Leitung und Zusammensetzung der ehemaligen DDR-Akademie. Die Kritik an der Arbeit der Westberliner Akademie und ihrer politisch-ideologischen Ausrichtung unter der Präsidentschaft von Günter Grass (bis 1989) und Bedenken gegen Mitglieder der ehemaligen DDR-Akademie verdichteten sich zu Forderungen nach einem totalen Neubeginn. Das ging nur bei Auflösung der West-Akademie. Wir sollten also das gesetzlich verordnen, was ich dem rot-grünen Senat bei der Auflösung der Akademie der Wissenschaften gerade als rechtswidrig vorgeworfen hatte. Als Nachfolger von Günter Grass wollte Walter Jens dagegen die unter Führung von Heiner Müller bereits weitgehend veränderte Mitgliedschaft aus dem Osten in die gemeinsame Akademie aufnehmen. Mit dem falschen Begriff der „en bloc"-Übernahme wurde dagegen gekämpft. Selbst Helmut Kohl intervenierte mit einer Stellungnahme an alle Mitglieder der CDU-Fraktion des Abgeordnetenhauses und artikulierte „große Sorgen, dass die Entwicklung an der Berliner Akademie dem Ansehen Berlins schaden wird und dass ein Teil der Aktivisten ... gewiss nicht das Ziel hat, ein offenes und pluralistisches geistig-kulturelles Leben in Berlin zu unterstützen." Damit formulierte der CDU-Bundesvorsitzende ganz sicher auch die Mehrheitsposition in der Berliner CDU.

Bei allem Ärger über Stellungnahmen der Akademie: Nie habe ich ernsthaft über die zwangsweise Auflösung der bestehenden Akademie am Hanseatenweg in Berlin-Tiergarten nachgedacht und in dem geschilderten Geflecht von Bibliotheken und Sammlungen war hier jede Doppelung wirklich unsinnig. Inhaltlich war Art. 5 Abs. 3 des Grundgesetzes genauso zu beachten wie ein Satz von Theodor Heuss: „Kultur kann zwar Politik, Politik aber nie Kultur bestimmen." In einem Staatsvertrag mit Brandenburg wurde der Akademie eine erweiterte Grundlage gegeben. Die Akademie hat sich mit neuen Mitgliedern nach den Bitten der Politik und eigener Überzeugung weiter für Repräsentanten der Opposition im früheren Ostblock geöffnet. Walter Jens konnte den Ungarn Geörgy Konrad als seinen Nachfolger im Amt des Präsidenten gewinnen. In der Arbeit der Akademie haben sich die optimistischen Hoffnungen erfüllt.

Der erwartete Rutschbahneffekt ist eingetreten. Schneller, als ich es erwartet habe, beim Bundesrat, langsamer bei anderen Verwaltungen. Es ist aber nur noch eine Frage der Zeit, dass der ursprüngliche Beschluss des Bundestages vom Juni 1991 zum Umzug der Bundesregierung verwirklicht wird. Auch das sonstige Engagement des Bundes in Berlin hat sich mit dem Umzug erhöht. Mitverantwortung für das kulturelle Angebot der Stadt wird immer deutlicher und wirkt sich auch entlastend für die Stadt aus. Beispiele sind die Stiftung Preußischer Kulturbesitz, die Opern und auch die Akademie der Künste.

Gekaufte Stimmen?

Ein finanzieller Erfolg bei einer sehr ungewöhnlichen Absprache mit Bundeskanzler Gerhard Schröder brachte mir in Berlin viel Zustimmung, in der Bundespartei CDU/CSU aber langfristig erheblichen Ärger ein. Es ging um das Abstimmungsverhalten Berlins bei der Steuerreform im Jahre 2000:
Ich bin kein Steuerexperte und will auch nicht den Versuch machen, die rechtlichen Feinheiten der damaligen Debatte hier wiederzugeben. Die Initiative der Bundesregierung war bereits im Vermittlungsausschuss. Die Union sah – wohl zu Recht – bei den Steuerentlastungen erhebliche Nachteile für den Mittelstand und unverantwortliche Vorteile für Kapitalgesellschaften. Die Union konnte das Gesetz im Bundesrat verhindern, wenn die Regierungskoalitionen mit Beteiligung der CDU und der FDP mit Nein votieren würden. Vier Länderregierungen rückten damit in den Mittelpunkt des Interesses: Rheinland-Pfalz mit einer FDP-Beteiligung an der sozialdemokratisch geführten Regierung und die großen Koalitionen in Bremen, Brandenburg und Berlin. Der Blick richtete sich bei den großen Koalitionen besonders auf Berlin, da die Regierung hier im Gegensatz zu den anderen Ländern von der CDU geführt wurde. Steuerentlastungen waren notwendig, die Union wollte durch eine Ablehnung im Bundesrat eine nochmalige Runde im Vermittlungsausschuss und „mehr Unionshandschrift" – so Friedrich Merz – erzwingen. Dazu mussten nur zwei der genannten vier Länder der Regierungsinitiative die Zustimmung verweigern.
Der Linie hatte ich im Parteipräsidium zunächst zugestimmt. Die Berliner SPD wollte Schröder und Eichel zwar zustimmen, koalitionskonform aber war auch eine Enthaltung und damit der Weg – bei Antrag der Bundesregierung – in die nochmaligen Vermittlungsausschussberatungen offen. Ich machte in öffentlichen Erklärungen meine endgültige Position von weiteren Verbesserungen in der Mittelstandsförderung abhängig.
Dann verschoben sich die Mehrheiten. Bremen erkaufte sich Zusagen für den Finanzausgleich. Die Hafenlasten waren für Berlin weniger interessant, aber der weitere Bestand der so genannten Stadtstaatenklausel bedeutete auch für Berlin mehrere Milliarden DM jährlich.
Nun versuchte die Bundesregierung auch mit Berlin und den anderen stimmentscheidenden Ländern zu verhandeln. Berlin wurde insbesondere ein positiver Abschluss der Verhandlungen um die Finanzierung des Olympiastadions, der besonderen Kosten für Sicherheitsaufgaben und von Investitionen für die Museumsinsel angedient. Als gewiefter Taktiker hatte der Bundeskanzler das natürlich den Koalitionspartner in Berlin wissen lassen, „streng vertraulich" wurde das Angebot verbreitet und vor einer Halsstarrigkeit des Regierenden zum Nachteil Berlins gewarnt. In Telefonaten mit mir konkretisierte der Kanzler die Angebote und sagte auch Berlin gegenüber

zu, der Bund würde in den Bund-Länder Verhandlungen keine Abstriche bei den besonderen Zuweisungen an die Stadtstaaten machen. Wir erörterten auch weitere offene Streitpunkte zwischen Berlin und dem Bund.

Die Aufstockung der mit Helmut Kohl mühsam errungenen Zusage zur Finanzierung des Olympiastadions und die Übernahme von Berliner Anteilen an den Investitionen der Stiftung Preußischer Kulturbesitz würde den Berliner Haushalt über mehrere Jahre von fast zwei Milliarden DM entlasten. Da konnte man auch ohne die gewünschten Veränderungen am Steuergesetz schwach werden. Konnte ich eine Absage angesichts der Berliner Haushaltsprobleme denn überhaupt verantworten? Ich sagte nur eine Prüfung des Angebotes zu.

Eine Zusage für den Berliner Haushalt würde nur wirksam werden, wenn das Steuergesetz im Bundesrat beschlossen würde. Doch das Berliner *JA* würde nach den Verabredungen mit Bremen der Bundesregierung zur Mehrheit reichen, denn Gerhard Schröder konnte damit rechnen, dass Manfred Stolpe die Initiative der Bundesregierung nie allein an der Stimme Brandenburgs scheitern lassen würde. Länder können im Bundesrat ihre Stimmen nur einheitlich abgeben. Mit einem zwischen ihm und seinem CDU-Partner Schönbohm einkalkulierten oder verabredeten Theaterdonner würde Manfred Stolpe sich nicht koalitionstreu der Stimme enthalten, sondern parteitreu der Bundesregierung zustimmen. Nach meinem Eindruck hatte er nach der vorangegangenen Wahlschlappe auch innerhalb der SPD gar keine andere Chance.

Der Kanzler hat mich dann zwei Tage vor der entscheidenden Sitzung des Bundesrates von Verhandlungen der Bundesregierung mit Rheinland-Pfalz und der dortigen FDP unterrichtet. Er brauchte aus seiner Sicht die Stimmen Berlins nicht mehr, denn mit Bremen, Brandenburg und Rheinland-Pfalz hatte er seine notwendige Mehrheit. Dennoch hielt er sein Angebot aufrecht. Ich zögerte immer noch. Mit der FDP in Mainz verhandelten die Steuerexperten über eine Ergänzung des Gesetzes und eine „Mittelstandskomponente". Die FDP wollte sich als erfolgreichen Retter des Mittelstandes darstellen. Am Wort des Kanzlers bei seinen Zusagen an Berlin musste ich nicht zweifeln, er würde das zum Finanzminister durchstellen.

Aber was passierte in Rheinland-Pfalz wirklich? Die Spatzen pfiffen das Ringen um eine Lösung inzwischen für jeden aufmerksamen Beobachter von den Dächern. Da würde man einen Kompromiss finden, der der Mainzer Regierung und der dortigen FDP die Zustimmung in der Länderkammer ermöglichte. Nur die CDU-Führung um Friedrich Merz und Angela Merkel wollte das nicht glauben.

Ich hatte gegenüber der Parteivorsitzenden eine rechtzeitige Abstimmung in der CDU-Führung angeregt und auf eine veränderte Ausgangsposition hingewiesen. Nach einigem Hin und Her kam es am Tag vor der Bundesratssitzung gegen 23 Uhr im Hotel Maritim noch zu einem Treffen. Angela Merkel, Friedrich Merz, Edmund Stoiber, der parlamentarische Geschäftsführer Repnik und zeitweise auch Kurt Biedenkopf nahmen daran teil. In den Abendstunden hatte ich beim Joggen am Rhein über Handy – wegen der erwarteten Anrufe hatte ich es ausnahmsweise dabei – den letzten Stand aus den Vorbesprechungen der SPD zum „Fall Rheinland-Pfalz und Minister Brüderle" erfahren. Verabredungsgemäß hatten mich der Bremer Bürgermeister Scherf und der Brandenburger Nachbar Stolpe angerufen. Es sollte eine weitere Absenkung des Spitzensatzes der Einkommensteuer und die Wiedereinführung des halben Steuersatzes für Betriebsveräußerungen für Unternehmer beschlossen werden, die aus dem Berufsleben ausscheiden. Das würde wohl so laufen, der Kollege Stolpe sagte mir zu, die endgültige Sicherheit über den geplanten Ablauf am nächsten Morgen in die dann stattfindenden Vorbesprechungen durchzugeben. Für mich war der Ablauf klar. Das Steuergesetz würde mit oder ohne die Stimme Berlins den Bundesrat passieren. Die vermeintliche CDU-Mehrheit im Bundesrat war ausgetrickst. Die absolute Klarheit würde ich am nächsten Morgen haben und müsste dann gegebenenfalls unverzüglich mit dem Bundeskanzler Kontakt aufnehmen.

Die Spitze der Union unterrichtete ich im Hotel Maritim über meine Einschätzung, dass die CDU/CSU diese Runde verloren hatte und regte an, die nach den selbstbewussten Stellungnahmen der vergangenen Tage erwartete Blamage durch eine rechtzeitige Kurskorrektur zu vermeiden. Jede Änderung und Ergänzung des Steuerpaketes war ein Ergebnis der Bemühungen der Union und ihres bisherigen Widerstandes. Die CDU sollte aus der Not eine Tugend machen. Das Steuerpaket war zwar nicht die Position der CDU, es trug jedoch in wichtigen Teilen ihre Handschrift, man konnte es also mit kritischen Anmerkungen passieren lassen. Zu meinem Erstaunen hatten die Gesprächspartner die Entwicklung in Mainz in ihrer Brisanz gar nicht zur Kenntnis genommen. Um Mitternacht versuchte Angela Merkel über Handy mit der FDP-Führung Kontakt aufzunehmen, deren Einfluss auf die Entscheidungen in der Mainzer Koalition ich allerdings für gering einschätzte. An eine positive Stimmabgabe des Kollegen Stolpe wollte in der Runde auch keiner glauben. Da gäbe es doch eine Koalitionsvereinbarung. Wenn die nicht eingehalten werde, könne die Union ja dort auf eine Regierungsbeteiligung verzichten – so tönte es mir von Angela Merkel entgegen.

Ich habe meine Situation sehr offen geschildert, das Angebot des Kanzlers auch in den Größenordnungen genannt und auf die gemeinsamen Interessen mit Bremen hingewiesen. Der Bremer Landesvorsitzende der CDU, Bernd Neumann, hatte ohnehin in den vorangegangenen Sitzungen des Bundesvorstandes davor gewarnt, CDU-Politik hauptsächlich aus der Sicht der reichen Länder des Südens zu betreiben. Ich könne –so mein Hinweis – das Angebot der Bundesregierung gar nicht ablehnen, insbesondere nach den jetzt beabsichtigten zusätzlichen Verbesserungen durch Mittelstandskomponente und Steuersenkung, schon gar nicht könne ich auf die angebotenen Haushaltsentlastungen verzichten, wenn es noch nicht einmal auf die vier Stimmen Berlins ankomme. Friedrich Merz aber wollte – da war ich ein ungeeigneter Gesprächspartner – über Einzelheiten der beabsichtigten Ergänzung zum Steuersenkungsgesetz und die Steuersystematik diskutieren; Edmund Stoiber wies auf die andere Qualität eines positiven Votums aus Berlin im Gegensatz zu den SPD/CDU-Koalitionen in Bremen und Brandenburg hin. Die Berliner Koalition stände unter Führung der CDU und ich selbst sei seit vielen Jahren ein hervorgehobener Repräsentant der CDU. Es war natürlich klar, dass der Bundeskanzler das auch sah, meinen Loyalitätskonflikt bei einer unveränderten CDU/CSU-Position provozieren und gerade damit die CDU düpieren wollte. Das alles konnte aber nichts daran ändern, dass im Zweifel immer Staatsinteresse vor Parteiinteresse gehen müsste. In der Runde bewegte sich nichts Nach Mitternacht ging man auseinander. Michael Butz hatte in der Bar des Hotels auf mich gewartet. Ihm fiel die eisige Stimmung auf, als wir uns – so Michael Butz – grußlos trennten.

Von der offiziellen Vorbesprechung der Union am nächsten Morgen habe ich ein Chaos in Erinnerung. Es gab keinerlei Führung. Meine zuvor gegebenen Informationen bestätigten sich, noch bevor mir selbst die entsprechende Mitteilung des Kollegen Stolpe in die Besprechung gereicht wurde. Die Stimmabgabe durch Bremen war klar, der Kollege Schönbohm vermutete, Stolpe werde sich nicht an die verabredete Stimmenthaltung halten, Erwin Teufel bat mich eindringlich, dem Paket doch nicht zuzustimmen, und Staatsminister Jung aus Hessen eröffnete die Rechtsdiskussion über die Wertung der Stimmen eines Bundeslandes bei unterschiedlichen Positionen seiner Mitglieder des Bundesrates. Nachdem ein Rechtsgutachten genannt wurde, nach dem im aktuellen Fall der unterschiedlichen Positionen in Brandenburg die Stimmen zwei zu zwei zu werten seien, habe ich die Besprechung verlassen und mit dem Bundeskanzler telefoniert. Gott sei dank wusste der Berliner Bevollmächtigte Wartenberg Aufenthaltsort und Telefon, knappe 15 Minuten vor Beginn der Sitzung habe ich die Verabredung mit dem Kanzler getroffen. Die Bundesregierung hat sie eingehalten.

Im Bundesrat kam es zu emotionalen Auseinandersetzungen. Das Problem lag formal darin, dass das Steuergesetz in einer neuen Steuerrechtsnovelle erst nach den Sommerferien ergänzt werden konnte und es zunächst nur eine Entschließung mit der ausgehandelten Fortentwicklung geben konnte. Wollte ich die Zusagen des Kanzlers in Anspruch nehmen, musste Berlin die Entschließung gemeinsam mit Rheinland-Pfalz, Bremen und Brandenburg beantragen. Das lag in der Logik der Abläufe. Die Zustimmung allein war nichts mehr Wert. Aber meine Forderung nach Verbesserungen für den

Mittelstand, von der ich mein Verhalten auch in der Diskussion mit der Berliner SPD abhängig gemacht hatte, war ebenfalls berücksichtigt.

Berlin freute sich über bisher verweigerte Leistungen des Bundes. Die Berliner SPD konnte keine Berliner Krise inszenieren. Mit der Berliner CDU hatte ich das mögliche Stimmverhalten abgesprochen.

Ich erwähne den Vorgang so ausführlich, weil sich natürlich auch ein schlechter Beigeschmack eingefunden hat und die Interessenabwägung durch die besonderen Probleme der Stadt bestimmt war. Ohne die finanzielle Abhängigkeit Berlins und auch Bremens von Entscheidungen der Bundesregierung wäre der Bundeskanzler sicher nicht auf die Idee solcher Angebote gekommen. Absprachen, die nicht mit dem eigentlichen Thema des Steuergesetzes zu tun hatten, wurden entscheidend oder zumindest mitentscheidend. Das gibt es auch außerhalb der Politik bei vielen Vertragsabschlüssen. Dennoch dient es nicht der Glaubwürdigkeit von politischen Entscheidungen und zeigt die Auswirkungen politischer und wirtschaftlicher Abhängigkeiten in einem föderalen Staatsaufbau. Ich war mir auch bewusst, dass man mir bei Kontroversen in der Partei das Stimmverhalten zur Steuerreform immer wieder aufs Brot schmieren würde. Und klar war auch, dass sich andere betroffene CDU-Vertreter aus Bremen und Brandenburg bei der Kontroverse hinter dem „Vorgang Berlin" verstecken würden. So war es dann auch

Von der CDU-Parteispitze unwidersprochen, wurde verbreitet, sie sei vom Verhalten Berlins überrascht worden. Nach dem Gespräch im Maritim konnte das nicht richtig sein. Auch nicht nach dem Ablauf der Vorbesprechung. Da will ich aber bei einem milde gestimmten Rückblick nicht ausschließen, dass bei dem Chaos der eine oder andere Teilnehmer wichtige Aussagen nicht mitbekommen hat. Laut geschrien habe ich nicht.

An die chaotische Vorbesprechung habe ich mich später bei dem Eklat im Bundesrat erinnert, als zum ersten Mal über das Zuwanderungsgesetz abgestimmt wurde. Die Brandenburger Regierung war uneinig. Stolpe und Schönbohm gaben unterschiedliche Voten ab. Der Bundesrat folgte dem Ministerpräsidenten, und das Bundesverfassungsgericht hob den Beschluss später nach einem Antrag der CDU-geführten Länder auf. Die Spitzen von SPD und CDU in Brandenburg wollten offensichtlich zwar einen kalkulierten Krach, aber keinen Bruch riskieren. Zunächst aber war jeder zur Freude seiner Anhängerschaft bei seiner Position geblieben und wälzte gleichzeitig die Koalitionsprobleme auf den Bundespräsidenten bei seiner Unterschrift unter den Gesetzestext und den Bundesrat bei der Bewertung des Stimmverhaltens ab.

Bis zur Entscheidung des Bundesverfassungsgerichtes hatte ich es als selbstverständlich angesehen, dass im Zweifelsfalle die Stimmabgabe durch den Ministerpräsidenten im Bundesrat gilt. Das war Staatspraxis. Ich bin immer in den Bundesrat gegangen, wenn sich Konflikte andeuteten oder erst in den letzten Tagen die noch notwendigen Klärungen einzelner Sachfragen erfolgten. Der Stimmführer muss dann seine Entscheidung im heimatlichen Kabinett verantworten. Nach der Entscheidung des Bundesverfassungsgerichtes werden die Stimmen eines Landes jetzt nicht mehr gewertet, wenn von den Bundesratsmitgliedern des Landes unterschiedliche Voten abgegeben werden. Das Land kann, auch wenn es immer von mehreren Mitgliedern der Landesregierung im Bundesrat vertreten wird, nach dem Grundgesetz immer nur einheitlich abstimmen. Die neue Praxis wird die Arbeit von Koalitionsregierungen nicht erleichtern. Sie stärkt nur den kleineren Regierungspartner. Und die Steuerreform der Regierung Kohl/Waigel hätte danach im Jahre 1992 keine Mehrheit gefunden. Über die Mehrheit für die Steuerreform des Jahres 2000 lässt sich nur spekulieren.

Koalitionen – Parteien

Die Nebenbuhler decken die Fehler auf, welche die Nachsicht vergessen hatte
Gracián, 114

In meiner politischen „Laufbahn" habe ich unterschiedliche Koalitionen von Parteien erlebt, geführt und auch ertragen. Das klammheimliche Regierungsbündnis mit der FDP zu Beginn der Regierungszeit Richard von Weizsäckers war allem äußeren Anschein zum Trotz dabei das stabilste. Die Regierung konnte auf einer Zusammenarbeit mit der Mehrheit der FDP-Fraktion im Abgeordnetenhaus vertrauen. Diese Mehrheit reichte bei wichtigen parlamentarischen Abstimmungen, und ich kann mich auch nicht an Abstimmungsniederlagen erinnern, weil von den anderen Parteien eine Mehrheit gegen die CDU gebildet wurde. Ich habe schon erwähnt, dass eine Verabredung über die Finanzplanung nach der Wahl des Senats die Grundlage für die Zusammenarbeit bildete, die viel mehr war als die Duldung einer parlamentarischen Minderheitsregierung. Bei der Senatswahl war im ersten Wahlgang zwar der designierte Wirtschaftssenator Pieroth durchgefallen; das musste aber nicht von der FDP kommen, sondern konnte auch der Protest des Wahlsiegers CDU gegen ein Kabinett der Berliner Quereinsteiger sein. Ein Scheitern des Neuanfangs wollte da aber keiner. Deswegen konnte Elmar Pieroth auch unverzüglich wieder zur Wahl gestellt werden.

Die vertrauensvolle und freundschaftliche Zusammenarbeit zwischen Walter Rasch als dem Exponenten der FDP und mir als Fraktionsvorsitzenden sorgte dafür, dass sich kein Sand im Getriebe festsetzen konnte.

Häufige Telefonate, gemeinsames Frühstück und öfter ein gemeinsames Bier, so funktionierte es. Mit ihm konnte auch besprochen werden, wie denn der Ärger in der jeweils eigenen Partei berücksichtigt werden muss, wo auch Raum für den Koalitionspartner zur Eigendarstellung geschaffen werden kann. Gemeinsam wurden Ideen entwickelt. Das Verhältnis änderte sich auch nicht, als die FDP offiziell in die Koalition eintrat oder nach meiner Wahl zum Regierenden. Nur die Zeit wurde immer knapper für die notwendige Kommunikation, das Amt des Regierenden schaffte ein enges terminliches Korsett. CDU und FDP setzten durchaus unterschiedliche Schwerpunkte in der Wirtschaftspolitik oder der Stadtentwicklung und dem Umweltschutz, aber sie wollten die Zusammenarbeit. Es gab weniger Eifersüchteleien zwischen den Senatsverwaltungen, es wurde ressort- und parteiübergreifend gedacht und geplant. Und unterschiedliche Positionen waren nicht immer gleich eine die Zusammenarbeit und die Regierung gefährdende Krise.

Es war ein großer Unterschied zur Großen Koalition.

CDU/FDP war gewollt, CDU/SPD war vom Wahlergebnis erzwungen. Ein anderes Regierungsbündnis wäre nur mit Beteiligung der PDS möglich gewesen, ein Tabu für die Berliner SPD bis zu dem Zeitpunkt, an dem Klaus Wowereit und Gerhard Schröder die Zeit für einen Bruch dieses Tabus für reif hielten.

Die Basis der beiden Parteien – CDU und SPD – mochte das Bündnis nicht. Schon 1991 gab es die ersten Abstimmungen im Abgeordnetenhaus, in denen die SPD mit den Grünen und der PDS Mehrheiten gegen die CDU bildete. Der CDU-Fraktionsvorsitzende Klaus Landowsky und ich haben immer versucht, aus diesen Abstimmungen zu Nebenthemen der Berliner Politik keine Staatsaktion zu machen. Wir wussten, die CDU trägt gegen eine parlamentarische Mehrheit von Links die Hauptverantwortung in der Regierung.

Bereits in den ersten Jahren der Koalition mit den Sozialdemokraten gab es viele Streitfragen. Auseinandersetzungen um Schul- und Verkehrspolitik habe ich beschrieben, auch die unterschiedlichen Positionen zur Hochschulmedizin. In den Fragen der inneren Sicherheit und dem Verhältnis zur Polizei türmten sich die emotional größten Probleme zwischen den Koalitionsfraktionen im Abgeordnetenhaus auf. Der 1. Mai und die Kreuzberger Krawalle lieferten stets über Wochen den Diskussionsstoff. Die SPD machte zur Empörung der Innenpolitiker der CDU immer gerne die Polizei für alle Gewalttätigkeiten verantwortlich.

Die FDP wusste und akzeptierte, dass sie Juniorpartner in der Regierung war. Die SPD war nach ihrem Verständnis dagegen immer der „durch einen Unglücksfall der Geschichte" verhinderte eigentliche Träger der Regierungsverantwortung. Aus diesem Selbstverständnis wurden aus unterschiedlichen Positionen von Fachressorts schnell Koalitionskrisen, je länger die große Koalition bestand, desto häufiger. Und die Medien nahmen den Begriff natürlich begierig auf. Ich könnte ohne einen Blick in Protokolle von Koalitionssitzungen weder die Zahl noch die Anlässe der so genannten Krisen auflisten. Nach 1996 waren sie fast immer mit Haushaltsthemen verbunden. Ich selbst löste 1992 eine – schnell überwundene – durch meine eigenwillige Abstimmung zur Steuerreform aus. Meine Absprache mit Manfred Stolpe nahm der Berliner SPD genauso die Stoßkraft wie mein Hinweis, dass Staatsinteresse immer über parteitaktische Überlegungen gehe. Kritisch wurde es 1994 nach einem Vorfall, der aus meiner Sicht bestenfalls mit einer Aussprache zwischen den Regierungspartnern hätte bereinigt werden müssen. Er zeigt aber die Eigendynamik von politischen Streitpunkten und Mechanismen, mit denen Stürme abgewettert werden können.

Ein persönlicher Mitarbeiter B. von Innensenator Professor Heckelmann war von Polizeibeamten bei einer Veranstaltung des so genannten Dienstagskreises beobachtet worden, dessen Organisator der Zugehörigkeit zur rechtsradikalen Szene verdächtigt wurde. Da B. als Schüler die Zeitschrift „Die Freiheit" bestellt hatte, wurde daraus der Vorwurf konstruiert, die Innenverwaltung und der Senator würden den Rechtsradikalismus fördern. Das war völliger Unsinn. Aber zuvor waren bei der Freiwilligen Polizeireserve drei Rechtsradikale enttarnt und entfernt worden. Dem Verfassungsschutz war zudem gerade der Vorwurf gemacht worden, er wäre fahrlässig mit Informationen über ein geplantes Attentat auf Oppositionelle durch einen arabischen Geheimdienst umgegangen und hätte politische Morde in Berlin verhindern können (Fall Mykonos). Der Berliner Verfassungsschutz befand sich intern und gegenüber der Öffentlichkeit in einer Vertrauenskrise.

Aus dieser Gemengelage entwickelte sich ein gefährlicher politischer Zündstoff. Meiner Ansicht nach verrannte sich der SPD-Landes- und Fraktionsvorsitzende Dietmar Staffelt, angespornt aus seiner Partei, völlig. Er forderte den Rücktritt des Innensenators und drohte wiederholt mit der Aufkündigung der Koalition.

Für den Rücktritt des Innensenators – er hatte erfolgreich Verwaltung, Polizei und Feuerwehr aus Ost und West zusammengeführt – gab es keine Veranlassung. Die Rücktrittsforderung konnte die CDU nicht akzeptieren. Dietmar Staffelt hatte sich jedoch sehr weit „aus dem Fenster gelehnt". In der Presse wurde schon gespottet, er würde mit seinen Forderungen wie ein Bärenfell vor dem Kamin landen. Seine Führungskraft in Partei und Koalition und die Handlungsfähigkeit der SPD standen damit zur Disposition. Sollte es nicht zu einer Eskalation kommen – und daran konnte auch die CDU kein Interesse haben –, musste ein gesichtswahrender Weg gefunden werden. So wurde der Verfassungsschutz nach der Praxis anderer Länder unmittelbar der Senatskanzlei als Krisenmanagerin unterstellt. Gut, dass der Chef der Senatskanzlei, Volker Kähne, als früherer Oberstaatsanwalt auch

Zugang zu der Materie hatte. Aufgrund der in dieser Zeit erworbenen Kenntnisse habe ich Jahre später – allerdings vergeblich – vor einem Antrag des Bundesrates an das Bundesverfassungsgericht gewarnt, die NPD zu verbieten. Es war doch klar, dass diese Partei von den Verfassungsschutzämtern total überwacht war und daraus juristische Probleme entstehen mussten. Innensenator Eckart Werthebach hatte das auch aus seiner früheren Tätigkeit als Präsident des Bundesamtes für Verfassungsschutz ausdrücklich bestätigt. Mit den gut gemeinten Verbotsanträgen haben sich dann Bundesregierung, Bundesrat und Bundestag 2003 vor dem Verfassungsgericht leider auch blamiert.

Die angesprochenen Probleme verschärften sich mit der fortschreitenden Dauer der Koalition zwischen CDU und SPD. In den ersten Jahren aber überwog die Faszination der „Aufgabe Vereinigung Berlins". Die Freude über den doch noch zustande gekommenen Hauptstadtbeschluss, der Ärger über das Bonner Gezerre, die „Jahrhundertentscheidungen" zur Stadtplanung, die ersten instandgesetzten S- und U-Bahnlinien zwischen Ost und West, das alles hat die Koalition und ihre Führungskräfte auch persönlich verbunden. Alle wollten in Regierung und Parlament etwas bewegen. Die Aufgaben waren so umfangreich, dass man ohnehin nicht alles mit gleicher Kraft anpacken konnte. Damit konnten Streitfragen zurückgestellt oder auch Kompromisse beschlossen werden. Für mich gab es dabei zwei Überlegungen:

die Richtung musste stimmen und erste Schritte sollten ausbaufähig sein und

einzelne Entscheidungen sollten möglichst unumkehrbar, die Verwirklichung also nur eine Frage der Zeit sein.

Die Erinnerung ist ein Paradies. Den Satz will ich auf die erste Zeit der CDU/SPD-Koalition anwenden und die unterschiedlichen Positionen der Regierungspartner, die ich zum Teil ja schon erwähnt habe, nicht weiter ausleuchten. Auch nicht den innerparteilichen Streit der SPD, der den SPD-Bausenator Nagel dazu veranlasste, seine Partei als Selbsterfahrungsgruppe zu charakterisieren. Im Senat herrschte eine sachlich-kooperative Atmosphäre. Die Fraktionsvorsitzenden Dietmar Staffelt (SPD) und Klaus Landowsky (CDU) haben mit den parlamentarischen Geschäftsführern Kern (SPD), Fechner (SPD) und Liepelt (CDU) immer wieder an gemeinsamen Initiativen für eine verstärkte Wirtschaftskraft gearbeitet. In den Facharbeitskreisen wurde um die gemeinsame Linie gerungen. Das änderte sich auch nicht, als Dietmar Staffelt zurücktrat und Klaus Böger neuer Vorsitzender der SPD-Fraktion wurde. Es machte sich wohl noch bemerkbar, dass Anfang der Neunzigerjahre die Linke in den Westberliner Kreisverbänden der SPD keine Alternative zur Regierung mit der CDU sah. Eine Zusammenarbeit mit der PDS wurde noch schärfer in der Ostberliner SPD abgelehnt. Im Senat ging man daher auch für die Zeit nach den Wahlen von 1995 von der Fortsetzung der Koalition aus. Die SPD-Spitzenkandidatin Stahmer – sie hatte sich gegen Walter Momper parteiintern durchgesetzt – formulierte es so: Wir bilden wieder eine Regierung, wir kämpfen darum, wer die Regierung führen wird.

Klimaverschärfung

Klimatisch änderte sich das mit den Wahlen 1995 und der herben Niederlage der SPD. Auf ein Kopf-an-Kopf-Rennen hatte man gehofft. Im Ergebnis blieb die SPD mit 23,6% weit hinter der CDU mit 37,4% zurück und war im Ostteil der Stadt hinter PDS und CDU nur dritte Kraft. Beide Regierungsparteien hatten Verluste, aber die CDU war gegenüber dem Regierungspartner gestärkt aus den Wahlen hervorgegangen. Im Westen der Stadt hatte sich offensichtlich die Politik Aufbau Ost vor Ausbau West in einer Verärgerung gegenüber Parteien bemerkbar gemacht, die aus dem Westteil der Stadt in die Regierungsverantwortung gewählt worden waren.

Die SPD wollte ihre Wahlschlappe nun mit strammen Auftreten und massiven Forderungen in den Koalitionsverhandlungen wettmachen. Sie forderte in einer künftigen Regierung die gleiche Zahl von Senatoren wie die CDU. Ihr linker Flügel machte mobil und forderte eine Beteiligung an der Regierungsmannschaft. Es wurden schwierige Koalitionsverhandlungen. Und sie zogen sich ungebührlich lange hin. Vielleicht hätte die CDU noch länger und stärker pokern sollen. 37% waren aber keine hinreichende Basis für eine Minderheitenregierung, die ohnehin nur als Einladung zu einer Regierung links von der CDU aufgefasst worden wäre – das wäre nur eine Frage der Zeit. SPD und Grüne – toleriert durch die PDS. Das wollten wir – die Verantwortlichen der CDU – nicht riskieren.

Kurz vor Abschluss von Koalitionsverhandlungen steht der Verhandlungsführer – meist nach einer oder zwei langen Nächten – in der Regel allein in der Verantwortung. „Das musst du wissen" heißt es dann. Gut, dass ich mich in diesen Situationen darauf verlassen konnte, dass Klaus Landowsky am nächsten Tag die Entscheidung gegenüber einer kritischen und oft auch aufgebrachten Partei mit vertreten würde. Die Zahl der SPD-Senatoren war für mich nicht vorrangig. Wichtig war die tatsächliche politische Verantwortung in den Politikbereichen und das musste bei den Ressortzuordnungen entschieden werden. Wo sind die Gestaltungsmöglichkeiten, wo sind vorgegebene Entscheidungen nur umzusetzen. So konnten wir uns dann auch verständigen. CDU und SPD stellten je fünf Mitglieder des Senats, die CDU zusätzlich den Regierenden, aber die CDU trug nach der Verkleinerung des Senats die Verantwortung im früher getrennten Ressort Wissenschaft und Kunst und auch im Bereich Gesundheit und Soziales. Die Verantwortung für die früher selbstständige Senatsverwaltung für Bundes- und Europaangelegenheiten wurde vom Regierenden übernommen. Es war ein turbulenter Landesparteitag, der die Koalitionsvereinbarung billigen musste.

Es begann die Phase der Berliner Politik, in der die Planungsentscheidungen der vorangegangenen Jahre umgesetzt werden mussten. Die Zeit der Grundsteinlegungen wechselte in die Phase der Richtfeste und Umzugsunternehmen. Begonnene Arbeiten mussten fortgesetzt und zum Abschluss gebracht werden: Verwaltungsreform, Privatisierungen, Unternehmensverträge mit landeseigenen Unternehmen, die letzten Entscheidungen der Bauplanung ...

In der neuen Zusammensetzung der Regierung stellte die SPD mit Annette Fugmann-Heesing die Finanzsenatorin. Finanzpolitik musste sich als Teil des Unternehmens Berlin verstehen, auch mal eine „dienende" Rolle übernehmen und die Aufgaben des Partners mitbedenken. Dagegen sträubte sich die Kollegin. Die heftigen Diskussionen, die zwischen den Ressorts entstanden und allzu schnell zu Koalitionsproblemen gemacht wurden, habe ich bereits erwähnt. Da die SPD die eiserne Sparlady zu ihrem Aushängeschild machte, verlor sie auch in ihrer Klientel mehr und mehr die soziale Kompetenz. Ich bin sicher, die SPD wurde dadurch zunehmend nervös und unsicher. Auf ihren Parteitagen wurden immer mehr Einzelfragen der Regierungspolitik diskutiert und Vorschläge der SPD-Regierungsmannschaft und Fraktionsführung abgelehnt Die Zusammenarbeit war schwieriger geworden, aber weiter – nicht nur in der Nostalgie der Erinnerung – erfolgreich. Es war die Zeit der Schaustelle Berlin, der Sinfonie der Kräne, der Hochschulverträge, des Theaterfinanzierungskonzeptes, des Verkaufs der Bewag, des Durchbruchs bei den neuen Dienstleistungen, der Ansiedlung der ersten Botschaften ... Doch der Streit um den notwendigen Handlungsspielraum für die Gestaltung der Berliner Politik ließ den Senat selbst nach der vollendeten Herkulesaufgabe des Verkaufs der Bewag, der Berliner Elektrizitätswerke, oder der Zusammenführung von Charité und Rudolf-Virchow-Klinikum kraftlos erscheinen. Der Satz von der „babylonischen Gefangenschaft" in der Koalition machte die Runde. In der CDU schwatzten immer mehr besonders kluge Hinterbänkler von der numerisch und inhaltlich zu dieser Zeit undenkbaren Koalition mit den Grünen. Gab es in der SPD nach 1990 das Tabu einer Zusammenarbeit mit der PDS, so war in den letzten Jahren des vergangenen Jahrzehnts nur noch die Sorge vor einer zu großen Austrittswelle der Hemmschuh gegen eine Regierung links von der CDU. Klaus Landowsky berichtete immer: Klaus – gemeint war Klaus Böger – garantiert, dass mindestens ein Drittel der SPD Fraktion so etwas nicht mitmachen würden.

Ein großer Sieg

Ende 1999 konnte die CDU ihren größten Wahlerfolg mit über 40% der Stimmen feiern. *Nie von sich reden!* Gracián verweist auf die Gefahr der Eitelkeit. Aber – folgt man der Demoskopie – dann war es auch persönlicher Erfolg. Die SPD verlor mit 22,4% noch einmal weiter an Zustimmung. Das Unbehagen in der SPD-Basis über die Bindung an die CDU hatte bei der Nominierung ihres Spitzenkandidaten für diese Wahlen Walter Momper gegen den führenden SPD-Repräsentanten der Zusammenarbeit zwischen den großen Parteien und Vorsitzenden der Fraktion im Abgeordnetenhaus Klaus Böger an die Spitze geschwemmt. Ich will hier keine Analyse des Wahlergebnisses versuchen. Mit der Kampagne „Diepgen rennt" hatte die CDU dem Versuch vorgebeugt, meinen ersten Regierungsantritt vor fast 16 Jahren zu dem „16 Jahre sind genug" oder den Hinweis auf einen „verbrauchten und kraftlosen" Regierenden zu nutzen. Walter Momper stolperte wie 1990 über die Erinnerung an seine rot-grüne „Innenpolitik" und noch mehr über den Verlust der sozialen Kompetenz seiner Partei.

Das Wahlergebnis hatte aber nichts an der politischen Zahlenlehre Berlins geändert. Die CDU hatte keine eigene Mehrheit und keinen anderen möglichen Partner als die SPD. Für ernsthafte Gedankenspiele mit den Grünen war die Zeit noch nicht reif, auch wenn sich deren Repräsentanten auf Bundesebene inzwischen schon vom Straßenkämpfer zum Bundesaußenminister geläutert hatten. Trotz des großen Wahlerfolges war die CDU im Abgeordnetenhaus in einer Minderheit. Die SPD hatte im Wahlkampf das PDS-Tabu nochmals bekräftigt. Also hatte der Wähler für eine Fortsetzung der großen Koalition entschieden.

Die SPD suchte wieder nach Wegen, das angeschlagene Selbstbewusstsein in den Koalitionsverhandlungen aufzupolieren. Trotz der Wahlniederlage wollte sie ihr Gewicht in der Regierung wieder personell verstärken. Das starre Korsett der Verfassung mit insgesamt neun Senatsmitgliedern ließ aber nur wenig Spielraum. Wieder musste ich mir zusätzliche Verantwortung auflasten. Wie in Bremen übernahm ich als Regierender auch das Justizressort – eine Aufgabe, die ich allerdings zunehmend gerne wahrnahm.

Die Verhandlungen über die Regierungsbildung waren noch zähflüssiger, als ich das schon aus der Vergangenheit gewohnt war. Offensichtlich waren auch die Meinungsverschiedenheiten innerhalb der SPD und die begrenzte Bereitschaft, noch einmal diese „Zwangskoalition" einzugehen. Selbst meine Geduld war langsam überstrapaziert. Mit Eckart Werthebach hatte ich schon ausführlich die Bildung einer Minderheitenregierung durchgeplant: Senatsbildung mit einem Kern parteiunabhängiger Experten, Auflistung der Themen, in denen der Senat dann ohne Behinderung durch den Koalitionspartner als Exekutive entscheiden konnte, Risiken der Parlamentsvorbehalte.

Bei der Wahl des Senats und einem ersten Doppelhaushalt schien es uns unmittelbar nach den Wahlen möglich, eine Tolerierung und dann auch eine relativ stabile Regierung wenigstens für die erste Hälfte der Legislaturperiode sicherzustellen. Spätestens zu diesem Zeitpunkt aber würde nach meinem Eindruck die SPD auch mit Bruch oder massivem Krach in einer Koalition versuchen, die nächsten Wahlen vorzubereiten und die „babylonische Gefangenschaft" mit der CDU verlassen. Das Risiko der Minderheitenregierung konnte man also notfalls eingehen und die zuvor eingeleiteten Entwicklungen der Stadt noch weiter vorantreiben. Die Telefonnummern potenzieller Regierungsmitglieder hatte ich schon im Notizblock.

Die Sorge vor einer Regierung ohne parlamentarischer – und sei es nur formaler – Mehrheit war in Berlin groß. Eine Minderheitenregierung der CDU würde nur dann ausreichende öffentliche Unterstützung finden, wenn die Regierungsbildung für jedermann sichtbar an der SPD gescheitert wäre. Aber dann kam ein Angebot der SPD, einzelne Themen wurden ausgeklammert, aber man konnte ja auf der bisherigen Regierungsarbeit aufbauen, und total überzogene Personal- und Ressortwünsche wurden zurückgestellt. Nach den nächtelangen Verhandlungen in vielen Fachkommissionen hatte die CDU den sozialdemokratischen Wunsch nach dem Finanz- und dem Bau- und Stadtentwicklungsressort (einschließlich wichtiger Technologiebereiche) abgelehnt. Entweder Finanzen oder das erweiterte Bauressort, so war das Angebot. Die SPD lenkte ein. Peter Strieder drängte dann Annette Fugmann-Heesing aus dem Senat und übernahm die Verantwortung für die Baupolitik. Rückblickend war es aber eine andere Personalentscheidung der SPD, die zum Bruch der Großen Koalition in der laufenden Legislaturperiode führen musste.

Klaus Böger gab den Fraktionsvorsitz auf und wurde Schulsenator. Sein Nachfolger wurde in einer Kampfabstimmung Klaus Wowereit. Ein verlässlicher Partner und Vermittler fehlte seitdem an der Spitze der SPD im Abgeordnetenhaus. Schon nach einem halben Jahr der Amtszeit von Klaus Wowereit wurde deutlich, dass er kein Interesse am Erfolg der gemeinsamen Regierungsarbeit der beiden Parteien hatte. Gespräche mit ihm hatten immer einen ähnlichen Ablauf: Er hatte stets Bedenken und wusste, warum ein Lösungsvorschlag oder ein Projekt der Regierungspolitik nicht zu verwirklichen sei. Die Fraktionsvorsitzenden Staffelt und Böger haben sich einzelnen Projekten konstruktiv genähert, Wowereit war vom Ansatz meist destruktiv. Wurden alle Bedenken Schritt für Schritt ausgeräumt, konnte mit ihm nicht etwa die praktische Umsetzung vereinbart werden. „Na dann machen Sie mal die Vorlage, wir werden das dann prüfen." Das war in der Regel mit freundlichem und charmantem Lächeln das Ende der notwendigen Koordinierungsversuche in meinem Amtszimmer. Wollte man die eigene Partei aus der bestehenden Bindung lösen und Chancen zum Absprung suchen, so war das ein erfolgversprechender Weg.

Mit Routine und Ideenreichtum durfte ihm daher überall dort, wo das Parlament mitwirken musste, keine Chance zur Ablehnung geboten werden. Das Team der Senatskanzlei konnte damit zwar oft dienen. So konnte beispielsweise der für die Konkurrenzfähigkeit der Messe Berlin wichtige Bau des Südeingangs gegen den hinhaltenden Widerstand von Wowereit auch noch kurz vor dem Bruch der Koalition durchgesetzt werden. Aber es war kein angemessenes Arbeitsklima und am Senatstisch konnte nicht alles ausgeglichen werden, was an Unterstützung in den Fachausschüssen des Abgeordnetenhauses fehlte.

Wäre die Auflösung der Koalition nicht doch konsequenter gewesen? Die Kritik von sozialdemokratischen Senatskollegen an ihrem Fraktionsvorsitzenden ließ oft nichts zu wünschen übrig. Klaus Landowsky, als Fraktionsvorsitzender der CDU der eigentliche parlamentarische Gesprächspartner seines sozialdemokratischen Kollegen, schwor auch darauf, man müsse mit Wowereit nur intensiver kooperieren und eine Vertrauensbasis aufbauen. Die Handlungsfähigkeit des Senats konnte ich sichern. Also versuchten wir es. Gracián empfiehlt: *Es nie zum Bruche kommen lassen: denn bei einem solchen kommt unser Ansehen allemal zu Schaden. Jeder ist als Feind von Bedeutung, wenngleich nicht als Freund. Gutes können wenige uns erweisen, Schlimmes fast alle.*

Der „eigene" Laden

Der liebe Gott lässt Bäume nicht in den Himmel wachsen. Der Wahlerfolg der CDU hatte zusätzliche Probleme bei der Regierungsbildung und in der Arbeit der Regierungskoalition zur Folge. Auch bei der Diskussion der neuen Koalitionsvereinbarung auf dem Landesparteitag der CDU spürte man nur noch wenig von der Freude über die Wahlergebnisse. Daran hatte ich mich aber nach den Erfahrungen der vergangenen Jahre auch schon gewöhnt.

Als Regierender wurde es für mich bei den wachsenden Problemen um das Selbstbewusstsein des Koalitionspartners immer schwieriger, die Seele der eigenen Partei ausreichend zu streicheln. Das scharfe Wort dient dem Stuhlgang der Seele, aber selten der Chance, unterschiedliche Positionen zusammenzuführen. Auch hier weist Gracián den Weg: *Das Misstrauen gegen sich selbst* (wird) *sein Urteil über das Benehmen des Gegners berichtigen. Er stelle sich auch einmal auf die andere Seite und untersuche von da die Gründe des andern: dann wird er nicht mit so starker Verblendung jenen verurteilen und sich rechtfertigen.* Mein politischer Standort in der CDU war außerdem klar umrissen. Die Berliner Großstadtpartei musste durch ein soziales und gleichermaßen liberales Profil überzeugen. Ich will hier nicht die innerparteiliche Programmdiskussion darstellen. In den Themen der Sicherheits- und Justizpolitik gab es Kontroversen um die verbale Darstellung, aber weniger um den inhaltlichen Kern. Um das soziale Profil und beispielsweise eine liberale Kulturpolitik musste in der Volkspartei CDU aber immer wieder gerungen werden. Dabei konnte sich die Union in der Großstadt Berlin nur mit einem klaren sozialen Engagement als Regierungspartei behaupten. Sozialpolitische Kreativität und Glaubwürdigkeit musste als Markenzeichen der Partei anerkannt sein. Gleichzeitig durfte es keine Zersplitterung des so genannten bürgerlichen Lagers geben, wenn die besondere politische Berliner Mengenlehre die CDU weiter zur führenden Kraft in der Regierung der wiedervereinigten Stadt machen sollte. Ich habe das „strukturelle" bürgerliche Potenzial Berlins im ersten Jahrzehnt nach der Wende immer nur bei etwa 35% der Wähler gesehen. Die CDU konnte es ausschöpfen und bei Wahlen ihren Stimmenanteil durch das aktuelle politische und personelle Angebot ausdehnen. Für die FDP gab es in dieser Konstellation keinen Raum.

Die Berliner CDU wurde gerne als Partei Westberlins dargestellt. Das Schwergewicht ihrer Mitglieder und der Wähler stammte auch aus diesem Teil der Stadt. Ihre Politik „Aufbau Ost vor Ausbau West" stellte aber über Jahre Interessen dieses Wähler- und Mitgliederpotenzials zurück. Auch mit ihrer Geschäftsstelle zog sie vom Westen Charlottenburgs in das Zentrum der Stadt in den Bezirk Mitte. Im Rückblick halte ich es für erstaunlich, dass diese Entscheidungen mit überwältigenden Mehrheiten als selbstverständlich akzeptiert wurden.

Seit 1983 war ich Landesvorsitzender. Neunmal bin ich wiedergewählt worden, wirklich gut waren die Ergebnisse auf den Landesparteitagen nur immer vor den Wahlen zum Abgeordnetenhaus. Partei und Landesvorsitzender haben es sich gegenseitig ja auch nicht leicht gemacht. Und sackte meine demoskopische Popularitätskurve an die + 1,0, so wurde die Krise ausgerufen und von der innerparteilichen Opposition schnell ein stramm formulierender Innenpolitiker als potenzieller Nachfolger gehandelt. In den letzten Jahren gab es daher vor den Parteiwahlen stets eine sorgfältige Abwägung der Vor- und Nachteile der Personalunion in der Führung der Partei und der Landesregierung. Hildegard Boucsein, Staatssekretärin in der Bundesverwaltung, hatte schon 1983 als Leiterin des Persönlichen Büros eine sorgfältige Auflistung von Für und Wider bei dem damaligen Wettstreit mit Frau Laurien zusammengestellt. Jetzt machte sie es in alter Verbundenheit für den Landesvorsitz.

Im Ergebnis führten immer zwei Überlegungen zur erneuten Kandidatur. Im Regelfall musste ich an den Sitzungen der Parteigremien doch teilnehmen, nur dass ich als „nur" Regierender Tagesordnung und Ablauf nicht selber bestimmen konnte. Eine gegebenenfalls notwendige spätere Korrektur eines Beschlusses zur Landespolitik würde nur unendlich mehr Arbeitsaufwand verlangen. Wichtiger aber war die Konstruktion der Koalition, deren Träger die Parteien und Fraktionen, vertreten durch ihre Vorsitzenden, waren. Ein Verzicht auf den Landesvorsitz würde sich bei offiziellen Koalitionsverhandlungen zwar kaum auswirken, denn dem Gremium gehörte der Regierende qua amt an. Sitzungen des Koalitionsausschusses waren aber durch die öffentliche Aufmerksamkeit weit weg von selbstverständlicher Routine, sondern immer mit dem Hauch von Krise verbunden. Ich vermied nach Möglichkeit eine Einberufung. Aber in der täglichen Abstimmung der Politik wollte ich auch die Karte des Koalitionspartners ausspielen können und nicht nur an der verfassungsmäßigen Aufgabe des Regierenden festgehalten werden. Zudem hätte in diesem Falle Klaus Landowsky den Landesvorsitz zusätzlich zum Fraktionsvorsitz übernommen. Hier wollte ich einen öffentlichen Eindruck nicht noch verstärken: Der Fraktionsvorsitzende stellte sich gerne als die entscheidende Kraft der CDU dar. Bei seiner grundsätzlichen Loyalität konnte ich damit leben. Es musste aber nicht übertrieben werden.

Gerade weil es in der Schlussphase unserer politischen Zusammenarbeit zu erheblichen Friktionen kam, will ich es nicht auslassen: Klaus Landowsky hatte einen wichtigen Anteil an den Erfolgen der Großen Koalition und der CDU. Entscheidend hat er den Weg der Berliner CDU zu einer erfolgreichen Großstadtpartei mit gestaltet. Oft hat er mir den Rücken in Auseinandersetzungen in der eigenen Partei und auch mit der SPD freigehalten und im Parlament die Pfeile der Opposition auf sich gezogen. Wir kannten uns seit der gemeinsamen Examensvorbereitung, kannten demnach auch ohne langen Gedankenaustausch die Einschätzung des anderen zu aktuellen Problemen. Wir waren natürlich nicht immer einer Meinung, es gab gegensätzliche Positionen. Seine Äußerung über die „sozialistischen Wärmestuben" in Brandenburg mochte ich überhaupt nicht. Sein Vorprellen mit dem Hinweis an die Westberliner, jetzt müssten nach *Aufbau Ost vor Ausbau West* auch mal wieder die Straßen und Schulen im Westen renoviert werden, passte mir zunächst gar nicht. Auch nicht sein anfänglicher Widerstand gegen die Fusion mit Brandenburg oder die Bezirksverwaltungsreform. Er hat Gruppeninteressen angesprochen und das Gespräch mit den Personalräten der landeseigenen Betriebe gepflegt. Selbstbewusst und stolz erklärte er gerne: Eberhard ist für alle da, ich für die meisten. – Andere hielten es für das Ergebnis einer sorgfältig erarbeiteten Aufgabenteilung und es funktionierte nur, weil der Fraktionsvorsitzende sich im Ergebnis immer in die Pflicht nehmen ließ. Er setzte in der Fraktion auch Positionen des Senats durch, die er zuvor kritisch kommentiert hatte. So half er bei den Beschlüssen über die zunächst ungeliebte Bezirksneugliederung, den Staatsvertrag über die Akademie der Künste oder auch den Verkauf der Bewag. „Ich habe mit meiner anfänglichen Kritik die Menschen dort abgeholt, wo sie am Anfang der Diskussion waren".

In vielen Landtagen der Bundesrepublik gibt es einen offenen oder versteckten „Machtkampf" zwischen dem Regierungschef und dem Vorsitzenden der Regierungsfraktion. Letzterer sieht sich oft als geborener Kronprinz und kann den Termin der Thronbesteigung kaum abwarten. Klaus Landowsky strebte dagegen nicht in den Senat. Ganz unabhängig von dem gemeinsamen beruflichen und politischen Weg war auch das im Vergleich zu sonstigen Konstellationen etwas Besonderes an der Berliner Situation. Sein selbstbewusster Lieblingssatz „Das habe ich dem Eberhard gerade gesagt", führte bei uns nicht zu Eifersüchteleien oder gar persönlichen Verkrampfungen, selbst dann nicht, wenn er zuvor gerade von einer Idee überzeugt werden musste.

Regierungsbildung

Aufregend und gleichermaßen anstrengend ist nach jeder Wahl die Regierungsbildung. Ich durfte fünfmal dafür die Verantwortung tragen. Und immer war es durch die Berliner Verfassungssituation und die Abläufe von Koalitionsverhandlungen ein Vabanquespiel. Für die Auswahl einer Referatsleitung in der Senatskanzlei oder bei Siemens kann man mehr Zeit aufwenden.

Alle Senatsmitglieder müssen vom Abgeordnetenhaus gewählt werden. Und davor stehen die Nominierungen durch die Gremien der Parteien, die sich nach einem schweren erfolgreichen Wahlkampf auch in der Regierungsmannschaft wiederfinden will. Der Zuschnitt der Ressorts und das Recht zur Nominierung durch die verschiedenen Koalitionspartner steht erst mit Abschluss der Koalitionsverhandlungen fest. Und dann muss alles ganz schnell gehen. In Abstimmung mit dem Fraktionsvorsitzenden, der ja die Stimmabgabe im Parlament „garantiert", muss nach politischem Verständnis, Fachkompetenz, Strömungen und Unterstützung aus der Partei, Quoten zwischen West und Ost (so jedenfalls bis 2000) und der Beteiligung von Frauen entschieden werden. Einzelne Träume sind dann schon mit der Ressortaufteilung zwischen den Koalitionspartnern im Winde zerstoben und hinterlassen auch mal die feste Absicht „denen werde ich es demnächst schon zeigen". Die Zahl der Freunde steigt bei Regierungsbildungen nicht.

Natürlich hatte ich vor einer Regierungsbildung immer eine Vorstellung davon, wer von den CDU-Senatsmitgliedern sein Amt weiter führen oder wer auch bei veränderter Ressortzuteilung auf alle Fälle wieder in den Senat gewählt werden sollte. Dabei ging es um Fachkompetenz und auch um Vertrauenspersonen, um Mitglieder am Senatstisch, die aus ihrer Erfahrung auch zu Themen außerhalb ihrer unmittelbaren Zuständigkeit das richtige Wort zum richtigen Zeitpunkt sagen konnten – ohne Vorabsprache. Gleichzeitig habe ich die Regierungsbildungen immer genutzt, um so genannte Quereinsteiger oder auch Verstärkungen aus anderen Landesverbänden zu gewinnen. Mitgliedschaft zur Partei war noch nicht einmal gewünscht, gemeinsame gesellschaftspolitische Grundüberzeugungen aber Voraussetzung. Für die Arbeit im Berliner Senat konnte ich so den erfahrenen Hochschulfachmann Professor Erhardt aus Baden-Württemberg gewinnen, der die Neuordnung der Gesamtberliner Hochschullandschaft einleitete. Die Innensenatoren Schönbohm und Werthebach waren zuvor Staatssekretäre im Verteidigungs- bzw. Innenministerium. Schade, dass Peter Raue nicht Kultursenator werden konnte. Er hat schwer mit sich gerungen, aber meine Aufforderung erreichte ihn ausgerechnet in einer Zeit, als er seine Anwaltskanzlei neu ordnete und unabkömmlich war.

Aus meiner Sicht wird immer wieder zu Recht ein stärkerer Austausch zwischen politischen Ämtern und Funktionen in Wirtschaft und Gesellschaft gefordert. In beide Richtungen! Leider stößt das in der Realität schnell auf Grenzen. Die Bereitschaft, ein politisches Amt mit all den Gestaltungschancen aber auch persönlichen Risiken und den Auswirkungen auf den gesamten familiären Bereich zu übernehmen, ist in Wirklichkeit bei den deutschen Spitzenkräften nicht stark ausgeprägt. Politik und Politiker sind immer im Fadenkreuz der öffentlichen Berichterstattung und Kritik. Nur ab und zu wird die Politik für kurze Zeit in der öffentlichen Aufmerksamkeit durch das Interesse am Trainerwechsel im Bundesligafußball entlastet. Und finanziell lohnt es sich noch nicht einmal für Vertreter aus dem mittleren Management eines größeren mittelständischen Unternehmens. Ich habe mehrere Absagen bekommen. Mit einer bekannten Kommunikationsexpertin war ich bereits einig. Zwei Stunden vor der entscheidenden Sitzung des Landesausschusses der Berliner CDU, in der ich sie zur Nominierung vorschlug, musste sie mir aus finanziellen Gründen absagen.

Politische Verantwortung

2001, wenige Wochen nach dem zehnten Jahrestag meiner zweiten Amtsperiode im vereinigten Berlin, erschütterte die Krise der Bankgesellschaft Berlin die Stadt. In der nüchternen Sprache des Bundesaufsichtsamtes für das Kreditwesen war der Konzern nach risikoreichen Immobilienengagements mit notwendigen Wertberichtigungen und einer erweiterten Risikovorsorge konfrontiert, die zu beträchtlichen Bilanzverlusten führten. In diese Situation platzte die Nachricht – nur Schritt für Schritt kam für mich der volle Sachverhalt ans Licht – von Spenden in Höhe von insgesamt 40.000,- DM, die AUBIS-Geschäftsführer Wienhold, ein früherer Landesgeschäftsführer der Berliner CDU, an den Fraktionsvorsitzenden der CDU und Vorstandsmitglied der Bank, Klaus Landowsky, für die Partei in bar übergeben hatte. AUBIS war Kreditnehmer der Bank. Der Verbleib des Geldes konnte zwar lückenlos nachvollzogen werden, es war an den Schatzmeister weitergegeben, aber nicht ordnungsgemäß über die Bücher abgewickelt worden. Die Verknüpfung der Spende mit der Schieflage der Bank war der geeignete Stoff für einen kräftigen Skandal. Es führte zum Bruch der CDU/SPD-Koalition.

Es war wie ein Schlag aus heiterem Himmel. Die freundlichen Kommentare zu meinem Amtsjubiläum im wiedervereinigten Berlin sahen mich auf einem neuen Höhepunkt der Popularität. Die Umfrageergebnisse erreichten auch für die CDU Spitzenwerte und in der morgendlichen „politischen Lage" blickten wir schon besorgt auf die Reaktion des Koalitionspartners. Welche Profilierungsversuche standen nun an? Michael Butz verkniff sich in solchen Situationen nie den Hinweis auf das Höhenrad und den ständigen Wechsel der Besucher von ganz oben nach ganz unten. Ich hatte zwar Hinweise auf eine Spende von AUBIS an die CDU, auch im Fraktionsvorstand am 5. Februar gab es seltsam präzise Nachfragen an mich als Landesvorsitzenden. Ich wollte erst die Existenz einer solchen Spende „nach meinen Rückfragen mit an Sicherheit grenzender Wahrscheinlichkeit" ausschließen. Dann relativierte ich meine Antwort. Auch bei meinen weiteren Rückfragen beim Landesgeschäftsführer und Landesschatzmeister bin ich aber nicht fündig geworden.

Nun ist die Stadt ja stets voller Gerüchte, wollte man alles glauben, müsste man beinahe jeden gesellschaftlichen Kontakt abbrechen. Rückblickend hätte ich wohl selbst zum Telefon greifen und einen der AUBIS-Geschäftsführer anrufen sollen. Aber es war ein Thema von vielen, die auf meinem Schreibtisch lagen und von Kassenangelegenheiten der Partei sollten sich Amtsträger des Staates nach den internen Richtlinien der Berliner CDU möglichst fernhalten. Dann überschlugen sich aber auch hier die Ereignisse. Erste Presseanfragen, dann nach Telefonat und persönlicher Rücksprache mit Klaus Landowsky erste konkrete Informationen. Bei einem schon länger festgesetzten Gespräch mit Vorstandsmitgliedern der Bankgesellschaft in meinem Amtszimmer unterrichtete Klaus Landowsky seine Kollegen Dr. Rupf und Decken über die „Entgegennahme und Weiterleitung der AUBIS-Spende". Am frühen Abend traf sich ein kleiner Kreis im Roten Rathaus und besprach das weitere Vorgehen; Finanzsenator Kurth, Innensenator Werthebach, Senatssprecher Butz waren dabei. Das alles geschah am 8. Februar. Die Karten für eine Galaveranstaltung im Varieté Wintergarten verfielen. Der Berliner Rechtsanwalt Peter Heers, später Justitiar der Berliner Partei, wurde von mir wenige Stunden nach Kenntnis des Sachverhaltes zum Untersuchungsführer ernannt. Er sollte die Vorgänge um die Entgegennahme und die Verwendung der AUBIS-Spende unverzüglich aufklären. Der Bericht sollte veröffentlicht werden. Für noch wichtiger hielt ich die notwendigen Entscheidungen für den Bestand der Bank.

Eine Krisensitzung jagte die andere. Finanzsenator Peter Kurth hatte bereits kritisch über einen gescheiterten Versuch der Bank berichtet, die Immobilientochter IBAG im Ausland zu verkaufen. Die Bank hatte eine juristische Konstruktion nach mittelamerikanischem Recht angestrebt, die nach „gesundem Menschenverstand" abenteuerlich erschien. Jetzt mussten große Verluste aufgedeckt werden. Der Vorstandsvorsitzende Dr. Rupf und Professor Feddersen, als Nachfolger von Edzard Reuter Vorsitzender des Aufsichtsrates, alarmierten mich. Beide mussten gegenüber einer Senats- und Koalitionsarbeitsgruppe Auskunft geben. Das Bundesaufsichtsamt für das Kreditwesen wurde eingeschaltet, Sonderprüfungen wurden veranlasst. Und dann ging es Schlag auf Schlag. Entgegen den früheren Aussagen der Wirtschaftsprüfer wurden immer größere Risiken durch das Bundesamt festgestellt. Für mich war es in dieser Situation erstaunlich und befremdlich, dass dann plötzlich auch die Wirtschaftsprüfer immer mehr Kreditengagements als problematisch ansahen und den Wertberichtigungsbedarf immer weiter in die Höhe trieben. Wollten einzelne Wirtschaftsprüfer dadurch vermeiden, aus der vorangegangenen Tätigkeit selbst in die Schusslinie der Bankenaufsicht zu geraten? Erst war ich auch in den Besprechungen mit dem Präsidenten des Bundesaufsichtsamtes Sanio und seinen Mitarbeitern sehr zurückhaltend. Wurde hier besonders scharf reagiert, weil die Neuordnung der Banken- und Versicherungsaufsicht bevorstand? Gab es parteipolitischen Einfluss durch die Bundesregierung? Dann stellte ich fest, dass das Bundesaufsichtsamt den neuen Wertberichtigungsdrang der Wirtschaftsprüfer kritisch kommentierte und mit den Senatsmitgliedern auf der Suche nach wirtschaftlich notwendigen aber auch machbaren Lösungen war. Gleichzeitig wurden Vorstandsmitgliedern der Banken des Konzerns Verstöße gegen das KWG vorgeworfen und ihre Entlassung veranlasst.

Musste nicht die ganze Spitze der Bank ausgetauscht werden? Mit Professor Feddersen hatte ich schon neue Namen diskutiert. Aber wer springt in einer völlig unübersichtlichen Situation bei einem Kapitalbedarf des Unternehmens, der sich beinahe von Tag zu Tag erhöhte, in diese Verantwortung? Erst mussten die Voraussetzungen für die Konsolidierung der Bank getroffen werden. Auch der Aufsichtsratsvorsitzende wollte sein Amt abgeben. Doch die Handlungsfähigkeit der Bank und damit auch die Autorität des Vorstandsvorsitzenden mussten zunächst gewahrt bleiben.

Nach den ersten Gesprächsrunden vertraute ich bei der galoppierenden Entwicklung keiner Zahlenangabe mehr. Bald wurde deutlich, dass die Eigenkapitalausstattung der Bank nicht mehr ausreichen würde. Das Bundesaufsichtsamt nannte den Kapitalbedarf von über 2 Milliarden €. Peter Kurth hat mir unmittelbar danach seinen Rücktritt angeboten. Eine gute Geste. Ich winkte ab. Er war mit Sicherheit für dieses Desaster nicht verantwortlich und sollte auch nicht als spontaner Sündenbock herhalten.

Vordringlich war die Erhöhung des Eigenkapitals. Dabei musste das Land Berlin als Hauptaktionär auch noch allein handeln, da die anderen Großaktionäre sich an der Aktion nicht beteiligen wollten oder konnten. Das Land ist deswegen seitdem mit 81% - vorher waren es 56% - Eigentümer des Konzerns. Bei der Zuführung des neuen Eigenkapitals durften wir auch nicht an den unteren bankaufsichtlichen Anforderungen bleiben. Ich habe sehr für eine Ausstattung geworben, mit der am Markt das Vertrauen in die Solidität der Bank wieder gewonnen werden könnte. Peter Kurth und auch Peter Strieder sind den Weg mitgegangen. Das Abgeordnetenhaus hat die Eigenkapitalaufstockung mit der damit verbundenen Veränderung der Eigentumsverhältnisse beschlossen, später auch eine weitergehende Risikoabschirmung.

Sachlich Unsinn war die im Wintersemester 2003 während der studentischen Proteste zu hörende Behauptung, wegen der Belastungen durch die Bankaffäre müsste an den Hochschulen gespart werden. Die Behauptung verkennt die bereits *beschriebenen* Ursachen der Berliner Verschuldung und die tatsächlichen bisherigen Leistungen der Bank an die Stadt. Die Bank hatte in den letzten Jahren das Land von vielen Risiken anderer landeseigener Unternehmen mit unterschiedlichem wirtschaftlichen Erfolg freigestellt. Verantwortung hatte sie beispielsweise auch für die KPM und den Neubau für diese „Kultureinrichtung" übernommen. Ihr war außerdem auf Initiative der Finanzsenatorin 1998 Eigenkapital zur Entlastung des Landeshaushaltes entzogen worden. Das Land Berlin verkaufte dem Konzern seine Gewinnansprüche aus der Landesbank für 1,5 Milliarden DM und reduzierte damit eine sonst notwendige Verschuldung. Nach der Gründung des Konzerns hat das Land auch von hohen Dividenden der Bank profitiert. Ein langfristig denkender Eigentümer eines Unternehmens hätte hier in der Regel zurückhaltender agiert. Ich jedenfalls hatte Bedenken geäußert, stand damit aber allein gegen die Finanzsenatorin sowie Vorstand und Aufsichtsrat. Dr. Rupf hat mir 1996 ausführlich in einem persönlichen Brief die Entscheidung der Bank erläutert. Für die noch junge Bank sollte am Markt Vertrauen gewonnen werden und es vor allem kein starkes Auf und Ab in den Dividenden geben.

Das entsprach natürlich den Berliner Haushaltsinteressen. 2001 musste das Geld der Bank in vergleichbarer Höhe wieder zugeführt werden.

Die Bank hat - so die Mitteilung auf der letzten Hauptversammlung im Jahre 2004 - die Gewinnzone wieder erreicht. Die Berliner Bank soll nach einer Auflage der Europäischen Kommission aus Wettbewerbsgründen verkauft werden. Ob der Senat hier alle Möglichkeiten ausgeschöpft hat, diesen Geschäftsbereich für die Bankgesellschaft zu erhalten, bezweifle ich. Finanzsenator Sarrazin hat das wohl alles persönlich betrieben. Bei Verhandlungen in Brüssel hatte ich die Erfahrung gemacht, dass man nie vorschnell aufgeben darf und sich besonders gut beraten lassen muss.

Das Berliner Haushaltsproblem liegt in der Abschirmung der Immobilienrisiken der Bank. Finanzsenator Sarrazin hatte die mögliche Inanspruchnahme des Landes für einen Zeitraum von über zwanzig Jahren auf 3,5 Milliarden € beziffert und das auch in der Finanzplanung berücksichtigt. Die Schätzungen lagen zwischen 3 und 5 Milliarden €. Das Abgeordnetenhaus hat dagegen das Gesamtvolumen der Engagements zugrundegelegt und kam damit auf die Summe von 21 Milliarden €. Wirklich seriös kann man Risiken, die gegebenenfalls in 15 oder 20 Jahren anfallen, nicht einschätzen. Ich halte die Überlegungen von Herrn Sarrazin für realistisch. Das Abgeordnetenhaus ging offensichtlich davon aus, dass die deutsche Volkswirtschaft auf das Niveau eines Entwicklungslandes zusteuert. Oder war es einfach nur eine Schocktherapie im politischen Kampf? Einen realistischen Hintergrund bieten die Summen, die seit 2002 tatsächlich angefallen sind. Sie blieben unter den Haushaltsansätzen und liegen im Sommer 2004 bei 200 Millionen €.

Mit der Auffangkonstruktion werden die Risiken der Bank über mehrere Jahrzehnte aufgeteilt. Weil der Hauptaktionär für die Risiken einsteht, entsteht kein Rückstellungsbedarf und die Bank kann Gewinne erwirtschaften. Bei Auflösung früherer (überhöhter) Wertberichtigungen ist die Entwicklung noch günstiger.

Dieses Ziel wollte die Bankgesellschaft 2001 mit dem Versuch, die eigene Immobilientochter mit den schlechten Risiken zu verkaufen und die Haftung auf viele Jahre zu verteilen, auch erreichen. Die Rechtskonstruktion war bedenklich.

Interessenlagen

Heute (2004) sind Zivil- und Strafrechtsverfahren noch immer nicht abgeschlossen. Die Mehrzahl der gegen frühere leitende Bankangestellte eingeleiteten zivilrechtlichen Schadensersatzverfahren hat die Bankgesellschaft bisher verloren. Schadensersatzklagen gegen Wirtschaftsprüfer werden vorbereitet, Vergleichsverhandlungen geführt. Ein Untersuchungsausschuss des Abgeordnetenhauses hat seinen Bericht nach jahrelangen Verfahren noch nicht abgegeben. Ich werde mich mit diesen Zeilen nicht in die juristischen Auseinandersetzungen einmischen. Schnelle Ergebnisse der Zivilverfahren und in den strafrechtlichen Ermittlungen – Anklage oder Einstellung der Verfahren – würde ich gerne sehen. Die Bank muss in ruhiges Fahrwasser kommen. Auffällig aber ist die Tatsache, dass kostenaufwändige Zivilverfahren auch gegen ausdrücklichen juristischen Rat eingeleitet wurden. Schon die Schlüssigkeit der Klagen wurde nach Presseberichten von den Richtern verneint. Kosten in Millionenhöhe sind dadurch entstanden. Ich muss es juristisch vorsichtig formulieren: Es könnte der Eindruck entstehen, dass juristisch aussichtslose Prozesse aus ausschließlich politischen Gründen eingeleitet wurden. Politiker machen Druck und Vorstände entlasten sich für die Diskussion „Wir haben geklagt, aber die Gerichte wollten nicht". So entzieht man sich scheinbar elegant der Verantwortung. In Wirklichkeit wird damit den Vermögensinteressen des Landes, die den Entscheidungsträgern anvertraut sind, ein Nachteil zugefügt.

Zum politischen Hintergrund:

Eine Bürgerinitiative „Bankenskandal" argumentiert mit viel Emotionen und geringer wirtschaftlicher Sorgfalt. Mit einer Behauptung hat sie allerdings auch aus meiner Sicht Recht: In den Berliner Parteien gibt es nur ein mäßiges Interesse an der Aufhellung der Zusammenhänge und unmittelbaren Verantwortlichkeiten.

Der SPD war es durch die Verknüpfung mit der AUBIS-Spende und der beruflichen Tätigkeit des CDU-Fraktionsvorsitzenden als Vorstandsmitglied einer der Teilbanken des Konzerns gelungen, alle Probleme der Bank ihrem damaligen Koalitionspartner anzulasten. Warum sollte sie bei einer weiteren Aufarbeitung die Verantwortlichkeiten von Funktionsträgern oder prominenten Mitgliedern ihrer Partei in Senat und Abgeordnetenhaus problematisieren? Die FDP kann sich in dieser Situation gegen den parteipolitischen Konkurrenten im bürgerlichen Lager absetzen und ihre Basis vergrößern. Bündnis 90/Die Grünen profitieren wie auch die PDS am meisten davon, wenn mit dem Thema noch möglichst lange Emotionen gegen CDU und SPD geweckt werden können.

Und die CDU?

Ihre neue Führung vertraute lange Zeit der Gnade der späten Geburt und vermittelte den Eindruck, sie wolle mit der Angelegenheit besser nichts zu tun haben. Der Juni 2001 und die Wahl des ersten Senats unter der Führung von Klaus Wowereit ließ sie als die Stunde 0 in der Geschichte der Berliner CDU erscheinen. Damit überließ sie die Darstellung der Vereinigung von Berlin und des Aufbaus der Stadt ihrem politischen Gegner. Mit einer sachgerechten Darstellung könnte man in einer emotionsgeladenen Atmosphäre ja in die Defensive geraten. *Lieber mit allen ein Narr als allein gescheit.* Das ist einer der Ratschläge Graciáns, die ich für problematisch halte.

Eine Bank für Berlin

Die Gründung der Bankgesellschaft im Jahre 1994 war ein Teil jener Überlegungen, landeseigenen Unternehmen durch eine neue rechtliche und wirtschaftliche Basis bessere Chancen auf den Märkten außerhalb von Berlin zu geben. In den Gesprächsrunden zwischen CDU und SPD sahen wir keine realen Möglichkeiten, die einst in Berlin gegründeten Großbanken Deutschlands wieder mit ihren Zentralen in die deutsche Hauptstadt zu holen. Die Metropole Berlin ohne eine größere Bank? Erste Überlegungen gab es schon vor 1989. Mit der Zusammenfassung der landeseigenen Banken (Berliner Bank, Landesbank und der Hypothekenbank) unter dem Dach einer Aktiengesellschaft sollte die Ausgangsposition verbessert werden. Es war ein viel beachtetes, wenngleich im Berliner Parlament umstrittenes Modell. In anderen Bundesländern waren Versuche gescheitert, verschiedene Landesbanken und öffentlich-rechtlich organisierte Sparkassen zusammenzuführen. Die Marktchancen der Bank sollten außerdem durch eine enge Zusammenarbeit mit der Norddeutschen Landesbank vergrößert werden. Intensiv wurde in einem Strategieausschuss über die strategische Allianz der beiden Bankinstitute beraten. Das war das einzige Gremium der Bank, in dem ich beteiligt war. Mit dem damaligen niedersächsischen Ministerpräsidenten Gerhard Schröder wurden 1998 die Grundlagen für eine Fusion unter einheitlicher Leitung beschlossen. Die möglichen Standorte für die einzelnen Geschäftsbereiche zwischen Hannover und Berlin waren bereits festgelegt. Der Kollege aus Hannover kommentierte mein Werben für den Standort Berlin immer mit dem Hinweis, die Rutschbahn führe ohnehin in die Hauptstadt. Danach kamen Zweifel am Terminplan einer Fusion und Probleme bei der Bewertung der beiden Unternehmen auf. Auch bei mir wuchsen die Bedenken. Die Nord LB wollte zu stark in den Traditionen der öffentlich-rechtlichen Banken verbleiben. Außerdem wurde immer deutlicher, dass die Berliner Teilbanken noch nicht in ausreichender Weise zusammengewachsen waren.

Es gab einen weiteren Grund für die Fusion der Berliner Bank und der Landesbank. Die Berliner Bank benötigte eine Kapitalaufstockung, um expandieren zu können. Sie hatte sich vor dem Mauerfall außerdem außerhalb von Berlin engagiert und war auf den für sie neuen Märkten häufig – sie hoffte *zunächst* – an den schlechteren Engagements beteiligt. Aus dem Landeshaushalt wollten wir die Kapitalzuführung nicht finanzieren, also musste ein anderer Weg gefunden werden.

Wirtschaftliche Schwierigkeiten eines landeseigenen Unternehmens in der Größenordnung, die wir bei der Bankgesellschaft erleben mussten, führen im Regelfall zum Rücktritt einer Regierung oder mindestens zum Rücktritt einzelner Regierungsmitglieder. In einem Gespräch mit Peter Strieder Anfang April 2001 waren wir uns darüber auch einig. Er sagte mir damals allerdings, in der besonderen Berliner Konstellation müsse die Berliner Regierung diese Krise mangels möglicher Alternativen überstehen. Wie ernst der Landesvorsitzende der SPD das damals meinte, habe ich zu diesem Zeitpunkt nicht überprüft. Der Rücktritt der Regierung wäre also der Normalfall gewesen. In Berlin gab es nur eine Besonderheit:

Die CDU schied aus der Regierung aus, die SPD dagegen avancierte bei mindestens gleicher Verantwortung zum Seniorpartner einer neuen Regierung. Ihr ist es dabei gelungen, in der Berliner Öffentlichkeit den Bankenskandal zu einer Angelegenheit der CDU zu machen. Dabei haben ihr sicher Ungeschicklichkeiten und Fehler der Union und auch von mir selbst geholfen. Ich habe auch nicht die Absicht, die Bankgesellschaft, ihre Geschäftspolitik und die beschlossene Rechtskonstruktion jetzt als eine Idee der SPD und ihrer Repräsentanten erscheinen zu lassen. Wir wollten die Bankgesellschaft gemeinsam und werteten ihre Gründung als einen gemeinsamen Erfolg.

Anzumerken bleibt aber dennoch: Die Bank ist in mehreren Schritten entstanden. Die Landesbank Berlin ist unter der Regierung Momper von der rotgrünen Koalition aus den Berliner Sparkassen gebildet worden. Das war die Voraussetzung für die Auflage der heute so umstrittenen Immobilien-Fonds. In der Großen Koalition wurde die Bankgesellschaft im Senat unter Federführung des Wirtschaftssenators Dr. Meisner (SPD) gegründet. Finanzsenator Pieroth (CDU) hatte als typischer Mittelständler erhebliche Vorbehalte gegen die geplante Großbank. Er ließ sich nur zögernd von mir in die Senats- und Koalitionsdisziplin einbinden. Im Parlament hat Achim Kern, der parlamentarische Geschäftsführer der SPD, besonders engagiert für das Konzept gefochten. Schon aus der Interessenlage der Berliner Bank hatte Edzard Reuter als deren Aufsichtsratsvorsitzender das Projekt intensiv gefördert.

Kontrolle versagt

Ich war konsterniert, als 2001 die Zahlen und Versäumnisse innerhalb der Bank auf den Tisch kamen. Ich wusste zwar, dass der Konzern Probleme hatte und es schon streitige Diskussionen über die Rendite mit der Finanzverwaltung Berlins und insbesondere Vertretern der Minderheitenaktionäre gegeben hatte. Ich war bei Nachfragen aber immer beruhigt worden, vom Vorstand und vom Aufsichtsratsvorsitzenden. Es gab keine gegenteiligen Auskünfte der Staatsaufsicht oder der Beteiligungsverwaltung. Die Bankgesellschaft hatte offensichtlich mit einer Tochtergesellschaft ein Auffangbecken für ihre Problemkinder geschaffen und wollte damit die Abarbeitung von Risiken auf die lange Bank schieben. Ich fragte mich, was haben da die Aufsichtsräte getan? Warum haben Wirtschaftsprüfer nicht rechtzeitig Alarm geschlagen? Hatte die Finanzverwaltung die Beteiligungen nicht ausreichend kontrolliert? Ich kann nicht beurteilen, ob die Aufsichtsräte eine Chance zum Eingreifen hatten, oder auch die Beteiligungsverwaltung. Nach meinem heutigen Eindruck wohl kaum. Die Wirtschaftsprüfer aber hätten auf die Gefahren hinweisen und rechtzeitige Vorsorge verlangen müssen. Auch die Bankenaufsicht?

Die Schlüsselpositionen für die Kontrolle der Geschäftsführung in der Bankgesellschaft lagen in der Beteiligungsverwaltung und damit bei der

Finanzsenatorin Fugmann-Heesing sowie beim Aufsichtsrat und seinem Vorsitzenden Edzard Reuter. Beide können sicher nicht als Beweis für ein Netzwerk der CDU herhalten.

Hat die Politik versagt? Im Ergebnis muss sie die Verantwortung tragen. Unmittelbar nach 1991 hatten wir in der Koalition Übereinstimmung erzielt, alle Aufsichtsräte nach Möglichkeit mit sachkundigen Vertretern aus der Wirtschaft zu besetzen. Damit sollten gleichzeitig auch Unternehmen an Berlin gebunden und die Aufsichtsratsmitglieder für ein zusätzliches Engagement in der Stadt gewonnen werden. Der Präsident des DIHT Stihl wurde aus diesen Überlegungen Aufsichtsratsvorsitzender für die Entwicklungsgesellschaft in Adlershof, Olaf Henkel – zu dieser Zeit Präsident des BDI – für viele Jahre Vorsitzender des Aufsichtsrates der Flughafengesellschaft. Der Aufsichtsrat der Messe AG wurde nach diesen Überlegungen zusammengestellt. Den Aufsichtsrat der Bankgesellschaft bildete in der kritischen Zeit die crème de la crème der deutschen Wirtschaft. Die Anteilseigner Gothaer Versicherung und die Nord LB hatten immer ihre Spitzenkräfte entsandt. Für das Land Berlin waren vom IHK-Präsidenten und Vorstandsmitglied der Schering AG Horst Kramp über Friede Springer, dem Siemens-Vorstand Günther Wilhelm, dem früheren Bahnchef Heinz Dürr und Dr. Jens Odewald bis Dr. Klaus Murrmann von den Arbeitgeberverbänden in der entscheidenden Phase im Aufsichtsrat vertreten. Es waren nur zwei Senatsmitglieder in dem Aufsichtsgremium. War das der politisch entscheidende Fehler? Und im Aufsichtsrat der Landesbank saßen institutionell die Industrie- und Handelskammer, die Handwerkskammer und auch der Arbeitgeberverband Berlin-Brandenburg.

Mich hat aus dem Aufsichtsrat der Bankgesellschaft nur Jens Odewald warnend angesprochen und dringend ein Gespräch mit Edzard Reuter empfohlen. Rechtlich korrekt, war es von ihm doch nur ein allgemeiner Hinweis. Der Vorsitzende des Aufsichtsrates hat mich beruhigt. Die Beteiligungsverwaltung war bei der Kollegin Fugmann-Heesing in engagierten Händen. Gerade um die Bankgesellschaft hat sie sich nach ihrem Amtsantritt intensiv gekümmert. Sogar ein wenig forsch. So hatte sie ohne Abstimmung mit mir und anderen Senatskollegen den beabsichtigten Wechsel von der Doppelspitze aus den früheren Chefs der Landesbank und der Berliner Bank zum neuen Vorstandsvorsitzenden Dr. Rupf zeitlich vorgezogen, eine andere Entscheidung wäre nur noch mit ihrer Desavouierung möglich gewesen.

Zu einer sachgemäßen und umfassenden Darstellung des Berliner Bankenskandals wird einmal auch der Blick über den Zaun gehören. Das Engagement in den neuen Ländern hat viele Unternehmen in den Ruin getrieben, verschuldet und unverschuldet. Viele Unternehmer wollten sich am Aufbau Ost beteiligen und sind deshalb große Risiken eingegangen. Dazu gehört auch der große Wertberichtigungsbedarf deutscher Großbanken aus dem

Immobiliengeschäft. Die HypoVereinsbank ist nur ein Beispiel. Sie konnte es verkraften. Kleinere Banken in Berlin benötigten massive Stützungen ihrer Zentralinstitute. Die Grundkreditbank und die Köpenicker Bank wurden aus diesen Gründen Teile der Berliner Volksbank, und die Großbanken hatten ihre Berliner Töchter rechtzeitig fusioniert. Hier bemühten sich aber die Banken und die Großaktionäre um schnelle Lösungen. Sie versuchten im Interesse der Unternehmen, den Markt schnell wieder zu beruhigen und Vertrauen bei den Kunden zu schaffen. Bei landeseigenen Unternehmen wird ein Skandal aber erst richtig ausgelebt und parteipolitisch genutzt. Die Kommentierung entgleitet dem Wirtschaftsteil der Zeitung und wird zum lokalen Aufmacher. Das gehört zu den Mechanismen der öffentlichen Kontrolle und zum Kampf um den politischen Wechsel.

Der Staat versagt als Unternehmer! In der allgemeinen Form halte ich diese Behauptung für einen zur Zeit populären Irrtum. Die Zusammensetzung der Aufsichtsräte der Bankgesellschaft haben weder Fehlentscheidungen der Bankvorstände noch dubiose Fondskonstruktionen verhindert. Als Beweis kann ich auch Missmanagement und Pleiten in vielen Wirtschaftsbereichen anführen. Privatisierung und Verkauf von Unternehmen, die in einer aus der Sache geborenen Monopolstellung die Versorgung der Bevölkerung gewährleisten müssen, halte ich für einen Fehler des Zeitgeistes. Die Entwicklung der Preise wird es beweisen. Aber vom Risikogeschäft der Banken muss sich die öffentliche Hand zurückhalten und sich auf Förderbanken als Instrumente der Wirtschaftspolitik zurückziehen. Berlin wollte sich von weiteren Anteilen an der Bank trennen. Mir kam es dabei darauf an, den Hauptsitz und die damit verbundenen Arbeitsplätze in Berlin zu halten. Zeitweise bestand der Verdacht, Annette Fugmann-Heesing wollte ihre alten Kontakte nutzen und die Bank an die West LB verkaufen. Dagegen hatte ich allerdings Bedenken. Aber das alles konnte nicht mehr entschieden werden. Die Affäre überrollte den Senat und insbesondere die CDU.

Es gibt viele Gründe dafür, dass die CDU zum Prügelknaben der Affäre wurde. Die Milliarden, die als theoretische Risiken und Grundlagen für Wertberichtigungen genannt worden sind, mussten erschrecken. Die bankrechtlichen und wirtschaftlichen Zusammenhänge waren kompliziert. Was ist eine Wertberichtigung? In der Runde bei Sabine Christiansen wurde ich schon unterbrochen, wenn ich den Begriff in den Mund nahm. An der Spende für die CDU und an dem Namen Landowsky konnte dagegen schlicht die ganze Misere festgemacht werden. Und über zehn Jahre große Koalition! Wie sagte doch weiland Gracián. *Das Neue gefällt, der Abwechslung wegen, allgemein, der Geschmack erfrischt sich daran, und eine funkelnagelneue Mittelmäßigkeit wird höher geschätzt als ein schon gewohntes Vortreffliches.*

Fehlentscheidung

Doch ich mache mir nichts vor: Im Rückblick ist die CDU mit der Spende und den damit verbundenen sachlichen Forderungen und Emotionen nicht richtig umgegangen. Mit dem Bericht von Rechtsanwalt Heers sind die Details rund um die AUBIS-Spende aufgeklärt und veröffentlicht worden. Die Entgegennahme einer Barspende im Dienstzimmer der Bank war nicht akzeptabel. Sie musste einen – wenn auch falschen – Korruptionsverdacht entstehen lassen. Ich verstehe heute noch nicht, warum dieses Geld nicht ordnungsgemäß verbucht worden ist. Verfahren gegen den Schatzmeister und den Geschäftsführer der CDU wurden gegen eine Bußgeldzahlung eingestellt. Es wurde wegen Untreue zu Lasten der CDU ermittelt, weil möglicherweise gegen Veröffentlichungspflichten verstoßen und damit Bußgeldzahlungen hätten fällig werden können. Auch ich musste bei der Staatsanwaltschaft erläutern, dass ich bei meiner Unterschrift unter den Kassenbericht der Partei den Vorgang „AUBIS-Spende" nicht kennen konnte. Ich bin überzeugt, dass Klaus Landowsky auf die Entscheidungen der Hyp Bank zum Kreditengagement AUBIS keinen entscheidenden Einfluss genommen hat. Im Zweifelsfall sogar wegen der Spende. Der Berliner Rechtsanwalt Knauthe hatte als Anwalt der AUBIS-Gruppe die Auffassung vertreten, die Bank würde Wohnungsbesitz der Gruppe nicht ordnungsgemäß verwalten und Schaden anrichten. Landowsky sollte sich – so der Anwalt – um die Angelegenheit kümmern. Ausgesprochen brüsk hat Landowsky das abgelehnt und an seinen zuständigen Vorstandskollegen in der Bank verwiesen. Er glaubte wohl auch, dass die Spende vom Landesschatzmeister ordnungsgemäß verbucht worden ist. Nach den ersten Gerüchten über eine Spende eines Kreditnehmers „seiner" Bank an die CDU wäre es allerdings seine Pflicht gewesen, mich sofort zu unterrichten. Nicht die Spenden, die Art der Geldübergabe und aktuelle Probleme bei der Kreditabwicklung waren das Problem. Er musste doch wissen, dass es wegen der Barspende Ärger geben musste. Das geschah jedoch nicht. Dadurch wurde unser persönliches Verhältnis belastet. Wir glaubten aber, die Sache aufklären und mit einem öffentlichen Bericht bereinigen zu können. Bei mir überwogen zunächst die Bindungen aus den vielen Jahren seit dem gemeinsamen Studium. Wir waren uns allerdings schon im ersten Gespräch einig, dass er nicht mehr Fraktionsvorsitzender bleiben und beruflich weiter in der Bank tätig sein konnte. Die Trennung von Amt und Mandat – unter diesem Stichwort gab es seit längerem Forderungen auch an ihn – musste geschehen, auch wenn „seine Bank" formal nicht unter die Inkompatibilitätsregelung fiel. Schon zu Beginn der Legislaturperiode hatten wir besprochen, dass ein Generationswechsel in der Fraktionsführung und eine Trennung von Amt und Mandat vorbereitet werden sollte. Jetzt entschied er sich für den weiteren Vorsitz in der Fraktion. Das war kein Staatsamt, das erschien angesichts der zu erwartenden Diskussion wichtig, es war „nur" eine Aufgabe innerhalb der Partei. Bei der Bedeutung, die sich Klaus Landowsky als Fraktionsvorsitzender erarbeitet hatte, erwies sich diese Differenzierung aber als nicht tragfähig. Rückzug ins Glied und keine öffentlichen Auftritte, das wäre das richtige gewesen. Genau das aber widersprach seinem Naturell.

Mit immer neuen Nachrichten über Sonderprüfungen des Bundesaufsichtsamtes für das Kreditwesen wurde die Situation schwieriger. Ich will die einzelnen Phasen gar nicht beschreiben. Es wurde ein Rückzug auf Raten. Klaus Landowsky sah sich als ein Bollwerk gegen den Angriff auf den Regierenden Bürgermeister und die Regierung unter Führung der CDU. Meinen Rat, die Bitte, ja die Aufforderung zu einem schnellen Rücktritt hat er als persönlichen Angriff gewertet. Dabei kannte er Gracián auch: *Der Kluge tue gleich anfangs, was der Dumme erst am Ende.* Was auch immer die Motive waren. Klaus Landowsky akzeptierte dann doch den Rückzug vom Fraktionsvorsitz, wollte den Abschied aber erhobenen Hauptes zelebrieren. Bei Hundert,6 verabredete er eine Sendung „Persönlichkeit der Woche". Ich warnte vor den öffentlichen Selbstdarstellungen, konnte sie zu meinem Ärger aber nicht bremsen. Der sonst so instinktsichere Politiker redete sich um Kopf und Kragen. Auch die in Zusammenhang mit dem Rücktritt vom Fraktionsvorsitz verabredete Wahl zu einem von sieben stellvertretenden Landesvorsitzenden auf dem Landesparteitag vom Mai 2001 erwies sich dadurch als Fehler. Das lange Klammern und der machtvoll demonstrierte Rücktritt machte das neue Amt im öffentlichen Eindruck zur neuen „Machtzentrale" in der CDU. Mit neuem Amt in alten Gleisen. Den „Parteitag der Geschlossenheit der CDU" aber durfte niemand stören.

Auch heute wird mir noch vorgehalten, ich hätte mich von Klaus Landowsky früher trennen müssen. Das ist für das politische Machtspiel wohl richtig. Ich weiß aber nicht, ob ich seinen kurzfristigen Rücktritt in diesen Wochen hätte durchsetzen können. Auf leisen Sohlen ging es nicht. Selbst in den entscheidenden Sitzungen der Fraktion anlässlich einer Klausurtagung in Bayern Anfang Mai musste ich sehr energisch für die Neuwahl eines Fraktionsvorsitzenden intervenieren. Viele in der Partei, die Klaus Landowsky später attackierten, standen fest verschworen zu ihm und organisierten den Beifall. Den öffentlichen Bruch mit der Androhung des eigenen Rücktritts habe ich nicht ernsthaft überlegt. Nur so hätte ich es aber wohl erreichen können.

Das alles hatte mit den Ursachen der finanziellen Probleme der Bank nichts zu tun. Zu Recht interessieren Einzelheiten der AUBIS-Spende im Untersuchungsausschuss des Abgeordnetenhauses auch nicht mehr. Den Bruch der Koalition hätte ein schnellerer Rücktritt von Klaus Landowsky und der Verzicht auf jedes Parteiamt nicht verhindert. Aber die Ausgangsposition der CDU im Abgeordnetenhaus und bei Neuwahlen wäre besser gewesen.

Wowereit nutzte die Chance. Nach seinem Arbeitsstil hatte ich nicht erwartet, dass er selbst das Spitzenamt anstrebt. Nach den Meinungsäußerungen aus der SPD glaubte ich auch nicht, dass die anderen „Titelaspiranten" ihn akzeptieren würden. Aber offensichtlich hat er seinem Bundesvorsitzenden Gerhard Schröder im Kanzleramt die Gefahr erläutert, dass der SPD-Landesvorsitzende Strieder die Chance des Bankenskandals nicht ausreichend nutzen würde und er nun selbst einspringen und die Verabredungen mit der PDS und den Grünen zur Abwahl des Senats treffen oder auch nur einhalten müsse. Ich hätte gerne das Gesicht von Peter Strieder gesehen, als der Bundeskanzler ihm diese Personalie erläuterte. Klaus Böger wurde – so wird kolportiert – kurzfristig aus dem Pfingsturlaub auf Sylt eingeflogen und vor die Alternative gestellt: wir machen es mit dir oder ohne dich. Er hat sich für das Mitmachen entschieden.

Der Bruch der Koalition wurde dann formal an Differenzen in der Haushaltspolitik festgemacht. An diese Feinheit erinnert kaum noch einer. In einem erweiterten Koalitionsausschuss unmittelbar nach Pfingsten im Gästehaus des Senats gab es noch ein Schaulaufen, dann wurde der Bruch den versammelten Journalisten verkündet. In der CDU glaubte man an einen großen Protest bei einer Zusammenarbeit der SPD mit den Postkommunisten der PDS. Hatte doch der stellvertretende Bundesvorsitzende der PDS gerade ausgerechnet zum 40. Jahrestag den Bau der Mauer gerechtfertigt. Am 16. Juni 2001, am Vorabend des Jahrestages des Volksaufstandes in der DDR, wurde ich von SPD, PDS und Grünen im Abgeordnetenhaus abgewählt.

Warum bin ich nicht zurückgetreten?

Erklären kann ich mir das nur aus der Anspannung dieser Tage. Die CDU wollte die Gemeinsamkeit von SPD und PDS demonstriert wissen. Diesem Wunsch meiner Partei habe ich mich nicht entzogen. Eigentlich wollte ich bis 2003 im Amt bleiben und – rechtzeitig vor den nächsten Wahlen – einem Nachfolger die Chancen der Profilierung (mit anderen Bündnispartnern?) als Regierender geben. So, wie ich 20 Jahre zuvor die Chance hatte. Getreu nach dem Ratschlag von Gracián: *Nicht abwarten, dass man eine untergehende Sonne sei.* Die engsten Mitarbeiter kannten diese Absicht. Volker Kähne, der langjährige Chef der Senatskanzlei, kannte sogar das beabsichtigte Datum. Die Sitzung des Abgeordnetenhauses nutzte ich mit einer Regierungserklärung „Zehn Jahre nach dem Hauptstadtbeschluss des Deutschen Bundestages" zu einer Bilanz.

Das Neue Berlin

Es wird nicht verwundern, dass diese Bilanz positiv war. Als die Anspannung aus den letzten vergeblichen Bemühungen um den „dennoch Bestand" der Regierung abgeklungen war, überwog bei mir auch das Gefühl des Stolzes und der Zufriedenheit. Wer hat schon die Chance, für gut 20 Jahre in einer historischen Situation des Umbruchs an entscheidender Stelle mitarbeiten zu dürfen? Berlin wurde in dieser Zeit von der politischen Insel zum Festland, von der Viersektorenstadt zur deutschen Hauptstadt. Von den Neunzigerjahren wird man als den Gründerjahren des Neuen Berlin sprechen.

Ich beschrieb in der Regierungserklärung die Modernisierung der Stadt mit sozialem Gesicht. Noch einmal Aufbau Ost vor Ausbau West, die Entscheidung für den alten Stadtgrundriss, die Neuordnung der Eigenbetriebe, die Gebietsreform und die Erfolge beim Sparen und Gestalten. Es war eine seltsame Atmosphäre im Abgeordnetenhaus. Der ehemalige Koalitionspartner wollte für seine Arbeit im vorangegangenen Jahrzehnt nicht gelobt werden.

„Keinen der Berlinerinnen und Berliner wird es schmerzen, dass wir Aufbau vor Abriss gesetzt haben, Plattenbauten und Altbauquartiere saniert haben, Opern und Museen erhalten haben, bei Wissenschaft und Forschung für ein kommendes Jahrhundert investiert haben ...

Berlin ist heute wieder die wichtige Metropole im Herzen Europas, alle ausländischen Beobachter sind sich da längst einig, eine Stadt kreativ und vital, die Berliner spritzig und witzig und von Ideen sprühend. Nur Berlin selbst schwankt in seiner Rollenfindung zwischen Wagemut und Wehgeschrei.

Wir haben den Berlinern viel zugemutet, den Menschen im Osten sicher die gewichtigeren Veränderungen, denen im Westen die größeren finanziellen Abstriche. Und die Freude über die Gestaltung der Einheit überwiegt bei weitem alle Schwierigkeiten, doch ohne Reibungsverluste verlief der Prozess der inneren Wiedervereinigung nicht. Ich möchte daher allen Berlinern herzlich danken für Ihre große Veränderungs- und Anpassungsfähigkeit, für Ihre Geduld und die Treue zu ihrer Stadt, für ihre Weitsicht bei der Volksabstimmung für die Fusion mit Brandenburg, vor allem für ihr großes Vertrauen, wie ihre Tatkraft und den Humor, mit dem sie die Entwicklung Berlins begleitet haben. Was die Berlinerinnen und Berliner gemeinsam geleistet haben, die Mitarbeiter des so oft gescholtenen öffentlichen Dienstes, die Arbeiter auf dem Bau, die Planer am Reißbrett, die Wissenschaftler im Labor oder die Unternehmer im Büro, das sucht seinesgleichen.

Solche Fähigkeiten brauchen wir auch in den nächsten Jahren, denn im Prozess der inneren Wiedervereinigung haben wir die Halbzeit gerade erst überrundet ... (Aber) mir ist um die Zukunft Berlins überhaupt nicht bange, dennoch habe ich Sorge ..., dass notwendige Entwicklungsschritte nicht rechtzeitig oder nicht hinreichend erfolgen (werden) ... wir können nicht alles hier und heute tun. (Aber) die Entwicklung Berlins darf nicht abgebrochen werden."

Zwei Tage später wurde ein neuer Senat gewählt. Das Abgeordnetenhaus löste sich selbst auf.. Nach 30-jähriger Mitgliedschaft kandidierte ich nicht wieder. In den anschließenden Wahlen erlitt die CDU unter ihrem neuen Spitzenkandidaten Frank Steffel – wegen alter Verantwortung und neuer Fehler – eine verheerende Wahlniederlage. Auch nach der Bildung einer Regierung aus SPD und PDS blieb der von der CDU erwartete wirkungsvolle Aufschrei aus. War das sogar ein Ergebnis einer Politik der Überwindung der Teilung in der zuvor geteilten deutschen Hauptstadt? Wird die PDS heute als eine Partei links der SPD gesehen? Die klugen Analysen der Historiker stehen noch aus. Nach fast 20-jähriger Regierungsverantwortung fordert die CDU in Berlin 2004 eine neue Politik für die Herausforderungen des beginnenden 21. Jahrhundert und versucht, das inhaltlich und personell auszufüllen. Ich habe nicht die Absicht, mich mit diesem Buch in diese Diskussion einzumischen.

Mit den Entscheidungen der Neunzigerjahre ist das Bild Berlins für die nächsten Jahrzehnte geprägt worden. Die städtebaulichen Ideen werden sich für die nächsten Jahre noch an dem Lehrter Bahnhof, der Museumsinsel und Hochhäusern am Alexanderplatz festmachen lassen. Ich hätte gerne auch den Grundstein für den Aufbau des Stadtschlosses und der Bauakademie gelegt. Berlin ist nie fertig, war es nie, wird es nie sein. Das ist nicht neu. Karl Scheffler hat es in seinem Buch „Berlin – ein Stadtschicksal" 1910 beschrieben. Der Charme der Stadt liegt im pragmatischen Geschichtsbewusstsein zwischen Abriss und Aufbau, dem Anspruch von Hochkultur und alternativer Kunstszene, dem mondänen Nachtleben und der traditionsreichen Laubenpieperromantik. Dieses Berlin ist die deutsche Hauptstadt. Es muss Bühne der Nation und gleichzeitig Fenster zur Welt sein. Der ausgeprägte deutsche Föderalismus braucht Klammern, die verhindern, dass die Bundesrepublik immer mehr zu einem Staatenbund wird. Eine Hauptstadt kann eine solche Klammer sein.

Die Republik ist mit Bundesregierung, Bundestag und Bundesrat und all den Medienvertretern und Verbänden in Berlin angekommen. Die Staatsministerin für Kultur im Kanzleramt zeigte im Streit um die Schließung eines Berliner Opernhauses inzwischen mehr Liebe für Kultureinrichtungen der Stadt als der amtierende Regierende Bürgermeister. Noch immer ist die Hauptstadt aber nicht in der Republik angekommen. Brauchen wir nicht mehr als die Ansiedlung der Verfassungsorgane des Landes in einer Stadt, ein Regierungszentrum, weil das Zusammenarbeit und gegenseitige Kontrolle eher gewährleistet als eine Demokratie auf Reisen oder in elektronischer Kommunikation? Wann endlich wird nachgeholt, was 1990 nicht möglich war: Eine klare Aussage zur Hauptstadt im Grundgesetz. Mit den Aufgaben von Bund und Ländern in der Hauptstadt und den Aufgaben der Hauptstadt für das Land. Dazu allerdings ist auch ein Bekenntnis zur deutschen Nation und ein aufgeklärter Patriotismus nötig. Deutschland als postnationaler Staat, das ist im Verhältnis zu unseren Nachbarn keine Geste der Bescheidenheit. Es ist in Wahrheit ein neuer Überlegenheitsanspruch. Wir sind die richtigen Europäer. Als die wahren Europäer können wir auf die Nachbarn herabsehen, die noch immer so beschränkt sind und nicht ohne Stolz Franzosen oder Polen sein wollen. Richard Schröder hat sehr überzeugend auf diesen Sachverhalt hingewiesen.

In den letzten Monaten des Jahres 2004 ist eine Idee wiedererstanden, die ich längst in der Mottenkiste wähnte: Berlin als Washington DC.

Verständlich ist an dieser Idee nur die Überlegung, dass wichtige Teile der Stadt Washington unmittelbar durch den Kongress unterstützt werden. Sonst passt aber nichts. Washington DC hat die Größe von zwei Berliner Bezirken und die Aufgaben deutscher und amerikanischer Stadtverwaltungen sind nicht vergleichbar. Die Bevölkerung von Washington hat keine Vertretung im Kongress. Und vor allem: Soll der Bund auf dem Wege über Berlin dann Aufgaben der Landesgesetzgebung in Deutschland übernehmen? Ich halte viel von neuen Zuständigkeiten des Bundes in der Bildungs- und Wissenschaftspolitik. Aber dafür sollte der Bund nicht am Tisch der Kultusministerkonferenz der Länder Platz nehmen mit einer Stimme unter den Bundesländern. Als Bundesland sui generis? Die hinderliche Landesgrenze nach Brandenburg quer durch den Großraum von Berlin würde durch eine solche neue Konstruktion auch nicht aufgehoben. Nein, dieser Vorschlag ist nur gut gemeint.

Die Deutsche Nationalstiftung hat mit ihrer letzten Jahrestagung im Juni 2004 den Vorschlag unterbreitet, Berlin die teilungsbedingten Lasten abzunehmen und über den Fonds Deutsche Einheit zu finanzieren. Der Weg muss endlich ernsthaft angepackt werden. Sachlich richtig und fair kann dabei unterschieden werden zwischen teilungsbedingten, einigungsbedingten und selbst verschuldeten Schulden. Völlig unabhängig davon sind die Verpflichtungen des Bundes, die aus den Aufgaben Berlins als Hauptstadt entstehen.

Richard von Weizsäcker hatte in der Hauptstadtdebatte darauf hingewiesen, dass eine Unterstützung Berlins teuer sein würde, die Verweigerung der notwendigen Hilfe allerdings noch teurer. Es wird Zeit, dass die Bundesrepublik aus den – nett formuliert – Fehleinschätzungen der Entwicklung Berlins die notwendigen Konsequenzen zieht, auch wenn die gegenwärtige Wirtschafts- und Finanzkraft den Zeitpunkt ungeeignet erscheinen lässt.

Geschieht das nicht, sollte ganz schnell der geplante erneute Anlauf zum Land Berlin-Brandenburg verschoben werden. Ich wundere mich ohnehin, dass die beiden Länder bisher bei ihrer (angeblichen) Terminplanung noch nicht die Anpassung der Übergangsfristen für den Finanzausgleich beantragt haben. Das Gesetz aus dem Jahre 1994 ist mit seinen damaligen Fristen noch in Kraft, der Übergangszeitraum würde nach den jetzigen Plänen nur noch sechs Jahre gelten. Das ist finanziell unmöglich. Aus meiner Sicht müsste auch der Staatsvertrag überarbeitet werden. Er war maßgeschneidert nach den Interessenlagen vor fast zehn Jahren. Da gibt es Anpassungsbedarf.

Und die Berliner Republik? In der Auseinandersetzung um den Hauptstadtbeschluss habe ich sie in der Fortsetzung der Bindungen in die westliche Wertegemeinschaft, gesamtdeutsch, als offen nach Mittel- und Osteuropa und reformfreudig angesichts der Herausforderungen des 21. Jahrhunderts beschrieben. Fast alles ist so gekommen. An der Kraft zu notwendigen Entscheidungen fehlt es aber. In Berlin ging vieles nur durch die große Koalition, die für die Aufgaben der Vereinigung der Stadt für viele Jahre notwendig war.

Der Umzug von Bonn nach Berlin war mit einem Regierungs- und Generationswechsel verbunden. Nicht nur in der Politik. Die Frühpensionierungsprogramme führten auch zu einem Neubeginn in der politischen Berichterstattung – so hält es Jochen Thies in einer Zwischenbilanz zur Berliner Republik fest. Auch in den Berliner Zeitungen ist das feststellbar und mit einem Verlust an Erfahrungswissen verbunden. Das kann bei neuen Herausforderungen helfen. Mich aber stört an der „Berliner Republik" eine neue soziale Unempfindlichkeit, die sich hinter den Forderungen aus der Globalisierung verbirgt. Soziale Unempfindlichkeit in Wort und Tat wird mit Reformfähigkeit verwechselt. Und mich stört, dass Berlin – eine Metropole mit sozialen Brennpunkten – sich nicht zum Wortführer gegen diese soziale Unempfindlichkeit macht.

Berlin ist die europäische Metropole zwischen Paris und Moskau. Das wird die Entwicklung der Stadt und ihre Bedeutung als wichtiges Dienstleistungszentrum in den nächsten Jahrzehnten bestimmen. Ich bin sicher, selbst falsche Entscheidungen der Berliner Politik werden diese Entwicklung nicht aufhalten. Sie kann sie zum Nachteil der Berliner mit einer Vernachlässigung von Wissenschaft, Forschung und Ausbildung nur bremsen. 2004 hört man die Klage ostdeutscher Ministerpräsidenten, sie würden mit ihren Forderungen nach einem Aufbau ostdeutscher Wirtschaftskraft ihren westdeutschen Kollegen lästig fallen. Nach Berliner Erfahrungen kann ich mitfühlen. Es gibt aber keine Alternative zum Aufbau Ost. Alles andere wird zu teuer für Deutschland. Versuchen wir es doch mit den Erfahrungen aus der Berlinförderung und der Ende der Achtzigerjahre beschlossenen (und gleich wieder aufgehobenen) Förderung industrieller Forschung, der hochwertigen Dienstleistungen und des Exportes. Von Hamburg über Berlin bis in den Raum Sachsen hinein wird ein starkes wirtschaftliches Umfeld entstehen, vergleichbar der Wirtschaftskraft am Rhein. Ich bin optimistisch: das ist nicht nur eine Vision, sondern in vielleicht zwanzig Jahren auch Realität.

Personenregister

Adam-Schwaetzer, Irmgard 173, 192
Ade, Meinhard 19
Adenauer, Konrad 40
Adler, Jürgen 125, 128
Albach, Horst 96, 114
Albrecht, Ernst 136
Almsick, Franziska van 226
Antes, Wolfgang 26, 110
Apel, Hans 17
Ash, Anthony 165

Barenboim, Daniel 156, 214
Bartoszewsky, Wladyslaw 95
Barzel, Rainer 13
Baumeister, Brigitte 187
Baumgarten, Klaus-D. 246
Baumgarten, Paul 187
Becker, Boris 227
Behnisch, Günter 213
Beil, Gerhard 79
Beitz, Berthold 226
Benda, Ernst 14f.
Bender, Peter 47, 117
Beuys, Joseph 108
Berggruen, Heinz 107f., 268, 275
Biedenkopf, Kurt 95, 303
Blüm, Norbert 17, 170
Boddien, Wilhelm von 202, 214
Böger, Klaus 266, 285, 309, 311ff., 330
Böhm, Gottfried 45, 138
Böhme, Ibrahim 127
Bölke, Joachim 11, 17, 53, 87, 129
Bohl, Friedrich 290
Boucsein, Hildegard 185, 315
Bradley, Tom 90, 92

Bräutigam, Hans Otto 80
Brandt, Willy 64, 90, 92, 112, 119, 121, 166, 170
Brecht, Bertolt 208
Bredow, Bill von 36
Breschnew, Leonid Iljitsch 115
Britten, Benjamin 95
Brüderle, Rainer 303
Brunn, Anke 176
Bubis, Ignatz 236
Bush, George 54, 58, 60, 131, 140, 270
Butz, Michael 53, 179, 203, 304, 319
Buwitt, Dankward 13, 17, 107, 175

Carstens, Karl 10f., 18
Charles, Prince of Wales 35
Cheysson, Claude 59
Chirac, Jacques 60, 64, 71, 87
Christiansen, Sabine 327
Christo (eigtl. Christo Javacheff) 24, 204, 264
Christopher, Warren 162
Chruschtschow, Nikita Sergejewitsch 33, 40
Churchill, Winston S. 208
Clauß, Volkmar 276
Clement, Wolfgang 142, 164, 169, 179, 180ff.
Clinton, William 37
Conradi, Peter 169, 187
Corinth, Lovis 108

Daniels, Hans 174, 178
Decken, Ulf 319
Delors, Jacques 294

Di (Diana), Princess of Wales 35
Diestel, Peter Michael 128
Dietrich, Marlene 19
Dix, Otto 108
Dönhoff, Marion Gräfin 231
Dohnanyi, Klaus von 93
Douglas, Kirk 131
Dregger, Alfred 167
Dub_ek, Alexander 46
Dube, Wolf-Dieter 274
Dürr, Heinz 326
Dulles, Eleanor 55f., 129
Dulles, John Foster 56
Dzembritzki, Detlef 266

Ebeling, Hans Wilhelm 128
Eckhardt, Ulrich 94, 97
Eichel, Hans 184, 301
Einstein, Albert 242, 297
Eisenman, Peter 26, 230f., 235ff.
Elisabeth II. 35
Enderlein, Hinrich 258
Engholm, Björn 184
Engler, Eberhard 141, 144, 195
Eppelmann, Rainer 122
Erhardt, Manfred 244, 256, 318
Everding, August 277

Fabius, Laurent 59, 70
Falin, Valentin 88
Fechner, Helmut 309
Feddersen, Dieter 320
Fest, Winfried 19f., 53f., 59, 107, 142, 277
Fink, Ulf 17, 25, 63
Finkelnburg, Klaus 148
Fischer, Christa 150, 196
Fontane, Theodor 58
de La Fortelle 60
Foster, Norman 188
Frank, Anne 233
Franke, Klaus 27, 63

Friedmann, Michael 236
Fugmann-Heesing, Annette 28, 197, 280, 284, 293, 311, 313, 326f.

Garski, Dietrich 10
de Gaulle, Charles 40
Gaus, Günter 47
Geißler, Heiner 121, 167ff., 172, 297
Genscher, Dietrich 73, 121f., 137, 140
Gerlach, Johann 256
Girth, Peter 22
Giscard d'Estaing, Valéry 73
Glos, Michael 178
Gobert, Boy 109
Goethe, Johann Wolfgang von 233
Goebbels, Joseph 165
Göhner, Werner 226
Götting, Gerald 126
Gorbatschow, Michail Sergejewitsch 35, 54, 60, 70f., 115, 140, 161, 270
Graf, Steffi 226
Grass, Günter 231, 300
Gysi, Gregor 156, 170

Haacke, Hans 238
Häber, Herbert 79
Händel, Georg Friedrich 35
Haddock, Raymond E. 36
Hasinger, Alexander 104
Hassemer, Volker 19, 63, 65, 94, 97, 177, 188, 213, 216, 228, 276
Heckelmann, Dieter 249, 279, 307
Heers, Peter 319, 328
Heller, André 23f.
Henkel, Olaf 326
Herles, Helmut 169, 180
Heß, Rudolf 31
Hetzer, Roland 48
Heubaum, Werner 292
Heuss, Theodor 300
Hildebrandt, Regine 258
Hinkefuß, Dietrich 193

Hitler, Adolf 116, 165, 208
Hoeneß, Dieter 229
Hoffmann, Hans-Joachim 91
Holbrooke, Richard 163
Hollein, Hans 211
Honecker, Erich 30, 37, 44, 48, 58, 70, 72, 73f., 80ff., 104f., 117, 124, 133, 141, 149, 222, 245, 292
Huber, Erwin 126

Jacob-Marks, Christine 231f.
Jacob, Roland 144
Jahn, Helmuth 210
Jakubeit, Barbara 188
Jeanne Claude (eigtl. Jeanne Claude Javacheff) 204
Jelzin, Boris 161, 263
Jenninger, Philipp 45, 83, 113, 136
Jens, Walter 213, 231f., 300
John, Barbara 111
Johnson, Lyndon B. 40
Jung, Franz Josef 304

Kähne, Volker 162, 180f., 265, 271, 291, 307, 330
Kaiser, Jacob 126
Kansy, Dietmar 172, 175, 186, 187
Kanther, Manfred 225f.
Karajan, Herbert von 22f.
Karasek, Helmut 231
Karras, Harald 103
Kellen, Stephen und Anna Maria 164
Kennedy, John F. 40, 72, 158, 161
Kern, Achim 279, 309, 325
Kewenig, Wilhelm 63, 96
Kim (IOC-Mitglied) 227
Kinkel, Klaus 178, 181, 193
Kirchner, Alfred 276
Kissinger, Henry 163
Kittelmann, Peter 13, 166f., 169, 171, 175, 199
Klee, Paul 107

Kleiber, Günter 246
Kleihues, Josef Paul 104, 212
Klein, Olaf 152
Klemann, Jürgen 200, 204, 212f., 219, 225, 230, 249, 250f.
Klose, Hans-Ulrich 178
Knauthe, Karlheinz 328
Köhler, Horst 157
Körting, Ehrhart 148, 246
Kohl, Hannelore 12, 168, 198
Kohl, Helmut 11ff., 17, 37, 42, 44ff., 48, 54, 78, 86, 92, 96, 117, 120f., 123, 126f., 136, 139f., 143, 157, 161f., 166, 168f., 174, 177f., 187ff., 221, 225, 229, 231f., 261, 266, 270, 290, 296, 300, 302, 306
Kollhoff, Hans 209
Konrád, György 231f., 238, 300
Korn, Salomon 231
Kornblum, John 34, 57, 71
Kotschemasow, Wjatscheslaw 34
Krack, Erhard 88, 94
Kramp, Horst 326
Krause, Günter 140, 188
Kremendahl, Hans 114
Krenz, Egon 123, 246
Kroppenstedt, Franz 174, 191
Künast, Renate 148
Kunz, Gerhard 11, 14, 16, 19
Kunze, Gerhard 52, 84
Kupsch, Anita 132
Kurth, Peter 319ff.
Kwasniewski, Aleksander 76

Lafontaine, Oskar 46, 93, 144
Landowsky, Klaus 13, 17, 27, 82, 86, 108, 128, 155, 168, 251, 266, 279, 285, 307, 309ff., 314, 316f., 319, 327ff.
Lang, Alexander 276
Laurien, Hanna-Renate 13ff., 17ff., 63, 65, 159, 315

Ledsky, Neslon C.	56
Lepenies, Wolf	231
Liebeskind, Daniel	232, 235
Liebknecht, Karl	84
Liepelt, Volker	309
Limbach, Jutta	239
Linde, Jürgen	181, 261, 265, 271
Löffler, Gerd	113
Löffler, Kurt	84ff.
Lorenz, Peter	15, 18
Lummer, Heinrich	18, 27, 63
Lushkow, Jury	161, 263
Luxemburg, Rosa	84
de Maizière, Lothar	125f., 139, 142, 149, 196, 215
de Maizière, Thomas	93, 117, 125
Makarenko (General)	160
Maleter, Pal	39
Mandela, Nelson	265
Marcos, Ferdinand	58
Marx, Erich	275
Matisse, Henri	108
Mayer, Sabine	22f.
Mayor, John	162
McLaine, Shirley	267
Meisner, Norbert	325
Meißner, (Kardinal)	123
Mendelssohn, Moses	98
Mercouri, Melina	63
Merkel, Angela	140, 195, 302f.
Merz, Friedrich	124, 301f., 304
Meyer-Landrut, Andreas	41
Mielke, Erich	243, 245
Mikat, Paul	165
Milbradt, Georg	292
Mitchel, John	100
Mittag, Günter	79, 85
Mitterand, François	57ff., 60, 69, 95, 122, 162, 200
Modrow, Hans	59
Möller, Franz	167f., 174
Mommsen, Hans	47
Momper, Walter	79, 96, 111ff., 117f., 120f., 141f., 146, 222, 283, 287, 310, 312, 325
Müller, Heiner	300
Mugabe, Robert	46
Murrmann, Klaus	326
Nachama, Andreas	237
Nagel, Wolfgang	78, 159, 177, 212, 213f., 231, 278, 309
Naumann, Manfred	107, 231f.
Nawrocki, Axel	224
Neubauer, Kurt	51
Neuenfels, Hans	109
Neumann, Bernd	127, 303
Newman, Barnett	108
Newton, Helmut	108, 275
Nierhoff, Ansgar	231
Nolte, Claudia	125
Odewald, Jens	326
Ogha (Sony-Vorstand)	298
Otto, Johannes	11, 87, 110
Overath, Wolfgang	104
Overhaus, Manfred	288, 290
Pei I Ming	44, 96
Peymann, Claus	109
Pfeiffer, Anton	181f., 232
Pfennig, Gero	166
Pfitzmann, Günter	132
Picasso, Pablo	107
Pieroth, Elmar	13, 23, 63, 80, 99, 123, 133, 141, 272, 276, 279, 292, 306, 325
Pieroth, Hannelore	272
Pillau, Horst	19
Pinkau, Klaus	96
Powell, Colin	34
Pozsgay, Imre	115
Putin, Wladimir	270
Rabin, Itzhak	225

Radunski, Peter   26, 166, 180f., 199, 235, 256, 295, 297
Randelshofer, Albrecht   37
Rasch, Walter   12, 45, 65, 105, 306
Rau, Johannes   46, 170, 182, 184
Raue, Peter   108f., 268, 318
Reagan, Ronald   48, 53, 57, 60, 70ff., 75, 136, 222
Renger, Annemarie   106
Repnik, Hans-Peter   303
Reuter, Edzard   226, 320, 325
Reuter, Ernst   92, 111, 221
Rexrodt, Günter   55, 63, 101, 294
Richthofen, Manfred von   226, 229, 251
Ristock, Harry   16f., 20
Roloff-Momin, Ulrich   26, 276
Rommel, Manfred   13
Rose, Romani   238
Rosenthal, Hans   18
Rosh, Lea   26, 231f., 234, 238
Rühe, Volker   126
Ruhnau, Heinz   75
Rupf, Wolfgang   319, 321, 326

Samaranch, Juan Antonio   72, 200, 222, 225
Sanio, Jochen   320
Sarrazin, Thilo   321f.
Sasse, Heribert   276
Schabowski, Günter   117, 157, 246
Schade, Günter   274
Schaefgen, Christoph   245
Schäuble, Wolfgang   44, 46, 48f., 67, 84, 86f., 90, 140, 142, 146, 164, 166, 170f., 178, 188
Scharoun, Hans   211
Scharping, Rudolf   78, 158, 178
Scheel, Walter   11
Scheffler, Karl   332
Scherf, Henning   184f., 303
Schertz, Georg   247

Schierbaum, Heinrich   19, 81f., 105
Schiller, Friedrich von   93, 233
Schily, Otto   169
Schinkel, Karl Friedrich   209, 214
Schlüter, Andreas   215
Schmalz-Jacobsen, Cornelia   63
Schmid-Petry, Erika   104
Schmidt, Helmut   73, 230
Schneider, Oskar   237
Schnur, Wolfgang   126f.
Schönbohm, Jörg   302, 204f., 318
Scholz, Rupert   11, 17, 63, 166
Schramm, Hilde   113
Schreyer, Michaele   114
Schröder, Dieter   142f.
Schröder, Gerhard 107, 184, 187, 230, 301f., 307, 324, 330
Schröder, Richard   118, 156, 237
Schütz, Klaus   20, 27, 45
Schwierzina, Tino   141
Seeler, Uwe   104, 132
Seiters, Rudolf   46
Serra, Richard   232
Siedler, Wolf Jobst   95, 208
Simonis, Heide   259
Smith, Bruce   39
Solms, Hermann Otto   178
Springer, Axel Cäsar   14
Springer, Friede   326
Staffelt, Dietmar   155, 279, 287, 307, 313
Stahmer, Ingrid   281, 310
Steffel, Frank   332
Stein, Peter   16
Stern, Herbert   32
Stihl, Hans-Peter   326
Stimmann, Hans   213
Stobbe, Dietrich   27
Stölzl, Christoph   266
Stoiber, Edmund   184, 303f.
Stolpe, Manfred   78ff., 93f., 139, 217, 243, 261f., 272, 290, 302ff., 308

341

Stoltenberg, Gerhard	42
Stoph, Willi	245
Storm, Theodor	250
Straßmaier, Günter	15, 17
Strauß, Franz Josef	13
Streibl, Max	184
Stresemann, Gustav	23
Stresemann, Wolfgang	23
Strieder, Peter	28, 219, 313, 321, 324, 330
Ströbele, Christian	43
Stronk, Detlef	24, 83ff., 93
Struck, Peter	295
Stubbins	57
Stürmer, Michael	116f.
Sturm, Vera	276
Süßmuth, Rita	113, 175, 178
Tamm, Peter	110
Teufel, Erwin	185, 304
Thatcher, Margaret	57, 60, 122, 130, 282
Thies, Jochen	256, 334
von Thyssen	108
Tisch, Harry	245
Töpfer, Klaus	173, 216
Trojan, Carlos	294
Ulbricht, Walter	40
Ullmann, Liv	64
Vetter, Horst	26, 63
Vössing, Ansgar	128
Vogel, Bernhard	166, 180
Vogel, Hans-Jochen	166
Vogel, Wolfgang	81, 91f.
Vostell, Wolf	97, 233
Waigel, Theo	128, 139, 178, 225, 287ff., 306
Walesa, Lech	46
Wallmann, Walter	143

Wallot, Paul	188
Walser, Martin	231
Waltert, Bruno	110
Wartenberg, Gert	175, 304
Watson, Albert	40
Watteau, Jean-Antoine	108
Weber, Jürgen	77
Weber, Juliane	290
Wedemeier, Klaus	93
Weinmeister, Gesine	232
Weizsäcker, Richard von	9ff., 22, 56, 62, 73, 81ff., 86ff., 95, 101, 136, 163, 186f., 278, 281, 306, 333
Werthebach, Eckart	312, 318f.
Whitehead, John C.	71f.
Wienhold, Klaus-Hermann	318
Wilhelm, Günther	326
Wissmann, Matthias	78
Wörner, Manfred	43
Wohlrabe, Jürgen	14, 119f., 159
Wonneberger, Christoph	122
Wowereit, Klaus	108, 307, 313f., 323, 330
Wronski, Edmund	8, 63, 65
Zhu Rongji	51
Zimmermann, Eduard	120
Zumthor, Peter	54, 234ff.

Bildnachweis

Fabrizio Bensch: S. 196 o.
Bundesbildstelle: S. 63 u., 64 u., 65 u., 67 o., 67 u., 130 u.
BuSt: S. 134, 135
dpa: S. 200 o.
Uwe Friedrich: S. 203 o.
Paul Glaser: S. 61, 133 u., 138 u., 195 o., 198 o., 266 o.
Jänichen: S. 132 o.
Inge Kundel-Saro: S. 65 o.
Landesarchiv (Fotostelle): S. 63 o.,133 o., 137 o., 199 o., 202, 263 o., 265, 268 o., 270 u.
Klaus Lehnartz: S. 64 o., 129 o., 130 o.
Andreas Muhs: S. 201 u.
Wolfgang Neumann: S. 270 o.
P/F/H: S. 137 u.
privat: S. 66, 129 u., 131 u., 138 o., 197, 198 u., 199 u., 200 u., 201 o., 203 u., 263 u., 264, 266 u., 267 u., 268 u., 269
Paul Stegmann: S. 62
Ullstein: S. 132 u., 195 u., 196 u., 267 o.
White House: S. 131 o., 136 u.